"十二五"普通高等教育本科国家级规划教材

高等学校经济管理类核心课程教材

生产与运作管理

（第5版）

陈福军　编著

PRODUCTION AND OPERATIONS MANAGEMENT

中国人民大学出版社
·北京·

图书在版编目（CIP）数据

生产与运作管理/陈福军编著．-- 5版．-- 北京：中国人民大学出版社，2022.3
高等学校经济管理类核心课程教材
ISBN 978-7-300-30369-7

Ⅰ.①生… Ⅱ.①陈… Ⅲ.①企业管理-生产管理-高等学校-教材 Ⅳ.①F273

中国版本图书馆CIP数据核字（2022）第034179号

"十二五"普通高等教育本科国家级规划教材
高等学校经济管理类核心课程教材
生产与运作管理（第5版）
陈福军 编著
Shengchan yu Yunzuo Guanli

出版发行	中国人民大学出版社		
社　　址	北京中关村大街31号	**邮政编码**	100080
电　　话	010－62511242（总编室）		010－62511770（质管部）
	010－82501766（邮购部）		010－62514148（门市部）
	010－62511173（发行公司）		010－62515275（盗版举报）
网　　址	http://www.crup.com.cn		
经　　销	新华书店		
印　　刷	天津鑫丰华印务有限公司	**版　　次**	2005年2月第1版
开　　本	787 mm×1092 mm　1/16		2022年3月第5版
印　　张	23.25 插页1	**印　　次**	2025年8月第7次印刷
字　　数	529 000	**定　　价**	49.00元

前　言 FOREWORD

面对当今世界百年未有之大变局，中国企业面临的各种风险、挑战日益增加。在这种环境下，“必须坚持问题导向，必须坚持系统观念，必须坚持胸怀天下”的“管理心法”正在被越来越多的企业家认识、接受并应用。

习近平总书记强调，“素质教育是教育的核心，教育要注重以人为本、因材施教，注重学用相长、知行合一”。本次教材修订充分贯彻这一教育理念，是在课程思政化的大背景下，将思政教育元素融入《生产与运作管理》课程的一次尝试。为此，我们参考了许多书籍，并从中摘录、筛选出对《生产与运作管理》各部分内容的学习有指导作用的“金句”，并将这些“金句”放在每节开头的醒目位置，称之为“管理心法”！

在新增“管理心法”的基础上，本次修订保留了上一版教材突出体现的“中国特色”(从《梦溪笔谈》中的“一举而三役济”，到海尔的“OEC 管理”、华为任正非的谈话，再到“中国制造 2025”)，在突出体现将历史唯物主义观点贯穿教材始终的同时，本书增加了以《实践论》、《矛盾论》为代表的辩证唯物主义方法论指导内容。其中既有与西方早期科学管理相应的中国文化因素，又有优秀的中国实践的总结。力图实现“把马克思主义基本原理同中国具体实际相结合、同中华优秀传统文化相结合”，构建出全课程的育人格局，实现知识传授、价值塑造和能力培养的统一，帮助学生建立企业管理中的“文化自信”！

鉴于《生产与运作管理》是一门实践性非常强的课程，目前国内外教材都偏重于具体的管理技术内容，本次修订将历史唯物主义观点与辩证唯物主义方法论结合的做法，不仅有益于弥补该类教材缺乏方法论的空白，而且还试图将思政教育贯穿于课堂教学的全过程。希望可以为读者的学习提供更多思辨空间，为教师落实“立德树人”的教育根本任务提供更加广阔的探索路径选择。

但由于作者的水平、能力有限，书中难免存在有许多的疏漏或不足，敬请各位读者不吝批评指正！

陈福军

于东北财经大学师言阁

目 录 CONTENTS

01

Chapter

第1章

生产与运作管理概论

引 例 生产方式的变革

美国之所以能在19世纪成为主要的制造业大国，其原因可归结为：受过良好教育、高度熟练的工人，高质量的产品，低廉的成本，快速创新和技术的领先地位。

20世纪，亨利·福特等人对美国的制造业模式进行了革命性的改造，使其成为大规模生产模式。这种新的生产模式强调通畅的运作流程和装配线上的操作效率，以及专用的机器设备和专业化分工，并通过标准化产品获得规模经济。这种模式不仅巩固了美国制造业的领先地位，而且使其成为制造强国和出口大国。由于使用大规模生产方式，美国赢得了同英国的经济战争的胜利。

在美国与日本之间的经济战中，历史还会重演吗？在21世纪，日本一定会成为世界领先的制造国和出口国吗？如果是这样，对100年后的人们来说，其胜利是必然的吗？

资料来源：派恩．大规模定制——企业竞争的新前沿．北京：中国人民大学出版社，2000：5.

生产与运作是人类社会赖以生存和发展的最基本的活动。因此，有关的管理活动有着悠久的历史。但作为一门实践性极强的管理学科，它却是伴随着近代产业革命的发展而出现的，其目的是研究如何将生产要素组织成现实的生产力以有效地创造出产品和服务。与此相关的概念有生产管理、制造管理、作业管理、运作管理、生产与运作管理、运营管理、服务管理等。实际上，这些概念反映了这一学科的发展过程：生产管理（production management）的主体一般是指产业革命以来的工业企业，制造业是其中的典型代表，作业（流程）管理是其中的重点；生产与运作管理（production and operation management）表明学科的重心从第二产业向第三产业转换；运作或运营管理（operation management）

则主要面对的是服务型企业。为了能够更好地反映学科发展的连续性，本书采用“生产与运作管理”这一名称。书中的“生产”与“运作”这两个概念基本是一致的，未进行详细区分。

第 1 节　生产与运作管理的发展历史回顾

管理心法

如果要看前途，一定要看历史。

——《毛泽东文集》（第八卷）

真正的理论在世界上只有一种，就是从客观实际抽出来又在客观实际中得到了证明的理论……

——《毛泽东选集》（第三卷）

任何组织的成立都要有一定的目标，企业即是从事产品生产和提供服务的组织。不管企业的目标、产品或服务是否相同，它们的职能及运作方式是大同小异的，一般都是由财务、营销和生产与运作三个基本职能组成。其中，生产与运作职能由与生产产品或提供服务直接相关的活动组成，在企业中处于不可或缺的基础性地位。

一、 生产与运作管理的简要发展历程

早在古代社会，从人类的集体狩猎、采集食物，到金字塔、万里长城的修建，就已有了生产与运作管理这一职能。但作为一种管理理论，生产与运作管理始于 18 世纪 60 年代从工场手工业过渡到工厂制之后。产业革命形成的大机器生产不同于原来分散经营的手工业作坊，它需要把劳动者、劳动工具和劳动对象集中在工厂这一特定空间，共同进行生产，由劳动分工引发的大批量生产方式开始逐渐取代以往的单件生产方式。英国经济学家亚当·斯密（Adam Smith）于 1776 年在其《国民财富的性质和原因的研究》一书中系统地论述了劳动分工的三个基本经济优点：重复单项作业可使技能或熟练程度得到提高；减少由于工作变换而损失的劳动时间；作业专门化会促使人们发明机器和工具。这可以说是生产与运作管理理论的起始。

直到 20 世纪初，在弗雷德里克·W. 泰勒（Frederick W. Taylor）提出“科学管理”之前，生产与运作管理还主要是凭经验进行，如工人劳动无统一的操作规程，管理无统一的规则，人员培养靠师傅带徒弟等。泰勒于 1911 年在其《科学管理原理》（这是第一本研究生产管理的专著）中将管理与劳动区分开来，把凭经验办事的传统管理提升到科学管理的高度，认为“一切管理问题都应当而且可以用科学的方法去研究和解决”“实验是寻找答案的最好方法！”在历时 20 年的 5 万多次金属切削实验中，在将 80 万磅钢铁切成碎屑之后，他得出了这样的结论：一个经过科学训练的新工人与有着 10～12 年工作经验的优秀技工相比，效率要高 1.5～2 倍，乃至 9 倍！因而泰勒被誉为“科学管理之父”“创造时代的人”。

随后，福特汽车公司的创始人亨利·福特（Henry Ford）运用泰勒的科学管理原理，在汽车移动装配线上进行大规模的流水线生产，使一辆T型车的生产时间由12个多小时减少到一个半小时，在1908—1916年的8年间，生产量扩大了近100倍！其他那些较早采用大规模生产方式的美国企业，如人们所熟知的通用汽车、美国钢铁、标准石油、IBM、AT&T、杜邦、通用电气等，也大多在这一时期成为行业巨头，并进入《财富》500强之列。它们以几乎人人都能买得起的低价格开发、生产、销售、交付产品和提供服务，使美国迅速成为世界经济强国。

但是，20世纪60年代以后，随着客户需求日益多样化，市场竞争日益激烈，新的产品和技术不断出现，大规模生产所赖以存在的稳定的外部条件开始变化，原来以分工为基础的理论开始朝集成（资源整合）方向发展。进入80年代，计算机集成制造、精益生产、敏捷制造、大量定制等日益成为主流的生产方式。

以服务业为例。麦当劳过去一直是将大规模生产运用于服务业的代表。其菜单、食谱、员工制服以及店面都有统一的标准，生产方式也和装配生产的流水线一样。这些都给麦当劳带来了巨大的成功：保证顾客可以在世界上任何一个麦当劳店吃到始终如一的高品质汉堡包和油炸食品。但是，到了20世纪80年代末，麦当劳开始增加菜单上的可选品种。现在，一些麦当劳店的菜单已经至少包括150个不同品种，并且定期更改菜单以迎合当地人的口味。

20世纪90年代以来，随着计算机和网络信息技术的飞速发展与普及，全球经济的一体化进程不断加快，知识在生产要素中的地位日渐突出。生产与运作管理理论正处于一个转折期，酝酿着新的、更大的发展，其中的代表是绿色制造。作为一种综合考虑环境影响和资源效率的现代制造模式，绿色制造是可持续发展在制造业的体现，将改变以生产为导向的生产活动方式，求得人类、社会和自然的协调发展（天人和谐）。

二、不同生产方式的特点比较

不同生产方式的特点比较详见表1-1，图1-1则反映了生产与运作管理模式的变革过程。

表1-1 不同生产方式的特点比较

生产方式	劳动者	劳动工具	劳动对象	劳动信息
手工生产	全能技工，体力、脑力劳动者不分	简单手工工具	多样化、个性化	与劳动者不分离
大量生产	体力劳动者技能次要，脑力劳动者具有专业知识	机器体系构成的刚性流水线	单一、重复	通过技术文件、生产指令传递
精益生产	多技能工人和精打细算的管理者	机器体系构成的有柔性的流水线	多种型号规格，开始强调服务	通过看板控制系统指挥生产

续表

生产方式	劳动者	劳动工具	劳动对象	劳动信息
集成制造	知识重要性上升，操作技能次要，出现知识工人	电脑、数控设备、柔性制造系统、计算机集成制造系统、网络通信设施	多品种、小批量产品和服务，重复性低	通过 MRPⅡ（制造资源计划）实现企业内信息集成
敏捷制造	知识重要性上升，操作技能次要，知识工人比例增大	电脑、数控设备、柔性制造系统、计算机集成制造系统、电子商务系统	一样一件的生产和服务，不重复	通过 ERP（企业资源计划）和网络实现企业间信息集成
大量定制	知识重要性上升，操作技能次要，知识工人为主体	电脑、数控设备、柔性制造系统、计算机集成制造系统、电子商务系统	个性化产品和服务，标准化模块	通过网络实现制造商与顾客交互，顾客参与产品设计、制造、装配过程
绿色制造	知识重要性上升，操作技能次要，知识工人为主体	电脑、数控设备、计算机集成制造和拆卸系统、电子商务系统	包括报废处理过程的个性化产品和服务	需求信息、制造信息和环境信息集成

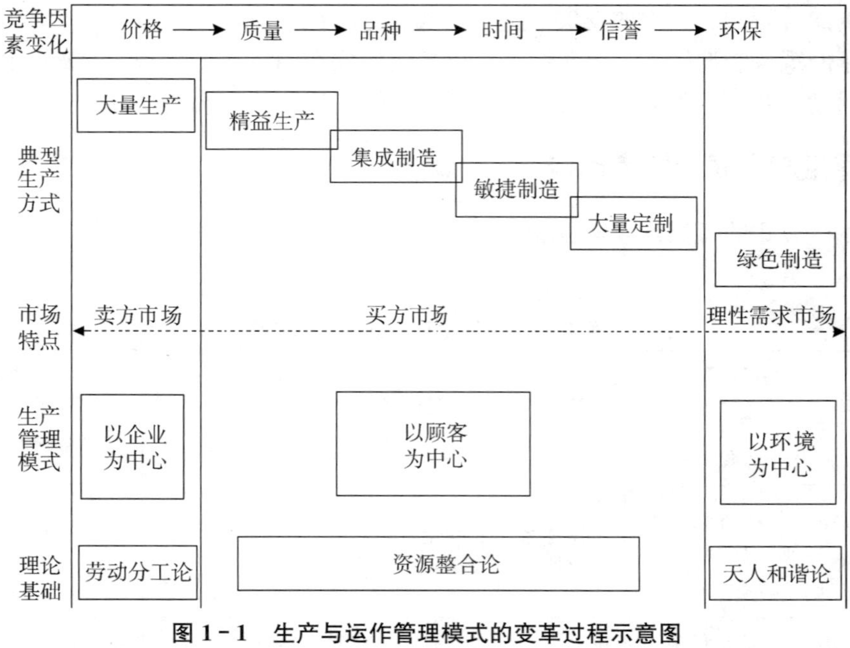

图 1－1　生产与运作管理模式的变革过程示意图

从图 1－1 可以看出，如果说大量生产的流水线是劳动分工论的杰作，计算机集成制造是资源整合论的产物，那么，绿色制造则是天人和谐论的创新所在。

参考资料1-1

福特与斯隆

（一）亨利·福特

自1903年建立福特汽车公司后的几年内，亨利·福特的目标非常明确，就是要为大众制造汽车，制造工人都买得起的汽车。正如同行们称亨利·福特是“疯狂的亨利”一样，亨利·福特制定的目标与当时一般人的观念相去甚远。那个时候，汽车是富人专有的玩具，虽然很有趣，但是价格昂贵，性能也谈不上稳定可靠。汽车制造还只是一门手艺，采用手工制作，一次只能生产一辆。

经过多年的精心研制，亨利·福特终于造出了自己梦想中的汽车。这种T型车坚固结实、容易驾驶，售价是825美元。第一年，也就是1908年，他们就卖出了1万多辆。这当然仅仅是个开始。亨利·福特不断削减各种成本，到1912年，T型车的售价降到了575美元，这也是汽车售价第一次低于人们的年均收入。1913年，福特汽车的年销量接近25万辆。

亨利·福特的目标决定了他的战略，他的战略又决定了公司的结构、规模和范围，为大众制造的汽车必须让人们买得起，那就意味着必须是一种规模经济，是一种大规模生产。T型车的售价越便宜，买得起的人就越多；购买T型车的人越多，每辆车的平均成本也就会越低。

其中具有突破性的改进就是建立了装配线。1908—1912年间，装配线的建立让汽车售价降低了30%。福特在参观芝加哥一家屠宰厂的时候受到了启发，当时他看到肉品切割生产线上的电动车将屠宰后的生猪送到每位工人面前，工人只切割事先指定部位的肉品。装配线的建立，让福特汽车公司拥有了明显的效率优势，远远超过了竞争对手。到了1914年，福特汽车公司的13 000名工人生产的汽车超过26万辆。那一年，其他所有汽车制造商总共生产了28.7万辆汽车，仅仅比福特汽车公司多出10%，但是它们的工人数量是福特汽车公司的5倍，大约有66 000人。

将自己的生产线限定为只制造T型车，这让亨特·福特的梦想有可能成为现实。每个环节和程序都经过了分析，层层分解为最简单的部分，实施标准化生产，这些措施促进了效率最大化，将成本控制到了最低限度。结果，就形成了一个高度专业化的生产系统，每一环节只完成一项工作，但这种系统制造的产品却非常好。

与亨利·福特的战略相对应，福特汽车公司也是典型的命令和支配型的。每个环节都由最高层决定，由福特本人发布命令，实行垂直管理，集中组织起来。毫无疑问，在福特汽车公司，权力的界限是很明晰的。

1920年，美国经济出现衰退，汽车的需求量也减少了。由于福特汽车的成本很低，因此福特汽车公司能够将自己汽车的价格再降低25%。通用汽车公司却无法像福特汽车公司那样去做，销售额急剧下滑。到1921年，福特汽车的销量占据了整个市场的55%，而通用汽车的销量仅占整个市场的11%。

（二）斯隆的反击

亨利·福特的T型车正式投放市场的那一年，威廉·杜兰特成为别克公司的总裁。他将一些独立的汽车和汽车配件生产商联合起来，成立了通用汽车公司。在收购凯迪拉克公司和雪佛兰公司之后，他继续按照自己的思路去做。不过，通用汽车公司内部各公司之间仍然相互竞争，就像它们要同福特汽车公司竞争那样。杜兰特组建了我们熟悉的通用汽车公司，但是他从来没有想出如何将通用汽车内部各公司真正组合成为一个生产整体的方法。

这项工作落在了比杜兰特更为著名的继任者身上，他就是阿尔弗雷德·斯隆。20 世纪 20 年代前期，斯隆明白通用汽车不能与福特汽车公司的低成本T型车展开竞争。不过，如果他将雪佛兰汽车定位为不只是普通的交通工具，情况又会怎样呢？通过增加标准配置，如发动机启动装置，通用汽车公司就可以让雪佛兰汽车的价位高于福特汽车，并为消费者提供超值产品。而且，通用汽车公司根据人们经济状况的不同，提供“满足各类钱袋、各种要求”的汽车。产品多样化、消费者分层化是斯隆为通用汽车公司制定的新战略。

斯隆的想法的确不错，但是，让通用汽车公司各种品牌的汽车满足不同消费者的需求，说起来容易，做起来却很难：它需要在公司结构设计上进行大幅度改进，因为这意味着通用汽车公司要同时朝两个方向发展。一方面，生产可以满足不同消费者需求的汽车；另一方面，让汽车价格能够为人们所接受，让各种汽车有共有的配件就显得非常重要，因此就要考虑生产线的兼容性。

斯隆通过建立新的组织结构以及多事业部的公司解决了上述难题。用他自己的话来说，这种方式代表了一种“恰当的中间状态”，就是让公司的管理处于像福特汽车公司那样的高度集中与通用汽车公司的过于松散之间。他将整个公司分解，每个分公司负责某些特定的消费者群，让有关产品和营销的决策更加敏锐。他又设立了一个强大的专业办公中心协调各分公司之间的关系，包括确定不同消费层次的市场，制定适宜的实施方法，帮助它们在产品设计和购销方面完成非常重要的经济指标。如果没有这样的中心协调机构，人们可能还是买不起通用汽车公司的汽车。斯隆的机构设置让通用汽车公司开始关注市场营销以及生产和设计的经济指标。

在今天看来，斯隆的改革稀松平常，实在普通不过，但在当时，这具有革命性意义。如果人们只想得到福特汽车公司生产的T型车，而且永远只想得到T型车，那么，福特汽车公司高度集中的管理体系或许就会长期占据主导地位，因为那是生产T型车的最佳途径。但是，福特汽车公司的管理体系只关注公司内部事务，也就是生产本身。斯隆的设计结构则让通用汽车公司更加贴近市场，适应性更强，也能够不断成长和发展。

在斯隆的领导下，1940 年通用汽车公司的市场份额上升到了 45%，福特汽车公司的市场份额则下跌到了 16%。

资料来源：玛格丽塔，斯通．什么是管理．北京：电子工业出版社，2003：109-113.

第 2 节　生产与运作的基本内容

管理心法

你在苏联大学毕业了，但学到的只是书本上的知识，只是知识的一半，这是不完全的。你还需要上另一个大学，去学另一半知识。这个大学中国过去没有，外国也没有，它就叫“劳动大学”。

——《毛泽东传》(1893—1949)

……人类的生产活动是最基本的实践活动，是决定其他一切活动的东西。人的认识，主要地依赖于物质的生产活动，逐渐地了解自然的现象、自然的性质、自然的规律性、人和自然的关系……一切这些知识，离开生产活动是不能得到的。

——《毛泽东选集》(第一卷)

一、 生产与运作的定义

生产与运作是人们创造产品或服务的有组织的活动过程。从一般意义上说，生产与运作是把投入的资源（生产要素）按照特定要求转换为产出（产品和服务）的过程。例如：医院输入的是病人、医务人员、药品和各种医疗设施，进行检查、手术、用药等一定的治疗之后，输出的是康复者；饭店输入的是食材、厨师、服务员和饥饿的顾客，通过美味的食物、周到的服务，输出的是满意的顾客等。虽然不同行业有各不相同的工作，但都可以分为投入、转换和产出三个部分，其具体内容如表 1-2 所示。

表 1-2　生产与运作的内容

投入（生产要素）	转换（生产过程）	产出（生产结果）
生产对象 生产手段 生产劳动 生产资金 生产信息	形态转换 场所转换 时间转换	产品（有形） 服务（无形）

（一）生产要素

在表 1-2 中，投入所对应的生产要素即人们通常所说的经济资源，根据不同用途，有不同的划分方法。在本书中，根据它们在生产与运作功能中所起的基本作用，可分成以下五类。

1. 生产对象

生产对象即生产与运作活动的作用目的物。一般可分为主要材料（原材料、毛坯、外购配件等）和辅助材料（不直接形成产品的消耗材料，如水、电、煤气、照明等）。在制造业中，它们在生产或制造过程中将被全部消耗掉，其费用（材料成本）将全部摊入产品成本。

2. 生产手段

生产手段即作用于生产对象，将其转变成产出物的手段。一般可分为直接手段和间接手段两种。前者包括机器设备、动力设施、运输和储存设施等，直接作用于生产对象；后者包括场地、道路、厂房等不直接作用于生产对象的设施。

3. 生产劳动

生产劳动即生产与运作活动中所需的劳动能力，它是每个劳动者用于生产活动的体力、脑力和智力的总和。由于生产与运作是劳动者集体按照一定分工协作方式协同进行的活动，因此，生产劳动是在一定的劳动体制中投入的生产活动。

4. 生产资金

为了顺利进行生产，还需要有资金的投入，即要有资金去购买生产要素才能使它们成为企业所拥有的资源。购买各种生产要素的费用就是生产与运作成本。成本是生产要素的价值形态。

5. 生产信息

生产信息即生产与运作活动中所应用的各种知识、经验、技术、方法和数据资料等，是一种无形的资源。随着科学技术的飞速进步，信息的作用越来越重要。在某些高技术产品中，信息资源所创造的价值一般占产品价值的 80%，而其成本只占产品总成本的 20%。所以，最大限度地掌握和利用信息资源是当今企业提高生产率、增强获利能力的主要途径。

（二）生产过程

生产过程一般分为形态转换、场所转换和时间转换三种。形态转换是指通过物理、化学、生物等变化过程，按照特定要求对生产要素进行处理、加工，形成一定效用的过程。而场所转换和时间转换是指对生产要素进行空间变换（如地点转移）和时间变换（如进行保管），如交通运输、电信服务等，其目的是将低价值的生产要素转换成高价值的产出。

（三）生产结果

生产结果是输出有形的产品或无形的服务，实现价值的增值（获取利润）。

与有形的产品相比，一般来说，服务具有以下特点。

（1）无形性。这是服务的最主要特点，即服务的空间形态不固定。它是在人们的互动中完成的，是一种我们无法将之带回家的行动或行为。例如，当你去电影院的时候，你不能把接受的服务带回家，但你会体验到放松或被感动的感觉。

（2）生产和销售的同时性。指服务的生产和消费在同一时间完成，二者不可分离。消费者要参与服务的生产过程，并在其生产过程中对其进行消费——无法脱离服务的供给而独立地拥有特定服务。这使得人的因素在服务中显得至关重要。

（3）异质性。服务是生产与消费同时发生的过程，即使是同一个人每天在同一地点所提供的同一种服务，其服务的品质、绩效也会因参与的顾客、物理设施甚至是时间等环境的变化而变化。

（4）易逝性。与产品不同，服务不能被储存。这不仅因为其无形性，还因为它囿于生产和消费同时发生的局限——二者无法分离。所以，服务一旦生产出来，就必须被消费，否则就没有任何意义——既不会给消费者带来效用，也不能给生产者带来收益。

生产高质量的产品并提供优质服务是生产与运作管理的精髓。对生产与运作管理人员来说，至少应该具备时代观念、整体观念、寿命周期观念和质量经济观念。

（1）时代观念。时代观念是指生产结果要能够体现出所在国家、地区或行业的经济水平和科技状况。作为物质文明和精神文明的代表，任何企业或组织都应该把握产品和服务的动态变化，跟随时代发展的主流。这是决定产品战略基本格局的起码要求。

（2）整体观念。整体观念是指要从整体上理解、把握、实现产品和服务的功能。简单地说，可以将产品分成三个层次：核心产品（满足使用需要的功能），实体产品（产品所依附的实物或形式，具有特色、式样、品牌、包装等特征），附加产品（产品的售后服务保证、提供信贷、及时交货、运送安装、负责技术培训和产品声誉等）。

（3）寿命周期观念。寿命周期观念是指任何产品和服务都有其投入（导入）期、成长期、成熟期和衰退期。随着现代科学技术的飞速发展，产品和服务的寿命周期逐渐缩短，因此，生产与运作过程也不应是一成不变的。

（4）质量经济观念。质量经济观念是指要对产品和服务质量进行经济分析，生产“适宜质量”的产品和服务，既不能一味追求盈利而忽视产品和服务质量，也不应过于追求“质量至上”而不管成本高低。这里既有道德问题，也有经济问题，是生产与运作管理实际工作中的难题。

二、 生产与运作类型

生产与运作类型又叫生产系统结构类型，是产品和服务的品种、数量、专业化程度等因素在生产与运作系统技术、组织、效益等方面的综合表现。不同的类型所对应的系统结构及其运行机制不同，相应的系统运行管理方法也不同，因此，充分了解所在企业生产与运作类型，了解其运行机制，就成为生产与运作管理的首要任务。

由于生产与运作管理涉及第二产业、第三产业的各种不同行业，而且即使在同一行业中，各企业的生产与运作状况也千差万别，因此，为探求各行业、各企业在管理方面所具有的共同特点，必须以某些因素为标志，如技术特性、市场特性、连续程度、品种与数量的关系、管理特性、工艺特征等。在实际工作中，一般对工业企业的生产与运作有以下几种划分方式。

（一）以生产与运作的技术特性为标志划分

以生产与运作的技术特性为标志，分为装配式生产和流程式生产。

装配式生产是指先分别通过固有的各种加工作业制造出图纸规定的零件，然后通过一定的手段，把它们组合起来，制造成具有特定功能的产品的过程。

流程式生产是指把一种乃至数种原料投入最初工序或接近于最初的工序中，通过使它们共同连续地进行一系列的化学或物理变化进而制成成品的过程。

（二）以产品或服务的市场特性为标志划分

以产品或服务的市场特性为标志，分为订货式生产和存货式生产。

订货式生产就是按照每个顾客所要求的设计、质量、规格等，生产各种具有特定功能的产品的生产类型，如发电设备制造企业、造船厂的生产等。订货式生产的管理重点是保证交货期。

存货式生产，又称估需生产，它不是按照特定顾客的个别要求来生产，而是假定市场是由非特定顾客组成的，并根据生产者的预测，生产出有一定设计标准、质量、规格的产品，并用少品种大量生产来满足市场需求的生产类型。存货式生产的管理以生产及库存量的预测为重点。

（三）以生产与运作的连续程度为标志划分

以生产与运作的连续程度为标志，分为连续式生产和间断（离散）式生产。

连续式生产是指长时期内一直生产一种或少数几种产品的生产类型，如石油化工厂、手表厂、电视机厂等的生产。这类企业产品的工艺流程一般是固定的，多采用专用生产线和装配线。

间断式生产是指产品品种较多，但工艺流程又各不相同的生产类型，如重型机械厂、飞机制造厂等的生产。由于产品设计的变化缺少典型性，这类企业多采用通用设备。

（四）以产品或服务的品种与数量关系为标志划分

以产品或服务的品种与数量关系为标志，分为多品种小批量生产和少品种大批量生产。其中，多品种小批量生产与单件生产类似，少品种大批量生产与大量生产类似。

（五）以管理上的特性为标志划分

以管理上的特性——产品生产重复程度和工作地专业化程度为标志，分为单件生产、成批生产和大量生产。大量生产是指生产品种少但生产量很大的生产类型；单件生产是指每种产品只生产一件或几件，但生产品种繁多的生产类型；成批生产是在生产中轮番更换品种，每种产品形成一定批量的生产类型。从生产品种和生产数量上看，成批生产介于大量生产和单件生产之间，因此，它又可以分为大量大批生产、中批量生产和单件小批生产。

（六）以生产与运作的工艺特征为标志

以生产与运作的工艺特征为标志，分为合成型生产、分解型生产、调制型生产和提取型生产。

合成型生产也叫集中型生产，是指若干种原料、材料，经过若干道工序加工成或合成为一种产品的生产类型，如汽车厂、电视机厂以及某些食品加工厂等的生产。这类企业要求各生产环节必须紧密配合协调。

分解型生产也叫发散型生产，是指从一种原材料中生产出多种产品的生产类型，如炼油厂、焦化厂等的生产。这些企业要求生产系统的装置与设施要严格成套，注重综合利用原材料。

调制型生产是指通过改变加工对象的形状或性能而制成产品的生产类型，如钢铁厂、橡胶厂等的生产。

提取型生产是指从地下、海洋中提取产品的生产类型，如煤矿、油田等的生产。

在实际工作中，一个企业的生产与运作过程可能采用多种方式，具有多种生产类型特征。如机械制造厂的生产属于合成型生产，但兼属调制型生产，如铸造、热处理、电镀等。

在实际工作中经常遇到的是以管理上的特性为标志的划分方法。其依据是产品生产重复程度（一定时期内重复生产同一品种产品的频率）和工作地专业化程度（一个工作地操作者从事同样内容工作的重复程度）。其主要内容如表1-3所示。

表1-3　按照管理上的特性划分的生产类型的特点

项目	生产类型		
	大量生产	成批生产	单件生产
产品种类	一种或少数几种	数十种	不固定
产品数量	多	轮番生产	少
专业化程度(操作者从事的操作种类数)	1～2	10～40	>40
生产周期	短（日）	较长（月）	长（年）
生产效率	高	较低	低
生产成本	低	较高	高
管理重点	标准制定	转换准备	作业控制

关于生产与运作类型，在开始学习阶段，还应注意有形产品和无形服务的差别。制造型生产与服务型生产典型企业如表1-4所示。

表1-4　制造型生产与服务型生产典型企业

生产类型	制造型生产典型企业	服务型生产典型企业
连续生产	化工、炼油	（无）
大量生产	冰箱、彩电	批发、快餐
成批生产	车床、电机	航班、车次
单件生产	轮船、飞机	汽车修理
工程项目	桥梁、水坝	软件开发

在极端情况下，制造型生产与服务型生产的主要区别如表1-5所示。

表1-5　制造型生产与服务型生产的区别

特征	制造型生产	服务型生产
产出形态	产出有形	产出很大程度上是无形的
可接触性	与顾客接触较少	与顾客接触（直接或间接）
实时性	生产与消费分离	服务与消费同时进行
可储存性	产品可储存	服务不可储存
劳动密集	库存满足需求	服务过程满足需求
绩效度量	人-物关系，技术	人-人关系，员工和顾客满意
场所选址	客观性强	主观性强
生产规模	生产率、质量易度量	生产率、质量不易度量
管理方式	不受区域限制	受顾客分布影响

在现实中，很多企业介于上述两个极端之间。例如，在一个餐厅中，顾客既需要食物，也需要服务。

参考资料 1-2

常见的服务业部门

20世纪30年代初，经济学家费希尔（Fisher）首先提出了三次产业的概念。第一产业是指其产品直接取自自然界的产业。第二产业是指对取自自然界的产品进行再加工的产业。它们都是有形物质财富的生产部门。而第三产业则泛称服务业，是围绕第一产业、第二产业和人们生活需要而建立的部门。其产品在大多数情况下是无形的，产品的生产和消费一般同时进行。英国经济学家科林·克拉克（Colin Clark）继承了费希尔的研究成果，对三次产业作了进一步划分，使三次产业的分类方法得到普及。

服务业主要包括为生产服务的部门（生产在流通领域的延伸）、为人们生活提供服务的部门、基础设施服务部门、提供信息服务的部门和政府机关、社会团体等。以下是一些常见的服务业部门。

（1）文化、娱乐服务业。如饭店、餐厅、旅馆、旅行社、度假村、电影院、音乐厅、酒吧、康乐场所以及广播电台、电视台等。

（2）交通运输与通信服务业。如民航、铁路、公路、海洋及内河运输业，邮政、电信及数据信息通信服务业。

（3）保健服务业。如医院、救护中心、疗养院、诊所、眼镜店等。

（4）维修服务业。如机械、电器、车辆的维修，水、气与空调系统的维修，房屋建筑的维修及计算机和网络系统的维修等。

（5）公用服务业。如供电、供水、供气、消防、治安、园林、环境卫生等城镇公用事业服务。

（6）商贸服务业。如商场、商店、商厦等零售企业和批发公司、外贸公司、仓储企业、连锁店等。

（7）金融保险服务业。如银行、保险公司、会计师事务所、房地产公司等。

（8）科教咨询服务业。如各类研究院、研究所、大学、中学、小学、幼儿园、培训中心、设计单位，以及安全、质量、企业管理和法律咨询单位等。

（9）技术服务业。如各种专业技术咨询服务单位，各种试验、化验、检测服务单位以及摄影服务单位等。

（10）行政服务业。如人事、财政等行政机关及军事、警察、法院、检察院和社团机构等。

第3节 生产与运作管理的基本内容

管理心法

你要知道梨子的滋味，你就得变革梨子，亲口吃一吃。

——《毛泽东选集》（第一卷）

> “实事”就是客观存在着的一切事物，“是”就是客观事物的内部联系，即规律性，“求”就是我们去研究。我们要从国内外、省内外、县内外、区内外的实际情况出发，从其中引出其固有的而不是臆造的规律性，即找出周围事变的内部联系，作为我们行动的向导。
>
> ——《毛泽东选集》（第三卷）

一、 生产与运作管理的定义

生产与运作管理是指为实现经营目标，有效利用各种资源，对企业生产与运作过程进行计划、组织、控制，生产、运作出满足社会需要、市场需求的产品或服务的管理活动总称。

管理的原始意思是驯马（意大利语）。关于什么是管理，不同时代、不同知识背景的人有不同的理解。例如：确切了解希望工人干什么，设法使他们用最好、最节约的方法完成任务；实行计划、组织、指挥、协调和控制；通过他人将事情办妥的艺术；一系列的决策活动；设计和保持一种良好的环境，使人们在群体内高效完成既定目标；通过计划、组织、领导和控制诸过程来协调所有资源，达到既定目标；计划、组织、控制职能的连续循环上升过程；等等。因此，管理是一个不断发展的概念。

对生产与运作管理来说，虽然可以定义为关于生产与运作的计划、组织、控制过程，但由于生产与运作种类、过程的快速发展（第三产业的快速发展），它的内涵也在不断扩大，因此生产与运作管理的定义还有待进一步发展、完善。

二、 生产与运作管理的内容

一般来说，生产与运作管理的内容包括系统设计与运行管理两个大的方面。

系统设计是指对厂址选择、工作设计、能力需求规划、工艺流程选择、产品和服务确定、系统设施布置等的决策过程。一般在新建、改建、扩建生产单位或营业场所时进行。系统设计对生产与运作系统的运行具有先天性的决定影响，是生产与运作战略的基本内容之一。

运行管理主要是指生产与运作活动的计划、组织和控制过程。具体包括物料需求计划、总体生产与运营规划、库存管理、作业计划、质量保证、项目管理等内容。

生产与运作管理的内容详见表 1-6。

表 1-6　生产与运作管理的内容

内容	要解决的基本问题
系统设计：	
产品和服务确定	改进和提高产品质量及服务水平的途径
工艺流程选择	企业应采取的生产与运作工艺流程
能力需求规划	中长期生产能力需要量，满足能力要求的最优方案

续表

内容	要解决的基本问题
系统设施布置	部门、设备、生产流程及仓储的最佳配置
工作设计	调动员工积极性的最佳方法，提高生产率的措施
厂址选择	工厂或仓库选址
运行管理：	
总体生产与运营规划	中长期生产任务，对生产能力的长期需求
库存管理	订货批量的大小，订货时机，重点管理的物料
物料需求计划	何时、何部门需要何种原材料、零件、产品
作业计划	最优作业顺序及时间安排，负荷测定，生产设备、设施配置
日常控制	统计、核算，现场调度
项目管理	影响项目工程周期的关键因素，项目的目标制定及管理，资源管理
质量保证	质量保证体系的建立，质量管理标准的建立与实施

上述生产与运作活动的顺利进行，还必须有合理的组织结构来保证。限于篇幅，本教材不作特别介绍。有兴趣的同学可参考相关教材。表1-7中列出了常见的生产与运作管理中的管理层次和管理人员职务，仅供参考。

表1-7　生产与运作管理中的管理层次和管理人员职务

组织水平	制造业	服务业
上层	制造副总裁 地区制造经理	运营副总裁（运输公司） 院长（医院）
中层	工厂经理 计划经理	商店经理（超级市场） 设备经理（批发商）
下层	部门监督 班长 工头	支行经理（银行） 部门监督（保险经理） 领班（酒店）
员工	生产控制员 物料经理 质量经理 采购员 工作方法分析员	系统和过程分析员 采购员 监督员 营养专家（医院） 顾客服务经理

三、生产与运作管理的目标

生产与运作管理的目标是使系统的输出（产品或服务）在质量、成本、时间、柔性等几个方面都取得最优效果。这是一个综合目标。

质量（quality）：质量是一切企业的生存之本。为此，生产与运作系统必须提供达到质量标准的产品和服务，让顾客满意。这是对生产与运作系统绩效的最基本评价。

成本（cost）：成本高低是企业生产与运作系统经济绩效的标志。只有按低于社会的平均劳动消耗成本水平进行生产，企业才可能盈利，才能够发展。

时间（time）：时间目标包括生产周期和交货期两个方面的含义。一是指生产周期短。生产周期短才能赢得时间上的优势，并转化为竞争优势以争取更多的用户。二是指交货准时。企业要在向用户承诺的交货期内准时交货，这样才能维护企业的商业信誉。

柔性（flexibility）：为了在一定的生产率和有效性前提下，在品种和数量上满足用户千变万化的要求，能够在最短的时间内响应市场需求的变化，企业的生产系统必须能够将效率与适应性统一起来，具有较高的柔性。

参考资料 1-3

清洁生产产生的背景

20 世纪 60—70 年代，发达国家经济快速发展，但忽视对工业污染的预防，致使环境污染问题日益严重，公害事件不断发生，生态环境遭到严重破坏，社会反响非常强烈。各国政府开始对环境问题给予极大关注，并采取了相应的环保措施和对策。例如，增加环保投资，建设污染控制和处理设施，制定污染物排放标准，进行环境立法等，以控制和改善环境污染问题，取得了一定的成效。

但是，经过十多年的实践，人们发现，这种仅着眼于控制排污口（末端），使排出污染物通过治理排放达标的办法，虽在一定时期内或在局部地区起到一定的作用，但并未从根本上解决污染问题。其原因在于：

第一，随着生产的发展、产品品种的不断增加以及人们环保意识的不断提高，对工业生产所排污染物的种类检测越来越多。针对污染物（特别是有毒有害污染物）的排放标准越来越严格，因而对污染治理与控制的要求也越来越高。为达到排放的要求，企业要花费大量的资金，这大大增加了治理费用，即便如此，一些要求还是难以达到。

第二，由于污染治理技术限制，治理污染很难达到彻底消除污染的目的。因为一般末端治理污染的办法是先通过必要的预处理，再进行生化处理后排放。而有些污染物是不能生物降解的，只是稀释排放，不仅污染环境，治理不当甚至会造成二次污染。有的治理只是将污染物转移，废气变废水，废水变废渣，废渣堆放填埋，污染土壤和地下水，形成恶性循环，破坏生态环境。

第三，只着眼于末端处理的办法，不仅需要投资，而且使一些可以回收的资源（包含未反应的原料）因得不到有效的回收利用而流失，使企业原材料消耗增高，产品成本增加，经济效益下降，从而影响了企业治理污染的积极性和主动性。

第四，实践证明，预防优于治理。根据日本环境厅的报告，“从经济上计算，在污染前采取防治对策比在污染后采取措施治理更为节省”。例如，就整个日本的硫氧化物造成的大气污染而言，排放后不采取对策所产生的受害金额是现在预防这种危害所需费用的 10 倍。另据美国环保署（EPA）统计，美国用于空气、水和土壤等环境介质污染控制的总费用（包括投资和运行费），1972 年为 260 亿美元（占国民生产总值的 1%），1987 年猛增至 850 亿美元，20 世纪 80 年代末达到 1 200 亿美元（占国民生产总值的 2.8%）。如杜邦公司每磅废弃物的处理费用以每年 20%～30%的速率增加，处理一桶危险废弃物可能要花费 300～1 500美元。如此高的经济代价仍未能达到预期的污染控制目标，末端处理在经济上已不堪重负。

因此，发达国家通过治理污染的实践，逐步认识到防治污染不能只依靠治理排污口（末端）的污染，要从根本上解决污染问题，必须以预防为主，将污染物消除在生产过程之中，实行生产全过程控制。20 世纪 70 年代末期以来，发达国家政府和各大企业集团（公司）纷纷研究开发和采用清洁工艺（少废无废技术），开辟污染预防的新途径，把推行清洁生产作为经济和环境协调发展的一项战略措施。

1976 年，欧共体在巴黎举行“无废工艺和无废生产国际研讨会”，会上提出了“消除造成污染的根源”的思想。1979 年 4 月，欧共体理事会宣布推行清洁生产政策。1984 年、1985 年、1987 年欧共体环境事务委员会三次拨款支持建立清洁生产示范工程。1989 年 5 月，联合国环境规划署（UNEP）工业与环境规划活动中心（IE/PAC）根据 UNEP 理事会会议的决议，制定了《清洁生产计划》，在全球范围内推进清洁生产。该计划强调要面向政界、工业界、学术界人士，提高他们的清洁生产意识，教育公众，推进清洁生产的行动。1992 年 6 月，在巴西里约热内卢召开的联合国环境与发展大会通过了《21 世纪议程》，号召工业提高能效，开发清洁技术，更新替代对环境有害的产品和原料，推动实现工业可持续发展。1992 年 10 月，在巴黎召开了清洁生产部长级会议和高级研讨会，提出“把清洁生产从一种战略推向日常工业实践”。

资料来源：赵媛，郝丽莎，王立山．可持续发展案例教程．北京：科学出版社，2006：246-247.

第 4 节　学习生产与运作管理的目的和方法

管理心法

我们必须向一切内行的人们（不管什么人）学经济工作。拜他们做老师，恭恭敬敬地学，老老实实地学。不懂就是不懂，不要装懂。

——《毛泽东选集》（第四卷）

知识的问题是一个科学问题，来不得半点的虚伪和骄傲，决定地需要的倒是其反面——诚实和谦逊的态度。

——《毛泽东选集》（第一卷）

一、 学习生产与运作管理的目的

首先，作为社会基本单位的企业，其生产与运作活动是企业创造价值、服务社会和获取利润的主要环节。通过“生产与运作管理”课程的学习，可以弄明白产品与服务是如何生产出来的。从人类社会经济发展的角度来看，物质产品的生产、制造除了天然形成（如传统粮食生产）之外，人类能动地创造财富是最主要的活动。工业生产直接决定人们的衣食住行等生活方式，也直接影响农业、矿业等社会其他产业技术装备的能力。而且，随着第三产业的快速发展，与之相关的金融业、保险业、对外贸易业、房地产业、仓储运输业、技术服务业、信息业等服务行业在现代社会生活中所占的比重越来越大，它们在社会财富的创造过程中起着越来越重要的作用，同样是人类创造财富的必要环节。

其次，生产与运作是组织的三个基本职能之一，这对于理解组织职能是必不可少的。对一个工业企业来说，为了实现自己的经营目的，首先要制定一个经营方针，决定经营什么、生产什么。然后，需要准备资金，即进行财务活动，这是企业的财务职能。同时，需要研制和设计产品及工艺，需要购买物料并进行加工制造，即进行生产活动。产品生产出来以后，需要通过销售使价值得以实现，即进行营销活动。销售以后将得到的收入进行分配，其中一部分作为下一轮的生产资金，然后开始下一个循环。为了达到企业的经营目的，以上几项职能缺一不可，其中，生产职能（包括技术职能在内）的重要意义在于它是真正的价值创造过程，是产生企业利润的源泉。

再次，通过“生产与运作管理”课程的学习，可以充分理解生产与运作管理者的职责和作用，只有理解了这一点，才能真正掌握一个管理者所必须掌握的决策技巧。这是因为生产与运作是组织中占用资金最多的部分，企业中任何部门管理人员的管理活动都与此有很大的关系。例如：会计师只有在了解库存管理、资源利用率和劳动标准之后，才能计算出精确的成本数据；财务经理可以用库存和生产与运作能力的概念来确定需要投入的资金量，预测现金流量，对现有资产进行管理；营销经理则需要了解怎样运作才能满足顾客的订货日期，满足顾客对产品或服务的个性化要求（对服务行业而言，市场研究与提供服务往往是同时进行的）；人事经理必须了解工作的设置、工作标准与员工激励方案之间的关系，以及生产与运作工艺要求员工掌握怎样的技术；等等。

最后，生产与运作管理是企业提高竞争力的源泉，有效的生产与运作职能会给企业和有关的管理者带来高额回报。在市场竞争条件下，企业竞争成功与否最终体现在企业所提供的产品或服务上，体现在质量、价格和适时性上。哪个企业的产品质量好、价格低、服务优，又能及时推出，哪个企业在竞争中就能取胜。因此，企业之间的竞争实际上就是企业产品或服务之间的竞争，而企业产品或服务的竞争力，在很大程度上取决于企业生产与运作管理的绩效。从这个意义上来说，生产与运作管理又是企业竞争力的真正源泉。特别是在市场需求日益多样化、顾客要求越来越高的情况下，如何适时适量地提供高质量、低价格的产品，是现代企业经营管理领域最具挑战性的内容之一。20 世纪 80 年代，美国工商界的高层管理者曾经把兴趣更多地放在资本运营、营销手段的开发等方面，而对集中了企业绝大部分财力、设备以及人力资源的生产系统缺乏应有的重视，导致整个生产活动与市场竞争的要求差距越来越大。30 多年来，美国工商界关于制造业和服务业的运作对企业获取竞争优势作用的看法发生了巨大的变化，绝大多数企业意识到生产与运作管理对企业核心竞争力的重要意义，并重新审视生产与运作管理在整个企业经营管理中的地位和作用，开始大力通过信息技术的应用等手段来加强这方面的工作。

二、 学习生产与运作管理的方法

由于生产与运作管理研究范围的广泛性、内容的复杂性和发展的快速性，要学好这门课程，除了要达到其他管理课程的一般性要求之外，还特别要树立起系统的观点，要学会全面地了解、掌握生产与运作管理的具体方法、技术和原理。要做到这一点，不仅需要扎实的理论基础和丰富的实践经验，还需要有一定的悟性，经常揣摩个中滋味。

简单地说，如果把企业比作一个人体模型的话，那么，企业的财务系统就相当于人的血液循环系统；市场营销系统相当于人的四肢；而生产与运作系统则相当于人的心脏。心脏的重要性自不待说。维持心脏高效能运转的方法多种多样。如何以“事前”的预防维护代替“事后”的补救治疗，对“心脏”进行有效的管理？我们可以借鉴全息（自相似）理论，从点、线、面、体等不同层次来理解生产与运作管理活动的整体性。

（一）“点”的管理

“点”对应于工序或作业单元，是生产要素投入产出过程的缩影。对此，应着重于具体事务的管理，做好整理（seiri）、整顿（seiton）、清扫（seiso）、清洁（seiketsu）、素质（shitsuke）等基础性管理活动，即“5S”活动，这是生产与运作管理工作的基础。它们与生产要素（即企业资源）的对应关系为：整理-生产对象、整顿-生产劳动、清扫-生产手段、清洁-生产资金、素质-生产信息。

“5S”是对生产要素所处状态不断进行整理、整顿、清扫、清洁和提高素质（素养）的活动，它在日本企业中广泛实行，被视为“日本现代文明的基石”。本书将在第 8 章对“5S”的内容进行详细阐述。

通过“5S”活动，企业中的每个人都能与周围的环境融为一体，形成一个个整洁有序的点（工序），进而连点成线（生产线）、连线成面（生产现场），从整体上形成良好的生产秩序，从而保证文明生产的实现。

（二）“线”的管理

“线”即生产线，是各个点的有机连接，主要指生产要素在空间上的转移和时间上的占用。在具体的生产与运作组织过程中，一般应同时做好作业进度安排（生产资金）、生产能力平衡（生产手段）、生产标准制定（生产劳动）、库存控制（生产对象）以及生产过程的控制（生产信息）等五项工作。

（1）作业进度安排。将各项活动在时间上加以展开。

（2）生产能力平衡。匹配任务与能力（最薄弱环节）。

（3）生产标准（定额）制定。制定出衡量各项活动绩效的依据。

（4）库存控制。减少原材料、在制品和成品的库存数量。

（5）生产过程的控制。对各项活动的监督、检查、评价、调整。

在实际工作中，上述工作涉及多个部门，并且它们之间互相联系、互相制约，形成复杂的生产现场管理系统，即一般所说的“5P”：人员（people），工厂（plants），零部件（parts），工艺流程（process），计划与控制（planning and control）。

（三）“面”的管理

“面”一般由多条生产线组成，是多个部门共同参与形成的动态管理网络。与各种企业资源相对应，面的管理应该以经营部门（生产信息）为中心，做好与供应（生产对象）、设备（生产手段）、技术（生产劳动）和车间（生产资金）等几个职能部门之间的业务配合工作。计算机在生产与运作系统中应用的效果如何，在很大程度上取决于面的管理有效与否。

（四）“体”的管理

“体”指企业各个部门相互作用而形成的立体管理系统，对应于企业的发展战略。因此，对体的管理应该以长期规划（生产信息）为目标，做好与质量战略（生产手段）、人事战略（生产劳动）、财务战略（生产资金）、市场战略（生产对象）等几个相关综合管理部门之间的战略协调工作。显然，这已经上升到企业的高层管理决策层次。

由此，我们可以看出：以生产要素为核心，企业生产与运作管理过程存在点、线、面、体的有规律的相似性。具体对应关系见表1－8。

表1－8　生产与运作管理相似性对应关系

序号	企业资源	点（基础）	线（职能）	面（综合）	体（战略）
1	对象	整理	库存	供应	市场
2	手段	清扫	能力	设备	质量
3	劳动	整顿	标准	技术	人事
4	资金	清洁	进度	车间	财务
5	信息	素质	控制	经营	规划

中国古代军事家孙子曾说：声不过五，五声之变，不可胜听也；色不过五，五色之变，不可胜观也；味不过五，五味之变，不可胜尝也。根据表1－8所描述的内容，生产与运作管理的复杂程度可见一斑。

随着互联网（internet）和局域网（intranet）的广泛普及，人类财富源泉的资源正在从以原材料、机器设备、资金等有形资产为主转向以无形资产——知识和信息为主，企业的生产与运作管理过程实际上就是一个通过信息的收集、处理，转化为现实生产力并形成财富的过程。因此，为了抓住市场机遇，迎接知识经济的挑战，作为网络经济的载体，生产与运作管理活动必须进行全面、系统的管理：在横向上，可以对点、线、面、体不同层次进行管理；在纵向上，可以针对每个层次各自不同的相应功能进行控制；还可以利用现代网络信息技术，进一步实现纵向与横向的统一，即将不同层次的管理功能、管理模式、管理活动连接为一体，形成网络化的经济系统，体现出供应链系统思想与信息技术的完美结合。这也许是学习好生产与运作管理的捷径所在。

参考资料1－4

哈佛学得到

哈佛商学院的“生产与作业管理”课程告诉学生：尽管日常的基本生产作业决策可以由生产管理专家去完成，但作为公司的总经理，必须知道生产与作业管理是如何与企业的整个经营活动融为一体的。一个企业如果不能在预定的时间以合理的价格为社会提供符合市场需要的产品和服务，那么，即使拥有世界上最卓越的经营战略、最成功的市场营销计划、最强有力的财务管理，那也是白搭。作为经营活动的终点，生产与作业管理远不是满洒浪漫的，它需要实实在在的专业知识和作出复杂决策的能力。

“生产与作业管理”课程同时涉及制造业和服务业的有关生产和作业问题。在第一年的课程中，哈佛商学院的学生们了解到，这门课程的许多概念不仅适用于为工业用户生产以吨计算的冰冷钢铁，也适用于在快餐店为饥饿的顾客提供新鲜汉堡包。

在“生产与作业管理”课程中，学生们要学习以下主要内容：

- 生产流程的图示和分析；
- 各类生产方法的原理、优点和弱点分析；
- 生产能力控制；
- 计划和充分利用现有的生产能力；
- 获得和引进新工艺技术的计划工作；
- 改进现有的生产工艺和产品质量；
- 改进制造-技术战略，以适应公司的总体战略，并与之融为一体。

正如哈佛商学院案例所显示的那样，强有力的生产与作业管理是企业长期成功的关键因素。生产与作业管理是企业经营战略的组成部分这一理念，通过生产与作业管理政策和管理项目，可以转变为有形的产品。生产与作业管理的水平直接影响到一个公司产品的尺寸、形状、数量、质量、价格、利润率和交货期，无论该公司是工业品（例如钢材）生产者、消费品（如汽车）生产者、高科技产品（如计算机等辅助设计设备）生产者，还是服务提供者（如快餐店）。

如果考虑到以下两个因素，合理的生产与作业管理的重要性就更加明显了。

第一，大多数公司都有长期使用的主要生产与作业管理的有关决策及生产体系，这些体系一旦建立起来，就难以改变。建设新的厂房、购置新的设备所花费的资金，以及为培养该体系建成以后的操作人员所付出的成本和时间，意味着即使结果并非百分之百令人满意，也必须尽量避免将来可能的变动。

第二，一旦生产体系建立起来，就意味着将来必定要为社会生产新的产品或提供新的服务。同时还要考虑到引进生产体系的适用性，因为任何生产体系都有它的优点和不足。

如果一个公司建立在大批量、低成本生产的基础上，那它将很难进入为较多客户定制服务的商业领域，同样，一个专门生产小批量、多品种定制产品的公司，也将难以成功地争取到大批量的订货，例如，许多将经营业务建立在小批量、高质量、手工制作基础上的鞋业制造商发现，它们难以在以大批量生产为基础的中低档细分市场上与外国制造商进行竞争。

从这些事实中可以明显看出，有效的生产与作业管理对大多数企业的经营活动来说都是关键的成功因素。有关生产和作业管理的问题应由公司决策的最高层适当地加以安排，生产与作业管理计划也应采用最好的方法，由最优秀的管理人员作出，这样才能与公司的总体经营战略方针融为一体。

在生产与作业管理的案例和课堂讨论中，学生们要设身处地地扮演以下人物，去处理特殊的生产作业难题：

- 你是一个钢铁制造企业的生产部主管，公司要求你去了解涉及高度自动化、大批量生产流程每个阶段的有关成本，以确定最佳的生产工艺、产品价格和产品组合策略。

• 你是一个特许经营快餐连锁店的老板，你必须充分掌握本店的作业流程，以便在高度忙碌的午餐时间也能够提高服务质量。

• 你是一个气候温暖的著名旅游胜地的项目经理，需要按上级领导的要求在制定长期战略的同时，设法为旅游胜地网球业务增加短期利润。因为过去这项业务在一年中有8个月不能得到充分利用，而在冬天的4个月中又过于繁忙。

• 你是一个实施大批量生产的造纸企业的执行副总裁，公司总裁要求你在尽可能多的领域内，监督公司的计算机技术的引进情况以增加利润，并保持公司在造纸行业的领先地位。

可见，进行生产与作业管理决策并不只是生产装配线上的作业长、车间主任、生产管理专家和技术人员的事，公司高层的决策者也会面临同样的选择。

资料来源：杨杜，闻洁，申明．哈佛学得到．北京：企业管理出版社，1996：167-172.

关键术语

生产与运作　生产与运作类型　生产与运作管理　生产与运作管理的目标

小　结

生产与运作管理是指为实现经营目标，有效利用各种资源，对企业生产与运作过程进行计划、组织、控制，生产、运作出满足社会需要、市场需求的产品或服务的管理活动总称。它是随着近代产业革命的发展而出现的一门实践性很强的管理学科，其内容主要包括系统设计和运行管理两个方面。生产与运作管理的目标是使系统的输出（产品或服务）在质量、成本、时间、柔性等几个方面都取得最优效果。因此，加强系统观点是学好这门课程的关键所在。

思考题

1. 结合日常生活，提出10个有关生产与运作管理的问题。

2. 试列举出产品与服务的不同之处（5条以上）。

3. 如何理解生产与运作管理的重要性?

4. 为什么生产与运作管理只涉及第二产业、第三产业，而不涉及第一产业?

5. 根据表1-2的划分，企业生产与运作管理的类型可以有多少种? 试举出每种类型的实际例子。

6. 简述各种纸质图书与e-book（电子书）在生产方式上的区别。

7. 对中式快餐店与麦当劳店、肯德基店进行比较，试分析它们的不同之处。

8. 北方彩印公司准备引进先进的企业资源计划（ERP）系统，其中一项非常重要的前期准备工作是选择ERP软件，而确定企业的生产类型是进行这项工作的前提。为此，某咨询公司特地派人到生产现场查看。结果，该咨询公司新来的小王发现北方彩印公司的生产计量单位为“米”，即每天（每周、每月）的产量为“某某方便面袋”若干米、“某某洗衣粉袋”若干米等。由于小王习惯于机械制造企业的生产类型划分，对北方彩印公司的这种生产类型一时不知如何确定。你能根据所学理论，清楚地说明该企业的生产类型吗？

案例讨论　富爸爸的故事

从前有一个奇异的小村庄，村子里除了雨水没有任何水源，但人们认为这是他们生活的好地方。为了彻底解决这个问题，村里的长者决定对外签订一份送水合同，以便每天都能有人把水送到村里。结果有两个人愿意接受这份工作。于是，村里的长者把这份合同同时给了这两个人。因为他知道，一定的竞争既有利于保持低价，同时又能确保水的供应。

得到合同的两个人中有一个叫艾德，他立刻行动起来。他买了两只镀锌的大号钢桶，每日奔波于相距几里的湖泊和村庄之间。用桶从湖中打水并运回村庄，再把打来的水倒在村民们修建的一个结实的大蓄水池中。每天他都必须起得比其他村民早，以便当村民需要时，蓄水池中已有足够的水供他们使用。由于起早贪黑地工作，艾德很快就开始赚到钱。尽管这是一项相当艰苦的工作，但是艾德很高兴。因为他能不断地赚钱，并且他对能够拥有两份专营合同中的一份而感到满意。

另外一个获得合同的人叫比尔。然而令人奇怪的是，自签订合同后，比尔就消失了。几个月来，人们一直没有看见过比尔。这令艾德兴奋不已，由于没有竞争者，他赚到了所有的水钱。

比尔干什么去了呢？原来他没有像艾德那样买桶自己干。相反，他做了一份详细的商业计划，凭借这份计划找到了四位投资者，他们和他一起开了一家公司，并雇了一位职业经理。6 个月后，比尔带着一个施工队和一笔投资回到了村庄。花整整一年时间修建了一条由村庄通往湖泊的大口径的不锈钢管道。

在隆重的竣工典礼上，比尔宣布他的水比艾德的水更干净！因为他知道，有许多人抱怨艾德的水中有灰尘。比尔还宣称，他能够每天 24 小时，每周 7 天不间断供水，而艾德却只能在工作日送水，因为他在周末同样需要休息。同时，比尔还宣布：对这种品质更高、供应更为稳定的水，他收取的费用比艾德低75%！村民们欢呼雀跃，奔走相告，并立刻要求从比尔的管道上接水龙头。

为了与比尔竞争，艾德也立即将水价降了 75%，并且又买了两个桶。为了减少灰尘，每个桶都加上了盖子。为了提供更好的服务，他雇两个儿子帮忙，以便通过倒休在夜间和周末也能工作。当他的儿子要离开村庄去上学时，他深情地对他们说："快回来吧，因为有一天这份工作将属于你们。"

由于种种原因，他的儿子上完学后没有回来。艾德不得已雇了帮工，可又遇到了令他头疼的工会问题。工会要求他付更高的工资，提供更好的福利，并要求减轻劳动强度，允许工会成员每次只送一桶水。

此时，比尔却在思考：如果这个村庄需要水，其他有类似环境的村庄一定也需要水。于是，他重新制订了他的商业计划，开始向全国甚至全世界的村庄推销他的快速、大容量、低成本，并且卫生的送水系统。虽然每送一桶水他只赚 1 便士，但是每天他能送几十万桶水！无论他自己是否工作，几十万人都要消费这几十万桶水，而所有这些钱都进入了比尔的银行账户中。显然，比尔不但修建了使水流向村庄的管道，而且修建了一个使钱流向自己钱包的管道！

资料来源：清崎，莱希特．富爸爸财务自由之路．北京：电子工业出版社，2003：序言．

讨论：

此时的艾德在想些什么？他又该怎么办？

分析要点：

案例的核心问题是不同生产方式的比较。可以按照时间顺序分析艾德和比尔二人的收入和成本变化，采取量化分析（可对案例中的运水距离、运水量和相关成本进行假设）。而且，要联系自来水行业的现实。

课外阅读资料

资料一

日清管理（OEC管理）基本概念

1．日清（OEC）管理的定义

OEC是overall every control and clear的缩写，其中：

O——overall（全方位）；

E——every（one，day，thing）（每人、每天、每事）；

C——control and clear（控制和清理）。

OEC管理的含义是全方位地对每人、每天所做的每件事进行控制和清理，做到“日事日毕，日清日高”。今天的工作今天必须完成，今天的效果应该比昨天有提高，明天的目标要比今天的目标高。

具体地讲，就是企业每天的事都要有人管，做到控制不漏项，所有的人均有管理、控制的内容，并依据工作标准对各自的控制项目按规定的计划执行，每日把实施结果与预定的计划指标进行对照、检查、总结、纠偏，达到对事物全系统、全过程、全方位的控制，确保事物向预定的目标发展。做到总账不漏项、事事有人管、人人都管事、管事凭效果、管人凭考核。

如果用一句话来解释OEC管理，即：

OEC管理就是日事日毕，日清日高。

OEC管理就是把复杂的问题简单化，简单的事情重复做。

OEC管理就是每个员工责任权利都明确、两书一表（岗位说明书、作业指导书、日清表）都规范的基础管理。

OEC管理就是一种真正使企业利润倍增的本土化管理模式，一种真正使过程有效执行的管理工具，一种真正使工作目标、过程、激励、考核有效结合的管理体系。

OEC管理就是每人、每天、每事都执行到位。

OEC管理就是对问题“三不放过”，即找不出责任人不放过，找不出问题发生原因不放过，找不出问题的解决措施不放过。

OEC管理就是不断发现并解决问题。

OEC 管理就是有目标、有计划、有执行、有检查、有考核、有总结。

OEC 管理就是一切以效果为导向，拒绝任何理由和借口。

…………

2. OEC 管理的思想基础——斜坡球体论

…………

3. OEC 管理的核心——以变制变

市场唯一不变的法则就是永远在变。因此，企业所有的工作必须围绕最终的市场，有明确的市场终极目标，根据永远在变的市场，瞄准国际最先进水平，以变制变，不断提高工作的目标。

4. OEC 管理的两个基本工作方法

（1）日清工作法。

内容——当日工作当日清，班中控制班后清，员工自清为主、组织清理为辅。

三本账——单位管理工作总账（企业年度方针目标展开实施对策表），部门管理工作分类账（分厂、各部门年度方针目标展开实施对策表），员工个人管理工作明细账（工作控制日清台账）。

三张表——日清表（由两部分组成：一是在每个工作现场设立的大表，将其质量、设备、工艺、生产计划、物耗、劳动纪律和文明生产等方面的实际情况每两小时由巡检人员填写登记一次；二是职能人员对上述几个方面进行巡检时所做的记录及每天的日清栏考核评价意见，对每天日清栏的全部情况进行汇总及评价，以备存档查询），3E 卡（3E 为“每人”“每事”“每天”三个英文单词的首字母缩写。3E 卡将每个人每天的工作要素量化，每天由员工自我清理、计算日清内容并填写记录和检查确认，月底由车间主任和职能管理员汇总兑现计件工资）和现场管理日清表（由各级管理者在下班以后进行清理时填写，主要是对例行管理的受控情况进行清理及分析，及时找出存在问题的原因及责任人，提出修整意见，不断提高受控率）。

（2）区域管理法（定置管理法）。

集中体现在 6S 管理中：

整理（seiri）；

整顿（seiton）；

清扫（seiso）；

清洁（seiketsu）；

素质（shitsuke）；

安全（safety）。

5. OEC 管理的三个基本原则

第一，闭环原则。凡事要善始善终，必须有 PDCA（计划—实施—检查—处理）循环过程，达到螺旋式上升的目的。

第二，比较分析原则。纵向与自己的过去比；横向与同行业比，与同类企业比，与相关部门比，与其他员工比。认识到没有比较就没有发展的道理。

第三，不断优化原则。根据木桶理论，找出弱项，并不断改进，以期提高全系统的水平。

6. OEC管理的三个构成体系

目标体系——企业发展的提升力；

日清体系——企业发展的止动力；

激励体系——企业发展的向心力。

7. OEC管理的六个管理方法

岗位管理工作法——根据市场的需要设立岗位，人员竞争上岗；

班组管理工作法——将班组分成不同等级，按等级转换，待遇不同；

分厂管理工作法——将分厂作为生产实体，内部职能部门细化；

职能部门工作法——职能部门以服务为主；

经营决策工作法——确保市场链流程高速有效运转；

全员激励工作法——每个人都是一个创新的SBU（战略业务单元），相应的激励方法包括：三工转换、升迁、发明奖励等。

8. OEC管理的九个要素——5W3H1S

干什么工作都要考虑：

标准——what；

地点——where；

进度——when；

责任人——who；

目的——why；

方法——how；

数量——how much；

成本——how much cost；

安全——safety。

资料来源：杨克明．OEC管理——中国式执行．北京：中国经济出版社，2005：22-35.

资料二

《中国制造2025》

制造业是国民经济的主体，是立国之本、兴国之器、强国之基。18世纪中叶开启工业文明以来，世界强国的兴衰史和中华民族的奋斗史一再证明，没有强大的制造业，就没有国家和民族的强盛。打造具有国际竞争力的制造业，是我国提升综合国力、保障国家安全、建设世界强国的必由之路。

新中国成立尤其是改革开放以来，我国制造业持续快速发展，建成了门类齐全、独立完整的产业体系，有力推动了工业化和现代化进程，显著增强了综合国力，支撑我国的世界大国地位。然而，与世界先进水平相比，我国制造业仍然大而不强，在自主创新能力、资源利用效率、产业结构水平、信息化程度、质量效益等方面差距明显，转型升级和跨越发展的任务紧迫而艰巨。

当前，新一轮科技革命和产业变革与我国加快转变经济发展方式形成历史性交汇，国际产业分工格局正在重塑。必须紧紧抓住这一重大历史机遇，按照“四个全面”战略布局要求，实施制造强国战略，加强统筹规划和前瞻部署，力争通过三个十年的努力，到新中国成立一百年时，把我国建设成为引领世界制造业发展的制造强国，为实现中华民族伟大复兴的中国梦打下坚实基础。

《中国制造2025》，是我国实施制造强国战略第一个十年的行动纲领。

一、发展形势和环境

（一）全球制造业格局面临重大调整

新一代信息技术与制造业深度融合，正在引发影响深远的产业变革，形成新的生产方式、产业形态、商业模式和经济增长点。各国都在加大科技创新力度，推动三维（3D）打印、移动互联网、云计算、大数据、生物工程、新能源、新材料等领域取得新突破。基于信息物理系统的智能装备、智能工厂等智能制造正在引领制造方式变革；网络众包、协同设计、大规模个性化定制、精准供应链管理、全生命周期管理、电子商务等正在重塑产业价值链体系；可穿戴智能产品、智能家电、智能汽车等智能终端产品不断拓展制造业新领域。我国制造业转型升级、创新发展迎来重大机遇。

全球产业竞争格局正在发生重大调整，我国在新一轮发展中面临巨大挑战。国际金融危机发生后，发达国家纷纷实施“再工业化”战略，重塑制造业竞争新优势，加速推进新一轮全球贸易投资新格局。一些发展中国家也在加快谋划和布局，积极参与全球产业再分工，承接产业及资本转移，拓展国际市场空间。我国制造业面临发达国家和其他发展中国家“双向挤压”的严峻挑战，必须放眼全球，加紧战略部署，着眼建设制造强国，固本培元，化挑战为机遇，抢占制造业新一轮竞争制高点。

（二）我国经济发展环境发生重大变化

随着新型工业化、信息化、城镇化、农业现代化同步推进，超大规模内需潜力不断释放，为我国制造业发展提供了广阔空间。各行业新的装备需求、人民群众新的消费需求、社会管理和公共服务新的民生需求、国防建设新的安全需求，都要求制造业在重大技术装备创新、消费品质量和安全、公共服务设施设备供给和国防装备保障等方面迅速提升水平和能力。全面深化改革和进一步扩大开放，将不断激发制造业发展活力和创造力，促进制造业转型升级。

我国经济发展进入新常态，制造业发展面临新挑战。资源和环境约束不断强化，劳动力等生产要素成本不断上升，投资和出口增速明显放缓，主要依靠资源要素投入、规模扩张的粗放发展模式难以为继，调整结构、转型升级、提质增效刻不容缓。形成经济增长新动力，塑造国际竞争新优势，重点在制造业，难点在制造业，出路也在制造业。

（三）建设制造强国任务艰巨而紧迫

经过几十年的快速发展，我国制造业规模跃居世界第一位，建立起门类齐全、独立完整的制造体系，成为支撑我国经济社会发展的重要基石和促进世界经济发展的重要力量。持续的技术创新，大大提高了我国制造业的综合竞争力。载人航天、载人深潜、大型飞机、北斗卫星导航、超级计算机、高铁装备、百万千瓦级发电装备、万米深海石油钻探设备等一批重大技术装备取得突破，形成了若干具有国际竞争力的优势产业和骨干企业，我国已具备了建设工业强国的基础和条件。

但我国仍处于工业化进程中，与先进国家相比还有较大差距。制造业大而不强，自主创新能力弱，关键核心技术与高端装备对外依存度高，以企业为主体的制造业创新体系不完善；产品档次不高，缺乏世界知名品牌；资源能源利用效率低，环境污染问题较为突出；产业结构不合理，高端装备制造业和生产性服务业发展滞后；信息化水平不高，与工业化融合深度不够；产业国际化程度不高，企业全球化经营能力不足。推进制造强国建设，必须着力解决以上问题。

建设制造强国，必须紧紧抓住当前难得的战略机遇，积极应对挑战，加强统筹规划，突出创新驱动，制定特殊政策，发挥制度优势，动员全社会力量奋力拼搏，更多依靠中国装备、依托中国品牌，实现中国制造向中国创造的转变，中国速度向中国质量的转变，中国产品向中国品牌的转变，完成中国制造由大变强的战略任务。

二、战略方针和目标

（一）指导思想

全面贯彻党的十八大和十八届二中、三中、四中全会精神，坚持走中国特色新型工业化道路，以促进制造业创新发展为主题，以提质增效为中心，以加快新一代信息技术与制造业深度融合为主线，以推进智能制造为主攻方向，以满足经济社会发展和国防建设对重大技术装备的需求为目标，强化工业基础能力，提高综合集成水平，完善多层次多类型人才培养体系，促进产业转型升级，培育有中国特色的制造文化，实现制造业由大变强的历史跨越。基本方针是：

——创新驱动。坚持把创新摆在制造业发展全局的核心位置，完善有利于创新的制度环境，推动跨领域跨行业协同创新，突破一批重点领域关键共性技术，促进制造业数字化网络化智能化，走创新驱动的发展道路。

——质量为先。坚持把质量作为建设制造强国的生命线，强化企业质量主体责任，加强质量技术攻关、自主品牌培育。建设法规标准体系、质量监管体系、先进质量文化，营造诚信经营的市场环境，走以质取胜的发展道路。

——绿色发展。坚持把可持续发展作为建设制造强国的重要着力点，加强节能环保技术、工艺、装备推广应用，全面推行清洁生产。发展循环经济，提高资源回收利用效率，构建绿色制造体系，走生态文明的发展道路。

——结构优化。坚持把结构调整作为建设制造强国的关键环节，大力发展先进制造业，改造提升传统产业，推动生产型制造向服务型制造转变。优化产业空间布局，培育一批具有核心竞争力的产业集群和企业群体，走提质增效的发展道路。

——人才为本。坚持把人才作为建设制造强国的根本，建立健全科学合理的选人、用人、育人机制，加快培养制造业发展急需的专业技术人才、经营管理人才、技能人才。营造大众创业、万众创新的氛围，建设一支素质优良、结构合理的制造业人才队伍，走人才引领的发展道路。

（二）基本原则

市场主导，政府引导。全面深化改革，充分发挥市场在资源配置中的决定性作用，强化企业主体地位，激发企业活力和创造力。积极转变政府职能，加强战略研究和规划引导，完善相关支持政策，为企业发展创造良好环境。

立足当前，着眼长远。针对制约制造业发展的瓶颈和薄弱环节，加快转型升级和提质增效，切实提高制造业的核心竞争力和可持续发展能力。准确把握新一轮科技革命和产业变革趋势，加强战略谋划和前瞻部署，扎扎实实打基础，在未来竞争中占据制高点。

整体推进，重点突破。坚持制造业发展全国一盘棋和分类指导相结合，统筹规划，合理布局，明确创新发展方向，促进军民融合深度发展，加快推动制造业整体水平提升。围绕经济社会发展和国家安全重大需求，整合资源，突出重点，实施若干重大工程，实现率先突破。

自主发展，开放合作。在关系国计民生和产业安全的基础性、战略性、全局性领域，着力掌握关键核心技术，完善产业链条，形成自主发展能力。继续扩大开放，积极利用全球资源和市场，加强产业全球布局和国际交流合作，形成新的比较优势，提升制造业开放发展水平。

（三）战略目标

立足国情，立足现实，力争通过“三步走”实现制造强国的战略目标。

第一步：力争用十年时间，迈入制造强国行列。

到2020年，基本实现工业化，制造业大国地位进一步巩固，制造业信息化水平大幅提升。掌握一批重点领域关键核心技术，优势领域竞争力进一步增强，产品质量有较大提高。制造业数字化、网络化、智能化取得明显进展。重点行业单位工业增加值能耗、物耗及污染物排放明显下降。

到2025年，制造业整体素质大幅提升，创新能力显著增强，全员劳动生产率明显提高，两化（工业化和信息化）融合迈上新台阶。重点行业单位工业增加值能耗、物耗及污染物排放达到世界先进水平。形成一批具有较强国际竞争力的跨国公司和产业集群，在全球产业分工和价值链中的地位明显提升。

第二步：到2035年，我国制造业整体达到世界制造强国阵营中等水平。创新能力大幅提升，重点领域发展取得重大突破，整体竞争力明显增强，优势行业形成全球创新引领能力，全面实现工业化。

第三步：新中国成立一百年时，制造业大国地位更加巩固，综合实力进入世界制造强国前列。制造业主要领域具有创新引领能力和明显竞争优势，建成全球领先的技术体系和产业体系。

…………

三、战略任务和重点

…………

四、战略支撑与保障

…………

各地区、各部门要充分认识建设制造强国的重大意义，加强组织领导，健全工作机制，强化部门协同和上下联动。各地区要结合当地实际，研究制定具体实施方案，细化政策措施，确保各项任务落实到位。工业和信息化部要会同相关部门加强跟踪分析和督促指导，重大事项及时向国务院报告。

资料来源：国务院关于印发《中国制造 2025》的通知.（2015-05-19）. http://www.gov.cn/zhengce/content/2015-05/19/content_9784.htm.

02

Chapter

第2章

生产与运作战略管理

引 例　麦当劳：从大批量生产中取得战略优势

在不到50年的时间里，麦当劳只用一份以汉堡包和法式炸薯条为主的菜单，引发了一场世界范围的饮食革命。今天，麦当劳在全球的销售额高达300亿美元。取得这一成功的“烹调配方”很简单：清晰地表达，然后严格地制作和销售。

麦当劳的食物并没有什么新奇或独到之处，它的配方也没有什么专利权。麦当劳今天是这样，1955年雷·克洛克创立第一家麦当劳餐厅时也是这样。对麦当劳来说，竞争优势来自在快餐业中制作最固定不变、最标准化的食品，来自比别人更高的效率，杰出的制作和服务在每一天、每一餐都能满足顾客的期盼。让我们看看麦当劳是如何做到这一点的。

麦当劳把制作汉堡包的方法完全写入文件之中，里边没有一点不可言传的知识。在一份长达750页的详细说明手册中，麦当劳预见到了制作汉堡包过程中的每一个细微之处。约翰·洛夫向我们讲述了他在麦当劳工作时公司手册中的操作说明：

> 手册里特别规定了各种产品的烹调时间，为各种设备设定了温度。它规定每种食品的标准成分，甚至强调每个汉堡包要放1/4盎司洋葱，每磅奶酪要切成32片。手册明确规定了法式炸薯条应该切出的厚度和角度。手册讲述了生产流程并明确指出各种工作的要求和操作方法……例如，烘焙师在往烤箱中摆放肉饼时要从左向右，每个烤架上摆6排，每排6块肉饼。由于前两排肉饼距电热丝最远，手册指示烘焙师给肉饼翻面时要先翻第3排，然后是第4排，之后依次是第5排、第6排，最后再翻前两排。

麦当劳靠它的大批量生产能力，使制作的汉堡包高度标准化，它在全世界1.4万多家连锁店中，每年售出上千亿个几乎一模一样的汉堡包。想想看，在一个容易受到原料、设备、温度、个人技能以及外观轻微变化所影响的饮食企业中，麦当劳几乎完美地在重复制造同样的产品！麦当劳依靠它的实践知识确实改造了快餐和饮食业，同时也改变着全社会。

麦当劳成功的最核心因素是什么呢？

资料来源：维克托，博因顿．创新的价值——实现增长和盈利的最大化．北京：新华出版社，2000：63-65.

长期以来，生产与运作管理的目的一直被认为仅仅是降低成本和提高劳动生产率，很少有企业将生产与运作管理看成是获得竞争优势的源泉。直到20世纪70年代以后，由于全球范围的激烈竞争（主要来自日本的汽车和家电行业），生产与运作的战略问题才被人们逐渐认识、重视。随着时间的推移，其重要性日益增加。

第1节 企业战略概述

管理心法

马克思主义者看问题，不但要看到部分，而且要看到全体。

——《毛泽东选集》（第一卷）

学习战争全局的指导规律，是要用心去想一想才行的。因为这种全局性的东西，眼睛看不见，只能用心思去想一想才能懂得，不用心思去想，就不会懂得。

——《毛泽东选集》（第一卷）

战略是一个具有悠久历史的军事术语，本意是指对战争全局的谋划和指导，泛指在军事或政治对抗条件下，克敌制胜的智慧和艺术。在现代市场经济中，竞争和过去的战争有很多相似之处，被称为“没有硝烟的战争”。因此，企业的经营可以借用相关的军事战略理论。如对一个企业来说，其战略就可以描述为“行动的总规则以及为实现总体目标而作的重点部署与资源安排”。

一、企业战略的市场条件

企业战略源于不确定市场环境条件下的激烈竞争。企业为顺应环境变化，谋求并发展其竞争优势，必然要制定相应的基本方针，并对其重要资源配置作出谋划。美国未来学家托夫勒（A. Toffler）曾这样描述战略的重要性：“对没有战略的企业来说，就像是在险恶气候中飞行的飞机，始终在气流中颠簸，在暴风雨中沉浮……”

其实，企业经营从来都是在一个不确定的环境里存在的，但这并不意味着经营决策就是摸彩撞大运。因为大多数问题都是逐渐由不确定转向确定，这个过程是有规律可循的。市场条件不确定的程度，可以分为四个层次，对应于不同的不确定层次，有不同的决策方式。

第一层次：前景清晰明确。管理人员完全可以获取有关信息，将不确定性变为确定性，能对前景进行精确预测，提出应对战略。一般对应于成熟或比较成熟的自由竞争市场。

第二层次：有几种可能的前景。尽管分析有助于确定结果出现的概率，人们却很难预测到会出现哪个结果，从而影响战略决策的实施。例如，在寡头垄断市场，主要的不确定性是竞争对手的产量扩大计划，它会对行业定价和盈利水平产生显著的影响。

第三层次：有一定变化范围的前景。人们只能确定未来情境的大致变化范围，实际结果可能存在于此范围中的某一点，不存在离散的情境。如进入新兴行业或新地区市场的企业，常会遇到这种情形。

第四层次：前景完全不明。不确定环境的各个部分相互作用，使得环境实际上无法预测。这种情形虽然很少出现，但确实存在。如伴随新技术出现的新兴市场，决策者进入时将面临技术、需求、法律法规等多种不确定因素，所有这些因素都以不可预测的方式相互作用，但是，随着时间的推移，原来不确定的因素会逐渐明朗，不确定性就会向第三层次或第二层次转变。

经验表明，战略问题至少有一半是属于第二层次或第三层次的，其余的多数属于第一层次。由此可知，“知己知彼，百战不殆”绝非虚言。

二、 企业战略的层次

在拥有多个事业部、分公司或分厂的大企业或企业集团中，一般存在三个战略层次，即公司战略、经营战略、职能战略。

公司战略，是指涉及企业总体和长远发展方面的战略。主要探索能为企业多种经营活动制定有利的战略组合的途径。一般侧重分析和预测经营环境，制订远景规划，确定发展方向和资源配置等。

经营战略，也称事业部战略或分公司战略。一般发生在事业部层次，重点是提高公司产品或服务在其所处的具体行业或细分市场中的竞争地位。事业部可以围绕同一类产品，如家用电器产品，组建战略经营单位。

职能战略，是指企业市场营销、生产与运作、研究与开发等职能领域的战略。其重点是使资源的生产率最大化。根据各个企业的具体特点，可以划分为许多具体的职能战略，如产品战略、质量战略、财务战略、市场战略、营销战略、人力资源战略、文化战略、科技战略等。

三、 企业战略管理的内容

企业战略管理一般包括制定战略、实施战略、成果评价与控制三个基本步骤。

（一）制定战略

制定战略的过程又称战略规划，一般包括规定使命、制定方针、设定目标、确定战略等内容。

（1）规定使命：在通过企业内外部环境分析，认清自己优势、劣势的基础上，确定企业的宗旨。

（2）制定方针：制定指导企业活动的总则。

（3）设定目标：规定预期要达到的效果。

（4）确定战略：鉴别、选择采取的战略或战略组合。

（二）实施战略

战略实施阶段的主要任务是通过建立相应的组织机构，配置企业资源，确保实现企业战略的各项活动有效进行。

（三）成果评价与控制

成果评价与控制是指在战略实施过程中，对得到的成果和业绩进行评价，并将有关信息及时反馈，确保对各项活动的有效控制，能够根据变化的情况适时对原来的战略进行修正。

参考资料 2-1

武藏曲线

从 2004 年度《制造业白皮书》来看，有两个令人关注之处。一个是在对不到 400 家制造业企业进行调查时，对于在“研究”“开发·设计·试制”“制造·组装”“销售”“售后服务”等业务阶段（工程）中，“哪一个业务阶段的利润率最高”的问题，得到的结果是“制造·组装”利润率最高的企业非常多。另一个令人关注之处，就是指出了材料产业是日本“优势的源泉”。

在从事“制造·组装”的企业（360 家）中，有 44.4%的企业回答“制造·组装”的利润率最高。之后是“销售”（325 家）占 30.8%，“售后服务”（257 家）占 10.5%，“开发·设计·试制”（335 家）占 8.4%（如图 2-1 所示）。

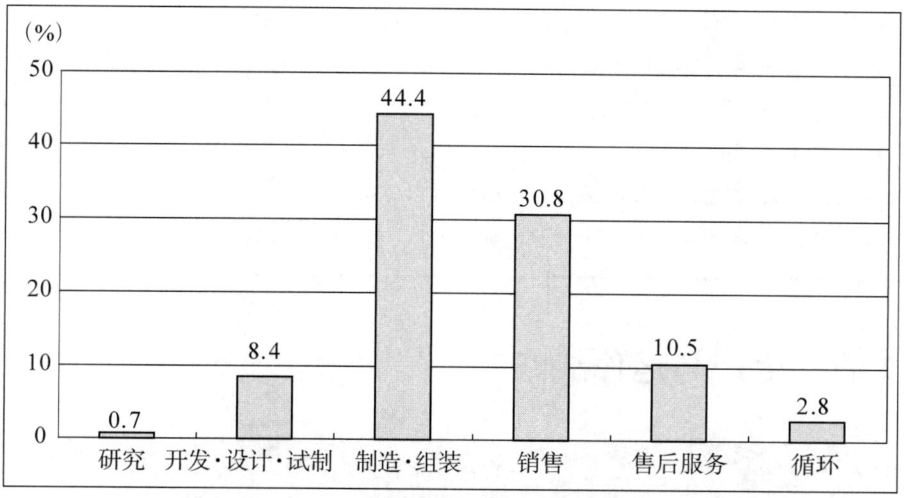

图 2-1 “哪一个业务阶段的利润率最高”调查结果

通常，以业务流程作为横轴而绘制出的利润率曲线就是著名的“微笑曲线”（smile curve）。因为在绘制出的曲线中，“制造·组装”的利润率最低，整个曲线酷似微笑的嘴巴。但此次的调查结果却绘出了完全相反的曲线，反而是“制造·组装”的利润率最高，成了所谓的“武藏曲线”（指和微笑曲线相反的拱形曲线），如图 2-2 所示。

《日经制造》早在 2004 年 10 月的特辑中，就指出了武藏曲线的重要性，2004 年度《制造业白皮书》的调查结果也证明了其准确性。武藏曲线是由索尼中村研究所的所长中村末广命名的。之所以将其命名为武藏曲线，主要是因为日本剑圣宫本武藏曾创造了名为二刀流的剑道，此曲线一刀掌握了市场的变化确定出最佳的出货，另外一刀对材料和零部件进行最佳采购，这两刀可以减少库存从而改善收益，就如同二刀流。施展此剑道时的初始姿势，即是左右手各持一把刀，此时两把刀所合成的形影就像是一个拱桥，与此曲线相近，所以此曲线得名武藏曲线。

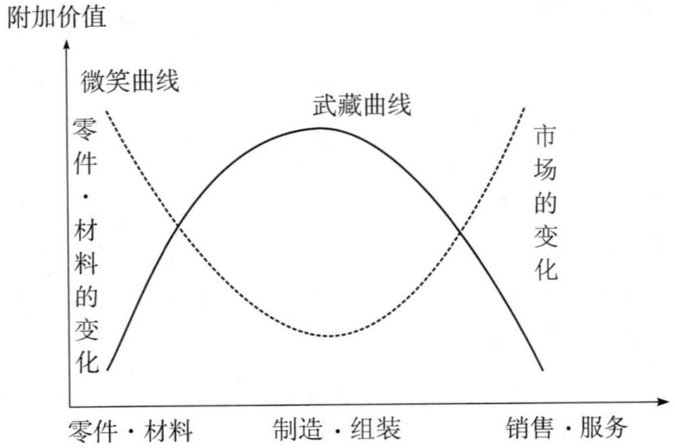

图2-2 武藏曲线示意图

在2004年度《制造业白皮书》中，还发表了对不同行业中哪一个业务阶段利润率最高进行调查的结果，回答“制造·组装”利润率最高的行业是汽车行业，回答比例超过了66.7%。另外，在对中小企业进行同样的提问时，回答“制造·组装”的也高达63.1%。这表明尤其是在制造领域中，有许多企业认为其他公司根本无法模仿的材料成型·加工技术等才是利润率的源泉。

资料来源：什么是日本制造业致胜的模式？——从制造业白皮书看部材产业的竞争力．(2008-04-11)．http://www.chinavalue.net/General/Blog/2008-4-11/54321.aspx.

第2节　生产与运作战略

管理心法

两军相争，一胜一败，所以胜败，皆决于内因。胜者或因其强，或因其指挥无误，败者或因其弱，或因其指挥失宜，外因通过内因而引起作用。

——《毛泽东选集》（第一卷）

集中兵力看来容易，实行颇难。人人皆知以多胜少是最好的办法，然而很多人不能做，相反地每每分散兵力，原因就在于指导者缺乏战略头脑，为复杂的环境所迷惑，因而被环境所支配，失掉自主能力，采取了应付主义。

——《毛泽东选集》（第一卷）

生产与运作战略是指企业根据所选定的目标市场和产品特点，在构造生产系统时所应遵循的指导思想，以及在这种指导思想下的一系列决策、规划及计划。生产与运作战略属于企业战略中的职能战略层次，它要回答在什么时候构造什么类型的生产与运作系统，在什么时候开发什么样的产品生产技术和工艺流程，以及生产产品或提供服务所应遵循的作业流程等问题。其核心是生产系统的设计。

一、 生产与运作战略的发展历程

生产与运作战略的出现和发展是市场竞争全球化的结果。联系生产与运作管理的发展历史，我们可以看出生产与运作战略正沿着表 2-1 所示的脉络发展着。只有详细了解过去，才能准确预测未来。这是学好生产与运作战略的关键所在。

表 2-1　20 世纪 60—90 年代生产系统的发展变化特点

	60 年代	70 年代	80 年代	90 年代
竞争焦点	成本	市场	质量	时间
生产与运作战略特点	大批量生产；成本极小化；系统稳定；产品集中	内部职能协调、集成；整个商品化过程协调	强化工序控制；物资周转快；建设世界级生产系统	新产品投入快；应变能力强；新型组织形成

其中，20 世纪 60 年代和 90 年代的生产系统特点的差别可见表 2-2。

表 2-2　20 世纪 60 年代和 90 年代生产系统主要特点对比

20 世纪 60 年代生产系统特点	20 世纪 90 年代生产系统特点
低成本、稳定的质量、标准产品	成本适中、高质量、定制产品
统一的市场	多元化细分市场
稳定的需求	需求分化
产品生命周期长	产品生命周期短
产品开发周期长	产品开发周期短
以操作效率为主	以整个过程效率为主
规模经济	规模经济加范围经济
大批量	单件任意批量
刚性生产	柔性生产
管理费用高	管理费用低
库存大，按计划生产	无库存，按订单生产
高成本多样化	低成本多样化
缺乏对工人技能的投入	对工人技能的高利用和高投入
管理者和雇员之间的关系差	联盟意识
创新与生产相分离	创新与生产相结合
与供应商的关系差	与供应商相互依存
忽略了很多客户的需求	对变化的客户需求快速响应

战略管理的实质是以“与众不同”来换取未来的收益。在表 2-2 中，最实质的变化是 20 世纪 90 年代的生产系统具有依照顾客的订单，任意批量制造产品和提供服务的能力。这需要企业改进生产设备、工艺流程及管理方式，以实现更小规模和更低成本的生

产。简单地讲，其特点即是“零库存、高柔性（多品种）、无缺陷”。这是精益生产或敏捷生产方式的主要特点。

二、生产与运作战略的主要内容

生产与运作战略的内容一般包括产品、质量、库存、工厂选址、布局、采购、生产流程、人力资源、计划（排程）、设备维护等十大方面。本书将在不同章节对这些内容作简要的介绍。表2-3是制造业企业生产战略决策的主要内容。

表2-3　制造业企业生产战略决策的主要内容

决策范围	决策内容	可供选择的方法
工厂、车间及设备	制造流程范围 工厂规模 厂址选择 车间内部布置 投资方向 设备选择 工艺装备形式	自行制造、外包或外购 一个大车间或几个小车间 靠近市场或原材料产地 工艺专业化、对象专业化或混合原则 厂房设备，科研、技术储备，或人员培训 通用设备、专用设备或数控设备等 临时性少量生产工艺装备或批量生产装备
生产计划与控制	库存策略 库存量大小 质量控制 控制内容	保险库存或缓冲库存 高库存或低库存 高质量、高可靠性或低成本 最少的劳动消耗、成本，或最大产出、利用率
人力资源管理	员工专业化程度 管理人员选择 工资形式 管理监督形式	高度专业化或非专业化的综合化 受过技术训练的一线人员或非技术性的管理人员 工资等级划分详细程度，工资内容组成、形式 严格或松散
产品设计和工艺	生产线规模 设计稳定性 技术风险性 流程设计形式	针对大量顾客或少数顾客 不作更改或根据订货更改 使用新技术或采取追随技术 集中统一自行设计，联合、委托或分包
组织与管理	组织形式 人员组织 执行方式	按产品、工艺阶段或地理条件建厂或车间 按工段或班组组织生产 管理复杂程度，决策民主程度

对服务型企业来说，表2-3的内容也基本适用，但与生产型企业相比，其战略内容在竞争的不同阶段变化较大。表2-4说明了服务型企业的服务质量、新技术应用、员工管理和现场管理等重要的战略管理要素在不同竞争阶段的变化情况。

表2-4　服务型企业运营战略要素变化过程

	坐等服务	上门服务	优势服务	世界级服务
主要特点	顾客不得已光顾，运作只是一种反应	顾客被动接受，运作平庸，没有激情	顾客根据声誉选择企业，企业自行优化运营系统	不仅满足顾客要求，而且提供竞争对手能力以外的服务
服务质量	处于次要地位	部分满足顾客需要	超过顾客需要	提高顾客期望值

续表

	坐等服务	上门服务	优势服务	世界级服务
新技术应用	只在危及企业生存时采用	只在可以减少成本时采用	当承诺提高服务质量时才采用	被认为是超过竞争者的源泉
员工管理	消极约束	按工作需要约束	允许双向选择	培养创新精神
现场管理	监督控制工人	控制工序	倾听顾客意见	引导工人改进工作

三、 生产与运作战略的决策过程

由于生产与运作战略是企业战略的一个职能战略，因此，其制定过程应在企业总体战略的基础上进行。按照《孙子兵法》的观点，这是一个“先胜而后求战”的过程，对企业发展具有事半功倍的效果。图 2－3 是生产与运作战略决策的简要制定过程，仅供参考。

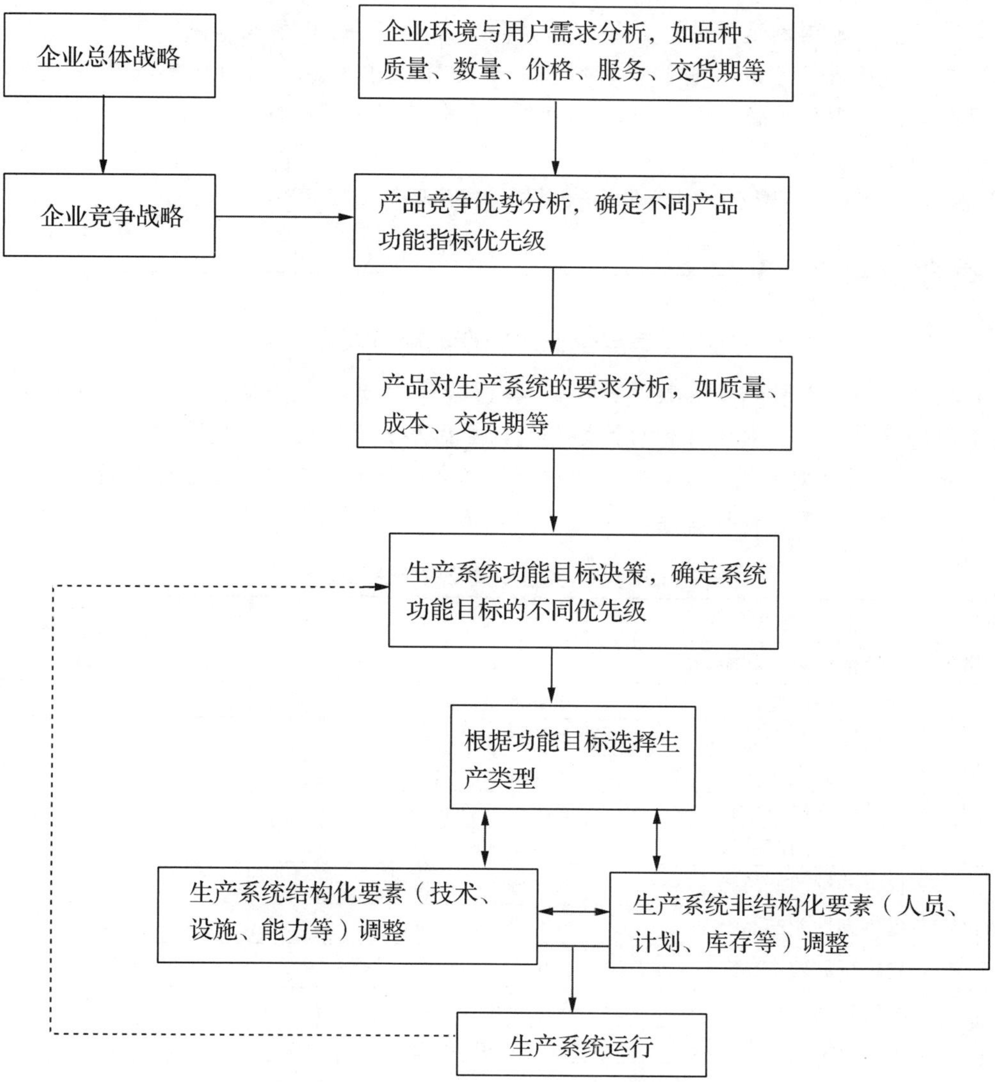

图 2－3　生产与运作战略决策的制定过程

参考资料 2-2

战略性的作业管理

美国制造业在第二次世界大战中的成功经验，使制造业企业的经理们相信生产中的难题已经被征服了。因此，他们把精力集中在其他领域，如金融和营销方面。20 世纪 40 年代末期至 70 年代中期，制造业的活动一直被轻视，仅有偶然的例外（如航天工业）。高层管理者对生产问题很少关注，管理者遇到这类问题也总是回避。因此，美国制造业在市场上的领导地位就衰退了。

与此同时，当美国的管理者忽视其经营中生产方面的问题时，日本、德国及其他国家的管理者抓住机会，大力发展现代的和计算机辅助的设备，即完全将制造业的作业管理与战略计划决策问题结合在一起。竞争对手的成功使世界制造业的领导地位重新排列。例如，美国市场上外国制造商的产品不仅价廉而且质优。在 70 年代末期，美国制造商面临了一次真正的危机，不过，它们中有相当一部分作出了反应：通过大笔投资改进生产技术；提高生产经理的地位；开始把现有和未来的生产需求问题与组织的整体战略计划结合在一起……

资料来源：罗宾斯．管理学：第 4 版．北京：中国人民大学出版社，1997：527.

参考资料 2-3

美国企业的制造战略分类

制造战略的分类可以依据其产生过程来进行，即首先确定竞争次序及制造目标，然后针对不同的竞争次序，对各种行动计划分类，从而形成不同的竞争战略。

1996 年，通过对美国 1 306 家企业进行问卷调查得到了各种竞争变量次序、制造目标和行动计划的项目及重要性排序，如表 2-5、表 2-6 和表 2-7 所示。

表 2-5　竞争变量及重要性调查

项目	竞争能力	符号	平均重要性
价格	低价格竞争盈利能力	low price	5.74
柔性	设计中快速变化	design change	5.18
	快速导入新产品	MPI	5.49
	容量快速变化	volume change	5.09
	产品混合快速变化	mix change	5.38
	提供较宽的产品线	broad line	5.39
质量	提供持续的低故障率	conformance quality	6.52
	提供高性能产品	performance quality	5.99
	提供可靠的产品	reliable	6.30
分销	提供快速分销	fast delivery	5.69
	提供可信的分销承诺	on time delivery	6.33

续表

项目	竞争能力	符号	平均重要性
服务	提供有效的售后服务	after sale services	5.47
	提供有效的产品支持	product support	5.68
	使产品容易得到	distribution	5.52
	使产品和服务顾客化	customize	5.52

表 2-6 制造目标及重要性调查

制造目标	符号	权重
提高一致性质量	conformance	6.04
较低单元成本	unit cost	5.71
提高安全性	safety	4.38
减少制造提前期	MFG lead time	5.15
增加能力	increase capacity	3.80
减少处理的提前期	procure time	4.91
减少新产品开发周期	NPD time	5.55
较低材料成本	material cost	5.48
减少管理成本	overhead cost	5.59
提高直接劳动生产率	DL productivity	4.96
增加最终产出	throughput	5.31
较少供应商数量	reduce vendors	4.44
提高供应质量	vendor quality	5.77
较少库存	inventory	5.31
提高分销的可靠性	delivery reliability	5.31
提高分销速度	delivery speed	4.92
提高适应产品快速混合的能力	mix change	4.68
提高实现快速容量变化的能力	volume change	4.45
减少平衡点数量	break even point	4.93
提高员工忠诚度	loyal	5.07
最大化现金流	cash flow	5.09
提高环境安全和保护	environment	4.68
减少能力	reduce capacity	2.42
提高产品或者材料标准	standardization	4.52
改善劳动关系	labor relation	4.18
提高白领生产率	WC productivity	4.96
提高现有设备制造产品的范围	product range	4.05
迎合财务目标	financial goals	4.84
改善售前服务和技术支持	presale service	4.16
改善售后服务	after-sales service	4.40
改变制造组织的文化	culture change	5.30
增进内部职能部门间的交流	inter-functional communication	5.52
增进与外部的交流	external communication	5.13
减少转换时间	change over time	4.78

表 2-7 行动计划及重要性调查

改善行动计划	符号	权重
授予员工较大范围的任务和权力	enlargement (enrichment)	5.46
基于活动的成本管理	ABC	3.87
制造重组	MFG：reorganization	4.27
员工培训	worker training	5.41
管理培训	MGMT training	5.12
领导培训	supervisor training	5.23
计算机辅助制造	CAM	4.16
计算机辅助设计	CAD	4.63
价值分析	value analysis	4.27
内部功能工作团队	teams	5.19
质量功能展开	QFD	5.02
新产品的新工序	new process (NP)	4.98
老产品的新工序	old process (OP)	4.11
制造信息系统	IS manufacturing	5.00
跨部门信息系统	IS inter-functional	4.99
修理工厂	reconditioning	3.68
准时制	JIT	4.91
机器人	robots	2.54
柔性制造系统	FMS	4.03
面向制造的设计	DFM	4.95
统计质量控制	SQC	5.40
工厂邻近布置	plant closing	3.05
质量环	QC	3.52
生产库存控制系统	PIC system	4.55
从外部雇用新员工	new skills hire	3.78
将制造战略与企业战略联系起来	MFG strategy	5.60

资料来源：孙林岩，汪建．先进制造模式——理论与实践．西安：西安交通大学出版社，2003：36-38.

第 3 节 生产与运作系统设计

管理心法

尽管往后变化难测，愈远看愈渺茫，然而大体的计算是可能的，估计前途的远景是必要的。那种走一步看一步的指导方式，对于政治是不利的，对于战争也是不利的。

——《毛泽东选集》（第一卷）

我们的战略是“以一当十”，我们的战术是“以十当一”，这是我们制胜敌人的根本法则之一。

——《毛泽东选集》（第一卷）

生产与运作系统设计是生产与运作战略的基本内容之一，也是生产与运作管理的主要内容之一，是生产与运作系统运行的前提。生产与运作系统设计主要包括产品和服务的确定、工艺流程选择、能力需求规划、系统设施布置、工作设计、厂址选择等方面的内容。限于篇幅，我们只集中介绍厂址选择、生产与运作类型的选择和生产与运作系统的设施布置等内容，其余内容散见于本书的其他章节，这里不作专门介绍。

一、厂址选择

对一个企业来说，选择地址是生产与运作系统启动的第一步，它对企业以后的经营结果具有决定意义。特别是对跨国公司来说，公司各部门的选址是其全球价值链的重要组成部分，各部门位置的确定对跨国公司既定战略的实施更具有直接的影响。图2-4是企业全球价值链（部分）的一种极端形式的示意图，表明企业的各项经营活动所在的优势区位。

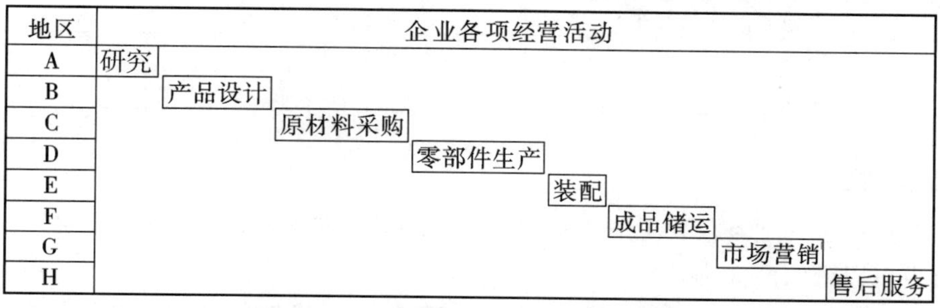

图2-4 企业全球价值链（部分）示意图

（一）选址考虑的因素

对服务型企业来说，选址是其收益的主要决定因素；而对工业企业来说，选址是其成本的主要决定因素。因此，不同企业在选址时所考虑的因素是不完全相同的。表2-8是企业选址决策需要考虑的一般性因素。

表2-8 企业选址决策需要考虑的一般性因素

层次	主要因素	考虑事项举例
区域	原材料位置	邻近程度，运输的方式和成本，可获取的数量
	市场位置	邻近程度，销售成本，目标市场，交易惯例及规则
	劳动力	年龄分布，工作态度，能力，薪资水平，有关法律
社区	生活质量	住房，交通，购物，娱乐，生活费用
	服务水平	医疗，消防，治安
	社区态度	积极或消极
	税收	国家与地方，直接或间接
	环保法规	国家与地方
	公共设施	成本及可用性
地点	发展支持	税收减免，低息贷款，授权
	用地	土壤特性，发展要求，相关成本
	运输	铁路，公路，航空

值得说明的是，在具体的选址过程中，应具体问题具体分析。不同性质、类型的企业，选址的依据不同；相同性质、类型的企业在其发展的不同时期，选址依据也可以有所

不同。表 2-9 是 1973 年和 1993 年对影响美国企业区位选择的主要因素的调查结果。

表 2-9　影响美国企业区位选择的主要因素

排列顺序	1973 年	1993 年
1	环境方面的考虑	接近消费者和客户
2	劳动力供应与质量	接近州际高速公路
3	公用设施的可得性	较低的房地产价格
4	交通尤其是高速公路	熟练工人的供应
5	向农村和郊区扩散	能与政府官员保持较好的联系
6	社区对工业的态度	较低的工资水平
7	低成本融资	合理稳定的设施收费率
8	土地的供应与费用	较低的生活费用
9	市场	较低的税率
10	税收	文化和娱乐设施

(二) 选址的方法

由于在厂址选择上不仅要考虑成本因素，还要考虑非成本因素，因此，在具体厂址选择方法上也可以分为两大类。

(1) 以考虑成本因素为主的方法，如盈亏平衡法、线性规划法、直接推断法、重心法、引力模型法、运输模型法、费用比较法等。其中，盈亏平衡法的应用见例 2-1。

[例 2-1] 某公司准备建新厂，有在不同地区的甲、乙、丙三套方案可供选择。由于各地的原材料成本、运输成本、土地费用等方面的差异，产品成本结构有很大不同。各方案的成本预计如下。

甲方案：固定成本 60 万元/年，产品变动成本 44 元/件。

乙方案：固定成本 130 万元/年，产品变动成本 27 元/件。

丙方案：固定成本 250 万元/年，产品变动成本 15 元/件。

试确定不同生产规模下的最优决策。

解　根据题中条件，可以先画出示意图（见图 2-5）。

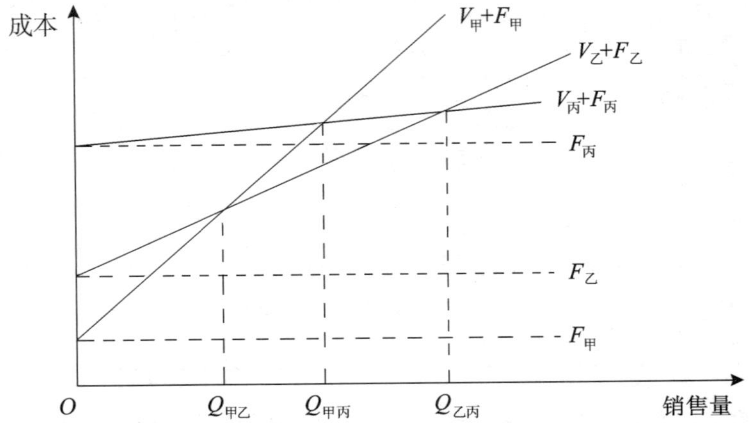

图 2-5　例 2-1 盈亏平衡法应用示意图

从图 2-5 可以看出，甲、乙、丙的总成本被 $Q_{甲乙}$、$Q_{甲丙}$ 和 $Q_{乙丙}$ 的对应点分为四个部分。在 $OQ_{甲乙}$ 区间，丙方案的成本高于乙方案，乙方案的成本又高于甲方案，即甲方案最优；在 $Q_{甲乙}Q_{甲丙}$ 区间，丙方案的成本高于甲方案，甲方案的成本又高于乙方案，即乙方案最优；在 $Q_{甲丙}Q_{乙丙}$ 区间，甲方案的成本高于丙方案，丙方案的成本又高于乙方案，即乙方案最优；而在 $Q_{乙丙}$ 右侧区间，甲方案的成本高于乙方案，乙方案的成本又高于丙方案，即丙方案最优。这样，只要求出 $Q_{甲乙}$ 和 $Q_{乙丙}$ 就可以确定决策方案。

在 $Q_{甲乙}$，甲、乙方案成本相同，即

$$V_{乙}+F_{乙}=V_{甲}+F_{甲}$$

可求得

$$Q_{甲乙}=\frac{F_{乙}-F_{甲}}{V_{甲}-V_{乙}}=4.12\text{（万件/年）}$$

同理可求得

$$Q_{乙丙}=\frac{F_{丙}-F_{乙}}{V_{乙}-V_{丙}}=10\text{（万件/年）}$$

所以，最后的决策应该为：规模小于 4.12 万件/年时，选择甲方案；规模在 4.12 万件/年～10 万件/年之间时，选择乙方案；规模大于 10 万件/年时，选择丙方案。

（2）综合考虑成本因素和非成本因素的方法。主要有德尔菲法、分级评分法、积点法、位置量度法、因素评分法等。其中，因素评分法是国外比较常用的方法。它由挑选相关因素、确定适当权数、计算各种方案总分、择优录取等步骤组成。表 2-10 是一个公司应用因素评分法选择厂址的实例。

表 2-10 厂址选择决策的因素评分法

评价标准	选定最大值	可供选择的地点					
		A	B	C	D	E	F
生活条件	100	70	40	45	50	60	60
市场接近性	75	55	35	20	60	70	70
工业化	60	40	50	55	35	35	30
劳动力可供性	35	30	10	10	30	35	35
经济性	35	15	15	15	15	25	15
社区能力和态度	30	25	20	10	15	25	15
对企业声誉影响	35	25	20	10	15	25	15
总计	370	260	190	165	220	275	240

根据表 2-10 可知，E 处较好，总分为 275。如果没有其他特别原因，应该选择 E 处建厂。

其他方法由于篇幅所限，这里不予介绍。有兴趣的读者可查阅有关的工具书或参考书。

（三）选址的一般过程

设施选址一般分为四个阶段。

1. 准备阶段

准备阶段的内容主要包括：

（1）企业生产的产品和数量；

（2）企业生产运作过程中的作业和流程；

（3）设施组成，包括面积、设计要求等；

（4）目标市场的竞争状况分析；

（5）所需资源的数量、质量与供应渠道，如原材料、动力、燃料、水等；

（6）环保处理设施预算；

（7）物流运输方式和数量；

（8）企业组织机构的设计，包括员工数量、素质要求等；

（9）政策、法规的理解与分析等。

2. 地区选择阶段

地区选择阶段的工作主要有：

（1）走访行业主管部门；

（2）选择若干地区，收集资料；

（3）进行方案比较；

（4）当地人力资源状况评估。

3. 地点选择阶段

在这一阶段，主要是组成设施小组，到初步确定地区内的若干地点进行调查研究和勘测。其主要内容包括：

（1）从当地城市建设部门取得备选地点的地形图和城市规划图，征询关于地点选择的意见；

（2）从当地气象、地质、地震等部门取得有关气温、气压、湿度、面积及降雪量、日照、风向、风力、地质、地形、洪水、地震等的历史统计资料；

（3）进行地质水文的初步勘查和测量，取得有关勘测资料；

（4）收集当地有关交通运输、供水、供电、通信、供热、排水设施的资料，并交涉有关交通运输线路、公用管线的连接问题；

（5）收集当地有关运输费用、施工费用、建筑造价、税费等经济资料；

（6）对各种资料和实际情况进行核对、分析及测算各种数据，经过比较，选定一个合适的设施地址。

4. 编制报告阶段

此阶段的主要工作包括：

（1）对调查研究和收集的资料进行整理；

（2）编制综合材料，绘制所选地点的设施位置图和初步总平面布置图；

（3）编写设施选址报告，对所选厂址进行评价，供决策部门审批。

二、 生产与运作类型的选择

生产与运作系统的功能是由系统的结构，即一定的生产类型所决定的。一旦了解了环境对系统的要求（产品品种、数量、质量、交货期等），明确了生产与运作系统的功能目标后，便可以有效地进行生产类型的决策，确定工艺流程，进行工作设计等，并对其运行机制进行调整。例 2-2 是一个关于生产与运作类型选择的简单例子。

［例 2-2］ 某物流中心原来基本上以手工操作（A）为主，随着规模逐渐扩大，准备采用以机械操作（B）为主的工作方式。有关成本数据如下。

手工操作：

固定成本 15 000 元/年

变动成本 82 元/件，其中材料费 35 元，人工费 35 元，其余 12 元

机械操作：

固定成本 80 000 元/年

变动成本 58 元/件，其中材料费 35 元，人工费 13 元，其余 10 元

试进行决策。

解 两种方案的总成本计算如下：

手工操作总成本＝15 000＋82Q

机械操作总成本＝80 000＋58Q

由此可画出两种方式的总成本曲线，见图 2-6。图中两条曲线的交点所对应的物流量即为两种方式的总成本相等时的临界物流量 Q_0。

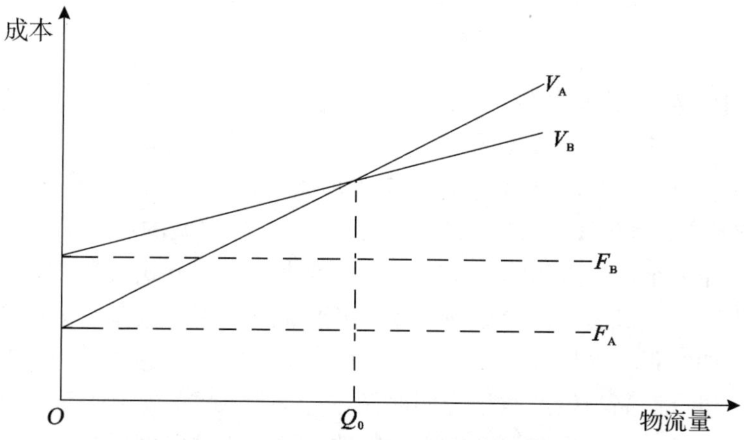

图 2-6 例 2-2 盈亏平衡法应用示意图

$$Q_0=\frac{80\ 000-15\ 000}{82-58}=2\ 708\text{（件/年）}$$

即物流量大于 2 708 件/年时，可采用机械操作方式；否则，仍应该采取手工操作方式。

一般来说，决定生产类型的依据是产品生产的重复程度和生产专业化程度，这就意味着应把它与产品的市场需求性质联系起来考虑。市场对产品的需求趋势表现为产品的生命周期，因而产品所处的生命周期阶段应是选择生产类型的主要依据。

产品生命周期与其生产类型的相互影响关系可以用矩阵形式加以表示，这种矩阵称为产品-工艺矩阵，如图 2－7 所示。矩阵中的各列代表产品成熟程度的演变，从左到右分别表示未定型产品、多品种定型产品、少品种定型产品和标准化产品。所谓的未定型产品是指用户的特殊订货，它们结构各不相同，而且产量很少；多品种定型产品则是指设计和工艺稳定，有多种变型的产品系列，不过它们的产量仍较低；少品种定型产品指设计和工艺稳定、产量大、变型少的产品系列；标准化产品往往都是需求量极大、设计和工艺过程都已高度标准化的产品或日用品。显然，产品的这种成熟程度反映了产品所处的生命周期阶段（从引入期、成长期到成熟期）。矩阵中的各行代表工艺流程成熟程度的变化，从上到下分别表示工艺流程未定型的作业车间，即单件小批生产、工艺比较稳定的成批生产、工艺完全标准化的流水生产和连续生产。

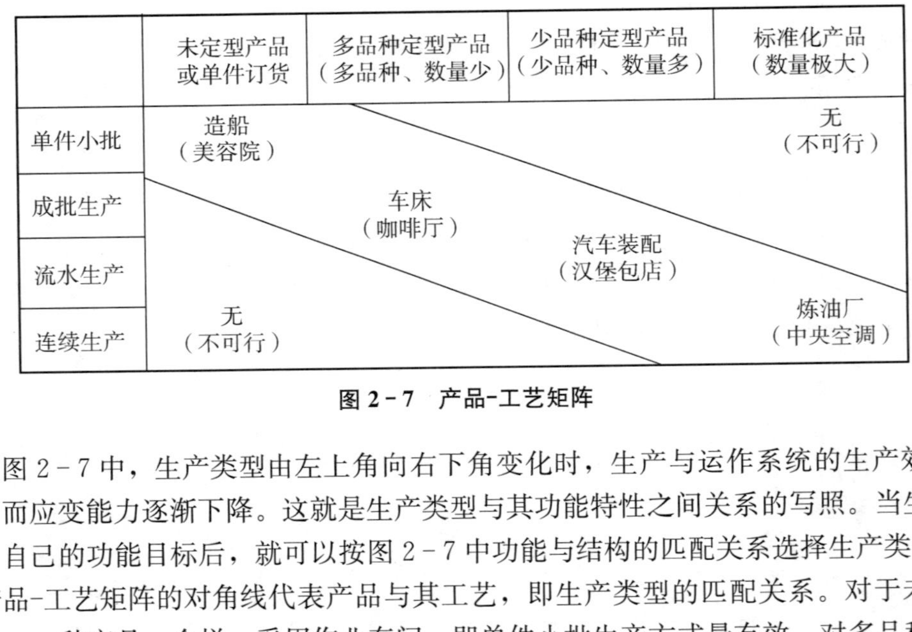

图 2－7　产品-工艺矩阵

在图 2－7 中，生产类型由左上角向右下角变化时，生产与运作系统的生产效率逐渐提高，而应变能力逐渐下降。这就是生产类型与其功能特性之间关系的写照。当生产系统明确了自己的功能目标后，就可以按图 2－7 中功能与结构的匹配关系选择生产类型。

产品-工艺矩阵的对角线代表产品与其工艺，即生产类型的匹配关系。对于未定型产品来说，一种产品一个样，采用作业车间，即单件小批生产方式最有效。对多品种定型产品则采用成批生产方式最适当。少品种、数量多产品应采用大量流水生产方式。而数量极大的日用产品，如纸张、食糖等，则应利用高度标准化的、资本密集的成套装置，进行连续生产。原则上讲，产品与生产类型应同时演进，即沿图 2－7 中的对角线变化，如产品从引入期发展到成长期，其生产类型也应从单件小批方式发展到成批生产方式。但也可有意地偏离对角线来发展，以创造企业的经营特色。例如，技术创新型企业就是有意选在对角线偏上的位置，以保持其强适应性。而另有一些企业则在产品尚处在成长期时，就采用了先进的、自动化程度很高的生产设备进行生产，以便利用高效率的生产和高质量的产品抢先占领市场。日本的家电产品生产企业就是采取这种策略取得成功的。

三、 生产与运作系统的设施布置

生产与运作系统的设施布置是在已经选定的厂址范围内，对厂房、车间、设备、仓库、办公室、公用设施等物质实体进行合理的位置安排，以便有效地为企业的生产与运作活动服务。在这里，管理的科学性和艺术性都要求得到最大限度的发挥。

（一）设施布置的形式

1. 按照生产与运作系统的特点划分

按照生产与运作系统特点的不同，设施布置可分为工艺对象专业化布置、产品对象专业化布置和定位布置等基本形式。

（1）工艺对象专业化布置。这种设施的布置与多品种、小批量的生产方式相适应，能够满足加工不同的产品或提供不同的服务的要求。在制造业中，工艺对象专业化布置的典型例子是机械制造厂，它按照产品的工艺特征来设置车间或工段，把同类的设备、工具、人员集中在一起，进行类似的生产加工或服务活动。在服务业中，实行工艺对象专业化布置的有医院、百货商店、银行、大学、航空公司及公共图书馆等。

（2）产品对象专业化布置。这种布置适宜大量生产方式。其特点是按照某种产品的加工路线或加工顺序来布置人员和设施。它在一个生产单位中，集中了加工同一产品的各种设备和工人，共同完成该产品的各种加工工艺。例如，汽车装配线、电冰箱生产线等。在服务业中，比较典型的例子有自助餐厅、食品加工等。

（3）定位布置。这是根据体积或重量把产品保留在一个位置上，而人员、设备、工具向其移动的一种设施布置方式。这种布置是设备围绕产品转，而不是产品围绕设备转。当产品（如船舶、飞机等）因其形状特殊、体积过大或其他原因不宜移动时，要采取这种布置方法。大型建设项目，如建筑房屋、修水坝、筑路、钻井等，常用这种定位布置方式进行生产。在服务业中，影剧院是这种方式的典型代表。

2. 按照生产与运作系统的功能划分

根据生产与运作系统功能的不同，设施布置可分为储存布置、销售布置和工程项目布置等基本形式。

（1）储存布置。储存布置是指在仓库或储藏室内安排各组成部分的相对位置。它只起到储存的功能，不对产品进行直接加工或服务。除订货次数以外，物品的相关性、走道的宽度和数量、分隔间的高低、装卸货物的便利性等都应在布置中有所体现。储存布置的主要目的是缩短存取货物的时间、减少搬运次数、降低仓储成本等。

（2）销售布置。销售布置是指在产品销售场所安排各组成部分的位置。它只考虑便于产品的销售而不考虑其生产。这种布置类型可用于零售商店、超级市场、展览会等。研究表明：零售商店提供给顾客的产品越多，即展示率越高，销售量和投资回报率就越高。因为合理安排各种商品的位置空间，可以吸引顾客产生购买欲望。

（3）工程项目布置。工程项目布置是指对渠道、河坝和公路等建设工程的组成部分作一次性的排列。工程项目布置在很多方面等同于定位布置，但定位布置有固定的设备，这些设备可用来设计加工多种产品。工程项目布置要考虑项目所在的特定地点，在很多情况下要随着工程进展而改变其位置。

（二）影响设施布置决策的因素

（1）工厂厂房的布置应满足生产过程的要求，以避免相互交叉和迂回运输，缩短生产周期，节省生产费用。

（2）生产联系和协作关系密切的单位应相互靠近布置，比如机械加工和装配车间应该安排在相邻的位置上。

（3）充分利用现有运输条件，如公路、铁路、港口及供水、供电等公共设施。

（4）按照生产性质、防火和环保要求，合理划分厂区，如热加工车间区、冷加工车间区、动力设施区。为了减少对居民生活区的污染，生活区应设在上风区。

（5）在考虑防火和卫生的条件下，总平面布置应力求占地面积小。

（6）工厂布置应考虑扩建的余地。

（三）设施布置的要求

（1）尽可能使物料运输距离最短。据统计，良好的设施布置可以使物料运输费用减少10%～30%。应尽量将生产密切相关的车间邻近布置，避免交叉运输和往返运输，采用先进的运输方式，从而缩短生产周期，节省生产费用。

（2）设施布置应尽可能紧凑合理，有效利用面积。节约用地，减少建设工作量，降低基建投资费用。

（3）营造一个好的工作环境。设施布置要充分考虑到防火、防盗、防爆、防毒等安全生产要求，工作地要有足够的照明和通风，减少粉尘、噪声和震动，认真处理好“三废”排放问题，搞好绿化工作等。

（4）合理划分区域，便于整体的协调与管理。

（5）充分利用外部环境提供的便利条件，如交通、水、电等。特别是厂外运输条件要与厂内的运输系统结合起来，满足物料运输的要求。

（6）留有合理的扩展余地。当产品的结构和工艺过程变化时，要求设施布置也要相应调整，所以，在进行设施布置时，除了考虑选用高柔性的设施，还要为企业的长远发展留有余地。

（7）考虑到工作人员的情绪。设施布置应考虑是否有利于工作人员进行有效的交流，是否让他们感到环境舒适、氛围和谐公平，是否促使他们更加积极地工作。

（四）设施布置的方法

设施布置的方法有很多，下面介绍其中最常用的两种。

1. 物料运量图法

物料运量图法是按照生产过程中物料的流向及生产单位之间运输量布置企业的车间及各种设施的相对位置，其基本原则是物流运量最小化。具体步骤如下。

（1）根据原材料、在制品在生产过程中的流向，初步布置各个生产车间和生产服务单位的相对位置，绘出初步物流图。

（2）统计车间之间的物料流量，制定物料运量表。具体如表 2－11 所示。

表 2－11　车间之间运量表

单位：10 吨

	01	02	03	04	05	总计
01		7	2	1	4	14
02			6	2		8
03		4		5	1	10
04			6		2	8
05				2		2
总计	0	11	14	10	7	

（3）按运量大小进行初始布置，将车间之间运量大的安排在相邻位置，并考虑其他因素进行改进和调整。

最后的结果如图 2－8 所示。因为部门 01 和 02、部门 02 和 03、部门 03 和 04 之间的运量较大，所以应该相邻布置。

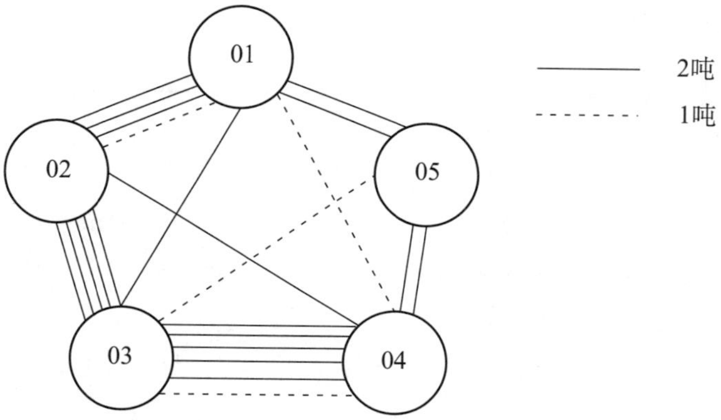

图 2－8　运量图

2. 作业相关图法

作业相关图法是一种相对简单且有效的方法。它从定性描述作业单元之间相对位置的重要性出发，综合考虑影响设施布置的多种因素，通过六个等级（绝对需要邻近、邻近特别重要、邻近重要、一般邻近、邻近不重要、不能邻近）对各单元之间的相互关联进行定位后，对整个系统进行优化布置。作业相关图法既可以单独使用，也可以与其他方法配合使用。

［例 2－3］　某业务办公室新来一位年富力强的李经理，按照惯例，应该在办公室里给他新安置一张办公桌。图 2－9 是办公室设计的业务关系图。按照这种设计，李经理的位置应该靠近办公区；不必太靠近秘书、中心文件柜、办公室入口；距离办公室主任和设备间要适中；无须靠近影印设备和储存室。

当然，例 2－3 中的办公室布置只是一个简单例子。现在的办公室布置已经越来越倾向于开放式布局。员工的工作空间仅用低隔板隔开，以利于更多的交流和团队协作。在日

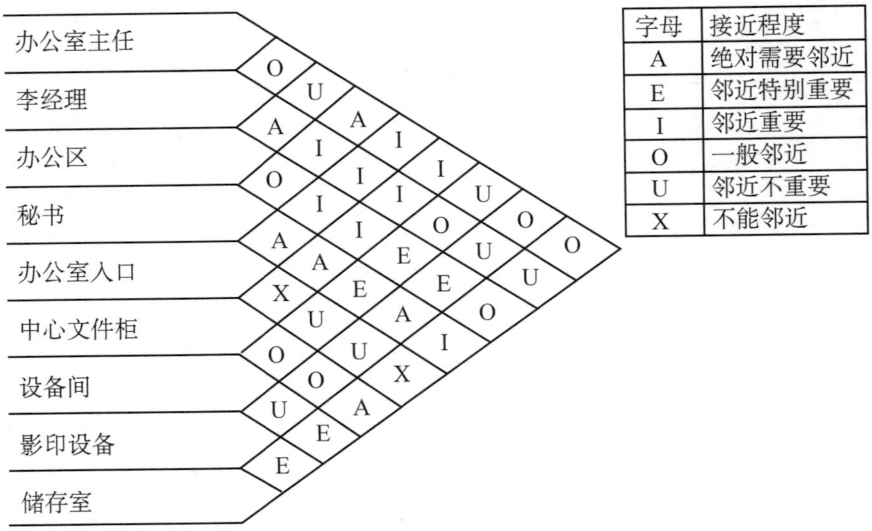

图 2-9　办公室业务关系示意图

本公司里，员工一般面对面地坐在负责人的两侧，坐在办公室入口的人在公司的地位最低，并且要负责开门和接待来访者。

参考资料 2-4

候鸟方式

2003 年，佳能电子公司在其影像管理系统（image management system，IMS）工厂的组装生产线上开始尝试“候鸟方式”，就是在一个产品一条生产线的前提下，操作者像候鸟一样在各个生产线之间移动并组装产品。

如图 2-10 所示，有产品 A、产品 B、产品 C 三条生产线，假设它们各自分配了 6 名、3 名、3 名操作者。

工厂里这三条生产线以单一生产线的形式不停运行。操作者一直在生产一件产品。每

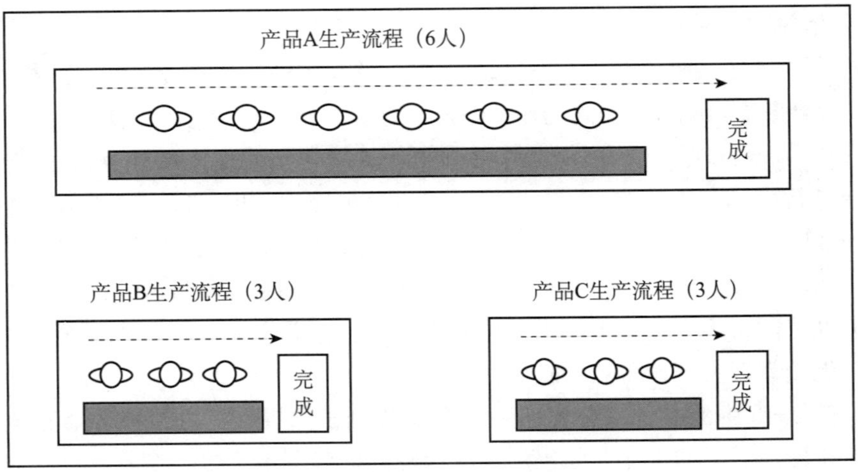

图 2-10　原生产方式

个人负责的工序越多，达到熟练所需的时间就越长。同时，由于持续生产同一件产品，紧张感松弛。

改为候鸟方式后（如图2－11所示），所有的12人作为一个团队工作。12人一起生产某个产品，从产品A开始，按序移动至产品B的生产线、产品C的生产线。在产品B和产品C的生产线中，原来由3人负责的工序现在分成了12份，由于工序数大大减少，于是熟练度相应提高，整体效率上升。

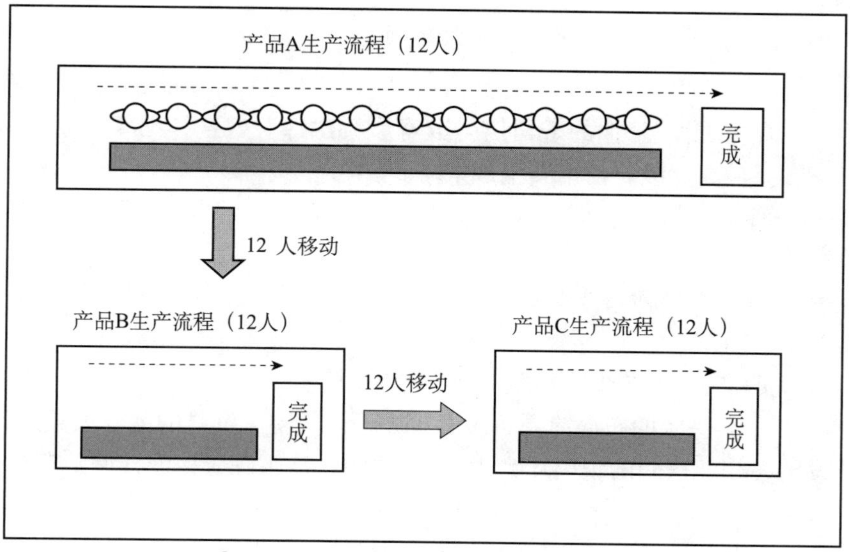

图2－11　候鸟方式

由于候鸟方式是在单产品单生产线上的应用，所以当全体员工同在某条生产线上工作时，别的生产线就会处于停止状态。IMS产品在作工序检查时，必须用到计算机。如果给所有的生产线都配上几台计算机，就会支出过多的设备费用。所以暂时采取把计算机在生产线之间移动的方法。这样一天就会有10分钟的切换损耗。

为了消除空间和设备的浪费，我们设想如果在一条生产线上也能像候鸟方式那样进行多种产品的生产就好了。从此我们开始研究生产多种产品的方法。从2004年起，我们发展了多合一生产线（在一条生产线上生产多个工序的很多产品）。它的目的是最大限度地活用分配来的资源，对应多品种少量化生产。

在上述例子中，即是将产品A、产品B、产品C三条生产线的“共用”部分合为一条主生产线，其余的都是辅助生产线。切换产品时，从“切换用临时放置场”将必需的零件运到生产线上进行操作。在压缩空间和减少计算机台数方面，这种多合一生产线取得了非常大的成效。

资料来源：酒卷久．佳能细胞式生产方式．北京：东方出版社，2006：79-81，87-89.

关键术语

企业战略　生产与运作战略　厂址选择　产品-工艺矩阵　设施布置

小　结

生产与运作战略是企业经营战略的重要组成部分。其核心内容是生产系统的设计。因此，厂址选择、生产与运作类型的选择和设施布置就自然成为构成企业核心竞争力的关键内容。本章的重点在于理解生产与运作战略的重要性，要求学生对生产与运作系统的发展有较深刻的理解。这对理解生产与运作管理的全貌有极大的帮助。因此，对本章内容的学习最好能够和企业战略的相关内容结合起来。

思考题

1. 观看影片《寿司之神》（大卫·贾柏拍摄的一部关于寿司的纪录片）。其主人公小野二郎被称为“寿司之神”。他的寿司店“数寄屋桥次郎”曾连续两年荣获美食杂志《米其林指南》三颗星最高评级。讨论其生产策略。

2. 战略的一种理解是“造势”，试写出 20 个以上含有“势”的成语，看看哪些同生产与运作战略相关。

3. 办公室布置属于哪种布置形式？它与工厂布置有什么区别？试根据图 2－8 画出办公室具体布置示意图。

4. 试举例说明产品-工艺矩阵在服务业中的应用。

5. 图 2－12 为某医院的布局简图，表 2－12 是该医院一个月的就诊人数统计结果。为简化计算，设定各相邻房间的距离均为 10 米。请问，该医院应该怎样调整布局？

图 2－12　医院布局示意图

表 2－12　一个月就诊人数统计

	(1)	(2)	(3)	(4)	(5)	(6)	(7)	(8)
(1)		100	100	0	0	0	0	0
(2)			0	50	20	0	0	0
(3)				30	30	0	0	0
(4)					20	0	0	20
(5)						20	0	10
(6)							30	0
(7)								0
(8)								

6. 某出版公司的11个部门准备搬入一个新楼层，该楼层的可利用面积为30m×55m。各部门所需要的面积和员工在各部门之间的平均走动距离如图2-13所示。试绘制出该公司的布局图。

部门	面积(m^2)	编号
接待室	85	A
会议室	160	B
设计室	100	C
编辑部	225	D
印刷部	200	E
裁剪室	75	F
收发室	200	G
装订部	120	H
影像室	160	I
包装部	200	J
录制部	100	K

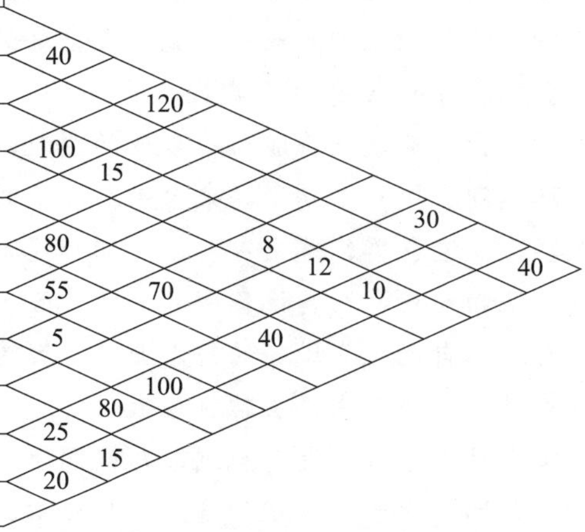

图2-13 各部门面积及员工在各部门之间的平均走动距离

案例讨论

案例一

钟表王国面临的危机

提起瑞士，人们马上就会联想到欧米茄、劳力士等驰名世界的名贵钟表，由于独一无二的精湛技艺，瑞士钟表在世界钟表史上铸就了无数辉煌。钟表不仅为瑞士带来了无尽的商机，也为瑞士带来了莫大的荣誉。在世界钟表业数百年的发展进程中，瑞士人凭借其精益求精、不落人后的性格，始终将钟表王国的桂冠牢牢地戴在自己的头上。但自20世纪70年代，由于种种原因，瑞士钟表业不断受到重创，1974—1979年，瑞士的手表产量从8 400万只下降到6 000万只，从业人员从8万人减少到5万人，其中，仅1978年就有172家手表厂同时关闭。到1982年，瑞士手表产量下降到5 300多万只，销售总额退至第三位。“钟表王国”开始变得老态龙钟，力不从心了……

瑞士钟表工业源于其家庭手工业，钟表制造技术世代相传，从17世纪中叶开始，就已居世界领先地位。19世纪中期，瑞士钟表业成功地将钟表由奢侈品发展成大众化商品，使钟表行业不断壮大。

由于瑞士的中立政策，在两次世界大战中，其钟表业不但未受到大的影响，反而获得了更大的销售市场，并逐步垄断了世界钟表市场。从20世纪50年代开始，手表出口量连续十几年占世界出口总量的50%以上。在60年代鼎盛时期，瑞士共拥有1 000多家钟表企业，十几万工人，年产各类钟表1亿只左右，产值40多亿瑞士法郎，行销世界150多个国家和地区，在世界市场的占有率多在50%～80%，个别年份高达90%。在20世纪70

年代前期，瑞士仍保持着40%以上的市场占有率。其钟表走时误差已从早期钟表的每天1小时、怀表的每天几分钟，降低到机械手表的3秒/天～5秒/天，并且，由于企业多采用多品种、小批量生产策略，手表的品种、规格极其丰富，手表已成为人们日常生活中的必需品——“手表征服了世界”。这些都给瑞士带来了极大的荣誉。

1959年，瑞士一位名叫赫泰尔·马克斯的钟表工程师发表文章，提出轰动理论界的观点：石英钟表将是未来钟表业的主流。文章全面阐述了石英的特性以及其应用于钟表业的可能性，引起各方的注意。事实上，早在1930年，世界上第一台石英钟就已问世。但由于该篇文章指出石英表还将成为手表业的主流，这让钟表业厂商大为吃惊。

然而这阵喧闹很快就平息了，来自世界各地的赞美之辞已经使瑞士钟表商坠入云里雾里。主流也罢，支流也罢，瑞士人相信他们都能走在世界的最前列，只有他们才能掌握并改变世界钟表业的前景，而其他各国只有随波逐流的份儿。就连瑞士政府也很快忘却了这场争议，它太相信自己独领风骚的钟表业了，因为这时瑞士钟表企业已经拥有具有世界先进水平的石英钟表，更不用说王牌机械表了。

然而，瑞士钟表业万万没有想到，与此同时，日本精工集团正在进行一项旨在开发未来钟表的研究计划，代号“59 A计划”，其核心就是进行石英钟表的研究。20世纪60年代初，精工集团推出的“马贝尔”手表在日本国内钟表精确度竞赛中连续3年夺冠，成为全日本最畅销的手表之一。国内市场获得的巨大成功使精工集团信心倍增，并开始积极开拓海外市场，向老牌钟表王国瑞士发起挑战。1960年，国际奥委会宣布1964年奥运会在日本东京举办。精工集团决心借此向瑞士名牌欧米茄挑战。

“主宰未来才能取得胜利”是精工的经营哲学。它的第一个目标是“精工可以承办东京奥运会的计时工作”。为此，精工集团首先秘密组建了一支干练的考察队伍到罗马奥运会侦查瑞士钟表业的实力。在1960年的罗马奥运会上，由于国际奥委会对瑞士欧米茄钟表有着绝对的信赖（曾创下17次独占奥运会计时权的纪录），几乎所有项目的计时装置都是欧米茄的钟表，但大多数都是机械钟表，仅有少数是石英钟表，在瑞士人眼里，石英钟表并没有占多大分量。这个消息为精工技术人员获悉后，日本人欣喜若狂。

“59A计划”的下一步，是在1964年东京奥运会之前，全力完成可携带的石英表。精工集团从三个分公司内部调集技术精英组成计时装置开发组，目标是在4年后的奥运会上取代欧米茄。开发组的宗旨是“制造比罗马奥运会还要先进的计时装置”，三个分公司之间作了具体分工。经过一番周密的策划，精工集团决定：由精工舍研制大型钟表和显示器；由第二精工舍研制跑表；诹访精工舍多年来一直由59A计划小组来开发石英钟表，所以由它来负责研制东京奥运会的石英表，这是最为关键的一环。

59A计划小组不负众望，率先研制成功一款世界级的最新产品——951二型石英表。它重量为3千克，平均日差0.2秒，裁判可以用一只手方便地携带。而且，两个干电池可以使用一年，同以前有一部小型卡车那么大的石英钟表相比，这确实是一大进步。国际奥委会官员看过951二型石英表的性能后，留下了异常深刻的印象。

1963年1月，精工集团提交一份正式文件给奥委会：精工集团希望提供东京奥运会的跑表、大型钟表、精密计时器等设备。奥委会作出答复：请全面加以协助。终于，精工集团战胜了欧米茄，取得了奥运会计时权。在1964年的东京奥运会上，精工表大展风采，赢得各方赞誉，成为日本产品的代表。精工时代到来了。

1963年，日本精工要求参加瑞士的纽沙泰尔天文台每年一度的钟表大赛。这是外国厂商第一次参加这个代表世界钟表最高水平的钟表比赛；以前，已经拥有100多年悠久历史的纽沙泰尔钟表大赛只是瑞士国内厂商之间的技术竞争，而日本企业的参赛，代表了世界钟表新兴力量的兴起，拉开了瑞士钟表业急速下滑的序幕。比赛结果显示，瑞士钟表依然占据一定的优势，囊括了前9名，日本精工的石英钟表951排列在第10、11、12名，这个结果令瑞士人感到满意。

1964年，在东京奥运会后精工第一次参加纽沙泰尔天文台钟表大赛的机械表比赛，其机械表排名第144位，前几名都是由瑞士欧米茄获得。瑞士似乎摆脱了东京奥运会的阴影。

然而，在1967年纽沙泰尔天文台的钟表大赛中，日本精工一举夺走了石英表比赛的前5名。机械表分列第4、5、7、8名，纽沙泰尔天文台因为不能正视日本机械表优异表现的现实，决定对机械表比赛的结果不予公布，并且决定中止以后的比赛。瑞士报纸惊呼这是瑞士钟表史上最黑暗的一年。瑞士政府为维护其钟表王国地位，召集全国各大钟表厂商研究对策，强烈的民族主义情绪促使瑞士集中科研力量，拨出大量资金，展开了提高石英表精确度的攻坚战，并如愿以偿地在次年的比赛中，独占了石英表的前三名。从此，瑞士的石英表就以获取竞赛胜利为目标，开始制造越来越复杂的高水平比赛专用表……

1968年，日本精工参加了另外一项久负盛名的钟表比赛——日内瓦天文台钟表国际比赛。为了使瑞士机械表免遭意外，日内瓦天文台钟表国际比赛组委会特意改变了比赛规则，决定变分类式比赛为混合式比赛，瑞士只派出自己的石英钟去应战。只有这样才能确保万无一失。比赛结果是除了前3名由瑞士欧米茄的石英钟获得外，第4～10名全是精工的机械表。

1969年，在日内瓦天文台钟表国际比赛中，瑞士人再次如愿以偿，石英钟表独占前3名，欧米茄在机械表团体总分和单项成绩上获得了全胜。这个结果使瑞士厂商感到瑞士机械表是不可战胜的，而且只要在研究上加大投入，在石英钟表上瑞士就依然可以领先世界。但令人遗憾的是，瑞士的石英钟表厂商从此走入了歧途，它们只是制造比赛专用的石英钟，而没有注意到石英钟表商品化的巨大市场。

这时，日本精工石英表已改进并缩小到怀表大小，“59A计划”的下一个目标是：不遗余力地推进石英表的商品化。经过多年努力之后，1969年10月，精工制造出世界上第一块实用石英表，令世界各国的同行大吃一惊，《纽约时报》称“日本在超高精确度的石英表方面无可匹敌”；《泰晤士报》则预言“日本石英表意味着瑞士时代的终结”。1970年，瑞士钟表最后的堡垒——机械表也终于被攻破了，日本精工获得了团体总分和单项成绩的第一，并且打破了9项纪录。这次比赛的失利在瑞士钟表史上具有重要的意义，瑞士终于被真正地击倒了。《华盛顿邮报》的大幅标题赫然写着“王朝的交替——瑞士王朝的崩溃”；《商业周刊》则撰文评论，“这次比赛将是一个分水岭”。

之后，瑞士手表无论是机械表还是石英表在市场占有率上都开始节节败退。从20世纪 70 年代中期开始，瑞士钟表在世界市场的占有率每况愈下，每年以 2%的速度下降。除石英表以外，精工在机械表方面也打破了瑞士机械表不可战胜的神话，开始大规模地进入机械表市场，再加上美国、中国等钟表的冲击，整个瑞士钟表业竞争失势，苦不堪言：两家最大的钟表集团——ASUSG 和 SSIH，在 1982 年和 1983 年累计亏损 5.4 亿瑞士法郎，1/3 的钟表厂倒闭，一半以上的钟表工人失业，传统的家庭作业受到致命打击。这时，美国资金大量涌入，收购瑞士钟表厂，并且在瑞士建立钟表厂……

这种衰落的局面在瑞士钟表史上是前所未有的，它极大挫伤了瑞士国民的自尊心，民众纷纷呼吁政府采取联合一致的有效行动，挽救正在衰败的传统优势产业，因为如果失去了钟表，就意味着瑞士国家的衰落，那就意味着失去了一切。于是，瑞士政府召开紧急会议，与企业界、金融界一起研究对策，在会议上，瑞士政府宣布：不管付出多高代价，政府将采取一切可能措施来挽救钟表业。

在瑞士政府的协调组织下，以瑞士银行集团和瑞士联合银行为首的 7 家银行联合投资 10 亿瑞士法郎，买下了两家最大的钟表企业——ASUSG 和 SSIH 98%的股份，并将两大公司合并，于 1983 年 5 月组建为阿斯钟表康采恩，委任欧内斯特·汤姆克担任总经理。

资料来源：宿春礼．致命的败局——企业绝境案例研究．北京：经济管理出版社，2005：30-36；施小川，刘黎明．反败为胜．北京：专利文献出版社，1997.

讨论：

假如你是汤姆克总经理，你将怎样采取有效措施，扭转仍在蔓延的钟表业滑坡趋势？

分析要点：

案例的核心问题为如何应对新产品所带来的生产方式变革大潮——瑞士传统手工生产方式与日本精工大批量生产方式的比较。可以按照时间顺序分析日本精工与瑞士钟表业对待新产品（对应于大批量生产方式）的态度及相应对策。要联系现实的钟表业竞争情况。有条件的话，可以联系目前互联网对传统销售业的冲击及电商的行为策略。

案例二　超市争锋——沃尔玛与家乐福的选址策略

（一）两巨头进军中国市场

在全球零售业，美国的沃尔玛是当之无愧的老大，分布在各个国家的商店总数达到了 8 445 家，有近 200 万名员工，沃尔玛 2007 年、2008 年连续两年荣登《财富》500 强之首，远超全球汽车业老大美国通用汽车公司，而全球零售业的老二，法国家乐福也远超法国汽车巨头标致汽车公司。所以国际上有一句玩笑话，说是卖汽车的比不过卖牙刷的。

虽同样处于零售业，但沃尔玛和家乐福并不是一个重量级，在 2010 年《财富》500 强的最新榜单上沃尔玛再次雄踞第一位，销售额达到了 4 082 亿美元，而家乐福的销售额却只有大约 1 214 亿美元。可是在中国，老大老二的地位来了一个颠倒。早在 20 世纪 90 年代，沃尔玛和家乐福双双来到中国开店，在随后的十几年里，无论是开店的数量还是影响力，家乐福都远远超过沃尔玛。家乐福最早 1995 年在北京开店，一路高歌猛进，截止到 2002 年，家乐福在中国东西南北 20 多个城市的十字路口开设了 35 家大卖场，一跃成为中国最大的零售企业。沃尔玛1996年8月来到中国，落脚点选在深圳，截止到2002年年底，沃尔玛在12个城市的市郊开设了25家分店，主要集中在广东和东北。

（二）不同的选址策略

在中国，沃尔玛并没有显示出世界零售霸主的强势，反而屈居家乐福之下。对于零售业来说，选择一个好的地段，就等于抢占了市场先机。从沃尔玛的创始人山姆·沃尔顿时代开始，一直把沃尔玛的门店开在远离市中心的小镇或者郊区，以保证沃尔玛天天平价这种低成本的策略。沃尔玛看重的是城郊结合部的地价优势以及交通优势，可以节约不少成本。

当年山姆·沃尔顿就是从美国阿肯色州南部纽波特镇的一个加盟店干起的，最后让沃尔玛成为全球零售业的老大。走郊区包围城市的道路，对于沃尔玛来说轻车熟路，也是沃尔玛的经营传统。正是秉持着这样一种经营传统，沃尔玛进军中国的第一步没有选择上海、北京这样的中心城市，而是选择深圳的郊区开设了第一家购物广场以及第一家山姆会员店。沃尔玛中国区的总部也因此在深圳扎了根。

家乐福1995年进入中国，首先在北京繁华的国际展览中心南侧的路口开设了第一家大型超市。与沃尔玛完全相反，家乐福在中国绝对是首选大城市的中心地带。家乐福践行本土化的战略，精益求精，精雕细琢每一个市场，更贴近当地的消费者。所以家乐福每到一地，首要工作就是研究当地的风土人情以及消费习惯，因地制宜地改变自己的市场营销策略，来适应当地市场，在中国为了遵循便宜适用的原则，家乐福的商品90%以上都是从当地供应商手中购买。在北京、上海和深圳这些地方，家乐福都是建在交通发达、人口稠密的中心地带，方便老百姓出行，瞄准的是工薪收入的大众消费群体。家乐福的法文名翻译过来就是十字路口的意思，因为1963年家乐福第一家店就是开设在法国巴黎南郊的一个十字路口。商业上的成功使得家乐福把十字路口作为自己开店的首选。家乐福在中国的总部选择在上海，可以向南北两翼同时发展。

（三）正面交锋

家乐福在北京，沃尔玛在深圳，原本是井水不犯河水。可是到了1996年11月，也就是沃尔玛到深圳仅仅3个月，家乐福超市在深圳南山的一个十字路口大张旗鼓地开业了。趁着沃尔玛立足未稳，家乐福也来到深圳，开始了正面交锋。

从1996年家乐福与沃尔玛在深圳第一次交手算起，家乐福在中国的发展已经远远领先于老对手沃尔玛。但是在深圳这个双方真正面对面厮杀的战场之上，家乐福却败下阵来，毕竟沃尔玛在深圳大本营是重兵布防。到2003年年底，沃尔玛在深圳建了11家店，数量远远超过家乐福在深圳的两家店。

面对广东市场这个软肋，家乐福并不服气，一直在寻找反击的机会。2004年12月，中国零售业刚刚对外资全面开放的时候，家乐福杀了一个回马枪，这一枪又点到了深圳。在深圳中心城，家乐福建立了华南地区规模最大、档次最高的旗舰店，面积达两万多平方米。同时，家乐福依然在加快在中国各地的开店速度，几乎是在“非典”肆虐的日子里，家乐福在天津一口气开了3家店。

沃尔玛与家乐福的全球布局在有意或无意间避免着直接冲突。据联商网统计数据，在南美洲的阿根廷，家乐福是市场领先者，有439家门店，而沃尔玛只开了11家门店；在墨西哥，沃尔玛是绝对的老大，拥有641家门店，家乐福仅有27家店面。即便是在沃尔玛挺进欧洲市场的时候，它也选择了非家乐福“势力范围”的德国和英国。

而来到中国之后，面对巨大的零售市场，两巨头在其他国家设店“主配角”的“默契”分工被彻底打破了。由于全球市场的饱和，两巨头都把目光转向了中国市场这块巨大的蛋糕。在中国，这对老对手竞争逐渐升级，家乐福、沃尔玛已经把各自的发展重点伸向对方的势力范围：沃尔玛2003年进入北京、天津，2004年进入南京，2005年进入上海，并把在中西部地区的发展作为重点；而在坐稳东部和西部地区零售业霸主位置的基础上，家乐福也要把触角伸向沃尔玛的东北势力范围。

在中国最为活跃的市场上，沃尔玛和家乐福的贴身肉搏战开始全面上演。

（四）沃尔玛店铺选址策略的失误

虽然沃尔玛和家乐福都是国际零售业的巨子，两家的定位和经营模式却完全不同，沃尔玛采取的是一种标准输出，希望把美国成功的经营模式通过大规模的标准化复制输出到世界各地。在商品采购上，全球统一安排，统一调配。而家乐福采用灵活的本土化战略，选择的店铺都处于一线城市中心的繁华商圈，而沃尔玛的很多店铺都在相对偏远的城乡接合部。

在进入中国市场之前，为了开拓中国这个新兴的潜力巨大的市场，沃尔玛可以说做了不少功课，做了五年的调查和准备。但是可以说是机关算尽、百密一疏，沃尔玛的购物广场和山姆会员店一开始选在相对偏僻的城郊，虽然有着环境好、人少，商品又好又便宜的优势，但是，显然沃尔玛的选址与中国的消费市场没有达到共振。因为在当时中国的城市中，人口居住集中，汽车还没有进入大多数城市家庭，人们的购物消费多数还集中在步行范围内或公共交通便利的地方。城乡接合部往往不靠近大的居民区，公共交通不够方便，限制了客流量。例如沃尔玛在中国的第一家店铺位于深圳洪湖二路，直到现在也属于比较偏僻的地段，北京石景山的山姆会员店就更显偏僻了。尽管随着城市的发展，区域商圈有远离城市中心的趋势，但是目前来看，沃尔玛的很多店要经过多年的培育，等到周围的商圈形成，才能充分地吸引客流。

物流系统难降成本。沃尔玛通过自己先进的物流体系，在欧美的物流配送成本不到销售额的3%，而它的竞争对手达到了4.5%～5%，这也正是沃尔玛成为全球老大的独门秘籍。但是这种优势由于其在中国的开店速度缓慢而逐渐丧失。1996年年底至2002年，沃尔玛只开设了25家分店，主要集中在广东和东北。由于门店数量太少，沃尔玛物流配送的核心优势就难以发挥，再加之经营上固守美国的本土套路，怎能不屈居家乐福之下呢？

（五）反思而后起

2005年，沃尔玛在中国销售额达到7亿多美元，而家乐福中国销售额却达到了21.7亿美元，沃尔玛在中国市场的业绩远远低于家乐福。沃尔玛意识到想要得到中国市场这块大蛋糕绝非易事。

家乐福的成功给沃尔玛带来了启示，一贯高高在上的商业巨人沃尔玛走下了神坛，开始探索适合自己的本土化战略。沃尔玛改变了郊区化的选址铁律，尝试着向日进斗金的市中心转移。2005年5月18日，沃尔玛定位于北京中关村知春路的购物广场迎来开业大吉。这一次沃尔玛在选址上放弃了一贯采取的郊区化模式，开始往市中心发展。同年11月，沃尔玛在北京的第二家购物广场在宣武门 SOGO 旁边开业，也是市中心的繁华地带。同样，沃尔玛在沈阳、贵阳、南宁和济南新开的店都选择在市中心，而沃尔玛的南京店更是选择在了最为繁华的商业中心南京新街口……

到底谁胜谁负，沃尔玛与家乐福之间的竞争未有穷期。在这场较量中，我们认识到了选址的重要性，对零售业如此，其他行业也不例外。

资料来源：根据央视财经频道《对手》系列之三——《超市争锋》内容整理。

讨论：

分析比较沃尔玛选址和家乐福选址对企业发展的影响。

分析要点：

案例的核心问题为选址对企业发展的影响——沃尔玛的城乡接合部地价优势与家乐福的大城市中心地带选址比较，比较的基础是人员流动之“势”。可以结合表 2-8 和表 2-9 展开讨论。如果有条件的话，可以结合本地沃尔玛与家乐福的选址进行比较分析。

课外阅读资料

资料一

佳能公司生产线的改革

（一）改革的起因

1997 年 7 月 12 日，一批日本电子零件制造厂商代表参观佳能在长滨的激光打印机自动化工厂。当时，长滨工厂是世界上最大的激光打印机生产厂。令佳能没有想到的是，代表团对佳能的自动化设备，不是啧啧赞许，而是讽刺了一番。

“佳能是有钱的大公司，这些长长的传送带根本就没必要。”

“把‘无人搬运’这种无聊的东西都合理化了，像这样愚蠢的事再也找不到第二件了。”

佳能本来是抱着“请多多指教”的心情迎接电子制造商的考察，谁知却大受打击！

就在电子零件制造厂商代表离开长滨佳能之后两个月，即 1997 年 9 月，佳能社长御手洗富士夫率队考察了大型电子零件制造厂商的子公司，随行的有长滨佳能的社长及其他董事。御手洗富士夫看到曾经讽刺自己的代表所在的电子零件制造厂商早已经摒弃了传送带流水作业方式，取而代之的是一种新的被称作“细胞式生产”（cell production）的方式——由几个人组成的生产小组从事全部的复杂工序，生产出完整产品。

“我完全明白了，我们也必须尽快进行生产改革，就从长滨佳能开始吧!”御手洗富士夫对长滨佳能的社长及其他董事说。

同年 10 月，佳能计算机接口设备事业总部成立生产革新委员会，而长滨佳能被指定为示范工厂。次年初，改革正式开始。

（二）两种生产方式的起源及特点

传送带生产方式以及流水线生产方式起源于 1910 年的美国汽车厂商福特公司。当时正值第二次工业革命时期，电力机械装置刚刚兴起，社会上商品还很匮乏，所以福特流水线的目标就是批量生产以降低成本和满足社会需求。

基于这个目的，传送带生产方式强调机械化、无人化。它使用自动传送带、无人搬运车等设备。而工序方面，传送带生产方式将工序尽量细分，使每个工人专注于一道工序以提高效率。大家也许依稀记得查理·卓别林在电影《摩登时代》中对传送带生产方式的诙谐讽刺。

当时光飞转到 20 世纪下半叶的时候，全球经济只能以翻天覆地来形容。由于技术创新日益加速，商品和生产工艺的革新都以前所未有的速度展开。社会上的商品已经极其丰富，人们转而追求个性化、多样化的享受。以汽车为例，就连福特自己也不会相信有丝毫的机会可以再现原来只靠一款车（当年的 T 型车）打天下的辉煌。对于生产商而言，产品的生命周期日益缩短及伴随而来的激烈价格战，使得那些规模大、投资高、回收期长的大型生产设备愈加显得不合时宜，细胞式生产方式应运而生，其品种多、更新快的特点成为厂商生存的要素之一。

细胞式生产方式起源于 20 世纪 60 年代经济腾飞的日本，日本厂商将其起源归于日本头号汽车厂商丰田。后来此法被日本电子厂商广泛采用和发展，20 世纪 90 年代盛行于日本。

针对大型生产设备这些“死”物不能适应品种多、变化快的灵活要求，细胞式生产方式采用人力化的策略，即大量使用人力而避免使用大型机械以提高反应能力，日本专家称其为“依存于人的生产方式”。而其中平台就是一张工作台，有1～4 个工人，以人力车取代长长的传送带和无人搬运车，每个工人熟练掌握尽可能多的工序，从而减少交接时间以提高效率。

以上两种生产方式的起源及特点如表 2－13 所示。

表 2－13　两种生产方式起源及特点的比较

	传送带生产方式	细胞式生产方式
起源	20 世纪初福特公司	20 世纪 60 年代丰田公司
背景	工业化伊始，商品匮乏	市场需求多样化
目标	大批量、低成本	小批量、多品种
特点	机械化、无人化	人力化、少机械
设备	传送带、无人搬运车	工作台、人力推车
工序	尽量细分、没有合作	尽量整合、合作完成

（三）两种生产方式介绍

1. 传送带生产方式

传送带生产方式顾名思义是以传送带为主（见图 2－14）。产品最初毛坯（或最初始部件）从传送带起始端开始，随传送带的移动，依次到达每个工人，此时工人将自己该组装上去的零部件安装到产品毛坯上，然后再随传送带移动到下一个工人处，直到最后一个零件安装完成。传送带生产方式的优点是一旦设备落成，便可以大批量生产。缺点是设备庞大，成本高，必须大批生产才能获利。比如佳能 1998 年所有工厂的传送带加起来超过了 16 千米，足足长过七座青马大桥。

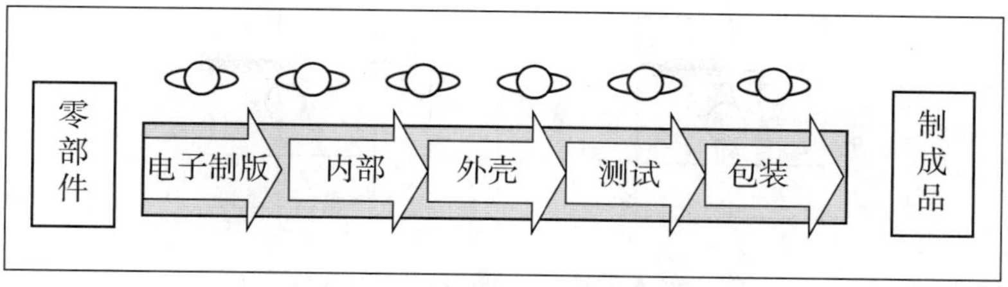

图 2-14　传送带生产方式

2. 细胞式生产方式

细胞式生产方式基于工作台。工作台形状不甚统一，一般是简单的方形或圆形，复杂一些的有 L 形等。工人围坐在工作台四周（或者是环形工作台内部），有 1～10 个人。每个人独自完成所有组装工序，或者几个工人合作完成组装。细胞式生产方式的优点是省去大型设备，占地少，成本低，可以进行少批量生产且易于调整产品线。基本上可分成五类，其作业特点具体如图 2-15 所示。①

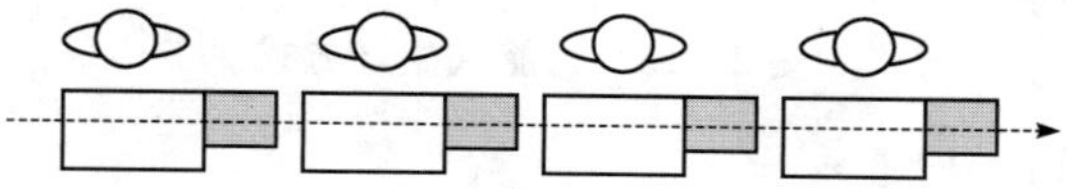

（1）无传送带生产方式
（多个劳动者分担流程；在工作台之间放置半成品，摆脱传送带）

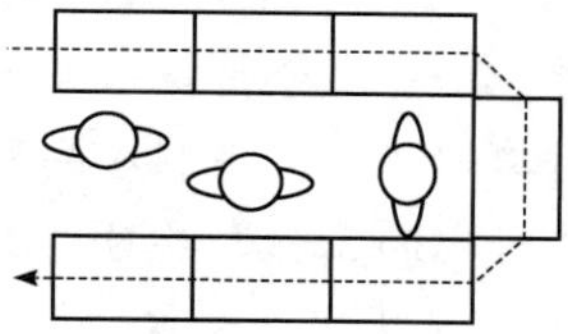

（2）U 形生产线（流程分割生产）
（多个劳动者分担流程；一个人负责多个流程段）

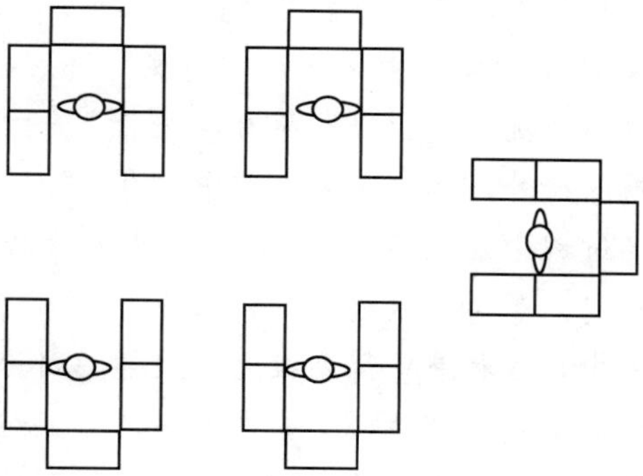

（3）货摊式巡回生产方式（单人生产）
（一个人在工作台之间巡回，进行全流程的生产；所有零件都聚集在作业台周围）

① 酒卷久．佳能细胞式生产方式．北京：东方出版社，2006：17-19.

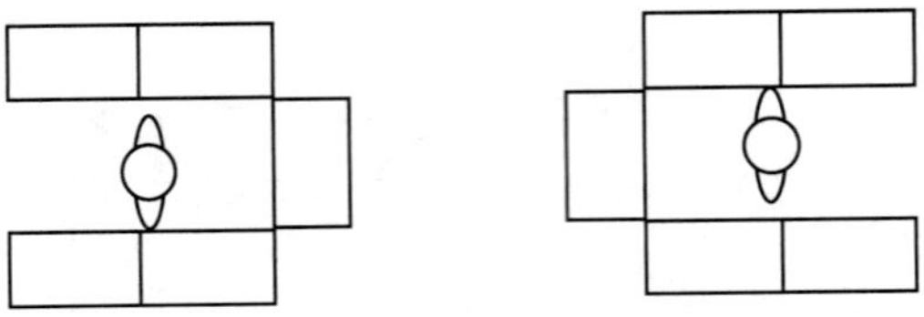

（4）单人货摊式生产方式（单人生产）

（一个人在固定地方进行全流程的生产；所有零件都聚集在作业台周围）

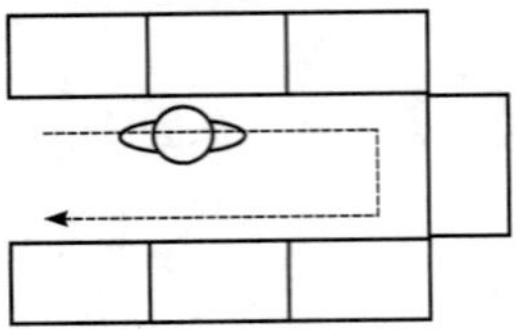

（5）巡回生产方式（单人生产）

（一个人随半成品一起移动，进行全流程的生产；一边拿零件，一边生产）

图 2-15　细胞式生产方式

（四）两种生产方式的比较

1. 等待时间

原有传送带生产方式中的工人经常有等待的时候。等待就是闲着没事，等着下一个动作的来临，这种浪费是毋庸置疑的。造成等待的原因通常有：作业不平衡、安排作业不当、停工待料、质量不良等。以外壳安装区等待镜头安装区为例，由于安排在镜头安装区的工人数量不足，不能按要求及时输出指定的半制成品到外壳安装区，而外壳安装区中的工人又太专门化，并不懂镜头安装区中的工作，导致外壳安装区中的工人经常等待。最后有可能无法按期交货，而当半成品送到其他安装区后，又需要抢进度，可能会出现加班、质量问题等。整条生产线的速度差不多等于最慢工人的速度。另外一种就是“监视机器”的浪费，有些工厂买了一些速度快、价格高的自动化机器，为了使其能正常运转或其他原因，例如排除小故障、补充材料等，通常还会另外安排人员站在旁边监视。所以，虽然是自动设备，但仍需人员在旁照顾，这种浪费称为“闲视”。例如在产品检测过程中，调试人员站在产品旁边等待，这种情况全部出现在原有传送带生产方式的生产过程中。

除在直接生产过程中有等待外，其他管理工作中亦有“等待”这种浪费时间的事情发生。当制造部在生产新产品过程中发生问题时，技术部和质量保证部经常要花费长时间解决问题并且需要现场人员长时间等待，这也是一种浪费。

在新的细胞式生产方式中，这种浪费得到极大的改善。因为每位工人不是固定在一个位置上简单地重复安装或插装某些零部件，而是在同一位置上组装一件完整的产品。在这样的生产方式中，工人可以根据组装需要及自己在组装中得到的体会和经验，选择、调整和改进组装操作过程，代替了在一个移动传送带上只是机械被动地安装不同的零部件的方法。一件完成的产品不是通过所有工人的配合来完成，而是由几个工人（小团队或小单元）工作甚至可以从一个工人手中产生，专门化或专业化被综合化或整体化代替。即使当一个小单元中的工人因身体不适，状态欠佳，工作做得很慢，整体生产速度也不会被太大程度拖累。一个工人懂的工序，单元中其他工人也懂，减少了因作业不平衡、安排作业不当、停工待料引致的等待，整体生产效率得到保证。

2. 搬运

原有传送带生产方式中的另一种浪费就是搬运。大部分人会认为搬运是一种无效的动作，也有人会认为搬运是必需的工作，因为没有搬运，如何做下一个工作？很多人都有这种想法。正因为如此，大多数人默认它的存在，而不设法消除它。有些人想到用传送带的方式来克服，这种方式仅能称之为花大钱减少体力的消耗，但搬运本身的浪费并没有消除，反而被隐藏起来。

由于传送带体积大，占用的空间很多，加上传送带生产方式着重大批量生产，因此各个工厂、货仓所需要的地方很多，不能集中于一个地点。原材料和零部件需要由原材料和零部件货仓经运输车送到传送带生产线安装工厂，完成的产品又需要运输车送到包装工厂，包装后再经运输车送到货仓，之后才送到消费者的手里。在整个过程中，运输占了很多的时间和成本。

有研究人员指出，传送带生产方式中，工人在实际作业时间减少的同时，总工时却在增加，经仔细分析后发现，是两个工厂间的运输工时居高不下，特别是由原材料和零部件货仓向传送带生产线安装工厂搬运原材料的工时占大多数。

新的细胞式生产方式中怎样改善这个问题？在新的细胞式生产方式中，由于着重小批量生产，原材料和零部件货仓以及制成品货仓需要储存的物品大幅减少，而且淘汰了大型的传送带，腾出大量的空间。这样，原来的四个货仓、工厂便可以合并成一个，原材料和零部件货仓由原来在别处变成在生产线旁，从而减少搬运。在不可能完全消除搬运的情况下，重新调整生产布局，尽量减少搬运的距离。

3. 应变能力

传送带生产方式另一个大问题就是应变能力差。一条生产线由生产一个型号转到生产另一个新的型号时，往往需要很多时间去重新分配工作及将只懂专门工序的工人训练做另外一个工序。纵然市场部的员工有着敏锐的市场触觉，预先了解消费者的需求，但因生产方式不能配合快速的切换，而减少了市场领先的优势。

细胞式生产方式正是为了配合市场的不断变化。由于每位工人都懂得组装一件完整产品的50%～100%的工序，一个单元在从生产一个型号转到生产另一个新型号时，不需涉及大量训练，使生产线能快速切换生产新的产品。

除此之外，应变能力弱和大批量生产会导致大量原材料、零部件及制成品的库存。“库存是万恶之源。”细胞式生产方式中几乎所有的改善行动都会直接或间接地和消除库存有关。当库存增加时，用于生产经营活动的资金会大量被牵制于库存上，不仅造成资金总额增加，还会增加利息和库房的管理费用，而这些常常是隐含在公司的管理费用中的，只有专门列出，才能发现问题的严重性。另外，当库存增加时，库存量会大于使用量，甚至会造成长期的积压，特别是当产品换型时，这种问题会显得更加严重。在产品换型过程中，因为原来库存过多而造成大量物资积压，为盘活这些积压物资又需要进行额外的投入。此外，由于放置的时间较长，原来批量买进的物资现在也许六折就可能买到新型号，从而造成实际价值降低，成本升高，利润减少。想想库存中的积压物资，当初是以什么价格购入，而目前的价格又是多少，就会明白了。

4. 不良品

产品制造过程中，任何不良品的产生皆造成材料、机器、人工等的浪费。任何修补都是额外的成本支出。原有传送带生产方式由于工作分工太细，大批量生产往往需要大量时间发现不良品。而细胞式生产方式由于以单元生产，每个人都对完成品有整体的理解，能及早发现不良品，容易确定不良的来源，从而减少不良品的产生。而当发现有不良品时，能及早提醒其他单元，快速切换生产其他产品。

细胞式生产方式的思想之一就是要用一切办法消除、减少一切非增值活动，例如检验、搬运和等待等造成的浪费，具体方法就是推行“零返修率”。做一个零件，在生产的源头就杜绝不合格零部件、原材料流入生产的下道工序，追求零废品率。

（五）细胞式生产方式的效果

自佳能 1998 年引入细胞式生产方式以后，生产效率大大提高。劳动生产率提高了约 50%。佳能在中国大连的工厂在引入细胞式生产方式以后，一年内生产效率提升了 3.7 倍。

为了配合细胞式生产方式，佳能开始自行生产设备和工具。而其自行生产的设备成本大大低于原来购进的设备。例如，检查产品印字精度的检测设备原来需要花费 600 万日元，但佳能自己开发的一种小型设备只需 50 万日元。

在零件运送方面，佳能放弃了那些装有发动机的大型设备，而采用手推车。大型自动仓库也被废除了，现在只在细胞式生产线旁边放置少量零部件。佳能拆除了超过 16 千米的传送带，每年节省了大量空间并由此连带少排放二氧化碳 41 650 吨。

原来在生产线上需要安排大量工作人员，由于改革，所需作业者不断减少。佳能长滨工厂每年都有大批人员被调到别的部门。这个数目 1998 年为 212 人，1999 年为 280 人，到 2000 年上升到 720 人。

这些变化对佳能长滨工厂的影响是，虽然销售额从 1998 年的 1 300 亿日元减少到 1999 年的 1 020 亿日元（因为第一年改革遇到来自工人的阻力），但税后利润却上升了两倍。

引入细胞式生产方式之后，佳能的组装零件存货也大幅下降。1999 年的库存比 1998 年下降约 20%。将引入前（1983 年）和引入后（1999 年）的数据比较，一年可生产产品由 32.8 万件上升到 200 万件，而产品完成时间由 30 天降为 8 天，产品流通时间由 24 天降为9 天。

引入细胞式生产方式后，佳能的边际利润率由 1999 年的约 2%提高至 2004 年的约 10%。

资料来源：郎咸平．思维．北京：东方出版社，2006.

资料二

格兰仕与沃尔玛的差距

任何关注中国企业竞争战略的人都不可能避开格兰仕。第一，它有明确的战略目标：

以规模和成本优势整合家电行业。第二，它有明确的实现手段：以价格战作为基本利器，将对手淘汰出局。第三，它有明确的企业定位：全球名牌家电生产制造中心。

格兰仕可以称得上是有中国特色的企业之一，这种特色充分体现在两个方面：第一，它成功地战胜了洋品牌，成为中国少数几个拥有行业控制能力的企业之一；第二，它将国外生产线搬来，通过成本优势做“世界制造中心”的OEM（原始设备制造商）模式，这对中国加入WTO（世界贸易组织）之后企业的战略选择具有重要的启示作用。

所以，对“格兰仕模式”的讨论对于中国大部分企业具有启示作用。没有一个企业可以不通过战略的指引而获得持续发展，格兰仕以大规模和低成本（这是中国企业普遍偏爱的两个“成功要素”）为支撑的价格战能够支撑它的长期持续发展吗？

（一）格兰仕的价格战与沃尔玛的价格战有什么不同？

当“战略”一词成为某些咨询公司从企业套钱，或者某些企业为老总做包装的代名词时，战略就失去了其真正的含义：企业凭什么在未来存在？企业如何真正获得持续竞争优势？请注意，这里用的是持续竞争优势，而不是比较竞争优势，为什么？因为比较竞争优势指的是与其他企业相比的优势，而持续竞争优势指的是企业自己内在的支撑能力。

格兰仕的发展过程对这两个词的差异是一个很好的诠释，而格兰仕的胜利也是典型的“只有战术没有战略”的胜利。到目前为止，格兰仕获得的不过是比较竞争优势，无论是它在生产上获得成本优势的胜利，还是它在市场上获得领导者地位的胜利，都是相比竞争对手而言的，这一切并不是战略即持续竞争优势（核心竞争力）的胜利，而是企业家创新的胜利。

明确这一点对于大多数成功的企业十分必要，因为这可以帮助那些所谓功成名就的企业家懂得，过去的成功可能对企业持续的增长，也就是我们所说的百年老店并没有什么必然的帮助，相反可能还会成为增长的阻碍。道理很简单，企业家的创新精神与支撑企业持续的“制度化经营”和“核心竞争力”，可能并不在同一个层面上。前者是对资源、机会与变化的把握，而后者是精心的战略安排与集约化的精耕细作。两者之间的结合并不是天然的，往往是冲突与交融并存，而这才是真正富于挑战性的关键点。

但格兰仕的管理层似乎不这样看。它的营销总裁以全球500强企业排名第一的沃尔玛为榜样，声称沃尔玛不就是凭“价格”或“低价”获得了全球第一吗？言下之意就是，格兰仕为什么不可以凭“价格战”成为家电老大？

但沃尔玛真的是凭“低价”战略成为全球老大的吗？从表面上看，的确如此，但事实上低价和商品多样化策略只不过是沃尔玛成功的表象，在这种策略的背后，是沃尔玛从20世纪70年代开始煞费苦心建立的中心辐射式商品流通体系，以及20世纪80年代初期对其进行的自动化改造。1983年，沃尔玛花全年资金预算的1/4购买了一套卫星系统。1988年，沃尔玛拥有了全球最大的私有卫星通信网络。到1989年，沃尔玛甚至拥有了在卡车上也安装卫星定位的高效率物流系统。

而在经营策略上，沃尔玛的定位很清楚，客户就是那批中低收入的本地居民。针对这批居民，沃尔玛提供给他们的并不仅仅是“低价”，还有归属感和忠诚感。除了低价零售店外，1983年沃尔玛创立了山姆会员店，它是一种会员制的商店，没有柜台，所有商品以价格更低的批发形式出售。

山姆会员店的运营原理是以批发价格向各会员（其中70%是商行）提供名牌商品，供它们在自己的业务中使用或转售给客户。山姆会员店是由一批独立于廉价零售商店之外的经理队伍经营的，并且经常与沃尔玛零售店相邻。山姆会员店每周运营 7 天，和沃尔玛零售店不同的是，山姆会员店 70%的商品是直接从供应商那里装运的，其余的商品从公司的销售中心装运。

山姆会员店 1993 年的销售额增长了 19.5%（1992 年增长了 31%），成为全美仓储俱乐部连锁店中增长率最高的俱乐部。

从 1983 年开始，沃尔玛开始在其销售点安装通用产品代码（UPC）电子扫描系统，到 1988 年，几乎所有的沃尔玛商店都安装了通用产品代码电子扫描系统，比凯马特（Kmart）要提前两年。店员利用手持条码扫描器对标价商品进行扫描。这些利用无线电射频技术的扫描器与商店的计算机处理存货系统交换信息，从而保证精确地定价并提高效率。

电子扫描技术的应用和各店、销售中心及位于阿肯色州本顿维尔市的总公司之间通信便利的需要，致使沃尔玛决定在 1983 年安装一套卫星系统。卫星系统使沃尔玛每天都能够对销售数据进行收集和分析，使经理们立即了解什么商品流动缓慢，并因此避免进货过多和折扣太大。它后来还用于录像传输、信用卡核准和存货控制。在单家沃尔玛商店中，日常信息如商店和部门的销售额、工时和存货损失都能够与任何时期、任何地区或任何国家的结果进行比较。1987—1993 年，沃尔玛在其卫星通信网络、计算机和相关设备上花费了 7 亿多美元。

近百年来，世界 500 强企业获得竞争优势的因素基本上沿着这样的演化过程：1910—1920 年强调规模效益获得竞争优势；1920—1930 年强调科学管理；1930—1940 年强调人际关系管理；1940—1950 年强调组织功能结构；1950—1960 年强调战略规划；1960—1970 年强调经济预测；1970—1980 年强调市场战略和组织设计；进入 20 世纪 90 年代，强调的是全球化、信息技术、战略人力资源管理、学习型组织与知识管理等。

所以，你难以想象沃尔玛还在凭 20 世纪的规模来获得竞争优势，如果深入去看今天的沃尔玛，它的全球化、它的信息技术、它的战略人力资源（从 20 世纪 80 年代开始，沃尔玛就实行了雇员持股计划）、它的知识管理一定是国际水准的。所以，沃尔玛的“低成本”只是一种结果或表象，它的背后是出色的物流配送（存货补充）能力和吸引客户忠诚的经营能力，这是它的内在能力——核心竞争力。沃尔玛之所以能够持续增长并成为 500 强企业的老大，根本的原因在于它所有的竞争战略都是基于核心竞争能力而建立的，而这恰恰是格兰仕所缺乏的。

（二）格兰仕有没有战略？

大部分将企业竞争看作战争和政治谋略的企业家，从骨子里看不起理论，但格兰仕的成功似乎就是在一种理论指导下获得的，这就是格兰仕的“全球制造中心”（过去叫全球生产车间）模式。

这种理论也被格兰仕称为“拿来主义”——将对方的生产线搬过来，实行 OEM 模式的同时做自己的产品。比如将 A 品牌的生产线搬过来，就生产 A；将 B 品牌的生产线搬过来，就生产 B；剩下的生产时间就属于格兰仕，因为格兰仕还有另外一招叫“拼工时”。

在法国，一周生产时间可能只有 24 小时，而在格兰仕可以根据需要三班倒，一天 24 小时连续生产。也就是说，同样一条生产线，在格兰仕运转一天相当于在法国运转一个星期。据说格兰仕和 200 多家跨国公司全方位合作，就是依靠这种“拿来主义”。

靠这种成本优势，格兰仕连续几次大降价，获得了微波炉的霸主地位，同时也加速了微波炉这一产业的价格下降。通过降价，格兰仕成功地为这个行业竖起了一道价格门槛：如果想进入，就必须投巨资去获得规模。但如果投巨资也不能高于格兰仕的盈利水平，就要承担巨额亏损。即使高于格兰仕的盈利水平，产业的微利和饱和也使对手无利可图。凭此，格兰仕成功地使微波炉变成了鸡肋产业，并成功地使不少竞争对手退出了竞争，使很多想进入的企业望而却步。

这就是格兰仕的核心竞争力吗？目前国内对格兰仕的核心竞争力存在诸多误解，包括格兰仕自己也是在不求甚解地曲意迎合外界的歌颂。不错，格兰仕微波炉的竞争优势是靠“低价格”与“低成本规模制造”获得的，但“低价格”与“低成本规模制造”显然不是格兰仕的核心竞争力，格兰仕也不可能通过“低价格”与“低成本规模制造”获得持续的增长与繁荣。

当我们谈到核心竞争力的时候，必须明确三点：

（1）核心竞争力是企业内部集体学习能力而不是外在资源的强大。

（2）核心竞争力是人的能力而不是物或可以继承的资产。

（3）核心竞争力是为客户创造价值的能力而不是与对手相比的优势。

所以，“拿来主义”如果单单是指格兰仕所说的将生产线拿来，或单纯是“加班”，那么这显然是一种对外在资源的借用，不是内在能力。既然不是内在能力，那对手就很容易仿效，仿效的结果是你只可能在短期内维持比较优势，但当你不具备这项优势时，你就落后了。

日本公司在这方面是最好的例子，20 世纪 80 年代日本产品凭借低成本行销全球，日本产品的高品质低价格引起了美国等的恐慌。但大部分日本公司十多年后又落后了，为什么？因为低成本并非长久之计，消费者对产品付费的规律仍然是，对创新的技术和产品愿意付高价，而对优质但是雷同的产品付低价。

当一个产业中企业的竞争没有太大的差异时，消费者被迫在价格上作选择，最后的结果必然是满盘皆输。日本公司近年来的全面衰退不可能从效率也就是低成本上获得解释，根本的原因正如战略家波特所说：日本公司没有战略。

格兰仕也像日本公司一样没有战略？从对日本公司的分析中我们可以得出的结论是：

第一，格兰仕能够依靠低成本大规模的效率在某一行业获得成功，但这种成功会将消费者逼到只从价格上选择产品的地步，结果是大家都输。

第二，如果再沿着低成本大规模的“效率路子”走下去，那么，最后的结果将是自己一步一步地丧失持续增长能力。不是吗？格兰仕的市场占有率按它自己的说法是超过

60%，绝对的老大，可它如果再扩大生产，就将出现“规模不经济”，这种有垄断反而无利的格局说明了什么？消费者真会从中获益？

（三）什么是战略？

就可持续的意义而言，我们几乎可以断定，只有基于核心竞争能力的竞争优势才是战略性优势。同样，也只有基于核心竞争能力的扩张才是战略性增长，才能够支持或支撑持续性的增长。由此，我们才能懂得，为什么沃尔玛的“价格战”能够持续下去。原因在于“价格战”本来就不是沃尔玛持续的原因，沃尔玛持续的原因在于其核心竞争力——出色的物流配送（存货补充）能力和吸引客户忠诚的经营能力，并将这一能力作为公司竞争战略的核心。

正是基于这一核心，沃尔玛在各个方面培育起自己独特而让对手难以模仿的优势，比如在物流方面的“连续装卸”，通过配送中心对货物的一系列安排，使沃尔玛得以在48小时或更短时间内将货物从一个装卸码头运抵另一个码头，最终使沃尔玛的销售成本比行业平均标准低了近3个百分点。

也许有人会问，格兰仕的“大规模低成本制造”不也比行业平均利润低吗？

不错，单从价格上比的确如此，但沃尔玛的低成本是对环环相扣的支持系统进行投资和管理完成的。为什么沃尔玛的库房可以在非常短的时间内补充商店85%的存货？为什么沃尔玛商店从发出订单到商品补充完毕，平均只需两天？原因就在于沃尔玛为了实现商店、配送中心与供应商之间的动态配合，进行了三个方面的投资与管理：

第一，投资建立了一个信息系统，建立了一套专用卫星系统直接向4 000家供应商传递销售点数据，公司还安装了电视会议系统，帮助分店经理之间交流市场信息。

第二，要求它的高级管理人员创造一种环境，以使各分店的经理主动了解市场、把握市场。

第三，通过员工持股计划、损耗奖励计划与利润共享计划，激励员工对顾客的要求作出回应。

所以，沃尔玛与格兰仕表面上都是用“价格战”竞争，但在“价格战”背后是运营机制的差别：格兰仕走的是以产品或“自我”为中心的外在资源优势的道路，而沃尔玛走的则是以顾客为中心的内在能力强大之路。

正如沃尔玛CEO戴维·格拉斯（David Glass）所说的那样：我们始终坚持从内部挖潜，稳扎稳打，从不做那种跳跃式前进然后再回头补漏的事。而格兰仕呢？《中国企业家》2002年第7期对格兰仕有没有核心竞争能力提出了质疑。格兰仕的两位老总在第9期上作出的回应是：作出绝对的比较竞争优势。

所谓比较竞争优势是与别人比较的优势，是一种外在的优势，外在的优势怎么可能绝对？

所以，格兰仕在通过大规模低成本的“世界加工中心”模式获得成功后，目前的致命问题却是“没有战略”。如果格兰仕把所有的制造连同设备（那是格兰仕最自豪的优势）外包给其他厂家（为其做OEM），那怎么设计发展战略？

试想一下，如果格兰仕的老总一定要认为“规模”就是格兰仕永远的“核武器”，格兰仕下一步战略应该怎么做？如果目前依靠的最重要的资源没有了，那么是否还需要战略？

资料来源：姜汝祥．差距：中国一流企业离世界一流企业有多远．北京：机械工业出版社，2003：169-187.

资料三

一杯咖啡吸收宇宙的能量

——任正非在上研专家座谈会上的讲话

（2014 年 4 月 23 日）

我今天就是过来喝杯咖啡，和大家漫谈。

一、我们会怎么失败，华为会怎么垮掉？

历史上有很多大公司是在非常成功之后走向大衰败的。20 世纪 70 年代日本电子工业很成功，钱多到可以把美国买下了。日本在模拟电子方面很成功，但在数字转型的时候保守了，让美国超越了。美国在 CT（通信技术）领域也保守了，被华为超越了，但后来，美国又从 IT（信息技术）领域重新打回 CT 领域，今天甚至可能颠覆 CT 领域。

MOTO 是蜂窝移动通信商用系统的发明人，在模拟时代太成功了，却在数字化时代退出了市场。北电 10G 太成功了，却错失了 40G/100G 的转型。过去的美国电话电报公司（AT&T）为什么失败？它断定这个世界以 2M 带宽为通信带宽基础，这里指的话音时代，而没有想到大数据时代，当然我们当时也完全没有想到。现在带宽的需求是被压抑了，因此我们就一厢情愿地认为越宽越好。那是不是越宽越好呢？

我们怎么应对这个时代？我现在不知道。当我们最早提出管道概念的时候，大数据思维刚兴起，管道有多粗、流量有多大我们还不知道。我觉得无线比有线更有希望搞明白最终客户的需求，因为无线在离客户最近的地方，比较贴近人的基本需求。

在成功的过程中，哪些东西会构筑我们的死亡？蜂窝当初是为了适应话音时代而设计的覆盖方案，可能无法支持高密度的数据覆盖。但高密度覆盖的基本方式是什么？什么带宽是大量最终客户的基本需求？我真的不知道，如果你们的技术假设错误，我们建了几十万个基站，但都升不了级，怎么办？这个时候越成功就为我们构建了越大的历史包袱。未来有很多不可预知性。哪怕我们已经建好了几十万个基站，只要我们率先知道我们错在哪儿，就可能早一些避开失败。丁耘说要 5M 或 10M 无缝覆盖，也许有道理。

我们在追赶别人的时候是容易的，但在领队的时候不容易，因为不知道路在哪儿。当年我精神抑郁，就是为了小灵通，为了 TD（时分），我痛苦了 8～10 年。我并不怕来自外部的压力，而是怕来自内部的压力。我不让做，会不会使公司犯错，崩溃了？让做，是否会损失我争夺战略高地的资源？我的内心是恐惧的。TD 市场刚兴起的时候，因为没有足够的投入，所以没有机会，第一轮招标我们就输了。第二轮我们投入了，翻上来了。第三轮开始我们就逐步领先了，这叫后发制人。但那 8 年是怎么熬过来的呀？我要担负华为垮了的责任，压力很大，担心这么多人的饭碗要丢了。因此很抑郁。

现在你们也会感觉到高处不胜寒。无线走到这一步后，下一步要怎么走？到底我们将来的技术思想是什么？技术路线是什么？我们假设这个世界会怎样？若我们假设对了，那我们就是正确的，可能也就成功了。若我们假设错了，那我们可能就会进入类似北电、MOTO 一样的衰退。

思科在全世界 IP（网际互联协议）领域独树一帜，非常先进。它因在核心路由器上犯的一个投资错误而被华为超越了。那你以为华为就不会被别人超越吗？所以我们应该在最好最繁荣的时候讨论华为的崩溃和衰退，这时我们也许还能找到一条路。我们不知道客户的需求是什么，我们预见客户的需求都是鱼翅燕窝，如果客户的基本需求是麻婆豆腐怎么办呢？我们做了一大桌鱼翅燕窝，但人家来了只吃麻婆豆腐怎么办呢？怎么知道无线带宽的最佳需求到底是多少呢？这些我也不清楚，就多听听专家们的意见。

二、把握客户的真正需求，坚持主航道的针尖战略

我们的客户应该是最终客户，而不仅仅是运营商。运营商的需求只是一个中间环节。我们真正要把握的是最终客户的需求。最终客户的需求到底是什么？怎么引导市场的需求，创造需求？不管企业还是个人市场，真实需求才是你的希望所在。

未来世界信息的发展是无穷无尽的。互联网时代不是指网络，一定不要把互联网时代理解成网络时代。互联网已经成了人们的基本需求，网络只是一个承载工具，将端到端连起来，老百姓也是互联网的组成部分。瓦特发明了蒸汽机，导致了英国的工业革命并使得英国强盛，但蒸汽机不是基本需求，只是代表动力发生转变，因此它只是一个工具。网络这个工具和蒸汽机一样会带来整个世界生产方式的改变。

将来像太平洋这么宽的数据流量，核心交换以什么方式进行？谁占据了制高点？不要以为核心层是制高点，所有不可替代层都是战略制高点。前年我们决定将日本的能力为我们所用，在日本建立一个终端工艺研究所，把日本短薄精小的工艺能力聚集起来，日本研究所就做得很好。我们在日本构建大规模的工艺能力，应用软件则让想象力丰富的中国人来开发，正好对应人们未来对软件的需求。将这两个能力结合起来，世界不就是你的了吗？

现在有人在网络上描述华为的战略是针尖战略，我认为他说得对。我们收窄战略面，在针尖领域，踩不着别人的脚。我们在主航道上采用针尖战略。针尖战略就是冲到最前面，不与别人产生利益冲突。

ICT 融合是否真正地合乎未来我不知道，但我有两个假设：干线传输一定是以 CT 形式，一定要及时、可靠和准确，但接入层应该允许有错误、丢包。我前段时间听说我们用 CT 的数据传输方式研究图像，我认为这样做肯定不行，交易数据的传输不能出现差错，否则你的钱就到我的口袋里了，但是图像的传输是允许有误码的，掉了几十帧，图像只是瞬间模糊一下，人们并不会要求图像一个码都不能错。我们要分清楚在接入系统中的基本需求和非基本需求，非基本需求不需要非常严格，但基本需求不能有错误。所以我才讲，汽车必须是汽车，首先做出来要是汽车；豆腐一定是豆腐。

ICT 融合是我们公司的命题，但是否正确还需要斟酌。在无线覆盖方式上，从外向内攻是欧洲标准，美国标准是从内往外攻。这是两种技术几大阵营之间的搏击。我认为从内往外攻，从外往内攻，都是正确的，我们必须内也要攻，外也要攻，一定要做到在某个界面上有融合的方式。

三、走向世界走向开放，一杯咖啡吸收宇宙的力量

我们要从战略格局构建我们未来的基本技术理论和思想。我们在无线数学上的突破还是有基础的，但我们在有线网的数学上投入是不够的。我在莫斯科研究所的时候说，无线数学科学家要扩充到 140 人，现在是 70 人。我们要开始培养有线网数学家，包括引入准博士，在中国也要这样做。

一杯咖啡吸收宇宙的能量，你们这些人的技术思想为什么不能传播给博士和准博士这些未来的“种子”？你们和大师喝咖啡，现在为什么不能也和“种子”喝咖啡？喝咖啡是可以报销的。别怕白培养了“种子”，不来华为，他总会为人类服务吧？把能量输入“种子”，这样就形成庞大的思想群。就像把一个石子丢到水里引起波纹一样，一波一波影响世界。你们一个人能交 5 个这样的朋友，一个人有几百个粉丝，这样一算就是可影响很多人。交流也是在提升我们自己，因为我们真的还想不清楚未来是什么。

华为公司的圈子还太小，你们这些人都不出去喝咖啡，只守在土围子里面，守碉堡最终是守不住的。你们这些科学家受打卡的影响被锁死了，在上研所这个堡垒里面怎么去航海？去开放？航海的时候怎么打卡？发现新大陆怎么打卡？沉到海底怎么打卡？从欧洲通向亚洲的海底有 350 万艘沉船，那些沉到海底的人怎么打卡？所以，我们的管理要采用开放模式。

美国人监视我，我说我是一个思想领袖，不是说悄悄话就成功的。我不把我的思想告诉所有人，我怎么能成功。公司所有的战略都开放了，高端技术诀窍你可以不开放，低端产品可以先在内部全开放，然后开源……

资本主义就是因为开放走向成功，中国以前闭关自守没有成功，所以我们也要走向开放。现在很多人希望把国门关起，说中国会强大。错了！中国关门的时间已经很长了，从来都没有证明中国强大过。美国是最开放的国家，所以美国现在还是最强大。不要只看美国有时出现的暂时的落后，美国还有火山喷发式的创新，一会儿冒出一个 Apple，一会儿冒出一个 Facebook，只要美国持续开放，谁能阻挡美国前进的步伐？

我们还要走向世界级。现在我们缺思想家和战略家，只停留在将军层面。如果我们都只会英勇奋战，思想错了，方向错了，我们越厉害就越有问题。所以我们希望你们中间能产生思想家，不光是技术专家，更要产生思想家，构筑未来的世界。我们为什么命名了稼先路？意思就是说你要甘当无名英雄。我们为什么命名了隆平路？意思是说不要在乎你的学历，不要有自卑感，人人都能作出贡献。所以，我希望你们上研所也能出现一批思想家，我们已经有些将军了，要成为思想家所需的时间更漫长，我们已经等不了这么长时间，三五年内一定要决策我们的战略是什么。

四、我们的创新应该是有边界的，不是无边界的

我们应该演变，即便有了长远的战略思想，也是在今天的思想的基础上逐步演变，逐步改进。不要妄谈颠覆性，认为革命一定会被接受，不见得。苹果的成功来自 40 年的积累，个人电脑就是苹果发明的，图形界面也是苹果发明的，苹果后来进入 MP3 音乐领域也成功了。苹果进入 MP3 时我就说了一句话，这个加上通信不就更厉害了吗？果然加上

通信，苹果第一代手机就卖了 900 万台。你看苹果 iPhone 的成功是 40 年积累后的突破，并非一日之功。不要总想用革命性思想使自己颠覆，人类需要的不是颠覆，而是技术得到高质量的继承与发展。

我们对 2012 实验室的约束是有边界的。它只能聚焦在主航道上，或者略宽一些。产品创新一定要围绕商业需要。对于产品的创新是有约束的，不准胡乱创新。贝尔实验室为什么最后垮了？电子显微镜是贝尔实验室发明的，但它的本职是做通信的，它为了满足科学家的个人愿望就发明了电子显微镜。由于发明电子显微镜后将成果丢到外面划不来，贝尔实验室就成立了专门的组织作为其商业面的承载。所以无边界的技术创新有可能会误导公司战略。

我们认为，做产品的创新不能无边界，对 2012 实验室的约束可以放宽一点但也不能无边界。我们现在要成就的是华为的梦想，不是人类的梦想。我们的创新应该是有边界的，不是无边界的。

谢谢你们成就华为今天的伟大，这都是你们的功劳，但是明天的失败也可能源自你们的牵引。你们要开放，吸收宇宙的能量，构筑未来的世界。

资料来源：任正非：一杯咖啡吸收宇宙的能量．（2014－06－17）。https：//www.360doc.com/content/14/0617/16/1074365_389509652.shtml.

03

Chapter

第3章

生产与运作计划

引　例　　“计划”的旅游

“计划”在不同的人眼里有不同的形象，经过一趟旅游，“计划”的命运就改变了。在开始时它是一种计划，然后变成假设。假设没有形状，所以计划就完全没有内容。因此，看到这样的计划，工人们的脸色阴沉下来。他们冲着工头说：“这是个狗屎计划，它臭气熏天。”

工头到经理们那里，对他们说：“这计划是个马桶，臭味很大。在这儿的人也许受不了。”

经理们到董事那里，对他说：“这计划是个肥料桶，没有人能受得了它的强烈气味。”

董事到执行董事那里，对他说：“这计划有能促使植物生长的东西，并且气味很浓。”

执行董事到副总裁那里，对他说：“这计划促进发展并且非常有效。”

副总裁到总裁那里，对他说：“这个有效的新计划会积极地促进该部门，特别是该领域的发展和效率。”

总裁看了这计划，认为不错。这样，该计划就成为政策。

你认为该“计划”的旅游在哪些环节存在问题？其实质原因是什么？

资料来源：邱昭良．学习型组织新思维：创建学习型组织的系统生态方法．北京：机械工业出版社，2003：101-102.

计划是管理的首要职能。同理，生产与运作计划也是生产与运作管理中的核心内容。它在企业中的地位就如同一个交响乐队的指挥一样，调配着企业内外的多种资源，并在需要的时候，按需要的质量和数量，提供需要的产品和服务。

第 1 节　生产与运作计划概述

管理心法

弹钢琴要十个指头都动作，不能有的动，有的不动。但是，十个指头同时都按下去，那也不成调子。要产生好的音乐，十个指头的动作要有节奏，要互相配合。

——《毛泽东选集》（第四卷）

在任何一个地区内，不能同时有许多中心工作。在一定时间内只能有一个中心工作，辅以别的第二位、第三位的工作。

——《毛泽东选集》（第三卷）

计划是一种预测与构想，即预先进行的行动安排。具体地说，计划就是预先确定要去做什么、如何做、何时做和由谁做的一种程序。实际上是指由一系列活动组成的计划编制过程。生产与运作计划即是对企业生产与运作活动所作的统筹安排过程，是生产与运作活动的依据。

一、 生产与运作计划体系

按照不同的标准，计划可以分成各种不同的类型。对生产与运作计划来说，最基本的是按计划反映的时间长短分类，即将计划分为长期计划、中期计划和短期计划。

长期计划的计划期长度一般为 3～5 年，有时长达 10 年。它一般用于指明企业今后发展的长远目标以及为实现目标所制订的战略计划。有关战略的基本内容详见本书第 2 章。

中期计划的计划期长度为 1 年或更长一些的时间，一般指年度计划，有时也称为综合计划或总体计划。对工业企业来说，主要包括生产计划大纲和产品出产进度计划。在这类计划中要将需求预测与设备能力、库存水平、劳动力数量等相关的投入资源进行综合考虑，并实现它们之间的动态平衡。生产计划大纲主要规定企业在计划年度内的生产运营目标，它由一系列的产品品种、质量、产量等指标来表示。产品出产进度计划是将生产计划大纲细化到产品品种规格层面，形成月度产量计划。

短期计划的计划期长度在 6 个月以内，一般为月度或跨月计划。它反映企业在短期内要完成的目标和任务，有比较具体的方法和程序。例如物料需求计划、生产能力需求计划、作业进度计划等。

值得说明的是，关于计划期的划分是相对的，不同类型的企业计划期长度有很大的差异。以工业企业为例，由上述计划构成的简要生产与运作计划体系如图 3－1 所示。

二、 制订计划应遵循的主要原则

作为管理活动的中心环节，计划的实质是对要达到的目标及实现的途径进行预先规定。企业在考虑计划工作时，应根据企业的特点，遵循以下三个原则。

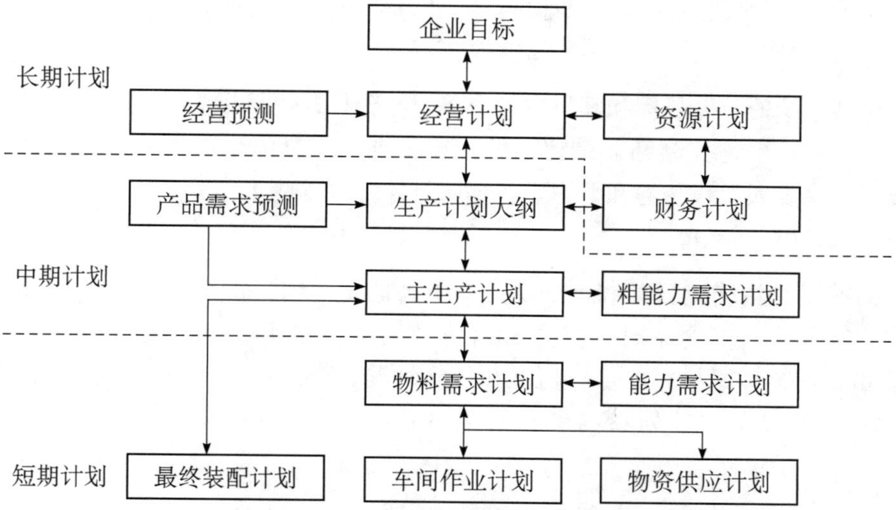

图3-1 生产与运作计划体系示意图

(一)承诺原则

现在所作出的决策都是对未来的一种承诺，是对用户的保证。因此，每一个决策都是为了实现组织未来的目标而制定的，具有权威性。承诺原则是指合理的计划应该规定一个必需的期限，在该期限内应尽可能履行目前决策所规定的各项任务。这实际上是计划工作的核心。

(二)弹性原则

弹性原则是指计划应有一定的灵活性。由于未来的不确定因素很多，因此，要求计划具有较大的适应性，能够在遇到意外事件时，具有在不增加成本的情况下修正行动方案的能力。但弹性原则只能在一定的限度内进行，应与承诺期间所牵涉的风险大小相权衡。

(三)滚动原则

滚动原则是指长期计划、中期计划与短期计划或战略计划、战术计划与作业计划应相互协调。在制订中期计划时，应考虑长期计划；在制订短期计划时，应考虑中期计划。还应根据短期计划、中期计划的执行结果和环境的变化情况，不断适当调整中期计划和长期计划的内容和方向，将眼前的利益与长期的生存和发展相结合。

以上三个原则在生产与运作计划的制订和实施过程中，尤为明显和重要。此外，统一性、持续性、灵活性与准确性，也都是一个好计划应具备的一般特征。

三、 编制计划的步骤

一个完整的生产与运作计划的编制过程一般包括以下几个步骤。

(一)认识机会

一个组织要制定其目标和计划，首先，应对组织内外部的环境因素进行分析，分析组织在社会大环境中所处的地位，具有何种优点和缺点。然后，根据组织的使命分析具有何种机会来完成组织的使命，并进一步分析这一机会可为组织带来什么结果。

（二）确立目标

目标包括组织的总体目标和其所属各个部门的分目标。目标为各层级管理者提供了行动和努力的方向，也是控制和业绩评估的重要依据，如具体生产何种产品，每年生产多少，需要投入多少人力、物力和财力，各部门具体应做哪些工作等。

（三）考察计划的前提

计划的前提是指确定目标和计划所必须考虑的企业内外的限制条件。例如，食品公司在确定生产儿童营养食品时，应分析消费者的消费水平、公司的制造能力、产品价格、设备和原材料、原材料的供应情况和价格情况、产品成本、市场的潜力、竞争者的情况等，同时也应考虑计划参与者对计划的看法是否一致，具有哪些限制条件和困难等。

（四）确定备选方案

一个计划常常有很多种方案可供选择，每个方案都有其优点和缺点。因此，应收集有关资料，对各种方案进行分析，确定可供选择的几个备选方案。

（五）评估各种备选方案

这是指对初步选定的各种备选方案进行评估，分析各个方案的优点和缺点以及企业的实际情况，确定各种方案的优劣次序。对生产与运作计划来说，质量、成本、交货期和柔性是主要的评价标准。

（六）选择方案

这是指从几个备选方案中选择一个较优的方案，也就是作出决策，这是计划的关键步骤。每项计划一般都有两个或两个以上的方案是可行的，管理者必须从中选择一个较优的方案。

（七）拟订派生计划

作出决策之后，总体计划确定了，还必须拟订派生计划以便总体计划能够完成。如食品公司决定生产几种儿童营养食品之后，需要制订招聘、培训各类人员的计划，拟订设备及原材料计划、资金筹集和使用计划、产品广告计划、产品生产计划和产品销售计划等。

（八）用预算将计划数据化

在作出决策和确定计划之后，为使计划更加具体可行，应把各项计划转化为预算，使之数据化。例如，食品公司可根据预测，确定反映销售收入及现金收入情况的销售预算，编制出各种费用预算和预计的利润表、资产负债表等。通过各项预算来反映计划执行后的收入与支出总额、利润数额以及现金流动情况、资产与负债情况等。

关于计划的制订，一般认为：改写错误的目标需要花费 1 美元，在执行过程中发现错误修改需要 10 美元，而一旦结果有错误再作修正，则要花费 100 美元。因此，制订出一个切实可行的计划对管理人员来说是至关重要的，往往需要花费大量的心血。

参考资料3-1

奖赏多不等于作用大

"9·11"事件之前，美国政府曾悬赏1 000万美元，捉拿恐怖组织头目本·拉登，但收效甚微。"9·11"事件之后，美国总统把赏金提高到2 500万美元。但令人不解的是，阿富汗民众对巨额赏金依然无动于衷。

这究竟是为什么？

美国中央情报局经过调查之后才明白，极端贫穷的阿富汗民众并非嫌2 500万美元太少，而是觉得这简直是一个可望而不可即的天文数字。对他们来说，解决每天的柴米油盐问题，解决每天的穿衣问题，才是看得见、摸得着的头等大事。

于是，美国政府修改了捉拿本·拉登的奖赏，用1 000只羊取代了2 500万美元。尽管"1 000只羊"与"2 500万美元"不可同日而语，但阿富汗民众轰动了，他们纷纷钻进深山，千方百计地寻找本·拉登的藏身之处。他们兴奋地说："天啊！1 000只羊！那是多么大的一群羊啊！我们村子里最富有的人家也只有七八只羊。如果能有1 000只羊，那我们全家几辈子都衣食无忧了……"

奖赏的多少虽然与激励作用的大小密切相关，但是这并不等于奖赏越多激励作用就越大，因为被奖赏者最大的愿望是奖赏能满足自己的需要。只有最能满足被奖赏者需要的奖赏，才能发挥它最大的激励作用。

资料来源：蒋光宇．奖赏多不等于作用大．经营与管理，2009（11）：65.

第2节　生产与运作能力的确定

管理心法

订计划时要有重点，不可在同一时间内百废俱兴。

——《毛泽东文集》（第七卷）

没有全局在胸，是不会真的投下一着好棋子的。

——《毛泽东选集》（第一卷）

企业的生产与运作能力可定义为企业在一定时期内，在正常的技术组织条件下，经过综合平衡后所能生产的一定种类产品的产出量。生产与运作能力是计划前提中的主要内容，是制订计划的前提和基础。

一、生产与运作能力的表示

（一）生产与运作能力的计量方法

生产与运作能力的计量方法可以分为两种。一种是按单位时间出产产品的实物数量来计量，如年产或月产多少台、多少吨等。若为多品种生产企业，当产品的结构、工艺很相似时，可用代表产品（代表企业方向、产量大、产品结构和工艺有代表性的产品）的产量来表示企业的生产能力；若产品品种的特征差别较大，则用较综合性的产量指标，如总重量、总功率等来表示生产能力。

另一种是按投入量计量。例如，不少工厂的标定生产能力常用全年可用的设备台时数(单台设备工作时间乘以总设备台数)、人工工时数来代表，虽然它不能说明生产系统所生产的确切产品与产量。在服务型企业中，用资源投入量表示生产与运作能力比用产出量来表示更有意义，因为在服务活动中，满足需求的能力主要依靠企业可提供的资源量。例如，医院的床位数、餐馆的座位数就代表了它们可以提供的服务量。

（二）生产与运作能力的类型

从管理角度考虑，生产与运作能力可分为理论能力和标定能力两种。

1. 理论能力

理论能力是指不考虑设备计划修理、设备故障和其他原因造成的停工等的损失所达到的产出量，即生产与运作系统在现有条件下可能达到的最大产出量。

理论生产与运作能力主要由生产与运作中的设备数量、设备的有效工作时间和设备的生产效率决定。其计算公式为：

$$P=F_eSq=F_yH(1-\theta)Sq=\frac{F_yH(1-\theta)S}{t}$$

式中：P——设备组的生产与运作能力；

F_e——设备全年有效工作时间（小时）；

S——设备组的设备数量；

q——设备产量定额；

F_y——设备全年制度工作日；

H——每日的制度工作小时数；

θ——设备计划修理的停工率；

t——设备台时定额。

如果按生产与运作面积计算生产与运作能力，上述公式变为：

$$P=Aq$$

式中：A——生产与运作面积；

q——单位生产与运作面积的平均产量。

对于流水线来说，其生产与运作能力的计算公式为：

$$P=\frac{F_e}{r}$$

式中，r 为流水线的节拍（相邻两件相同制品的生产时间间隔）。

2. 标定能力

标定能力是指按实际产出效率计算的生产与运作能力，由于它考虑了设备故障、出现废品、返修等损失，通常比理论能力小。在不增加设备或班次的情况下，理论生产与运作能力不能增加或修正，但标定能力却可通过各种改善措施，如改进工作方法、减少调整时间、加强设备维护、减少设备检修时间等来加以改进和提高。

由于企业现有的生产与运作水平受多种因素影响，如设备效率、工人技术熟练程度和劳动积极性、管理工作的效率等，因此在确定标定生产与运作能力时，可根据实际情况，在理论能力计算公式的后面加上若干系数加以调整，如定额完成率（k_1）、工时利用率（k_2）、合格品率（k_3）等。这时，计算公式为：

$$P=\frac{F_yH(1-\theta)S}{t}k_1k_2k_3$$

下面举例说明标定生产与运作能力的计算过程。

［例 3-1］ 设某车床组有 10 台车床，两班制工作，全年制度工作日按 250 天计算，平均的工时利用率为 90%。在计划年度内该车床组生产 A、B、C、D 四种结构不同、工艺不相似的产品零件。该车床组的生产能力计算详见表 3-1。

表 3-1 例 3-1 车床组生产能力计算表

产品名称	计划产量	产量比重	单位产品台时定额	定额完成率	计划用台时定额	产品综合台时消耗	车床组生产能力
A	100	0.25	200	1.20	167	41.7	250（天/年）×15.5（小时/天）× 0.9× 10（台）÷140（小时/台）＝ 250（台/年）
B	80	0.20	270	0.90	300	60.0	
C	160	0.40	100	1.30	77	30.8	
D	60	0.15	40	0.80	50	7.5	
合计	400	1.00				140.0	

［例 3-2］ 承例 3-1，设 A、B、C、D 四种产品结构、工艺相似，若以 C 为代表产品，该车床组的生产能力计算详见表 3-2。

表 3-2 例 3-2 车床组生产能力计算表

产品名称	计划产量	单位产品台时定额	换算系数*	换算为代表产品产量**	代表产品产量比重(%)	以代表产品表示的生产能力	换算后的生产能力***
A	100	200	2.0	200	33.3	250(天/年)×15.5(小时/天)× 0.9× 10(台)÷100(小时/台)＝349(台/年)	58
B	80	270	2.7	216	36.0		47
C	160	100	1.0	160	26.7		93
D	60	40	0.4	24	4.0		35
合计	400				100.0		233

* 等于该产品台时定额除以代表产品台时定额。

** 等于计划产量乘以换算系数。

*** 等于代表产品生产能力乘以代表产品产量比重，再除以换算系数。

二、 生产与运作能力的动态分析

在实际工作中，企业的生产与运作能力是不断变动的。不仅在增加设备和人员后会产生新的生产能力，而且即使不增加设备和人员，当人们提高了熟练程度后，也可以提高生产与运作能力。比较常见的动态分析方法有规模经济和学习曲线。

（一）规模经济

规模经济是指随着设备、工厂或公司生产规模的扩大，其单位产品成本（长期平均成本）存在下降的趋势。这主要是随着生产规模的扩大，企业可以采用更加先进的设备和工艺，在更大范围内实现产品的标准化和通用化，大量采购原材料和销售产品，从而可以将固定成本、期初投资费用以及各种管理费用分摊到更多的产品中去，降低单位产品成本（如图 3-2 所示）。

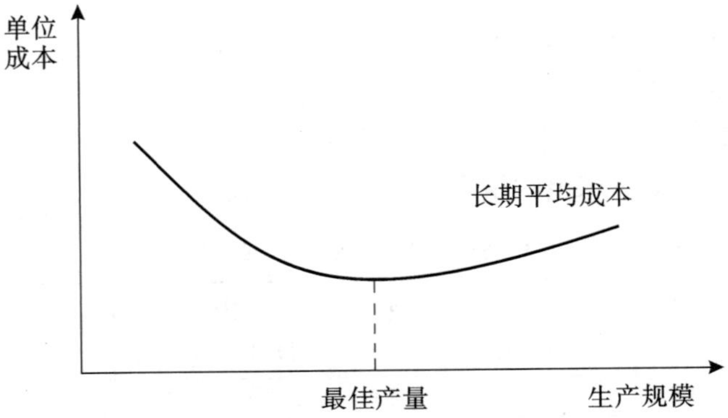

图 3-2　规模经济示意图

从图 3-2 可以看出，当生产规模达到一定程度后，平均成本反而有增加的趋势。因此，规模经济实际意味着存在一个最佳的产量点或产量区间。这是在制订生产与运作能力计划时应该考虑的问题。

（二）学习曲线

学习曲线最早是 20 世纪 20 年代在美国一家飞机装配工厂被认识到的。该厂的研究表明，生产第 4 架飞机的人工工时数比第 2 架减少了 80%左右，第 8 架只花费了第 4 架工时的 80%，第 16 架是第 8 架的 80%，等等。人们把这种现象称为 80%学习曲线，又称经验曲线。此后，人们在其他产业，如汽车、石油化工、半导体、合成橡胶、人造纤维织物等产业，也发现了类似的现象。虽然不同产品的工时或成本的下降速率不同，但每当累计产量增加 1 倍时，产品工时或成本按同样的百分比有规律递减的现象却是相似的。学习曲线如图 3-3 所示。

学习曲线现象是改进生产与运作方法的综合结果，它不仅是工人个人改进生产的结果，而且是整个企业自觉努力的结果。例如，提高劳动熟练程度，工具、物料的高效率利用，设计标准化，流程的改进，库存的减少，等等。其中，最主要的因素是劳动熟练程度的提高。因此，学习曲线的变化率取决于机器工作与人工工作的比例。实践表明，当工人的工作时间与机器工作时间的比例为 3∶1（即人工占总生产工时的 3/4）时，学习曲线的（工时改善）变化率（简称学习率）估计为 80%比较适当；当该比值为 1∶3 时，学习率常

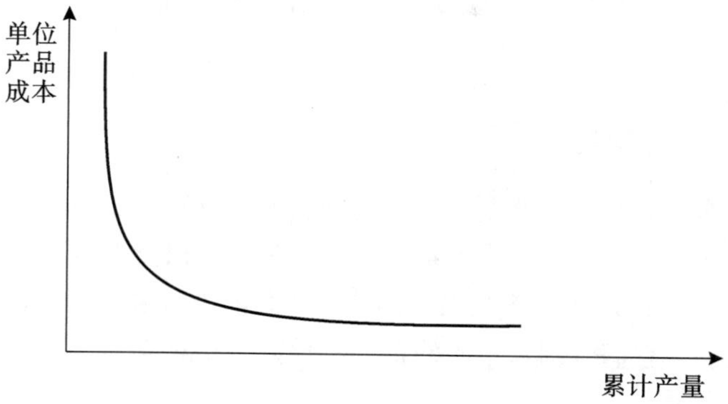

图 3-3 学习曲线示意图

设为 90%；当两者基本接近时，则取 85%为宜。

学习曲线可以用来估计未来的劳动力需要量和生产能力，估计成本和编制预算，制订计划和安排作业进度。通常适用于新的、手工较多的大型产品，或具有很大改进潜力的生产过程。其代价是使生产系统变得缺乏适应变化和更新产品的能力，即增加了系统的“刚性”。因此，只有当产品定型、需求稳定增长时，利用学习曲线来促进各部门不断提高生产效率，才能取得较好的预期效果。一个比较著名的例子是道格拉斯飞机制造公司，它在制造某种新型喷气式客机时，根据学习曲线估计其成本能够降低，于是对顾客许诺了价格和交货日期。但由于在飞机制造过程中不断修改工艺，致使学习曲线遭到破坏，未能降低成本，使公司遭遇严重财务危机，被其他公司兼并。

学习曲线的数学表达式呈负指数函数关系：

$$Y_x = Kx^{-b}$$

式中：Y_x——生产第 x 台产品的直接人工工时；

x——生产的台数；

K——生产第一台产品的直接人工工时；

b——幂指数，$b=-\lg p/\lg 2$（p 为学习率）。

[例 3-3] 已知某企业生产第一台产品的工时为 10 000 小时，学习率为 80%，那么，它生产第 8 台产品的工时是多少?

解 第 8 台产品的工时计算如下：

$$Y_8 = 10\ 000 \times 8^{\lg 0.8/\lg 2} = 10\ 000 \times 8^{-0.322} = 5\ 120 \text{（小时）}$$

即生产第 8 台产品的工时为 5 120 小时。

[例 3-4] 一位求职者正在应聘某装配线上的工作。他第一次的操作时间为 10 分钟，第二次为 9 分钟。管理部门认为在操作 1 000 次后大体可达到稳定状态，录用标准是操作工人应该在 4 分钟以内完成这项工作。该求职者是否可被录用?

解 由题意可知，该求职者的学习效率为 9/10=90%。当进行第1 000次操作时，该求职者的完成时间为：

$$Y_{1\,000}=10\times 1\,000^{\lg 0.9/\lg 2}=10\times 0.349\,9=3.499\text{（分钟）}$$

因此应该录用此求职者。

三、 生产与运作能力规划

由于生产与运作能力的变化特点，在制定企业生产与运作战略时，为了解决如何增强生产与运作能力的问题，就自然形成了各种能力策略，如积极策略、消极策略和中间策略等（如图 3－4 所示）。图 3－4 中斜线以上部分意味着能力过剩、闲置，斜线以下部分则意味着能力不足、短缺。它们分别与不同的企业经营策略相对应。

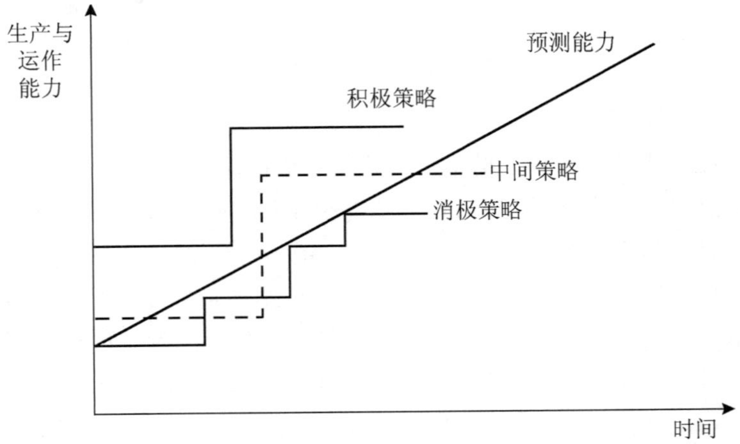

图 3－4 生产与运作能力增强策略

由于增强生产与运作能力是在对未来随机性需求预测的基础上进行的，因此，决策树是一个很好的辅助工具。决策树由一系列节点和从节点发出的分枝组成。方形节点表示决策点，它向右侧发出的为方案枝；圆形节点为“事件”节点，它向右侧发出的是各种可能发生的事件，在其上方是出现的概率；每一个“事件”节点发生的事件概率和应为 1；如果在“事件”枝后没有进一步的选择，则应标明此方案枝的经营结果。决策树画好之后，先求出每一个节点的期望值（经营结果乘以出现概率），然后在决策点处进行比较，期望值最好的留下，其余的则“剪枝”处理，依次进行的最后结果是只剩下一个分枝，此即最后的决策方案。决策树的应用过程见例 3－5。

［例 3－5］ 10 年内，某产品销售前景看好的预测概率为 0.7，不好的概率为 0.3。现有甲、乙两个方案可供选择。

甲方案：投资 220 万元，新建流水生产线。

乙方案：投资 80 万元，对原生产线进行技术改造。

预计投产后的收益情况如表 3－3 所示。应如何决策？

表 3－3 预计收益表

单位：万元

方案	好（0.7）	差（0.3）
甲方案	80	－30
乙方案	40	10

解 第一步，先形成决策树，见图 3-5。

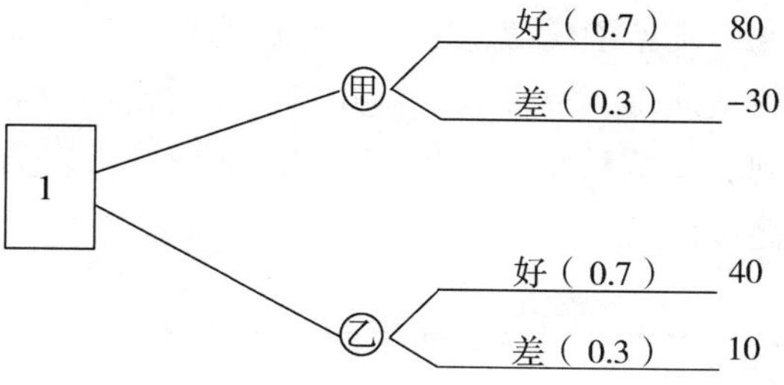

图 3-5 决策树示意图

第二步，计算每个方案的综合期望值。

甲方案：

期望值＝［80×0.7＋（－30×0.3）］×10－220＝250（万元）

乙方案：

期望值＝（40×0.7＋10×0.3）×10－80＝230（万元）

第三步，比较方案，作出决策。

因为甲方案的期望值高于乙方案，所以采取甲方案，断开乙方案枝。

四、生产与运作能力调节

不管采取哪一种能力策略，理论的生产与运作能力与实际的需求都有一定偏差，因此，在企业经营过程中存在着大量的生产与运作能力的调节问题。从计划的观点看，可将有关的调节控制因素按取得能力的时间长短，分为长期、中期和短期三类。

（1）长期因素。是指取得生产能力的时间在一年以上的措施。例如建设新厂，扩建旧厂，购置安装大型成套设备，进行技术改造等。它们能从根本上改变生产与运作系统的状况，大幅度提高生产与运作能力，但同时也需要大量的资金投入，因而属于战略性决策范畴。

（2）中期因素。是指在半年到一年之内对能力产生影响的因素。例如采用新的工艺装备，添置可随时买到的通用设备，对设备进行小规模的改造或革新，增加工人，将某些任务委托给其他工厂等，也包括利用库存来调节生产。它们是在现有生产设施基础上所做的局部扩充。一般在年度生产计划的制订与实施中加以考虑。

（3）短期因素。是指在半年之内以至当月之内就会对生产能力产生影响的因素。例如，加班加点；临时增加工人，增开班次；采取措施降低废品率；改善原材料质量；改善设备维修制度，减少设备的故障时间，提高设备利用率；采用适当的工资奖励制度，激发工人的劳动积极性；合理选择批量，减少不必要的设备调整时间，提高设备利用率；等等。它们是对现有生产设施利用的改善，属于作业层的决策范畴。

值得说明的是，在实际工作中，由于存在各种故障和其他影响因素，生产与运作设施的能力利用率一般要留有一定的富余，而不能以 100%计算。富余的部分称为能力缓冲。特别是在短期的生产与运作计划中，如果没有能力缓冲，就很难完成计划任务。

但作为特例，体育比赛则希望门票供不应求，因为爆满的运动场所创造出的气氛会刺激运动员超水平发挥，使观众得到更多满足，并增加以后的门票收入。戏院、酒吧等都有类似的特点。航空公司则利用这种特点（顾客因为过分拥挤而感到不舒服），试图安排更多的公务舱座位或头等舱座位。

参考资料 3-2

湖南铁路运力达到极限

晚 7 时，尽管离乘坐的 T2 次列车开车还有近两个小时，但在北京工作的长沙人何先生早早就来到了长沙火车站广场。而此时，进站口前，三条“回”字形的进站长龙已由进站口蜿蜒至广场前的车站路旁，成为长沙火车站春运独特的景观。

广铁方面介绍，节后春运，湖南铁路客流激增，且呈现两大特点：一是客流来势凶猛，高峰持续时间长。从正月初五到初九，平均每天发送客流均在 27 万人次的高位以上。二是客流密集增长，日增幅比较大。初五比初四多发送 3 万人次，增幅 18.4%；初六比初五多发送 5 万人次，增幅 22.2%；初七比初六多发送 4 800 人次，增幅 1.8%；初八比初七多发送 1.42 万人次，增幅 5.1%。

据预计，客流高峰还将持续。铁路部门提醒广大旅客，铁路运力已经达到极限，目前不可能再增加旅客列车，尚未买到火车票的最好改乘其他交通工具。乘坐火车出行则不要挑剔车次、不要强求一站直达，合理选择出行日期，避开客流高峰。

初五至初九连续五天，湖南铁路旅客发送量都在 20 万人次以上，且有继续走高趋势。

据介绍，造成客流激增的主要原因，一方面是春节长假结束，返程的探亲客流、旅游客流增多，加之高校开学提前，返校的学生流也开始唱主角，同时，务工流的出行也为客流高峰的到来推波助澜。探亲流、旅游流、学生流、务工流的高度叠加，是客流居高不下的主要原因。另一方面，由于春运铁路票价不上涨，不仅务工人员把火车作为出行的首选交通工具，学生、探亲人员和外出旅游人员也纷纷由汽车、飞机等交通工具改乘火车，这也是铁路客流猛涨的重要原因。

资料来源：湖南铁路运力已达到极限．（2007－02－27）．https：//news. sina. com. cn/c/2007-02-27/013111292195s. shtml.

第 3 节　确定计划指标的常用方法

管理心法

医生看病是先诊断，中医叫望、闻、问、切，就是先搞清病情，然后处方。我们打仗首先要搞侦察，侦察敌情、地形，判断情况，然后下决心，部署队伍、后勤等等。历来打败仗的原因大都是情况不明。

——《毛泽东文集》(第八卷)

我们不打无准备之仗，不打无把握之仗，在战斗中要一个阵地一个阵地地夺取。总之要大处着眼，小处着手。

——《毛泽东文集》(第五卷)

生产计划一般都要包括产品品种、产量、产值、进度、协作关系等方面的内容，并且还需要一套指标体系来规定这些内容的具体要求。按照指标的性质分类，可以分为数量指标（如产品产量）和质量指标（如废品率）；按指标的表现形式分类，可以分为总量指标（如总产值）、平均指标（如劳动生产率）和相对指标（如合同完成率）等。

在实际的生产计划工作中，产品品种的确定和选优以及其产量的确定一般要经过数学计算后才能作出，因而它们成为最基本的计划指标。下面对确定计划指标常用的方法进行简要的介绍。

一、 产品品种的确定和选优

确定和优选产品品种的出发点是同时考虑企业本身的生产能力和市场的需求。确定和优选方法基本是波士顿矩阵分析方法的展开或变形。产品品种系列平衡法是其中的一种。

产品品种系列平衡法首先要对每种产品的市场引力及企业实力作出判断。其中，市场引力是指市场吸引企业的能力，它从产品资金利润率、销售增长率、市场容量、该产品对国计民生的影响程度四方面来体现；企业实力可以从企业生产该种产品的生产能力、技术能力、市场占有率、销售能力四方面来体现。基本步骤如下。

第一步，对每种产品的市场引力、企业实力各个因素制定出若干标准，并进行评价打分，为每种产品的每种因素定出分数。

第二步，按产品把市场引力和企业实力的各种有关因素的分数相加，计算出每种产品的市场引力和企业实力两个综合性指标的总分数。

第三步，根据产品的市场引力和企业实力的得分情况，分成大、中、小三等，然后绘制产品系列分布图，根据产品在图中所处的位置，采取相应的对策。

［例3-6］ 某企业有10种产品，试应用产品品种系列平衡法进行品种优化。

解 第一步，根据大量实践经验编制产品市场引力和企业实力各因素评分标准表，见表3-4。

表3-4 产品市场引力和企业实力各因素评分标准表

市场引力		企业实力	
项目	分数	项目	分数
产品资金利润率		市场占有率	
30%以上	10	50%以上	10
15%～30%	5	30%～50%	7
15%以下	1	10%～30%	5
		10%以下	1

续表

市场引力		企业实力	
项目	分数	项目	分数
销售增长率		生产能力	
导入期	10	大	10
成长期	7	较大	5
成熟期	5	小	1
衰退期	1		
市场容量		技术能力	
大	10	强	10
中	5	较强	5
小	1	弱	1
产品影响		销售能力	
大	10	大	10
中	5	较大	5
小	1	小	1

第二步，按每项评分标准分别对这 10 种产品打分，并求出汇总得分。然后，将产品的市场引力和企业实力按标准分为大、中、小三等，规定 30 分以上为大，15～30 分为中，15 分以下为小。结果如表 3－5 所示。

表 3－5　产品评分结果

产品	市场引力		企业实力	
	总分	类型	总分	类型
1	33	大	32	大
2	35	大	28	中
3	27	中	34	大
4	25	中	26	中
5	28	中	14	小
6	13	小	18	中
7	12	小	9	小
8	32	大	8	小
9	11	小	31	大
10	17	中	31	大

第三步，在确定了每种产品的市场引力和企业实力的总分及大、中、小类别后，将它们填入预先绘制好的产品系列分布图中。然后，将图整理成表格形式（见表 3－6）。

表 3-6 产品系列分布

		企业实力		
		大	中	小
市场引力	大	Ⅰ，1	Ⅳ，2	Ⅶ，8
	中	Ⅱ，3，10	Ⅴ，4	Ⅷ，5
	小	Ⅲ，9	Ⅵ，6	Ⅸ，7

最后，根据表 3-6 中的结果，对照表 3-7，决定该企业的产品品种发展策略，并付诸实施。

表 3-7 不同情况下的对策

		企业实力		
		大	中	小
市场引力	大	Ⅰ，提高市场占有率，积极投资	Ⅳ，加强和扩大能力，甘冒风险	Ⅶ，增加投资，提高市场占有率
	中	Ⅱ，维持现状，争取盈利	Ⅴ，维持现状，保持稳定	Ⅷ，适当提高能力，争取盈利
	小	Ⅲ，回收资金，做撤退准备	Ⅵ，停止投资，进行改进或淘汰	Ⅸ，进行淘汰，力争损失最小

二、 产品产量的确定

在确定产品产量指标时，盈亏平衡分析是常用的方法。这种方法能够在成本性态分析的基础上找出成本、利润与产（销）量变化之间的依存关系，故又称量本利分析法。它可以为经营决策提供简明、有效的数据资料。测算产量指标时所要研究的一些基本问题，都可以通过盈亏平衡分析法得到答案。例如：产量达到多少正好保本；预测的产量可获利多少；要实现预定的利润目标，应达到多大的产量水平；在预计的产量下，若开工不足，即生产能力有余时会发生多大亏损；盈利的最大值为多少；应采取怎样的生产策略增加盈利；等等。

成本、利润与产量之间的变化关系如图 3-6 所示。

由图 3-6 可知，利润与总收益、产量及各项成本之间的关系的数学表达式为：

$$E=R-F-VQ=PQ-F-VQ=(P-V)Q-F$$

式中：E——利润；

R——收益，R=单价×产量=PQ；

V——单位变动成本；

F——固定成本；

P——产品单价；

Q——产品产量。

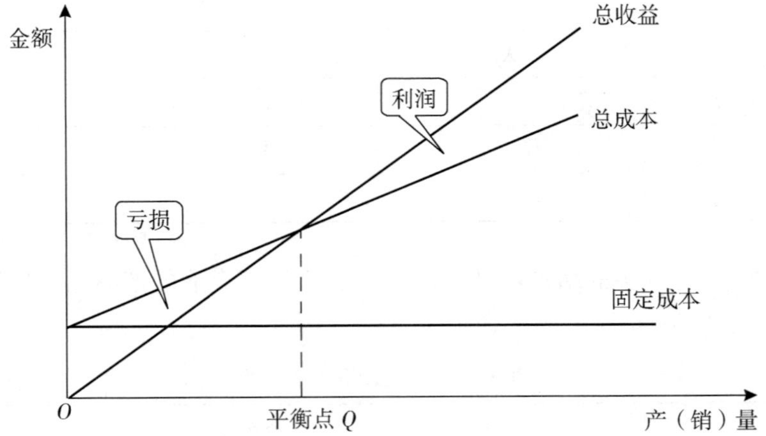

图 3-6　盈亏平衡示意图

下面举例说明盈亏平衡分析法的具体应用过程。

［**例 3-7**］　某产品单价 60 元，上一年成本资料如下。

制造成本：原料成本 20 元/件，人工成本 8 元/件。

间接成本：固定成本 70 000 元/年，变动成本 6 元/件。

销售成本：固定成本 30 000 元/年，变动成本 6 元/件。

若今年利润目标为 60 000 元，产量必须达到多少？若该产品最大产量为7 000件/年，利润最多为多少？该产品的保本产量为多少？

解　根据题中的条件可知：

$$F=70\ 000+30\ 000=100\ 000\text{（元/年）}$$
$$V=20+8+6+6=40\text{（元/件）}$$

因此，当利润目标为 60 000 元时，产量为：

$$\begin{aligned}Q&=\frac{E+F}{P-V}\\&=\frac{60\ 000+100\ 000}{60-40}\\&=8\ 000\text{（件/年）}\end{aligned}$$

当该产品最大产量为 7 000 件/年时，利润为：

$$\begin{aligned}E&=R-F-VQ=(P-V)Q-F\\&=(60-40)\times 7\ 000-100\ 000\\&=40\ 000\text{（元/年）}\end{aligned}$$

该产品的保本产量为：

$$Q_0=\frac{E+F}{P-V}$$

$$=\frac{0+100\ 000}{60-40}$$

$$=5\ 000\text{（件/年）}$$

［例3-8］ 承例3-7，若该产品产量短期内无法扩大，但今年仍然要完成60 000元的利润目标，则该产品单位变动成本至少要降低多少？

解 由题意可得

$$V=P-\frac{E+F}{Q}$$

$$=60-\frac{60\ 000+100\ 000}{7\ 000}$$

$$=37\text{（元/件）}$$

$$\Delta V=40-37=3\text{（元/件）}$$

即该产品单位变动成本至少要降低3元。

围绕盈亏平衡分析方法，还有经营安全率（用L表示）的概念，它表示偏离盈亏平衡点的程度大小。即

$$L=\frac{Q-Q_0}{Q}\times 100\%$$

如果L小于10%，则经营处于危险状态；若L在10%～15%，则需要警惕；若L在15%～25%，25%～30%和30%以上，则分别代表经营得不太好、较好和好的状态。运用这种方法，可以对经营状况进行初步判断。

在上述盈亏平衡分析法的应用过程中，其计算公式隐含的前提是生产量等于销售量，即产销差等于零。此时的亏损区又叫作“第一亏损区”。如果此前提不存在，即产销差不等于零，则原来的盈亏平衡“点”就变成了盈亏平衡“线”。此时，还存在“第二亏损区”和“第三亏损区”。具体如图3-7所示。

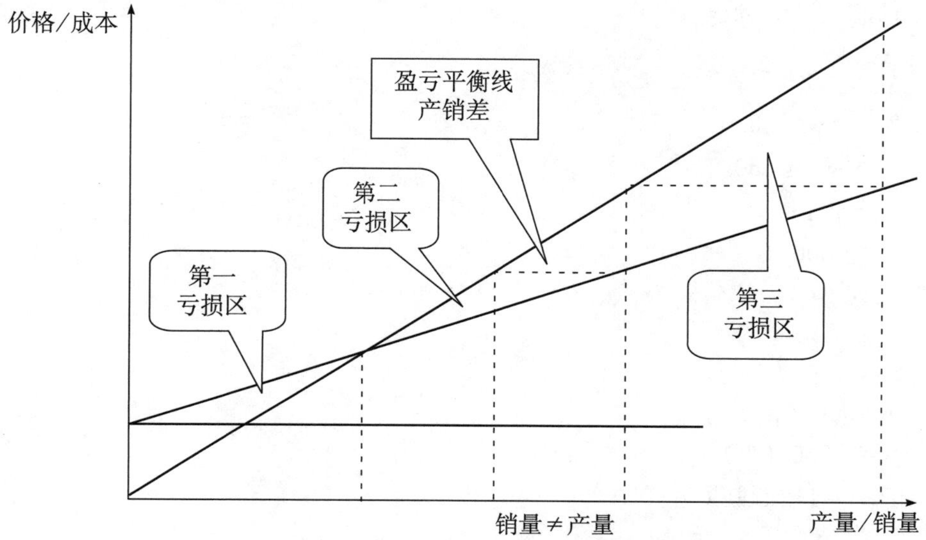

图3-7　盈亏平衡示意图（二）

图中“第二亏损区”和“第三亏损区”的应用见例 3－9。

［例 3－9］ 某灯具固定成本 8 000 元，单位变动成本 0.67 元，单价 1.2 元。若年计划产量 25 000 件，获得盈利的产品销售量是多少？若年需求量最多 21 000 件，生产量应限制在什么范围内？

解 由盈亏平衡计算公式可得

$$0.67Q_0+8\ 000=1.2Q_0$$

$$Q_0=15\ 095\text{（件）}$$

若年计划产量 25 000 件，则产品销售量必须达到 Q_1 才能盈利：

$$0.67\times 25\ 000+8\ 000=1.2Q_1$$

$$Q_1=20\ 625\text{（件）}$$

即产品销售量必须达到盈亏线 20 625 件以上才能盈利。

若年需求量最多 21 000 件，生产量应限制在 21 000 件至 Q_2 范围内：

$$0.67Q_2+8\ 000=1.2\times 21\ 000$$

$$Q_2=25\ 672\text{（件）}$$

即生产量应该在 21 000 件（年需求量）和盈亏线 25 672 件之间。

例 3－7 和例 3－8 是单品种的产量确定问题，同理，还可以进行多品种的产量确定。但若产品品种较多的话，一般利用线性规划求解。限于篇幅，只举例简要说明。

［例 3－10］ 两种产品 A、B，价格分别为 60 元/件、30 元/件，生产 A、B 的关键设备有效工时为 4 650 小时/年，A、B 在关键设备上的时间定额分别为 3 小时/件、1 小时/件；关键材料的最大供应量为 9 600 千克/年，A、B 关键材料的定额分别为 2 千克/件、4 千克/件；A 的单位配套元件为 2 件，订货量为2 400件/年，B 的年销售量少于 2 000 台。应如何组织 A，B 的生产？

解 目标函数为利润最大化：

$$P_{\max}=60x+30y$$

约束条件：

$$2x+4y<9\ 600$$
$$3x+y<4\ 650$$
$$2x<2\ 400$$
$$y<2\ 000$$
$$x,\ y>0$$

则

$$x=900\text{（件）}$$
$$y=1\ 950\text{（件）}$$
$$P_{\max}=112\ 500\text{（元）}$$

线性规划的具体解法有多种，现在一般采用计算机软件求解。

第 4 节 生产与运作计划编制要点

管理心法

一张白纸，没有负担，好写最新最美的文字，好画最新最美的画图。

——《建国以来毛泽东文稿》（第七册）

……对企业的管理，采取集中领导和群众运动相结合，工人群众、领导干部和技术人员三结合，干部参加劳动，工人参加管理，不断改革不合理的规章制度，等等①。

——《毛泽东文集》（第五卷）

在确定了产品品种和数量后，在生产计划中需要考虑的是如何安排其时间和空间顺序，这涉及计划的期（日期）、量（数量）和排序问题。

一、 不同生产与运作类型计划的编制重点

生产与运作计划的编制，特别是对生产企业来说，由于生产类型不同，计划重点也明显存在不同。

大量生产的特点是生产品种稳定，反复连续进行。其生产与运作计划的编制要注意经常保持一定的生产水平；要通过预测等手段使设计的生产能力与需求量相适应；可以通过调节库存产品来调整销售量和产量之间的差额；新产品的生产和产品型号的改变必须保持有计划地进行（产品品种难以急剧改变）。

成批生产是指在同一作业工序中，按一定时间间隔，依次进行不同品种产品的轮番生产。它需要通过一次次的转换，集中一定数量的同一品种产品连续进行生产。编制生产计划时，要注意确定最佳的投入顺序和批量，减少工序的空闲时间和调整准备的时间；可以通过零件的通用化和同类产品的安排，减少各工序需要更换的产品品种数；应该同时从设备上、技术上和经济上确定批量的标准。

单件小批生产是指设备、工艺能生产较大范围的产品品种，可灵活地接受订货任务，并根据订货的交货期进行生产的方式。编制这种计划时，必须准确估计从订货到产品出厂所需的时间（交货期），以免影响交货；必须重视工序的平衡问题，保持生产过程的连续性；必须随时掌握工序的剩余能力，灵活满足订货要求，并作出合理安排。

二、 期量标准

期量标准又称作业计划标准、日历标准或期量定额。它是对加工或服务对象在生产与运作过程中移动所规定的时间和数量标准，是编制产品出产进度计划（月度计划）、总装配计划、物料需求计划、作业进度计划等的主要依据。

---

① 该内容被概括为“鞍钢宪法”，即“两参一改三结合”：干部参加劳动，工人参加管理；改革不合理的规章制度；工程技术人员、管理者和工人在生产实践和技术革新中相结合。

（一）大量生产的期量标准

大量生产计划所要解决的主要问题是确保整个生产与运作过程及各个环节能够严格地按规定节拍生产。因此，节拍是大量生产与流水线生产中最重要的期量标准。

节拍是表示大量生产与流水线生产速度快慢或生产率高低的概念，可以简单理解为生产节奏或相邻两件（批）制品出产的时间间隔。节拍（r）计算公式为：

$$r=\frac{F_e}{Q}=\frac{F_0\eta}{Q}$$

式中：F_e——计划期的有效工作时间；

Q——计划期产量；

F_0——计划期的制度工作时间；

η——时间有效利用系数，一般在 0.9～0.96 之间。

选择节拍的主要依据是工序同期化程度和加工或服务对象的重量、体积、工艺等特征。所谓工序同期化，是指调整各工序的时间定额，使之等于流水线节拍或与节拍成整数倍关系的过程。如果工序同期化程度很高，其他生产条件满足要求时，可采取强制节拍流水线，如连续式、脉动式传送带；否则，可以采取自由节拍和粗略节拍流水线，前者如滚道、滑道等，后者如叉车、吊车等。

有关流水线的具体设计、布置和生产组织等其他较复杂的内容，有兴趣的读者可进一步查阅相关的教材和参考书。

（二）成批生产的期量标准

前面已经提到，成批生产的特点是按一定的时间间隔，依次成批生产多种产品。因此，成批生产与运作计划所要解决的主要问题是如何妥善安排生产与运作的轮番进行，保证有节奏地均衡运作。批量和生产间隔期是其中的两个主要期量标准。

批量是指相同零件（产品）一次投入或出产的数量。生产间隔期是指相邻两批相同零件投入或出产的时间间隔，是批量的时间表现，即生产与运作的节奏性。二者的关系是：

$$\text{生产间隔期}=\frac{\text{批量}}{\text{平均日产量}}$$

在具体工作中，可以根据实际情况，采取以期定量或以量定期的方法确定批量或间隔期。

另外，还有生产周期和提前期两个期量标准。它们同时也是大量生产和单件小批生产中的重要期量标准。

生产周期是指从原材料投入到产品出产所经过的整个生产与运作过程的全部日历时间。它包括工序的生产周期、零件的加工周期、产品或服务的生产与运作周期等。生产周期和具体的工艺或过程特点直接相关。

提前期是指零件（产品）在各工艺阶段的投入或出产日期比成品出产日期应提前的时间。根据管理需要，可分为投入提前期和出产提前期。显然，生产周期和间隔期是计算提前期的基础。提前期实际上就是生产周期加上保险期之和。

图 3－8 以机械加工为例，简要说明了提前期与生产周期和保险期的关系。

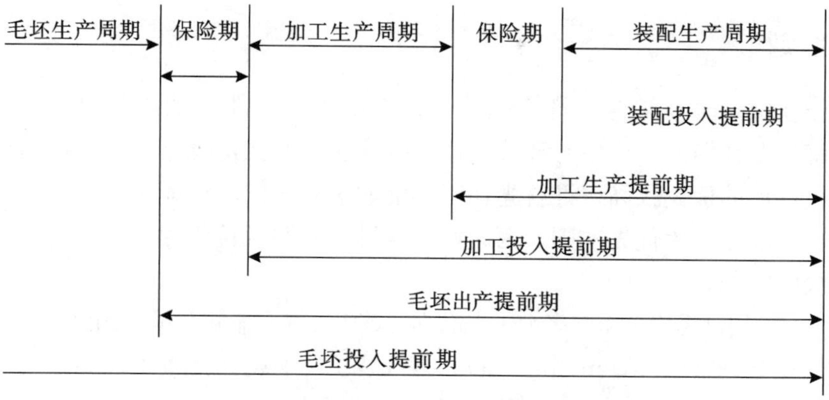

图 3－8　提前期与生产周期和保险期的关系

（三）单件小批生产的期量标准

单件小批生产的特点是产品品种多，每种产品的生产数量少，一般按照用户的订货要求组织生产与运作。因此，它的计划所要解决的问题是控制好产品的生产流程，保证按照订货要求的交货期交货。产品生产周期表是最基本的期量标准。它把产品生产各个工艺阶段的生产周期、提前期及其相互衔接关系都标明在一张表上，以便于作业和管理。表 3－8 是一个简化的产品生产周期表。

表 3－8　某产品的生产周期表

作业内容	零部件编号	毛坯周期	机加工周期	装配周期	3月						4月						5月					
					5	10	15	20	25	30	5	10	15	20	25	30	5	10	15	20	25	30
毛坯机加工	01-1	20	23																			
毛坯机加工	01-2	25	15																			
部件装配	01			10																		
毛坯机加工	02-1	20	15																			
毛坯机加工	02-2	10	22																			
部件装配	02			8																		
总装				15																		
					八		七		六		五		四		三		二			一		
											提前期类别											

注：www为保险期；▬▬为毛坯制造；═══为机加工；▬▬为组装；▬▬为总装。

三、 优先准则

在编制作业计划时经常遇到排序问题，即确定各个工件在设备上加工的先后顺序问题。它是制订作业计划的一个中心环节，作业排序实际上就是赋予在等待队伍中的工件以不同的优先权：谁的优先权高，谁就先加工；谁的优先权低，谁就后加工。给工件赋予优先权时所遵循的准则称为优先准则。因此，作业排序问题就转化为按照一定的优先准则赋予工件优先权的问题。

迄今为止，人们已提出了 100 多个优先准则，其中，最有影响和最实用的准则有如下几条。

（1）先到先服务（first-come first-served，FCFS）准则。指按工件到达的先后顺序安排加工。

（2）最短加工时间优先（shortest operating time，SOT）准则。指将加工时间最短的工件优先安排，然后是次短的，依此排列。

（3）交货期最早优先（earliest due date，EDD）准则。指交货期要求早的工件优先安排，而交货期要求晚一些的工件则排到后面加工。

（4）剩余缓冲时间最小（slack time remaining，STR）准则。剩余缓冲时间又叫时差或松弛量，它等于当前时间距交货期的剩余时间减去工件剩余的加工时间。这一准则要求按剩余缓冲时间的长短，从短到长安排作业顺序。

（5）临界比最小（smallest critical ratio，SCR）准则。临界比 CR 的计算方法为：

$$CR=\frac{\text{工件交货期}-\text{生产日历当前日期}}{\text{完成工件所需加工时间}}$$

该准则是先计算出每个工件的临界比，然后按照临界比的大小，从小到大安排作业顺序。

（6）后到先服务（last-come first-served，LCFS）准则。对这个准则的直观解释是：后运到车间的工件往往就放在工件堆的最上面，操作者总是从最上面拿起一个工件进行加工，所以称为后到先服务。

（7）随机安排准则。管理人员或操作者随机选择工件。

以上几个准则各有其不同特点，不同准则适用于不同的目标。例如，FCFS 准则比较公平；SOT 准则可使平均流程时间最短，从而减少在制品数量；EDD 和 SCR 准则可使工件的最大延误时间最小；等等。管理人员应该根据不同的目标选择恰当的排序准则。

［例 3-11］ 老王是某裁缝店的老板，一天刚上班就同时来了 5 件活儿。老王实在发愁：他知道光靠自己是不能按时全部干完的，并且他不知道先干哪一件。这 5 件活儿的作业时间和交货期如表 3-9 所示。试为老王选择一个较好的方案。

表 3-9 作业时间和交货期 单位：天

任务（按先后顺序排列）	作业时间	交货期
A	3	5
B	4	6
C	2	7
D	6	9
E	1	2

解 选择总流程时间、平均流程时间和平均延误时间为评价标准，分别运用 FCFS，SOT，EDD，LCFS 和 STR 准则，可以得到以下结果（见表 3－10）。

表 3－10 不同准则的运行结果

单位：天

准则	总流程时间	平均流程时间	平均延误时间
FCFS	50	10.0	4.6
SOT	36	7.2	2.4
EDD	39	7.8	2.4
LCFS	46	9.2	4.0
STR	43	8.6	3.2

从表 3－10 可以看出，采用 SOT 准则的总流程时间、平均流程时间和平均延误时间三项指标都排在第一位，因此，老王应该采用 SOT 准则进行排序。

对大多数服务企业来说，由于顾客到来的随机性以及生产与消费一般同时进行，无法利用库存来调节生产能力，因此，排序工作更加困难。我们可从安排顾客需求、安排服务人员和共享资源等方面进行排序。

安排顾客需求是根据不同时间内可利用的服务能力来为顾客的需求排序。如医生、律师的预约服务，旅馆、飞机、音乐会的预订等，都可以给管理者一段提前期来做各种相应的准备工作。

安排服务人员是将服务人员安排到顾客需求的不同时间段内。例如快餐店雇用的季节工和零工，医院、餐厅、公交公司等的班次安排等，都可以利用不同时间段内员工数量的变化来适应服务需求的波动。

共享资源是指共享生产能力，如一个地区的几家医院共享一个血库，一个配送中心同时为多家商店配送货物等。利用自身以外的庞大库存资源或生产能力，企业可以随时提供顾客满意的服务。

参考资料 3－3

昨是而今非

美国铁路两条铁轨之间的标准距离是四英尺八点五英寸。[①] 这是一个很奇怪的标准，究竟是从何而来的呢？

原来这是英国的铁路标准，而美国的铁路原先是由英国人建的。那么为什么英国人用这个四英尺八点五英寸的标准呢？原来英国的铁路是由造电车的人设计的，而这个距离正是电车轨所用的标准。

电车轨标准又是从哪里来的呢？

原来最先造电车的人以前是造马车的，而他们是援用马车的轮距标准。

那么马车为什么要用这个一定的轮距标准呢？因为如果那时候的马车用任何其他轮距

① 1英尺＝30.48厘米；1英寸＝2.54厘米。

的话，马车的轮子很快会在英国的老路上损毁。为什么？因为这些路上的辙迹的宽度是四英尺八点五英寸。

这些辙迹又是从何而来的呢？答案是它们是古罗马人所定的。因为欧洲，包括英国的长途老路都是由罗马人为他们的军队所铺的，所以四英尺八点五英寸正是罗马战车的宽度。如果任何人用不同的轮距在这些路上行车的话他的轮子的寿命都不会长。

我们再问，罗马人为什么以四英尺八点五英寸为战车的轮距宽度呢？

原因很简单，这是两匹拉战车的马的屁股的宽度。

故事到此还没有完结。

下次你在电视上看到美国航天飞机立在发射台上时，请留意它的燃料箱的两旁有两个火箭推进器，工程师希望把它们造的胖一点。但是不可以，为什么？因为这些推进器造好之后需要用火车从工厂运送到发射点，路上要通过一些隧道，而这些隧道的宽度只是比铁轨宽了一点点——我们不要忘记铁轨的宽度是根据两匹马的屁股的宽度所设定的！

因此，我们可以断言：可能今天世界上最先进的运输系统的设计是由2 000年前两匹马的屁股宽度所决定的。

资料来源：刘光辉．由路径联想到的．金融博览．2006，3：53.

关键术语

生产与运作计划　生产与运作能力　计划指标　盈亏平衡分析　期量标准　优先准则

小　结

计划是一种预测与构想，即预先进行的行动安排。生产与运作计划是生产与运作系统运行阶段的核心内容，也是企业里最困难的管理工作之一。本章概括了编制各种生产与运作计划的特点和要点，也简要介绍了一些常用的数学方法。但更重要的是学习理解和坚持计划工作应遵循的承诺原则、弹性原则和滚动原则。

思考题

1. 试制订本学期“生产与运作管理”课程的学习计划。

2. 根据本教材末的综合练习第一部分所提供的资料（352～359页），绘制出某一企业的生产可能性曲线（两种产品的最大生产量范围）。

3. 以小组为单位，试提出对参考资料3-2中铁路运力不足问题的解决办法。

4. 结合自己熟悉的工作，试完善图3-1中的生产与运作计划体系。

5. 试计算例3-7和例3-8中的经营安全率，并比较其结果。

6. 图3-9是一条简单生产线的示意图。已知原料1和原料2每单位10元，产品每件销售价格60元。各种设备的生产参数见表3-11。其中A与C是同一台设备，B与D是同一台设备，即它们不能同时工作。原料1和原料2按照1∶1的比例装配成产品E。开始时有资金1 500元，每周的固定成本2 500元。试计算每周的最大可能利润。

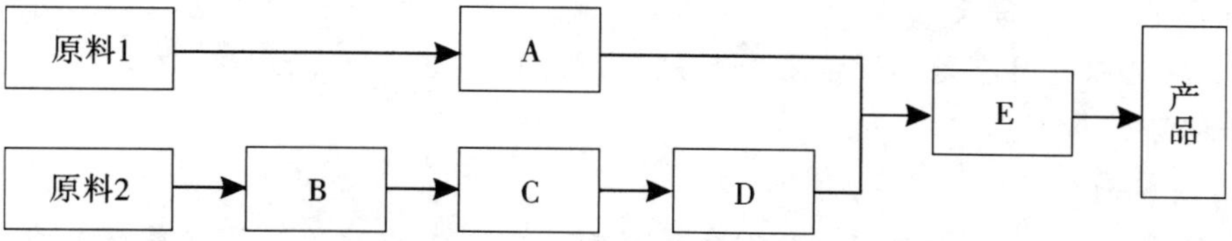

图3－9　生产线组成示意图

表3－11　设备生产参数

设备	调整时间（分钟）	加工时间（分钟/件）
A	240	28
B	120	10
C	360	6
D	360	12
E	180	25

管理实验

实验一

将学生分为10个小组，代表初始条件相同的10个企业（属于同一个行业），分别重新制订出教材末综合练习第一部分（352～359页）中的第6期生产计划，并比较执行结果，分析其优劣。然后接着制定第7、8期决策（为降低难度，产品价格可保持不变），分析执行结果，讨论生产计划的要点。

实验二

TOC生产计划游戏*

1. 基本资料

某工厂有四个工作站A，B，C，D，只生产四种产品1#，2#，3#，4#。产品基本数据如表3－12所示。

表3－12　产品基本数据

产品	售价（元）	材料成本（元）	加工程序
1#	275	150	A B A D
2#	375	110	C D B B
3#	240	90	A C B C
4#	305	95	A B B D

* 该游戏根据多家咨询公司的相关培训内容修改而成。

假设每个工作站每天只能加工一道工序（每一产品在每一工作站的加工时间都为一天），且市场可以随时有订单，没有物料延误、订单变更、机器故障、工人缺勤及生产质量等意外问题。

2. 游戏规则

（1）每 5～6 人为一个小组，分别负责投料、四个工作站的运作（每个工作站需要一个专人负责订单卡的填写和传递）及工厂运营工作。

（2）工作天数为 36 天，要求每一产品至少生产 4 件，生产运营费用为 3 000 元。

（3）需要填写各种表、单，如订单卡、在制品日报、工作站日报、订单完成日报、绩效计算表等，具体格式见附表。

3. 讨论问题

（1）比较各组绩效，分析其在运营中存在的问题。

（2）如何安排生产计划，使工厂在计划期内的净利润最大？

附表：

订单卡　　产品 1#
序号________
投料日期________
完成日期________
总生产时间________
工作站　　完成日期
A________
B________
C________
D________

订单卡　　产品 2#
序号________
投料日期________
完成日期________
总生产时间________
工作站　　完成日期
A________
B________
C________
D________

订单卡　　产品 3#
序号________
投料日期________
完成日期________
总生产时间________
工作站　　完成日期
A________
B________
C________
D________

订单卡　　产品 4#
序号________
投料日期________
完成日期________
总生产时间________
工作站　　完成日期
A________
B________
C________
D________

实验次数：　　　　组别：　　　　日期：

工作站	D																																				
	C																																				
	B																																				
	A																																				
天数		1	2	3	4	5	6	7	8	9	10	11	12	13	14	15	16	17	18	19	20	21	22	23	24	25	26	27	28	29	30	31	32	33	34	35	36

记录每天各工作站的状态（1——加工，0——闲置）

在制品数量	20																																				
	18																																				
	16																																				
	14																																				
	12																																				
	10																																				
	8																																				
	6																																				
	4																																				
	2																																				
天数		1	2	3	4	5	6	7	8	9	10	11	12	13	14	15	16	17	18	19	20	21	22	23	24	25	26	27	28	29	30	31	32	33	34	35	36

记录每天的在制品数量

完成的订单数																																					
	10																																				
	9																																				
	8																																				
	7																																				
	6																																				
	5																																				
	4																																				
	3																																				
	2																																				
	1																																				
天数		1	2	3	4	5	6	7	8	9	10	11	12	13	14	15	16	17	18	19	20	21	22	23	24	25	26	27	28	29	30	31	32	33	34	35	36

记录每天完成的订单数

订单绩效（出货数量）				现场绩效						机器使用率	
				财务绩效（元）				期末存货		产出（T）	
产品	数量	毛利	产出	产品	数量	成本	金额	工作站	使用率	OE	
1#		125		1#		150		A		NP	
2#		265		2#		110		B		存货（I）	
3#		150		3#		90		C			
4#		210		4#		95		D			

实验三

如何吃自助餐？

参考下面的资料，以小组为单位去吃自助餐。看看如何才能吃得最好（要求：每组设计两种以上吃法，然后比较实际吃的结果，讨论原因）。

营养专家：吃饭的顺序应从最容易消化的食物开始，一直吃到不容易消化的食物。

男主持人：也就是说，我们先从汤类或者水果类开始。

营养专家：水果类，蔬菜，生的蔬菜，然后再吃生的海鲜。

男主持人：吃自助餐按您这个顺序就可以了。

营养专家：哈哈，你不要提自助餐。一提自助餐，很多人听到我的名字就害怕了。

男主持人：为什么呢？

营养专家：因为很多自助餐的老板看到我都会发抖！

男主持人：就是说按您这种方式去吃自助餐，一是有助于消化，二是还能吃得多。

营养专家：很多很多！我自己一个人吃自助餐，这么大的盘子，大概会吃20～25盘！

女主持人：这么多！

男主持人：我通常一两盘就饱了。

营养专家：有一天中午我们几十个人去了一个非常著名的自助餐厅。结果我们把人家中午的、下午的、傍晚的、晚上的，准备给2 000多人吃的食物，全都给吃光了。

女主持人：哇！老师，你们太厉害了！！

男主持人：电视机前的观众朋友们，此时此刻不要走开，利用这种方法吃自助餐，除了能够健康，还能够吃到更多种类和数量的食品，更实惠！

营养专家：对。

女主持人：省钱！

男主持人：那您讲一下，比如现在到了一个自助餐厅，您说我该怎么吃，先吃什么？

营养专家：我呢，到自助餐厅的习惯就是先吃水果。尤其是先吃木瓜、菠萝类的水果。

男主持人：木瓜和菠萝。

营养专家：因为这两种水果含有很多的酵素。酵素有助于消化，所以我先把酵素准备好。

女主持人：先吃木瓜和菠萝，因为它们里面的酵素有利于消化。

营养专家：而且，大量的水果又含有很多的纤维，纤维可以帮助你清理肠道，为过一会儿要吃的食物做好消化准备。

女主持人：把空间腾出来。

营养专家：万一后面吃到的有些食物不够干净，纤维可以保护你。一般我光水果就要吃三盘。

女主持人：光水果你就要吃三盘？

营养专家：是满满的三大盘。有一次我在吃自助餐的时候，旁边有一位女士，她看我一直拿水果。她说，你交了 200 多块钱吃自助餐，你这么吃的话，不划算。我就跟那位女士说，我是在做准备工作。

女主持人：还没正式开始呢！

营养专家：然后，她就觉得很好奇，就看我又拿蔬菜。因为我吃完三盘水果之后，会再吃三盘生的蔬菜。我会在生的蔬菜里面加一些醋，加一些橄榄油，以促进消化。我吃完三盘蔬菜，那位女士就问我，你还在吃蔬菜。我说我的准备工作还没做完。这个时候我已经吃了六盘了，这六盘其实都是在做准备。为什么呢？你要记住，六盘蔬菜水果，90%的水分扣除之后，再扣除纤维，留在你胃里面的其实没有多少东西了。

女主持人：可能吃了这么多，剩下来的就这么多（手势比划）。

营养专家：看样子堆很大，其实不多。吃完六盘之后，我开始吃三文鱼、北极贝，吃生海鲜类的。

女主持人：生海鲜。

营养专家：这些生海鲜呢，也含有大量的酵素。也就是说吃完六七盘生海鲜之后，这个准备工作才基本上做完。那位坐在我旁边的女士就说，哇！你吃这么多。我就跟她说，现在我可以正式开始吃了。

男主持人：第二步就是吃生海鲜类的东西。

营养专家：对，吃完海鲜类，然后才可以吃各种肉类，如羊肉、猪肉、牛肉。这些比较难消化而且烹饪比较过度的食物需要的消化时间比较长。让前面的食物先消化，让后面的食物慢慢等待。如果你会吃的话，这时差不多已经吃到大概十八九盘了。

男主持人：接下来我们再吃点什么呢？

营养专家：我们去吃自助餐的目的，是为了享受美食。那些美食里面不仅包括健康的食物，还包括一些垃圾食品。到了这个时候呢，通常我就会号召大家，现在可以吃你们爱吃的东西了。为什么呢？因为该有的营养全有了。而且，肠道已经铺满了纤维，你吃的垃圾食品在纤维那里被吸附住，会被排到体外去，你也不必再担心。所以，这个时候你想吃蛋糕，吃冰激凌，就不妨吃一点。

男主持人：自助餐的老板听到这里，一定会哇哇大哭一场。

资料来源：根据 2012 年 5 月 14 日河南卫视《创意时代》节目整理。题目为本书作者所加。

课外阅读资料

资料一　制订一个好的行动计划所必需的条件和才能

简单说，行动计划可以使企业更好地利用资源，并为达到其目的而选用最好的方法。它使企业避免或减少犹豫和失误，有助于企业提高其人员的能力，是一种宝贵的管理方法。

人们要问，为什么这种方法没有得到普遍应用呢？原因可能在于计划的制订要求领导有相当的才能及条件，而同时具备这些才能与条件也是相当难的。

制订一个好的行动计划要求领导必须具有：

（1）管理人的艺术。在一个大企业里，大多数的部门领导都参与制订行动计划，这项工作是日常工作之外的任务，参与者要负一定责任，而习惯上不给予任何特别的报酬。

在这种情况下，为了得到各部门领导忠实而积极的合作，应该有一个能干的管理人的人，他不辞辛劳，也不怕负责任。这个能干的管理人的人通过下级的热忱与上级的信任来肯定自己。

（2）积极性。年度预测、十年预测与特别预测都要求领导不断地给予注意。

（3）勇气。人们很清楚地知道：再精心制订的计划也不能准确地得以实现。预测不是先知的预言，它的目的是减少意外之事。

然而，公众，甚至是最了解企业进展情况的股东们，都不会对那些制订不切实际计划的领导有好感。由此就产生了某种谨慎的必要。应该使这种谨慎态度与为寻求最好的结果而做的各种必要的准备工作相一致。

怯懦的人恨不得取消计划或使它变得无关紧要，从而使自己不受批评。这不是个好的打算，甚至从他们个人的利益来看，也是不好的。没有计划，就会影响企业的发展，就使领导负有比对没有圆满实现预测做必要解释大得多的责任。

（4）专业的能力。

（5）处理事务的一般知识。

（4）与（5）都是制订和实现计划所必须具备的基本能力。

以上就是制订一个好的行动计划的必要条件，它要求有一个精明的、有经验的领导。

缺乏计划或制订出一个不好的计划是领导没有能力的标志。为防止企业受这种无能之害，就应该：

（1）使计划成为硬性的要求。

（2）使好的计划典型让公众都能知道。

（3）把计划工作列入教育的内容中。

这样就使公众的舆论建立在更了解情况的基础上，可对领导产生更大影响，因而，不必那么担心后者缺乏能力。这种情况一点儿也不会降低有才能的领导的相对重要性。

资料来源：法约尔．工业管理与一般管理．北京：中国社会科学出版社，1998：62-65.

资料二

墨菲定律

墨菲定律（Murphy's law）是西方世界常用的俚语。其含义是：Anything that can go wrong will go wrong.（凡事只要有可能出错，那就一定会出错。）墨菲定律、帕金森定律和彼得原理并称20世纪西方文化三大发现。

墨菲定律的起源

墨菲是美国爱德华兹空军基地的上尉工程师。1949年，他和上司斯塔普少校参加了美国空军进行的火箭减速超重实验。在一次实验中，因仪器失灵发生了事故。调查发现，测量仪表被一个技术人员装反了。由此，他得出的教训是：如果做某项工作有多种方法，而其中有一种方法将导致事故，那么一定有人会按这种方法去做。换种说法：假定你把一片干面包掉在地毯上，这片面包的两面均可能着地。但假定你把一片其中一面涂有果酱的面包掉在地毯上，常常是带有果酱的一面落在地毯上。在事后的一次记者招待会上，斯塔普将其称为“墨菲定律”，并以极为简洁的方式重新作了表述：凡事只要有可能出错，那就一定会出错。墨菲定律在技术界不胫而走，因为它道出了一个铁的事实：技术风险能够由可能性变为突发性。

墨菲定律的适用范围非常广泛，它揭示了一种独特的社会及自然现象。它的极端表述是：如果坏事有可能发生，不管这种可能性有多小，它总会发生，并造成最大可能的破坏。

根据墨菲定律：

（1）任何事都没有表面看起来那么简单。

（2）所有的事都会比你预计的时间长。

（3）会出错的事总会出错。

（4）如果你担心某种情况发生，那么它就更有可能发生。

墨菲定律告诉我们，容易犯错误是人类与生俱来的弱点，不论科技多发达，事故都会发生。而且我们解决问题的手段越高明，面临的麻烦就越严重。所以，我们在事前应该尽可能地想得周到、全面一些，如果真的发生不幸或者损失，就笑着应对吧，关键在于总结所犯的错误，而不是企图掩盖它。

墨菲定律的演化版本

墨菲定律的原句是这样的：If there are two or more ways to do something，and one of those ways can result in a catastrophe，then someone will do it.（如果有两种选择，其中一种将导致灾难，则必定有人会作出这种选择。）到今天，它已经派生出以下版本。

1. 别试图教猫唱歌，这样不但不会有结果，还会惹猫不高兴。
2. 别跟傻瓜吵架，不然旁人会搞不清楚到底谁是傻瓜。
3. 不要以为自己很重要，因为没有你，太阳明天还是一样从东方升起。
4. 笑一笑，明天未必比今天好。
5. 好的开始，未必就有好结果；坏的开始，结果往往会更糟。
6. 你若帮助了一个急需用钱的朋友，他一定会记得你——在他下次急需用钱的时候。
7. 有能力的——让他做；没能力的——教他做；做不来的——管理他。
8. 你早到了，会议却取消；你准时到，却还要等；迟到，就是迟了。
9. 你携伴出游，越不想让人看见，越会遇见熟人。
10. 你爱上的人，总以为你爱上他是因为：他使你想起你的老情人。
11. 你最后硬着头皮寄出的情书寄达对方的时间有多长，你反悔的时间就有多长。
12. 东西越好，越不中用。
13. 一种产品保证 60 天不会出故障，等于保证第 61 天一定就会坏掉。
14. 东西久久都派不上用场，就可以丢掉；东西一丢掉，往往就必须要用它。
15. 你丢掉了东西时，最先去找的地方，往往也是可能找到的最后一个地方。

16. 你往往会找到不是你正想找的东西。

17. 你出去买爆米花的时候，银幕上偏偏就出现了精彩镜头。

18. 另一排总是动得比较快；你换到另一排，你原来站的那一排就开始动得比较快了；你站得越久，越有可能是站错了排。

19. 一分钟有多长？这要看你是蹲在厕所里面，还是等在厕所外面。

资料来源：什么是墨菲定律. https://wiki.mbalib.com/wiki/%E5%A2%A8%E8%8F%B2%E5%AE%9A%E5%BE%8B.

04
Chapter

第4章
项目管理

引 例　一举而三役济

北宋著名科学家沈括在《梦溪笔谈》中记载了一个“一举而三役济”的故事。

宋真宗年间，皇宫失火，一夜之间，大片宫室楼台、殿阁亭榭变成了废墟。宋真宗挑选了大臣丁渭负责修复宫殿。

当时，要在短期内完成这项重大而复杂的工程，需要解决一系列相关难题：一是皇宫离郊区远，取土困难；二是运输建筑材料的工具不好解决；三是竣工后大片废墟垃圾的处理问题。

丁渭运筹规划，制订了高明的施工方案。第一步，下令“凿通衢取土”，从施工现场向外挖了若干条大深沟，挖出的土作为施工用土。这样一来，取土问题就舍远求近就地解决了。

第二步，把宫外的汴水引入新挖的大沟中，“引诸道竹木筏排及船运杂材，尽自堑中入至宫门”。这样，又解决了大批木材、石料的运输问题。

第三步，待建筑运输任务完成之后，再排除堑水，把工地所有垃圾倒入沟内，重新填为平地。

这一施工方案，收到了“一举而三役济，计省费以亿万计”的最佳效果。

资料来源：http：//zhidao. baidu. com/question/12910195. html.

项目是一种特殊的生产与运作类型。项目管理的出现是20世纪50年代以后发展大型、高费用、进度要求严格的复杂系统的结果。70年代以后，越来越多的中小企业开始灵活地将它运用于企业管理活动，特别是生产运营活动。它往往和新企业、新产品、新系统、新技术联系在一起，具有较强的生命力。本章侧重于项目计划内容的介绍。

第 1 节 项目管理概论

管理心法

系统地解决问题才叫做科学，不是系统的而是零碎的，就是正确的也不是科学的。

——《毛泽东文集》（第三卷）

因为我们是为人民服务的，所以，我们如果有缺点，就不怕别人批评指出。不管是什么人，谁向我们指出都行。只要你说得对，我们就改正。你说的办法对人民有好处，我们就照你的办。

——《毛泽东选集》（第三卷）

项目是指那些要求在指定时间内、限定预算内和规定的质量标准内完成的一次性工作、任务或活动，可以看成是一种特殊的生产与运作类型。它既可以是一项科学实验、一种产品的研究开发、一个工厂或设施的建设或维修、一项社会活动的组织和实施，也可以是编辑出版一本杂志、安装一套设备或拍摄一部电视剧，甚至可以是写一篇论文。

一、 项目管理内容简介

项目的一次性是它区别于其他各种生产与运作类型的最基本特征。每个项目都有明确的始点和终点，都有明确反映其功能要求的成果性目标以及反映工期、预算、质量等的约束性要求。一般来说，一个项目有四个要素：一是时间要素，即进度计划和控制；二是成本要素，即成本测算和控制；三是资源要素，即资源调配和安排；四是质量要素，即质量监督和控制。

项目管理的任务就是寻找并实现这些项目要素间的最佳组合。由于管理对象的整体性，项目的计划、组织、控制以及效果的评价都应以项目的整体优化为标准。

由于项目是一次性工作，因此它具有生命周期的特点。一般来说，项目的生命周期可以划分为四个阶段，即启动阶段、计划阶段、执行阶段和收尾阶段。

第一阶段是启动阶段。这个阶段的主要工作任务是项目识别、项目构思和项目选择，其形成的文字资料主要有项目建议书或可行性研究报告。

第二阶段是计划阶段。项目计划是项目执行的蓝本，它解决的问题主要是何时、如何、由谁完成项目的目标问题。基本任务是制定项目计划书，具体包括确定项目工作范围，进行项目工作分解；估算各个活动所需要的时间和费用；制定进度安排和人员安排等。

第三阶段是执行阶段。在这个阶段主要是具体执行项目计划。工作的重点是执行项目计划书，跟踪执行过程和进行过程控制，当项目在具体的执行过程中出现偏差时，必须确保项目按计划有序、协调地进行。同时，这一阶段也要根据项目的执行情况，对项目计划进行必要的修改和补充，即项目的变更控制。

第四阶段是收尾阶段。当项目的目标已经实现，或者项目的目标不可能实现的时候，项目就进入了收尾阶段。收尾阶段的重点是项目的交接、对项目结果进行检验、项目的评价和总结、汲取经验教训，为完成以后的项目积累经验。

项目管理的全过程通常包括下面几项工作。

（1）对项目做总的构思，确定项目的性质、特点、要求和目标。

（2）考虑如何去做，即选择适当的方案，制订计划，并做好必要的准备。

（3）组织实施，即对项目的进度、成本、资源和质量等，根据实际情况进行动态控制。

（4）对完成的项目进行检查、分析、评价和总结。

由于项目内部各项工作之间相互依赖和制约关系的复杂性，以及项目外部环境对项目各要素的影响和项目实施过程中多部门参与中存在的分工和协作关系，与其他类型的生产与运作管理相比，项目管理更需要统一的指挥和协调。所以，项目管理即是为使项目取得成功所进行的全过程的计划、组织、控制与协调过程。

二、 项目管理组织

项目管理组织是为了完成特定项目任务，而由不同部门、不同专业人员所组成的一个特别工作组织。它的机构可以很小，也可以很庞大。对一般的中小型项目来说，团队应是首选的工作方式；而对较大或很复杂的项目，则需要采取矩阵结构的组织形式。

（一）团队

团队工作方式的基本思想是全员参与，调动每个人的积极性和创造性，使工作效果尽可能好。它通常是为了完成某项特定任务，由来自不同部门或班组的人员组成一个小组。在小组内部，每个成员的工作任务、方法和进度等都可以自行决定。一般来说，小组成员的素质、技能都较高，工作内容智能性也较强。由于摆脱了传统管理模式中的众多从属关系，管理层次大大减少，小组成员的自主性得到增强，因此，团队的工作效率一般都很高。

（二）矩阵组织

矩阵组织是一种项目-职能混合结构，相当于一个具有水平关系、垂直关系和对角线关系的网络。典型的矩阵组织结构如图 4－1 所示。

在矩阵组织中，每个项目经理直接向最高管理层负责，并由最高管理层授权。而职能部门则对各种资源作出合理分配和有效的控制调度。项目经理在项目活动的内容和时间方面对职能部门行使权力，而各职能部门负责人则需决定如何支持，他们既要对其直线上司负责，也要对项目经理负责。由于矩阵组织中的职权以纵向、横向和斜向在一个公司里流动，因此，在任何一个项目的管理中，都需要有项目经理与职能部门负责人的共同协作。这是决定项目管理效率高低的关键。

矩阵组织的基本原则：

（1）必须有一个人把全部的时间和精力用于项目，有明确的责任制，这个人通常为项目经理。

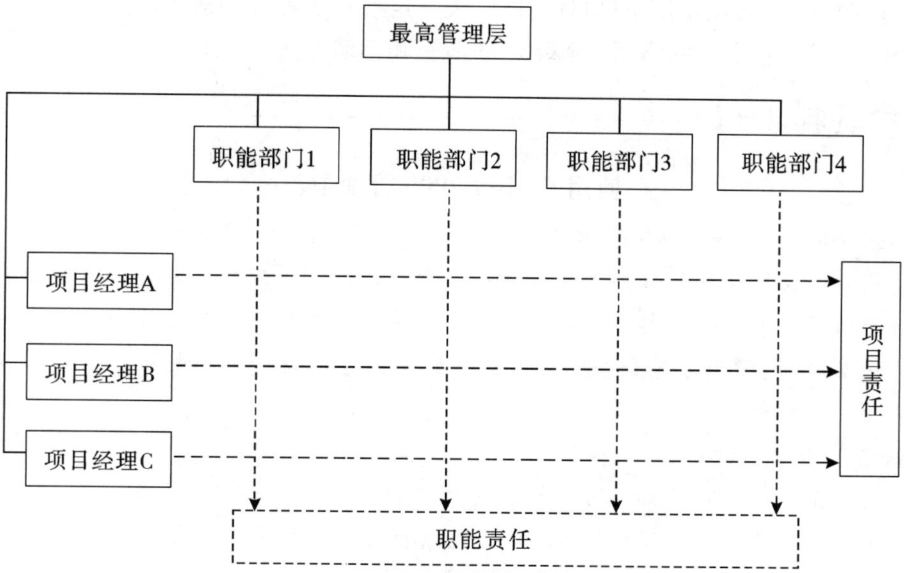

图 4-1　矩阵组织结构

（2）必须允许项目作为一个独立的实体来运行。

（3）必须同时存在纵向和横向两条通信渠道。无论是项目经理之间，还是项目经理与职能部门负责人之间，都要有确切的通信渠道和自由交流的机会。

（4）要从组织上保证能迅速、有效地解决矛盾。

（5）各个经理都必须服从统一的计划。

（6）无论是纵向还是横向的经理（或负责人），都要为合理利用资源进行谈判和磋商。

三、项目计划管理

一般来说，项目的生产与运作计划包括进度计划与控制、成本测算与控制和资源安排与优化三部分工作。由于组成项目的各工作（或活动、任务等）之间往往具有逻辑关系，某些工作的完成可能是另一些工作开始的前提，或某些工作可以被安排在同一个时间范围内各自独立地完成，因此，作为项目计划，需要指出项目中每一项工作可以或必须在何时开始，可以或必须在何时结束，有时甚至还要指出每项工作在时间安排上究竟有多大的机动余地。所以，进度计划是项目型生产计划的基础和中心。其中最常用的工具是网络计划技术。网络计划技术的应用主要包括以下三个阶段。

（1）计划阶段。将整个项目分解成若干项工作，确定各项工作所需的时间、人力、物力，明确各项工作之间的逻辑关系，列出活动表或作业表，建立起整个项目的网络图以表示各项工作之间的相互关系。

（2）进度安排阶段。这一阶段的目的是编制一张表明每项工作开始和完成时间的进度表，进度表上应明确为了保证整个项目按时完成必须重点管理的关键活动。对于非关键活动，应提出其时差（富余时间），以便在资源限定的条件下进行资源的处理分配和平衡。

为有效利用资源，可适当调整一些工作的开始和完成日期。

（3）控制阶段。利用网络图和时间进度表，定期对实际进展情况作出分析，并提交报告。必要时可修改和更新网络图，确定新的措施和行动方案。

参考资料 4-1

使用 Project 2000 管理项目

Project 2000 是一种功能强、管理细腻、操作方便的项目管理网络计划软件。它提供了一套完整的项目描述和计算的方法及模型，所生成的图、表或文件使所有参加项目工作的人员对于项目的理解达成共识，从而能够协调一致地工作，出色地完成项目。

Project 2000 的理论基础是国际公认的关键路线法和计划评审技术。它可以从以下几个方面帮助用户管理好项目。

1. 快速制订项目计划

只要提供基本的数据，如任务名称、持续时间、工作人员和设备工作量，以及项目任务之间的关系等，Project 2000 就会自动完成项目计划，计算出关键路线和每个任务，整个项目的开工、完工日期，告诉用户项目能否如期竣工以及资源分配是否合理。

2. 按阶段管理工作任务

Project 2000 把一个任务划分为 4 个阶段进行管理，即比较基准计划（原始计划）、当前计划、实际计划（已经实施的任务计划）和待执行计划（剩余计划或未完成计划），并为每个阶段的计划都设置了数据域，用户可随时依据这些数据进行精心安排。

3. 科学管理好各类资源

帮助用户建立资源库。根据每个任务的资源使用情况计算整个项目的资源需求曲线，帮助用户自动进行资源平衡；自动为用户排出每个资源承担的任务的日程、工作量和成本表；自动计算各种成本及其差异，帮助用户对项目运作情况作出科学的评估分析。

4. 快速获取项目动态信息

Project 2000 可以根据用户需要，提供各种丰富的网络图、横道图、资源图等图形和曲线，并帮助用户建立各种文字报告，全面反映项目的状态，随时获取各种信息。

资料来源：席相霖．使用 Project 2000 管理项目．http：//www.mypm.net.

第2节　网络计划技术

管理心法

说“一着不慎，满盘皆输”，乃是说的带全局性的，即对全局有决定意义的一着，而不是那种带局部性的即对全局无决定意义的一着。

——《毛泽东选集》（第一卷）

一切事物中包含的矛盾方面的相互依赖和相互斗争，决定一切事物的生命，推动一切事物的发展。没有什么事物是不包含矛盾的，没有矛盾就没有世界。

——《毛泽东选集》(第一卷)

一、网络计划技术原理

网络计划技术是现代管理科学中比较盛行的一种科学管理方法。它以缩短工期、提高效率、节约劳力、降低消耗为目标。采用这种技术，不仅可以在计划制订期间求得工期、资源、成本的优化，更重要的是可以在计划的执行过程中，通过信息反馈，进行有效的监督、控制和调整，从而保证项目预定目标的实现。

所谓网络计划技术，是指在项目网络模型基础上，利用有关信息进行分析计算，通过对时间、费用、资源等要素的不断调整，寻求能实现项目目标的最优计划方法。

网络模型的基础是网络图。一个网络图应当包含下列信息。

(1) 为完成项目应进行的一系列工作（工作分解的详细程度根据项目性质和控制需要而定）；

(2) 工作之间的逻辑关系（即反映工作间的工艺及组织关系的紧前或紧后关系）；

(3) 完成每项工作所需的时间（可能是确定的，也可能是随机的）；

(4) 完成每项工作所需的种种资源（资源的含义是广泛的，视项目的目标和约束而定）；

(5) 完成工作所需的成本（包括固定成本、资源成本和其他成本）。

网络计划技术早期的两个名称是关键路线法（critical path method，CPM）和计划评审技术（program evaluation and review technique，PERT）。它们的区别在于关键路线法以经验数据为基础来确定各项工作的时间，而计划评审技术则把各项工作的时间作为随机变量来处理。所以，前者往往称为肯定型网络计划技术，而后者往往称为非肯定型网络计划技术。由于这个区别，关键路线法适合在以往类似项目中可以取得足够经验的项目计划，偏重于费用和成本控制；而计划评审技术则适合缺乏经验和资料的研究与开发项目，偏重于时间的控制。在实际应用过程中，二者常结合使用，以求得时间和费用的最佳控制。

二、网络图的类型与绘制

(一) 网络图的类型

网络图有双代号和单代号两种。目前，我国使用较多的是双代号网络图，国外（尤其是发达国家）则较多使用单代号网络图。

双代号网络图是用箭线表示工作的一种网络图，如图 4-2 所示。箭线两端圆圈称作节点，箭尾节点表示工作的开始，箭头节点表示工作的完成。为了分析和计算的需要，每个节点都要编上代号。同一箭线的箭尾节点编号应大于箭头节点编号。同一网络图中，节点编号不能重复。项目中的每项工作都可以用节点的编号来表示，如图 4-2 中的工作可表示为（i，j）。

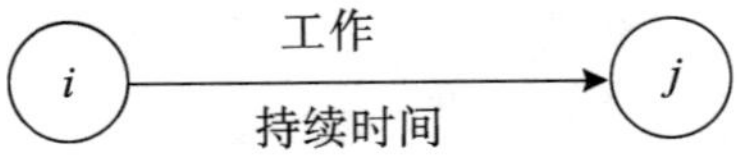

图 4-2　双代号网络图工作表示法

在双代号网络图中，要求任何两个节点之间最多只能有一条箭线，故在绘制网络图时，有时需要引入虚箭线。虚箭线代表虚工作，它仅表示它所连接的前后两项工作间的逻辑关系，而没有任何具体含义，不消耗时间和资源。

在双代号网络图中，既有箭线进入又有箭线引出的节点，称为中间节点；只有箭线引出而无箭线进入的节点，称为起始节点，它代表整个项目的开始；只有箭线进入而无箭线引出的节点，称为终止节点，它代表整个项目的完成。由于项目的整体性，一个网络图只能有一个起始节点和一个终止节点。

从起始节点出发，沿着箭线方向不断前进，最后到达终止节点，这样的通道称为网络图的一条线路。线路上各项工作持续时间之和称作线路的持续时间。一般来讲，一个网络图有多条线路，它们的持续时间有长有短。其中，持续时间最长的线路称作网络图的关键线路，关键线路上的工作称为关键工作。关键线路决定项目的工期，是项目控制的重点。

与双代号网络图不同的是，单代号网络图用节点表示工作，用箭线表示不同工作之间的顺序和衔接关系。和双代号网络图相比，单代号网络图可以避免引进虚工作，工作之间的逻辑关系表示更简单直观，因而较易理解，绘制和修改也比较容易，更便于应用计算机绘图。但对于大型复杂项目来说，由于箭线数目较多，有时会出现箭线相互交叉的情况。

由于各种项目管理工具在基本原则上是一致的，而我国又较多使用双代号网络图，因此，本书将以双代号网络图为对象进行介绍。若非另外说明，本书中所说的网络图皆指双代号网络图。

（二）网络图的绘制

绘制网络图的关键在于，网络图必须正确、全面地反映各项工作之间的逻辑关系。工作之间的逻辑关系主要有平行（几项工作同时进行）、顺序（按照一定顺序依次进行）和交叉（几项工作交叉进行）等几种。常见的逻辑关系表示方法见表 4-1。

表 4-1　常见的逻辑关系表示方法

工作	工作之间的逻辑关系	表示方法
A，B	A，B 均是网络的开始工作	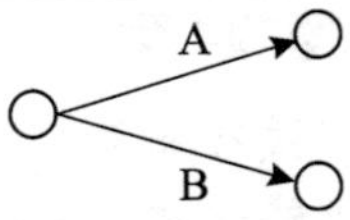
A，B	A 完成后，B 才能开始	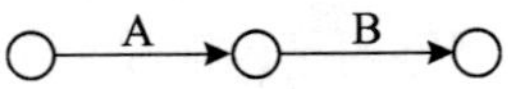
A，B，C	A 完成后，B，C 才能开始，B 和 C 各自独立	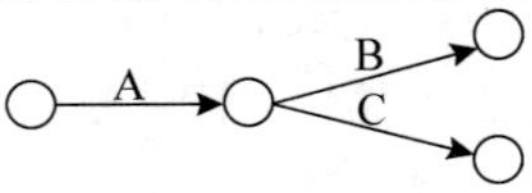

续表

工作	工作之间的逻辑关系	表示方法
A，B，C，D	A，B，C 均完成后，D 才能开始	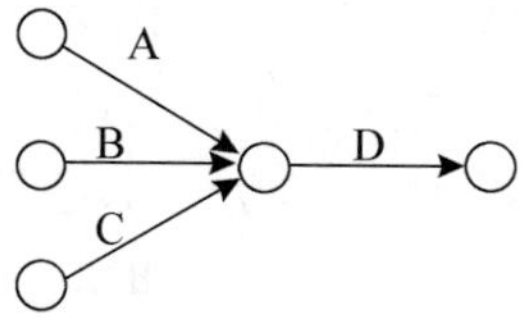
A，B，C，D	A，B 完成后，C，D 才能开始	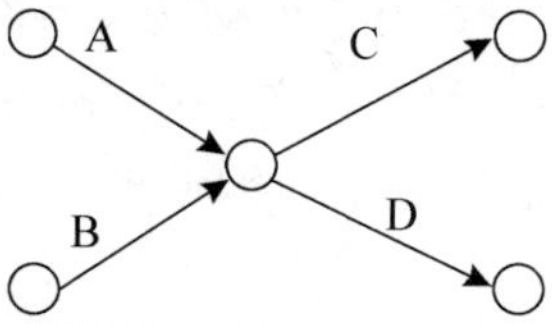
A，B，C，D	A，B 完成后 D 才能开始；C 与 A 无关，只要 B 结束，C 就能开始	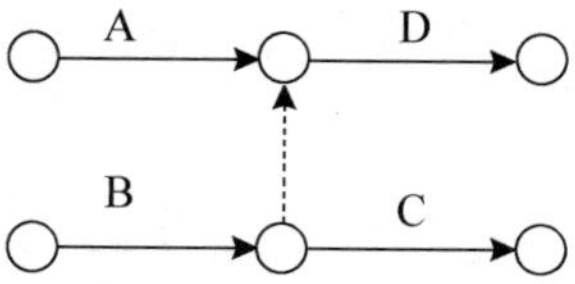
A，B，C，D	A 完成后 B 才能开始；A 与 D 同时开始；B 与 D 完成后 C 才能开始	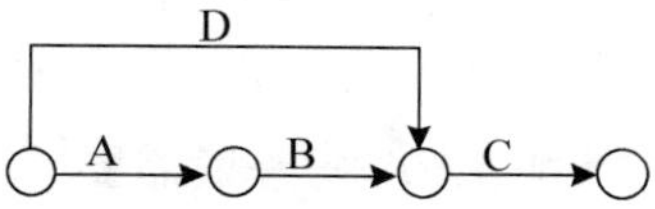
A，B，C，D，E	A 完成后，B，C，D 才能开始（平行进行）；B，C，D 均完成后 E 才能开始	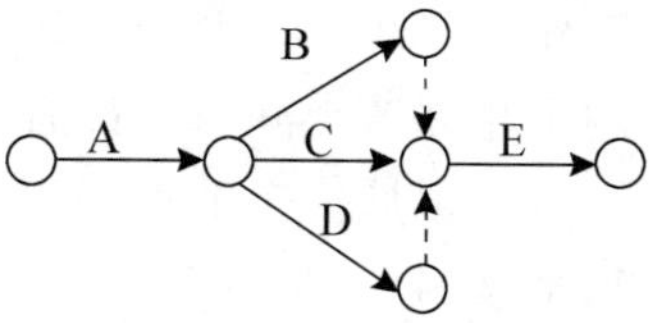
A，B，C，D，E	A 完成后 C 开始；B 完成后 E 开始；A，B 完成后 D 才能开始；D 与 C，E 无关	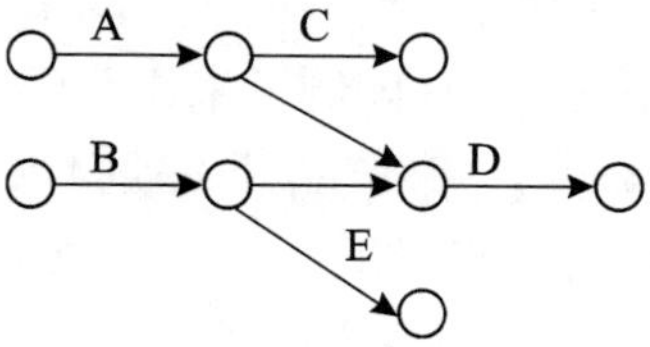
A，B	A 分为 A_1，A_2，A_3 三部分，顺序进行；B 分为 B_1，B_2，B_3 三部分，顺序进行；A 与 B 分段交叉进行	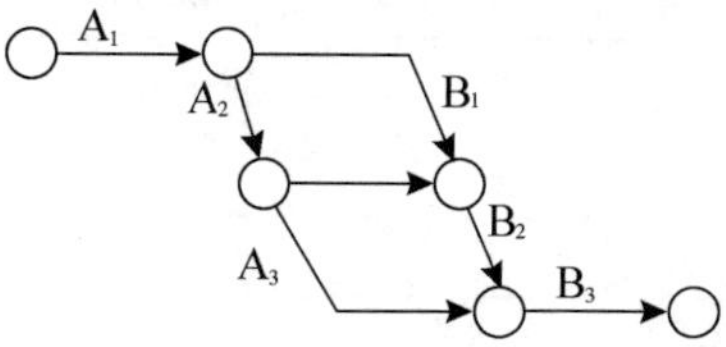
J，K	J，K 均是网络的结束工作	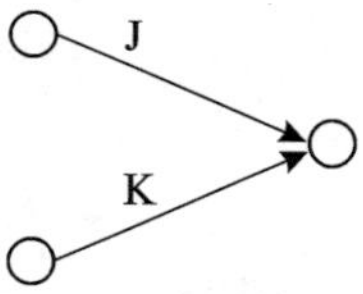

在表4-1中，不容易理解的是交叉关系，它兼有顺序作业和平行作业的特点。主要利用虚工作来连接有制约关系的工作，并隔断不应有的关系。

[例4-1] 某项工作由A，B两个部分构成。按照A，B的顺序进行。但由于工期紧张，可将此工作分解开交叉进行，即将A分解为A_1，A_2，A_3三部分，顺序进行；将B分为B_1，B_2，B_3三部分，顺序进行；A与B分段交叉进行。试绘制网络图。

解 绘制出的网络图如图4-3所示。

虽然在形式上这种交叉关系网络图看起来比较复杂，也比较难画，但它却可以大大缩短项目工期，因而在实践中应用较广。项目中，有关的逻辑关系信息可以用工作明细表（式样见表4-2）来归纳整理。

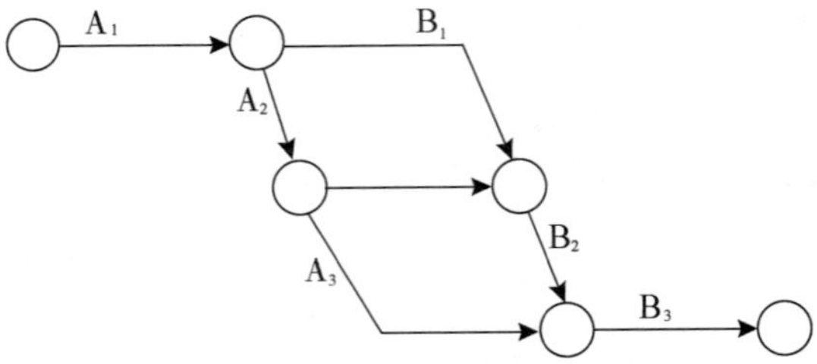

图4-3 交叉关系网络图

在绘制网络图时，一般需要遵循下列规则。

（1）网络图是单向的，图中不能出现循环回路。

（2）工作与箭线一一对应，每项工作在网络图上必须也只能用一条箭线表示。

（3）两个相邻节点间只允许有一条箭线直接相连（平行活动可引入虚线）。

（4）箭线必须从一个节点开始，到另一个节点结束，不能中间分叉引出其他箭线。

（5）每个网络图只能有一个始点事项（源）和一个终点事项（汇）。不允许出现没有先行事项或没有后续事项的中间事项。

下面以一个具体例子来说明网络图的绘制过程。

[例4-2] 某产品开发项目由14项主要工作组成，有关信息见表4-2。试绘制该产品开发项目的网络图。

表4-2 某产品开发项目的工作明细表 时间单位：周

工作名称	代号	紧前工作	工作时间	工作名称	代号	紧前工作	工作时间
市场调查	A		6	设备计划	H	E，G	5
产品研制	B		12	器材筹备	I	C，E，G	12
资金筹备	C		13	设备筹备	J	C，H	10
需求分析	D	A	3	人事计划	K	C，H	9
产品设计	E	B	6	设备布置	L	J	8
成本计划	F	D	4	人员安排	M	K	4
生产计划	G	F	2	生产	N	I，L，M	11

解 根据表4-2，按照前面所述的绘制规则，可以画出如图4-4所示的网络图。

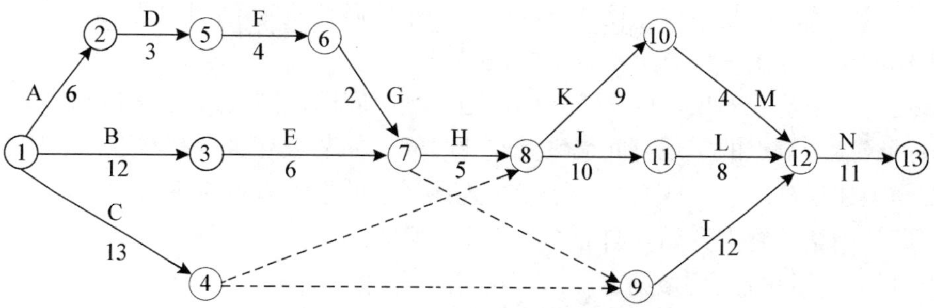

图 4-4　某产品开发项目网络图

三、 网络图中的时间参数计算

网络图中的时间主要包括作业时间、节点时间和工作（活动）时间。参数计算的目的是通过它们计算出时差，进而求出关键路线。

（一）作业时间

作业时间 $T(i, j)$ 是指完成一项工作（活动）所需要的时间，即一项工作的延续时间。一般来说，作业时间就是这些工作所需要的工时定额。在肯定型网络计划中，有关因素比较确定，通常有类似的工时定额资料或经验数据可以借鉴，以可以完成各项工作中可能性最大的作业时间为准。对于非肯定型网络计划，由于不确定性较大，可预先估计最乐观时间 a（在顺利情况下的最快可能完成时间）、最保守时间 b（在不利情况下的最慢可能完成时间）和最可能时间 m（在一般正常情况下的最大可能完成时间），然后，应用概率方法（通常假设作业时间服从 β 分布）计算各项工作作业时间的平均值 t_m 和方差 σ^2。作业时间的平均值和方差计算公式如下：

$$t_m=\frac{a+4m+b}{6}$$

$$\sigma^2=\left(\frac{b-a}{6}\right)^2$$

（二）节点时间

由于节点本身并不占用时间，它只是表示某项工作应在某一时刻开始或结束，因此，节点时间有两个，即节点最早实现时间 $T_E(i)$ 和节点最迟实现时间 $T_L(j)$，又叫节点最早时间和节点最迟时间。

节点最早实现时间是指从该节点出发的各项工作最早可能开工的时间。它等于从始点到该节点的各条路线上的最长先行路线上的作业时间之和（始点的最早实现时间等于零）。

如果所讨论的节点只有一条箭线进入，则该节点的最早实现时间即该箭线所代表的活动的最早完工时间，或该箭线箭尾节点最早实现时间与其作业时间之和。如节点有多条箭线进入，则在对每条箭线都作如上计算之后，取其中最大值作为该节点的最早实现时间，通常采用前进计算法，即从网络的始点开始，从左至右逐个计算。

节点最迟实现时间是指进入该节点的各项工作最迟必须完工的时间，若不完工就将影响后续工作的按时开工，使整个项目不能按期完成。

如节点有一条箭线发出，则该节点的最迟实现时间即该箭线所代表工作的最迟开工时间，或该箭线箭头节点的实现时间减去其作业时间。如节点有多条箭线发出，则在对每一条箭线都作上述运算之后，取其中最小者作为该节点的最迟节点实现时间。通常应用后退计算法，即从网络的终点开始，自右至左逐个计算。

节点时间的计算过程可参见表 4－3 中的部分结果。

（三）工作时间

工作时间分为最早开始时间 $T_{ES}(i, j)$、最早结束时间 $T_{EF}(i, j)$ 和最迟开始时间 $T_{LS}(i, j)$、最迟结束时间 $T_{LF}(i, j)$。

工作的最早开始时间是指该工作最早可能开始的时间。它等于代表该工作的箭线箭尾节点的最早实现时间，即 $T_{ES}(i, j)=T_E(i)$。工作的最早结束时间是指该工作可能完工的最早时间。显然，最早完工时间是指该工作的最早开始时间加上其作业时间，即 $T_{EF}(i, j)=T_{ES}(i, j)+T(i, j)$。

工作的最迟开始时间是指为了不影响紧后作业的如期开工，而最迟必须开工的时间。它可通过箭头节点的最迟实现时间减去其作业时间而得到。工作的最迟结束时间即该工作的最迟开工时间与其作业时间之和，也就是该工作箭头节点的最迟实现时间，即 $T_{LF}(i, j)=T_{LS}(i, j)+T(i, j)$，$T_{LF}(i, j)=T_L(i)$。

计算工作的最早开工与完工时间、最迟开工与完工时间的主要目的是进行时差的计算，以便于分析和找出各项工作在时间和衔接上是否合理，是否有潜力可挖。具体例子见表 4－3。

（四）时差与关键路线

时差（float）包括自由时差和总时差两种。总时差 $TF(i, j)$ 又称为“宽裕时间”或“富余时间”，是指在不影响整个项目完工时间的条件下，某项活动最迟开工时间与最早开工时间的差，即 $TF(i, j)=T_{LS}(i, j)-T_{ES}(i, j)=T_{LF}(i, j)-T_{EF}(i, j)$。它表明该项工作开工时间所能允许推迟的最大限度。自由时差 $FF(i, j)$ 则称为“自由富余时间”，是指在不影响下一项工作最早开工时间的前提下，该工作完工期可能有的机动时间，即 $FF(i, j)=T_E(j)-T_{EF}(i, j)$。

由于时差表明各项活动的机动时间，即可利用的时间潜力，因此，时差越大，说明时间潜力也越大。在一个网络图中，总时差为零的工作，称为关键工作，时差为零的节点称为关键节点。一个从始点到终点，由时差为零的关键工作所组成的路线，就叫作关键路线。由于关键路线是从始点到终点时间最长的路线，因此，要缩短整个项目的工期，必须在关键路线上想办法，即缩短关键路线上的作业时间；反之，若关键路线工期延长，则整个项目完工期就会被拖长。所以，关键工作和关键路线的确定对于项目计划和管理工作具有决定性的重要意义。

从整个项目的管理来看，对于非关键工作，由于存在总时差，它的进度可以在一定范围内自由安排，即非关键工作的资源消耗率（如每天、每周或每月投入的原材料、能源等）及占用量（如占用的机器设备、人员、运输工具等）可以适当减少而不影响项目的工期。如果把从非关键工作上节约下来的资源调剂到某些需要这些资源的关键工作上，那么，这些关键工作的工作持续时间就可以缩短，从而使项目关键路线时间缩短，达到缩短项目工期的目标。简言之，就是所谓的“向非关键工作要资源，向关键工作要时间”。这是项目计划调整和优化的基本指导思想，也是网络计划技术的精髓。

网络时间参数的计算有图上计算法、表上计算法、矩阵计算法等。例 4－3 是在例 4－2 的基础上，应用表上计算法的一个例子。由于各种计算方法原理相同，限于篇幅，其他方法就不在此一一介绍。

［**例 4－3**］ 试确定例 4－2 中的关键路线。

解 计算过程见表 4－3。

表 4－3 网络时间参数计算表

工作 (i, j)	作业时间 $T(i, j)$	最早开始时间 $T_{ES}(i, j)$	最早结束时间 $T_{EF}(i, j)$	最迟开始时间 $T_{LS}(i, j)$	最迟结束时间 $T_{LF}(i, j)$	总时差 $TF(i, j)$	自由时差 $FF(i, j)$	关键路线
(1，2)	6	0	6	3	9	3	0	
(1，3)	12	0	12	0	12	0	0	(1，3)
(1，4)	13	0	13	10	23	10	0	
(2，5)	3	6	9	9	12	3	0	
(3，7)	6	12	18	12	18	0	0	(3，7)
(4，8)	0	13	13	23	23	10	10	
(4，9)	0	13	13	29	29	16	5	
(5，6)	4	9	13	12	16	3	0	
(6，7)	2	13	15	16	18	3	3	
(7，8)	5	18	23	18	23	0	0	(7，8)
(7，9)	0	18	18	29	29	11	0	
(8，10)	9	23	32	28	37	5	0	
(8，11)	10	23	33	23	33	0	0	(8，11)
(9，12)	12	18	30	29	41	11	11	
(10，12)	4	32	36	37	41	5	5	
(11，12)	8	33	41	33	41	0	0	(11，12)
(12，13)	11	41	52	41	52	0	0	(12，13)

网络时间参数计算是网络计划技术的基础，也是编制项目初始计划的主要工作。现在，当网络规模很大且复杂时，一般采用计算机进行计算。但为了使计算工作有条不紊地进行，也为了使计算结果便于应用，网络时间参数的计算最好有一定的过程。

参考资料 4－2

网络计划技术的产生

长期以来，在安排生产进度计划时，人们多习惯于采用美国人亨利·甘特设计的横道图（工程进度表），又名甘特图。它简单明了，便于计算和检查，一直沿用至今。但是，甘特图也存在一些缺点，如不能清楚地表示出各项工作之间的相互联系和制约关系；在众多工作中，无法分清哪些是关键工作；难以判断计划方案的好坏；在执行过程中，无法判断某一工作提前或落后对整个计划的影响；条件变化时，计划难以快速调整；难以利用计算机技术进行快速计算等。因此，甘特图只提供了一种静态的计划概念，对那些大型的复杂工程来说，就显得不太适用。

基于上述原因，从20世纪50年代开始，为了适应生产的发展和复杂的科学研究组织管理工作的需要，世界各国先后进行了计划管理的新技术研究，以期反映动态的计划观念。美国首先研究成功了关键路线法和计划评审技术。其中，关键路线法出现于1956年，杜邦公司在建设一个投资1 000万美元的化工厂时，采用此方法使整个工期缩短了4个月。计划评审技术出现于1958年，美国海军在研制北极星导弹（包括导弹、核潜艇和水下通信设备等武器系统）时，为了协调分布于美国48个州的8家总承包公司、250家分公司和近9 000个转包商，海军的特种计划局在管理中创造了这种新的计划方法，使研制工作提前两年完成。后来，它又应用于“阿波罗”载人登月计划（2万家工厂，120所大学，42万人，耗时10年）。

由于以上方法建立在工作关系网络模型的基础上，并把计划的编制、协调、优化和控制有机地结合起来，因此，在国外被称为网络计划技术。它在各先进工业国家的许多工程中都得到了检验，并受到各方面的良好评价。我国著名数学家华罗庚教授在其基础上，建立了“统筹法”科学体系，从20世纪60年代初开始在生产实践中推广应用，取得了显著的经济效益。

资料来源：朱弘毅．网络计划技术．上海：复旦大学出版社，1999：2-5.

第3节　网络计划的调整与优化

管理心法

一成不变的东西是没有的。

——《毛泽东选集》（第一卷）

实践、认识、再实践、再认识，这种形式，循环往复以至无穷，而实践和认识之每一循环的内容，都比较地进到了高一级的程度。这就是辩证唯物论的全部认识论，这就是辩证唯物论的知行统一观。

——《毛泽东选集》（第一卷）

通过绘制网络图、计算时间参数和确定关键路线，我们可以得到一个初始的计划方案。但由于企业各种内外部条件的变化，一般不可能在最初的方案中就得到最经济合理的指标。为此，在初始计划方案制订以后，通常需要进行调整与改善，使方案不断优化。具体内容主要包括工期优化（时间分析）、成本优化（费用分析）和资源优化（资源分析）三个方面。

为便于学习网络计划的优化，首先介绍在工程实践中广泛应用的时间坐标网络图，简称时标网络图。它是将网络图画在带时间坐标的图纸上（坐标时间单位可以为小时、天、周、月、季、年等）。

一、时标网络图的编制

时标网络图的编制首先需要计算出各个节点的最早时间，确定时标表。然后，在时标表上，按最早开始时间确定每项工作的箭尾节点位置；按照水平投影长度绘制每项工作的持续时间（虚工作用垂直虚线表示）。最后，用波形线将每项工作的持续时间线与其紧后工作的箭尾节点连接起来，以表示自由时差。

［**例 4－4**］ 试根据图 4－5 所示的网络图绘制时标网络图。

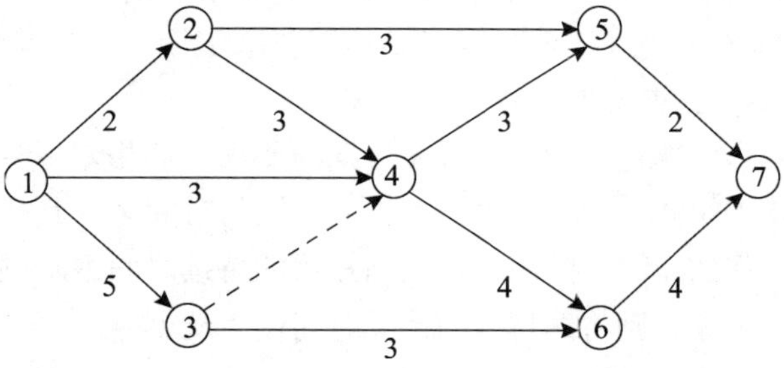

图 4－5　工程网络图

解　绘制出的时标网络图如图 4－6 所示，具体过程从略。

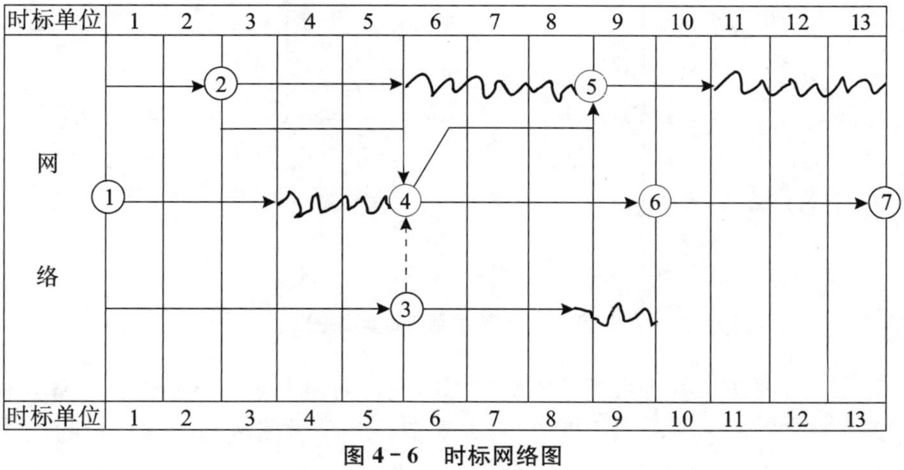

图 4－6　时标网络图

从时标网络图中，我们可以很容易地确定出关键路线（无波形线的箭线连接），从时间坐标上可以容易地得出整个项目的工期和各项工作的最早开始时间、结束时间，从波形线的长度也可以容易地看出每一项工作的自由时差长短，这些都大大方便了网络图的应用，更加便于网络计划的调整和优化。

二、 网络计划的工期优化

根据网络图时间参数计算出来的工期，即关键路线的长度，称为计算工期 T_C；项目的委托人或上级部门对完成时间的要求则称为要求工期 T_P。在一般情况下，要求工期都要短于计算工期。这时就需要采取措施，缩短关键路线长度，即压缩计算工期。具体途径有两条：一是改变网络图的逻辑关系，即改变工作的组织方式，如将顺序作业改为平行或交叉作业等；二是缩短关键工作的持续时间。这个过程称为工期优化。对于被选作缩短持续时间的工作，应该考虑其是否对项目质量和安全有较大影响、是否有充足的备用资源、所需增加的费用是否最少等因素。在工期优化过程中，若某项工作的持续时间缩短到不能再缩时，这个时间叫作最短持续时间，一般在箭线下方或右方用带括号的数字表示。

循环优化法是工期优化中常用的方法。其基本思路是：首先令终点节点的最迟时间等于要求工期，对网络图进行计算，确定关键路线；然后采取措施，缩短某些关键工作的持续时间，据此求出新的关键路线。若计算工期小于要求工期，则优化结束；否则，将继续进行，直至计算工期小于要求工期为止。

在循环优化法的具体实施过程中，当计算工期与要求工期相差不多时，缩短关键工作的持续时间一般采用平均加快法，即一个关键工作应缩短的时间等于其持续时间除以关键路线上可优化的所有关键工作的持续时间之和。以缩短后的持续时间重新画出网络图，计算计算工期。如不能满足要求工期，则将缩短后的持续时间作为最短持续时间，循环重复进行。

［例 4－5］ 某项目工期网络图（时间单位：天）如图 4－7 所示，要求工期为 9 天，试用平均加快法优化工期。

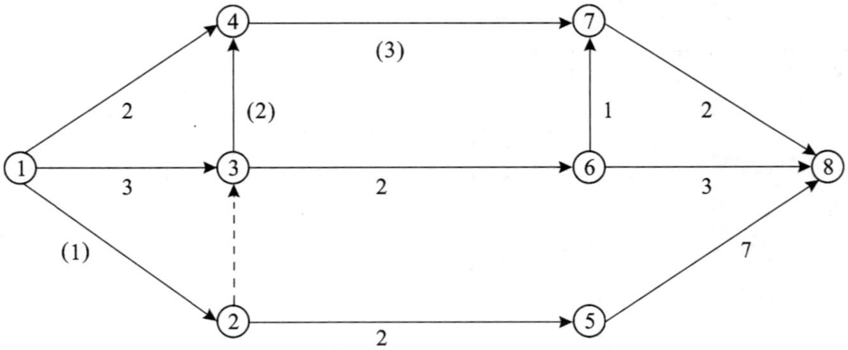

图 4－7　某项目工期网络图

解　首先，令要求工期为最终节点的最迟时间，对原网络图重新进行计算，得到关键路线有两条：1—3—4—7—8，1—2—5—8。对前一条关键路线，能够优化的工作有 1—3 和 7—8，其持续时间之和为 5 天（3＋2），则工作 1—3 应缩短的时间为 0.6 天（3÷5），工作 7—8 应缩短的时间为 0.4 天（2÷5）。将工作 1—3 缩短后的时间 2.4 天（3－0.6）和工作 7—8 缩短后的时间 1.6 天（2－0.4）用括号标在网络图上，对新的网络图进行计算。计算工期为 10 天。关键路线为 1—2—5—8。

然后，对新的关键路线 1—2—5—8 继续应用平均加快法，则工作 2—5 应缩短的时间为 0.2 天（2÷9），工作 5—8 应缩短的时间为 0.8 天（7÷9）。用括号将工作 2—5 缩短后的时间 1.8 天（2－0.2）和工作 5—8 缩短后的时间 6.2 天(7－0.8）标在网络图中。重新计算的结果是：计算工期等于 9 天，优化结束。

最后得出的网络图如图 4－8 所示。

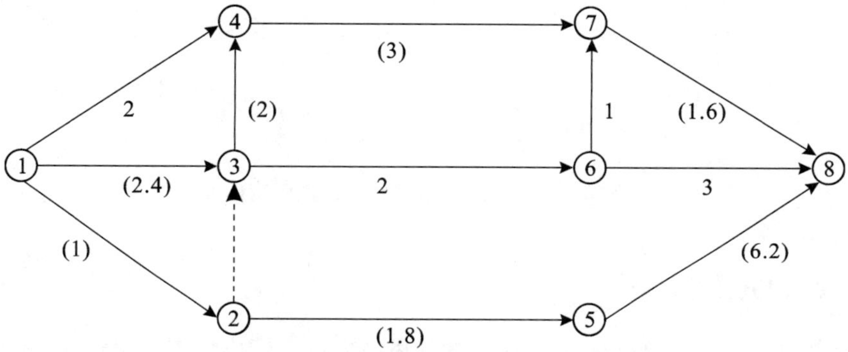

图 4－8　平均加快法优化工期示意图

当计算工期与要求工期的差距较大时，一般采用依次加快法，即依次选择满足要求的若干工作，确定其加快后的最短持续时间，然后逐步累加，直至缩短的时间总和大于或等于计算工期与要求工期之差。

[例 4－6]　某项目网络图如图 4－9 所示，若要求工期为 100 天，工作 1—3，2—3，3—4，3—5，4—6 采取措施后的最短持续时间分别为 30 天、15 天、30 天、25 天、25 天。试用依次加快法进行工期优化。

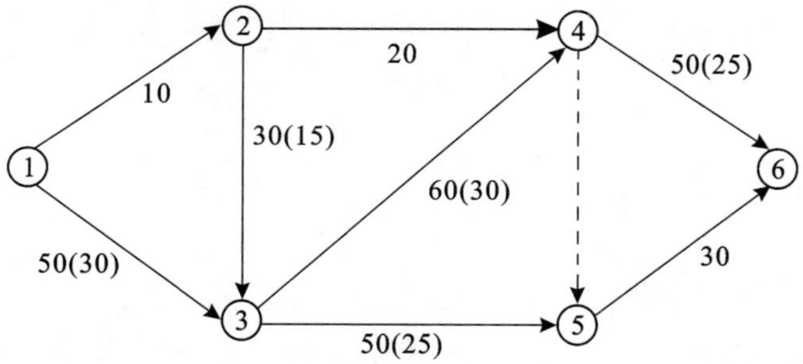

图 4－9　某项目工期示意图

解　首先，令要求工期 100 天为最终节点的最迟时间，对原网络图重新计算，得到关键路线为 1—3—4—6，计算工期为 160 天。

将关键路线上可缩短的工作持续时间用最短持续时间代替。总的缩短时间为 75 天[（50－30）＋(60－30）＋(50－25)]。由于该值大于要求工期与计算工期之差 60 天（160－100)，故需要进一步优化。

重新计算出来的关键路线为 1—2—3—5—6，计算工期为 120 天。将可缩短的工作持续时间用最短持续时间代替，此时，总的缩短时间为 40 天［（30－15）＋（50－25）］。该值大于要求工期与计算工期之差 20 天（120－100），故仍需要优化。

再次计算的结果是关键路线为 1—3—4—5—6，计算工期为 90 天。优化结束。

最后得出的网络图如图 4－10 所示。

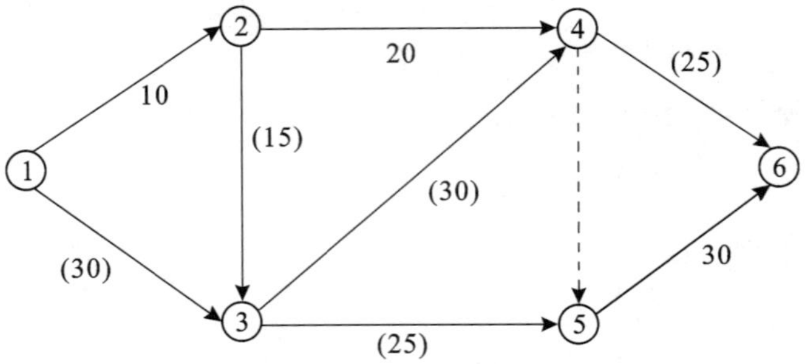

图 4－10　依次加快法优化工期示意图

三、 网络计划的资源优化

这里所说的资源主要指企业的人力、物力和财力。它们常常是影响项目进度的主要因素。在一定条件下，增加投入的资源，可以加快项目进度，缩短工期；减少资源，则会延缓项目进度，拉长工期。所以，制订网络计划时必须把时间进度与资源情况很好地结合起来。

在网络计划中，单位时间内一项工作所需要的某种资源数量，称为该工作的资源强度（用三角号标在箭线的上方或左侧）。在某一单位时间内，项目所需要的某种资源数量之和，称为资源需用量。显然，它是时间的函数，其曲线称为资源需用量动态曲线。通常画在时标网络图的下方，一般与时标网络图的时间坐标一致。绘制资源需用量曲线是进行时间-资源优化的基础。

［例 4－7］ 试绘制图 4－11 所示网络图的资源需用量曲线。

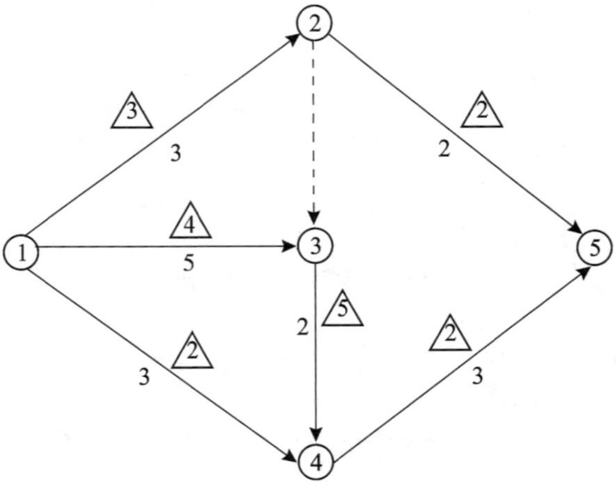

图 4－11　某项目网络图

解　首先，对网络图时间参数进行计算，编制时标网络图（具体过程从略，可参见例 4－4）。然后，在时标网络图下面，画出资源需用量阶梯形曲线，如图 4－12 所示。

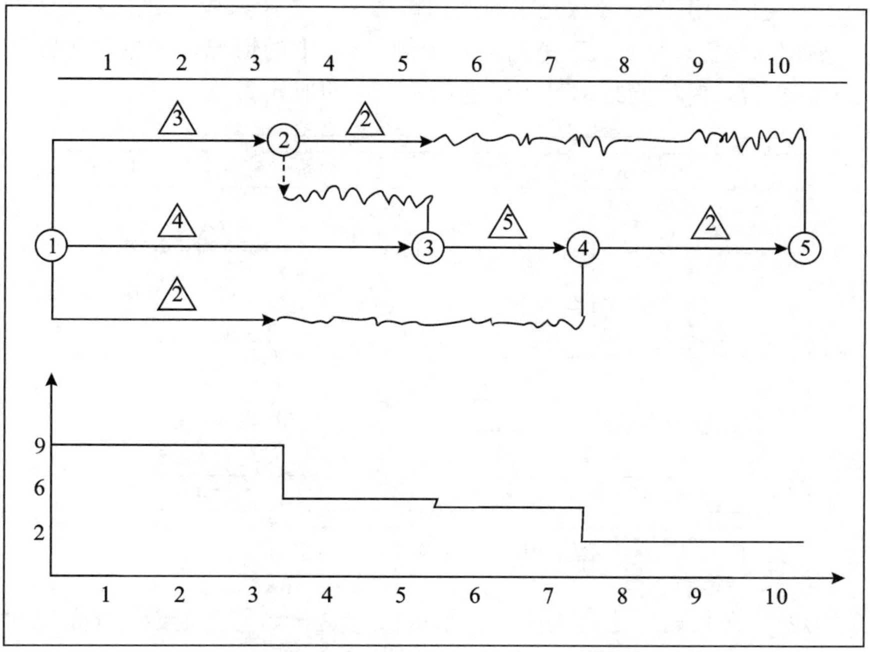

图 4－12　资源优化网络图

为简化起见，图 4－12 常画成图 4－13 的形式。

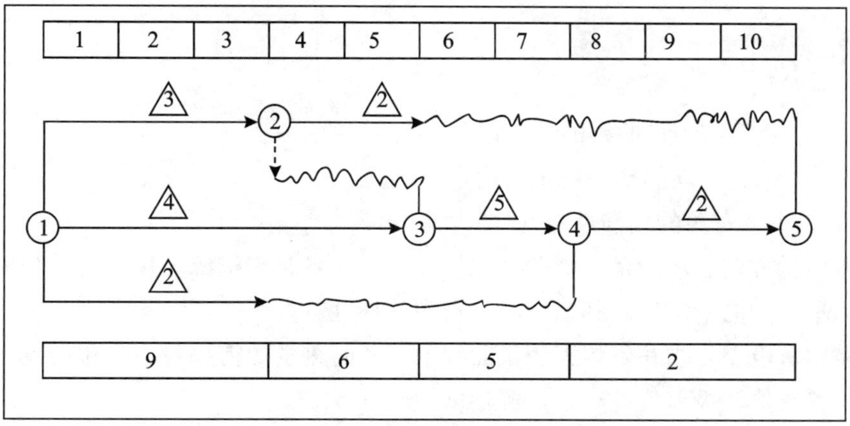

图 4－13　资源优化简化网络图

网络计划时间-资源优化的实质就是使资源需用量曲线平滑的过程。主要有两种情况：一种是在资源一定的条件下，在不延长或少延长工期的条件下，对网络计划进行调整，即资源有限-工期最短优化。主要是利用自由时差调整有关工作的时间安排。另一种是在工期保持不变的条件下，使资源需用量尽可能平衡，以节省费用支出，又称为工期固定-资源均衡优化。

在资源有限-工期最短优化过程中，面临的问题是如何安排若干工作的顺序以利用有限的资源，实际上是一个排队的过程。其原则是对时间段内的工作进行排序，最优先的是前一个时间段未完成的工作，其次是本时间段内的关键工作，最后是非关键工作。在每一部分内部，按照资源强度大小顺序排列。对于例 4－7 中的情况，如果资源需用量的限度为 7，则经过调整后，时标网络图可表示为图 4－14 的形式。

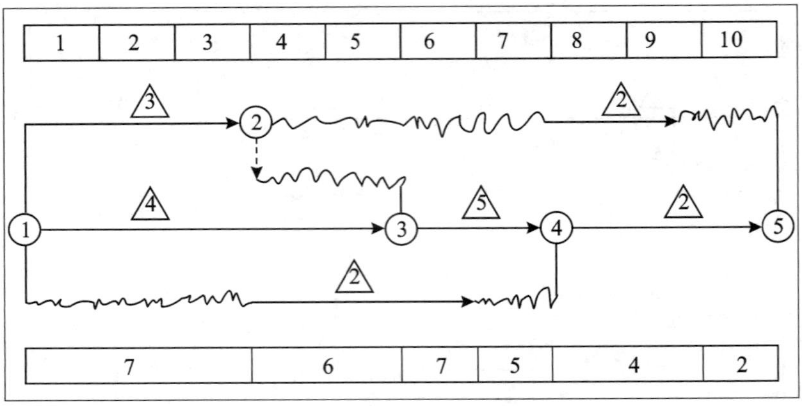

图 4－14　资源优化时标网络图

在工期固定-资源均衡优化过程中，面临的问题是，如何在工期一定的条件下，通过平衡资源，求得工期与资源的最佳结合，尽量降低成本费用。简单地说，即是均衡资源需用量。其指标通常有三种，即资源需用量不均衡系数、方差和极差。

资源需用量不均衡系数 K 的计算公式为：

$$K=\frac{R_{\max}}{R_m}$$

式中：$R_{\max}$——资源需用量曲线的最大值；

R_m ——单位时间的平均资源需用量。

显然 K 越小，资源的均衡性越好。

资源需用量方差表示的是在资源需用量曲线上，各时刻资源需用量与单位时间平均需用量之差的平方和的平均值。其值越小，资源均衡性越好。

资源需用量极差是指在资源需用量曲线上，各时刻资源需用量与单位时间平均需用量之差的最大绝对值。极差值越小，资源均衡性越好。

由于这种方法计算比较烦琐，特别是在大型复杂项目中，各种变量和约束条件的数量很多，一般需要借助计算机来求解。

四、网络计划的成本优化

项目费用可分为直接费用和间接费用两部分。直接费用是指人工、材料、能源等与各项活动直接有关的费用。间接费用是指管理费用、销售费用等其他费用。一般来说，缩短工期会引起直接费用的增加和间接费用的减少，而延长工期则会引起直接费用的减少和间接费用的增加。所以，在网络计划调整过程中，需要综合考虑工期与费用的关系，设法找出一个缩短项目周期的方案，使完成项目所需的总费用最低。

按照以上思路，网络计划的成本优化（时间成本优化）主要包括：寻求最低成本时的最佳工期安排和按要求工期寻求最低成本的计划安排两部分内容。对于前者，由于内容比较复杂，不太适合手工计算，限于篇幅，此处从略。对于后者，其基本思路是，在关键路线上选择成本斜率（每缩短单位时间需要增加的成本）最小的工作，缩短其工期，然后，再选择成本斜率次小的工作缩短工期，直到满足工期缩短目标为止。由于这种情况在工作中经常遇到，我们以一个具体例子来简要说明其优化过程。

［**例 4－8**］ 某工程项目的逻辑关系和有关情况如表 4－4 所示。现在由于工期变化，要求务必在 42 天内完成，若能实现，可获奖金 1 000 元，试问如何压缩工期？压缩工期将使成本增加多少？

表 4－4　项目逻辑关系及有关参数表

节点编号	工作代号	紧前工作	作业时间（天）	成本斜率（元/天）	可能缩短的最大天数（天）
1—2	A		1		0
1—3	B		8	50	1
2—4	C	A	10	75	1
3—5	D	B	8	150	2
4—5	E	C	6	25	3
5—6	F	D，E	5		0
4—6	G	C	2		0
6—7	H	G，F	8	150	1
6—8	I	G，F	20	50	6
7—8	J	H	10	150	2
8—9	K	I，J	6	150	2

解　首先，根据表 4－4 求出关键路线和计算工期（具体过程从略）。得到的关键路线为 A—C—E—F—I—K，计算工期为 48 天。与要求工期 42 天相比，要缩短 6 天工期。

其次，在关键路线上，选择成本斜率最小的工作，逐步压缩工期。在 A—C—E—F—I—K 中，E 的成本斜率最小（A，F 不可压缩），应先进行压缩。由于 E 缩短 1 天之后，关键路线就已发生变化，故 E 的有效压缩时间只能是 1 天。这时关键路线变成两条：A—C—E—F—I—K 和 B—D—F—I—K。选择二者共同路线上成本斜率次小的 I，可以压缩 2 天。这时关键路线变为四条：A—C—E—F—I—K，A—C—E—F—H—J—K，B—D—F—I—K，B—D—F—H—J—K。选择其中成本斜率较小的 B 和 E，同时压缩 1 天，然后，再选择共同关键路线上的 K，压缩 2 天。达到缩短 6 天工期的要求。

最后，计算、比较缩短工期发生的成本与获得的收益（奖金）大小，看看是否划算。详见表 4－5。

表 4-5　缩短工期的成本与收益

缩减时间的工作	缩减时间（天）	成本斜率（元/天）	赶工代价（元）	奖金（元）
E	1	25	25	
I	2	50	100	
B	1	50	50	1 000
E	1	25	25	
K	2	150	300	
合计	7		500	1 000

从表 4-5 中可以看出收益大于成本支出，故方案可行。

如果进一步研究就会发现，工期经过压缩后，网络图的结构形式未发生变化，但其性质已经不同。细心的读者自然可以找出其中的变化。

关键术语

项目计划管理　网络计划技术　时标网络图　工期优化　成本优化　资源优化

小　结

进行有效的项目管理除了完善的网络计划以外，还必须配备相应的工作小组或团队。因此，网络计划的实施和优化过程是工作小组或团队调配企业所有资源的过程。这实际上是系统思想在企业空间中的体现。特别是在已经进入网络时代的今天，资源的空间调配已经或正在影响着大多数人的生活、生产方式。所以，树立空间概念是学习、应用好网络计划的重要保证条件。

思考题

1. 试将第 3 章制订的本学期“生产与运作管理”课程学习计划改成网络计划形式。
2. 某基础工程由挖槽、垫层、砌墙基和回填土等工作组成，按顺序依次进行。但由于这样安排工期较长，为缩短工期，管理人员拟将每项工作都分成两部分，交叉进行。试画出网络图。
3. 根据例 4-8 中的表 4-4，画出工期压缩调整前后的网络图。二者有何不同之处？
4. 应用网络计划需要哪些前提条件？
5. 以一次实习或旅游为例，画出时标网络计划图，并与横道图作比较，分析二者的不同特点。
6. 如何理解“向非关键工作要资源，向关键工作要时间”？

案例讨论

案例一

新产品投产计划

2007 年春节刚刚过去，黄海市电子玩具厂研究所的小王突然来了灵感，准备开发一种新的电动玩具娃娃。刘厂长看过他的设计之后，认为创意不错，估计市场前景非常乐观，当即拍板决定投产。但对能否赶在“六一”儿童节之前推出，心里没有十分的把握。因此，刘厂长决定召集有关人员研究一下，看看是否可行。

在会议上，大家看了小王的样图后，也都觉得设计非常新颖。但对其复杂性提出异议，认为可以设计得再简单一些。而且，这种新产品对生产工艺的要求较高，如果要投产的话，还需购进一台新检测设备。

生产副厂长张工计算了一下，估计生产周期至少需要 120 天。表 4-6 是他的计算依据。

表 4-6　新产品开发活动时间表

序号	活动名称	估计需要时间（天）
1	产品开发决策	2
2	市场调查	10
3	筹资	8
4	确定规模	3
5	修改设计	15
6	设备调查	4
7	物资采购	3
8	工艺准备	20
9	设备采购	10
10	设备安装	8
11	试生产	5
12	生产	20
13	销售准备工作	10
14	投入市场	2
合计		120

张工进一步解释说：“明天是 2 月 1 日，离‘六一’正好有 4 个月，如果一天也不休息的话，一共有 120 天。要是再减去 39 天休息日，那么，实际工作日只有 81 天。缺口这么大，靠一般的加班是难以解决的。”

经张工一说，原本热闹的会场一下安静下来。因为以前工厂的新产品开发多在半年左右，这回要想提前两个月完成，困难实在是大了些。

经营副厂长老陈一见这种情况，气就不打一处来，接茬说：“现在顾客的要求越来越高，玩具市场的竞争也越来越激烈。按照我们的推测，今年北方‘六一’的玩具市场的火药味肯定要比去年浓得多。年前我曾去南方考察了一圈，它们的新产品生产周期已经缩短到了 3 个月。如果咱们的生产周期还是比它们长一倍的话，那咱们迟早都得下岗。”

刘厂长一听老陈的话，知道他心里还在为未能完成去年的销售任务而有怨气，赶紧接过话茬，说：“老陈的话有道理，我们去年没有完成销售计划目标的主要原因是新产品开发周期太长。如果电动狗熊能够提前一个月上市，就不会让别人占了先，大家去年的年终奖也就至少可以增加一成。今天会议的主题是看大家有没有什么办法，缩短我们的生产周期。”

刘厂长的一番话又勾起了大家的记忆，大家七嘴八舌，会场一片嗡嗡声……

过了一会儿，只见企管科新分配来的大学生小吴站起来，怯生生地说：“关于如何缩短生产周期的事情，我们老师专门讲过。一个方法是将平行作业改为交叉作业。用网络图的形式作计划。另外一个方法是采用并行工程的方法，就是将原来首尾相接、顺序进行的活动变成并列进行，不必等前一个完成再进行下一个。我们的新产品开发可以考虑采用这种办法。”

小吴的话又一次引发了大家的议论，只不过这次怀疑的成分更多了些。

刘厂长没想到是这么个结局。但他也意识到小吴的话不是一点道理都没有。看着涨得满脸通红的小吴，刘厂长心里不觉闪现出一丝欣慰之情。他清了清嗓子，宣布今天的会议先开到这里，大家回去想想小吴的话有没有道理，自己的工作能不能改进，应该怎样改进，第二天大家再来继续讨论。最后，他又一次强调：这次的新产品开发工作一定要在“六一”前完成！谁要是砸了工厂的饭碗，就先砸他的饭碗！

会后，他将小吴、小王、老陈和张工留下，专门讨论了如何缩短生产周期的各种可能。小吴自告奋勇，要在第二天拿出按时完成任务的网络图。

讨论：

请你帮助小吴将网络图画出来。

分析要点：

画出网络图，找出关键路径。然后依次缩短关键路径上的时间。

案例二　从现代项目管理的视角解读《致加西亚的信》

一本流传了百余年，曾被无数次重印和翻译的小册子——《致加西亚的信》中的故事，相信很多人都读过或听过。说的是1898年4月，美西战争爆发之际，美国总统麦金莱急于与在南美古巴崇山峻岭中打游击反抗西班牙统治者的起义军首领加西亚将军取得联系，但是没有人知道加西亚将军的确切地点。陆军情报局于是推荐了一名年轻的军官安德鲁·罗文中尉，让他务必把一封重要的联络信交给加西亚将军。罗文中尉什么也没说，拿了信就走。其后冒着生命危险，历尽艰辛，硬是找到了加西亚并把信交给他，从而创造了“美国陆军史上一个可歌可泣的奇迹”。

讨论：

从项目管理角度试分析罗文的送信过程。

要求：

1. 分析其项目特点。
2. 画出其组织结构。
3. 画出送信的甘特图和网络图，找出关键路线。

分析要点：

将罗文的送信过程分解为项目管理、后勤保障、送信实施、信息保障、安全保障、专家智囊支持六个部分，分别设定其责任人、工期、开始时间和紧前任务。具体可参阅《从现代项目管理的视角解读〈致加西亚的信〉》（侯灵明．项目管理技术，2003（2））。

课外阅读资料　项目管理知识体系

成立于1969年的美国项目管理协会（Project Management Institute，PMI）是全球最大的由研究人员、学者、咨询师和管理人员组成的项目管理专业组织。[①] 它卓有成效的贡献是编写了《项目管理知识体系（PMBOK指南）》。

在这本书中，项目管理被划分为9个知识领域，即项目范围管理、项目时间管理、项目成本管理、项目质量管理、项目人力资源管理、项目沟通管理、项目风险管理、项目采购管理和项目整体管理。

1．项目范围管理

确保项目不但完成全部规定要做的，而且也仅仅是完成规定要做的工作，最终成功地达到项目的目的。基本内容是定义和控制列入或未列入项目的事项。主要的子过程有：

- 启动——让组织投身于项目的下一阶段。
- 范围规划——编写一份书面范围说明书，作为将来项目决策的基础。
- 范围定义——将项目可交付成果分为较小、更易管理的不同组成部分。
- 范围核实——正式认可项目的范围。
- 范围变更控制——控制项目范围的变更。

2．项目时间管理

确保项目按时完成的过程。主要的子过程有：

- 活动定义——找出创造各种项目可交付成果必须进行的诸项具体活动。
- 活动排序——找出活动间的依赖关系，并形成文件。
- 时间估算——对完成各项活动所需时间基础进行估算。
- 进度安排——分析活动顺序、活动时间和资源需求，编制项目时间进度表。
- 进度控制——控制项目进度的变化。

3．项目成本管理

保证在批准的预算内完成项目所必需的诸过程。主要的子过程有：

- 资源规划——确定为完成项目各项活动需要何种资源（人力、设备、材料）以及每种资源的数量。
- 成本估算——估算完成项目各活动所需资源的成本。
- 成本预算——将总成本估算分配到各单项工作细目。

---

① 目前全世界有三大项目管理的研究体系，即以欧洲为首的体系——国际项目管理协会（International Project Management Association，IPMA）、以美国为首的体系——美国项目管理协会和以中国为首的体系——中项技工程技术研究院。其中，美国项目管理协会和中项技工程技术研究院拥有纯粹原创的知识体系。而IPMA则拥有一个应用标准，即“国际项目管理专业资质标准”，其对项目管理者的素质要求为46个能力因素。

• 成本控制——控制项目预算的变更。

4. 项目质量管理

保证项目能够满足原来设定的各种要求。主要的子过程有：

• 质量规划——确定哪些质量标准适用本项目，同时确定应如何达到这些质量标准。

• 质量控制——对项目各种结果进行监督，确定这些结果是否符合相关的质量标准，进而找出办法，消除造成不良后果的原因。

• 质量保障——对项目进展情况定期进行全面的评价，以使项目能够达到相关的质量标准。

5. 项目人力资源管理

保证最有效地使用参加项目者的个人能力。主要的子过程有：

• 组织规划——确定、记录并分派项目角色、责任和互相通报的关系。

• 人员组织——招收项目需要人力，并将其分派到需要的工作岗位上。

• 团队建设——培养个人和集体的工作能力，提高项目管理水平。

6. 项目沟通管理

保证项目信息及时准确地提取、收集、传播、存储以及最终进行处置的过程。主要的子过程有：

• 沟通规划——确定项目利益相关者对于交流和沟通的要求：谁需要什么样的信息，何时需要以及怎样交到他们手中。

• 信息传递——将所需要的信息及时地提供给项目的所有利益相关者。

• 进度报告——收集并分发传播项目的进度信息，包括现状汇报，实施情况测算及预测。

• 行政总结——提取、收集和分发传播标志项目完成的资料。

7. 项目风险管理

把有利事件的积极结果尽量扩大，把不利事件的消极后果降到最低。主要的子过程有：

• 风险识别——确定哪些风险会影响到本项目，并将每一项风险的特征都记录在案。

• 风险量化——估计风险可能发生的范围及其发生的可能性。

• 提出应对措施——确定对机会采取的加强步骤和对威胁采取的减缓步骤。

• 应对措施控制——对项目进展过程中风险出现的变化采取应对措施。

8. 项目采购管理

从项目组织外部获取货物和服务。主要的子过程有：

• 采购规划——确定要采购何物以及何时采购。

• 询价规划——编制产品需求文件并找出潜在的来源。

• 询价——根据具体情况，获得报价、标价或建议。

• 选择来源——从可能的卖方中选择。

• 合同管理——管理与卖方之间的关系。

• 合同收尾——完成并结算合同，包括解决任何未决的事项。

9. 项目整体管理

在多个互相冲突的目标和方案之间作出权衡，以满足项目利益相关者的需求。由以下三个关键子过程组成：

· 项目计划制订——利用其他规划子过程的结果，将其综合成一个首尾一致、连贯的文件。

· 项目计划执行——执行项目计划，实际开展列入项目计划中的各项活动。

· 整体变更控制——控制的子过程协调贯穿、涉及或影响整个项目的变更。

上述项目管理的知识体系可用图 4-15 表示。

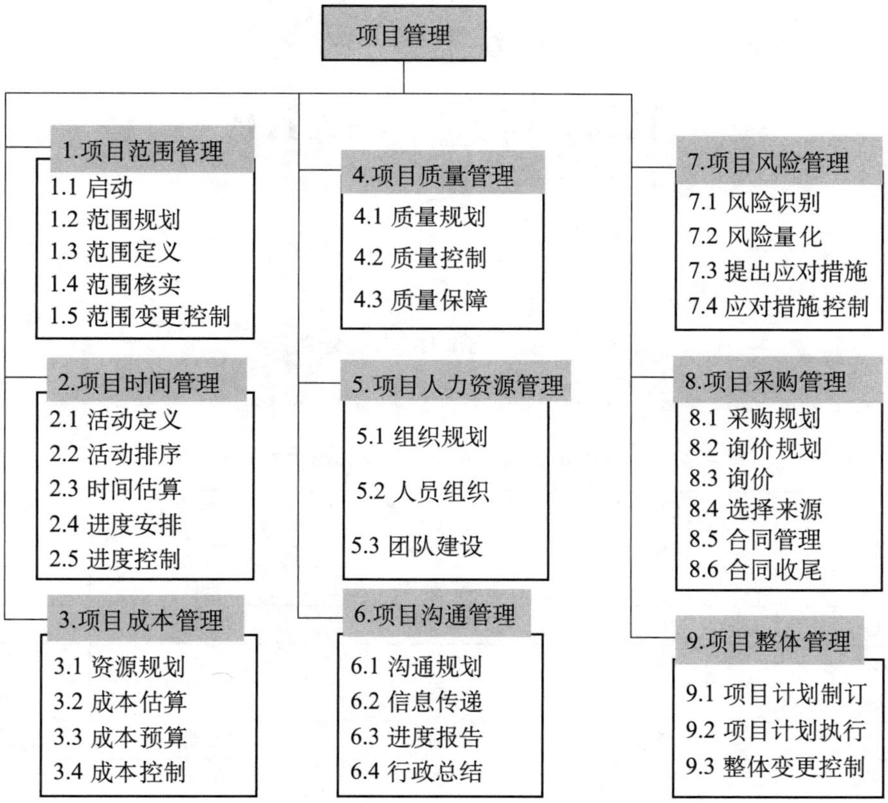

图 4-15 项目管理知识体系

资料来源：殷焕武．项目管理导论．2 版．北京：机械工业出版社，2008：17-20.

05

Chapter

第5章

库存管理与MRP

引例　一箱可乐的价值流分析

一箱可乐在生产和消费过程中所花费的时间如表5-1所示。

表5-1　一箱可乐在生产和消费过程中所花费的时间

过程	进货储存	加工（消费）	完工后储存	总计天数
铝土矿	0	20分钟	2周	14
还原	2周	30分钟	2周	42
冶炼	3个月	2小时	2周	146
热轧	2周	1分钟	4周	188
冷轧	2周	<1分钟	4周	230
制罐	2周	1分钟	4周	272
灌装	4天	1分钟	5周	311
配送中心	0	0	3天	314
零售商店	0	0	2天	316
消费者	3天	5分钟		319

从表5-1中我们可以发现一个令人吃惊的事实，即一箱可乐的消费只有5分钟，其加工制造时间也不过3小时，但其加工、消费的前后却要储存近11个月之久！换句话说，只有3小时的活动是直接为用户服务，在实际产生价值。而在长达11个月的时间里，它们只是作为一种库存，没有产生任何附加价值！

这应该作何解释呢？

资料来源：沃麦克，琼斯．精益思想——消灭浪费，创造财富．北京：商务印书馆，1999：45-52.

广义的库存是指一切闲置的、用于未来的资源。可以理解为企业储存起来的生产能力。它涉及企业系统所有的输入、转换和输出要素及其所在环节。表现形式也多种多样，如人力、资金、设备、原材料和能源等，因而是企业管理中不可回避的重要内容。为叙述简便，本章只简要介绍以物料为主的库存和相关的常用管理方法，同时对相关的物料需求计划（MRP）基本原理和方法作简要介绍。

第1节　库存概述

管理心法

……以一当十，是我精神，以十当一，是我实力。

——《毛泽东文集》（第一卷）

我们看事情必须要看它的实质，而把它的现象只看作入门的向导，一进了门就要抓住它的实质，这才是可靠的科学的分析方法。

——《毛泽东选集》（第一卷）

具体地说，库存可以定义为：以支持生产、维护、操作和客户服务为目的而储存的各种物料。在制造业，库存一般指对产品有贡献或构成产品一部分的物资，一般分为原材料、产成品、备件、低值易耗品和在制品等。在服务行业，则一般指用于销售的有形商品和用于管理的低值易耗品。可以毫不夸张地说，任何企业都不可避免地保持有一定库存(库存管理与仓库管理不同，二者不应混淆)。因此，库存管理是企业管理，尤其是生产与运作管理中的一个重要方面。同时，这也是一个不断推陈出新的管理研究领域。

一、 库存的利弊分析

按功能划分，库存有以下五种基本类型。

（1）安全库存。安全库存是由于销售与生产的数量和时机不能被准确地预测而持有的库存。主要用以应付各种意外变化而不需改变生产水平。

（2）预期库存。预期库存是指诸如为迎接一个高峰销售季节、完成一次市场营销计划等而预先建立起来的库存，是为未来需要或限制生产速率变化而储备工时与机时。

（3）批量库存。批量库存是指为保证或平衡生产过程中各个环节的相对独立，保证生产过程连续、稳定进行而准备的库存。生产调整时间是确定此类库存时的主要因素。

（4）运输库存。运输库存是为了避免缺货，缩短供货周期，使物料从一处移动到另一处而存在的库存。

（5）屏障库存。屏障（投机性）库存是指为避免受季节性需求波动的影响或为了节约成本而买进预计将要涨价的物品，如一些矿产品或农副产品等。通过价格投机而获取利润也基本属于这种类型。

虽然库存有上述种种好处，但由于库存涉及企业管理的各个环节，如果库存数量过大，也会带来很多弊病。例如延长生产与运作周期、占用大量资金、使资源闲置等，掩盖了管理中的各种内外矛盾，麻痹各级管理人员思想，因此，有时库存被称为造成企业管理不善的“万恶之源”。如果将库存量比喻为水位的话，虽然库存量大，水位提高，有利于船只的通航，但水下的礁石，即管理中存在的问题（如生产不均衡、计划不周、能力不足、职责不清等）却不能暴露出来，因而也就得不到解决。

库存管理的目的是在库存成本的合理范围内达到顾客满意的服务水平（即顾客的满意程度）。评价库存管理的标准主要有客户服务水平、库存占用资金和库存资金周转次数。其中，库存资金周转次数的计算公式为：

$$库存资金周转次数=\frac{产品年销售成本}{库存年平均占用资金额}$$

上述公式的潜在含义是：为了实现一定销售额而需要用于库存的流动资金金额能够反映企业的库存管理水平。库存管理就是要在保证生产与运作的连续性和合理使用流动资金之间找到两全其美的结合点或平衡点，主要包括确定需求、安排订货与生产、控制费用和选择库存策略等内容。

二、 两种不同性质的库存

库存是企业生产与运营的伴生物，因此，对库存的管理也就离不开生产与运营的产品或服务及其组成部分。按照库存服务的对象性质的不同，一般将库存划分为两种不同性质的需求库存：独立性需求库存和非独立性需求库存。合理区分这两种不同性质的库存是制定库存策略的前提和基础。

所谓独立性需求，是指本身需求状况与其他物品无关，不受其他种类产品影响的需求。如商场中的绝大多数商品。

所谓非独立性需求，又称为从属或相关性需求，是指由其他物品需求状况所决定的需求。例如汽车轮胎，它的需求受汽车需求数量的影响。一般来说，产品中的多数零部件都具有这种特点。

对于企业来说，前者主要由企业外部的需求情况决定，因而体现出较大的不确定性，库存也就不易确定。对于后者，其需求情况则主要由企业内部需求决定，一旦所生产的产品结构和生产计划确定下来，则每种零部件的需求数量、时间、地点、质量等情况就是一个确定的情况。因而，其库存量能够精确确定。

能够准确地区分以上两种不同性质的库存，是库存管理走上科学管理之路的开始。表 5－2 列出了两种不同性质库存的主要特点，供学习时参考。

表 5－2　独立性需求与非独立性需求的特点比较

	独立性需求	非独立性需求
目的	满足用户（外部）	本厂生产需要（内部）
需求性质	随机，零散，有限预测	确定，成批，准确计算
决定方式	订货或预测	产品产量决定
库存水平	按市场需要确定安全库存量	与生产周期相关，一般不设安全库存量

续表

	独立性需求	非独立性需求
服务水平	<100%	100%
控制原则	经济订货批量	控制在制品

参考资料 5-1

物流管理——第三利润源

说起“物流”，也许你还不一定完全了解它的确切含义，但如果说起中国的古语“兵马未动，粮草先行”，你就会马上想起军队中的后勤工作。这里所说的“物流”，其来源就是军队中的后勤工作——“军事装备物资、设施与人员的获取、供给和运输”，泛指对供应、保管、运输、发送等过程进行系统全面的计划安排等管理活动，目的是将原材料和产成品在适当的时候，以最低的费用送到规定地点。

对具体的企业来说，按照物流活动发生的先后次序，可将其划分为以下四部分。

(1) 供应物流。包括原材料等生产资料的采购、进货、运输、仓储、库存管理和用料管理。

(2) 生产物流。包括生产计划与控制、厂内运输（搬运）、在制品的仓储与管理等。

(3) 销售物流。包括产成品的库存管理、仓储发货运输、订货处理与顾客服务等活动。

(4) 回收、废弃物流。包括废旧物资和边角余料等的回收利用、各种废弃物的处理（如废料、废气、废水）等。

各种物流活动都是由物资的包装、装卸、运输、配送、储存、流通加工、包装物和废品回收以及与之相联系的物流信息等工作构成的。

以日本为例，物流的发展大体经历了五个阶段。

第一阶段，经济复兴阶段（1945—1953 年）。日本在第二次世界大战后亟须恢复经济，百废待兴，但当时物流渠道尚未理顺，国内商品流通主要靠铁路运输。这个时期的物流主要是指运输。

第二阶段，以生产为主导的阶段（1954—1963 年）。日本生产发展很快，开始重视流通，在运输、包装、装卸和仓储等方面有较大改进。这个时期开始把运输、仓储、装卸、包装联系在一起。

第三阶段，经济成长时期的以流通为主导的阶段（1964—1973 年）。日本在这个时期制订了国民收入倍增计划，重化学工业发展较快，对物流提出了较高的要求。在此背景下，引入了美国的“物流”(physical distribution) 概念，大力加强物流设施建设，修建了铁路新干线、高速公路和集装箱码头，实现汽车大型化、火车高速化、仓库自动化，降低物流成本，使物流系统化。

第四阶段，以生活（或消费）为主导的阶段（1974—1983 年）。由于石油危机，日本在经济上受到冲击，处于低经济成长时期，因此，采取各种措施节约能源和资源。为了与工业标准化相适应，建立了物流标准化体系。建立配送中心，广泛运用电子计算机进行管理，实现仓库无人化。注重在物流上从人员、设施、费用、时间、业务、位置六个方面满足客户的要求。换句话说，就是将客户需要的物品，在需要的时间内，以较低的收费、优质的服务，保持物品的良好状态，搬运到需要的地点。

第五阶段，国际化阶段（1984 年至今）。这个时期，日本以贸易立国，因此需要实现物流国际化。为此，开始建立物流信息网络，加强物流全面质量管理，实现物流的高效率化。在这个新的阶段，物流概念的内涵与外延有了新的发展。过去的物流（physical distribution）主要是指产品出厂后，经过流通过程送达消费地或消费者手中。而现在引入“后勤”（logistics）概念，实际上指的是综合物流，不仅包括前者，而且包括原料供应、生产物流、回收物流、废弃物物流等。

在理论上，日本还提出了“第三利润源”的概念。从历史发展过程看，人类社会经济发展先后出现过两个大量提供利润的领域。第一个是资源领域。起初是廉价原材料、燃料的掠夺性开采利用，其后是依靠科技进步，节约消耗，综合利用乃至大量利用人工合成资源而获得高额利润。第二个是人力领域。最初是廉价劳动，其后是依靠科技进步提高劳动生产率，增加利润。在这两个利润源潜力越来越小，利润开拓越来越困难的情况下，物流领域的潜力越来越被人们所重视，因此，按时间序列被排为“第三利润源”。

资料来源：陈福军．如何做物流管理．大连：大连理工大学出版社，2000：3-6，17-19.

第 2 节　常用库存控制方法

管理心法

世界上怕就怕“认真”二字，共产党就最讲“认真”。

——《建国以来毛泽东文稿》（第六册）

事物矛盾的法则，即对立统一的法则，是自然和社会的根本法则，因而也是思维的根本法则。

——《毛泽东选集》（第一卷）

由于狭义的库存管理处于物资管理中的节点地位，因而构成了企业物资管理的核心。但因篇幅所限，这里只简要介绍常用库存控制方法。

一、库存成本分类

选择库存控制方法的第一步是确定库存成本。对独立性需求库存来说，如原材料和成品等，其库存成本主要包括以下几类。

（1）订货成本。订货成本指由于向供应商发出采购订单去购买物料或向工厂（车间）发出（计划）订单而发生的成本。采购物料时，必须填写物料申请单与采购订单，收进的货物必须检查并送交储存室或加工地。向工厂定制一批物料时，要发生管理费用、机器调整费用、新调整后首次生产带来的开工报废品以及其他取决于订货或生产的批数的一次性费用。所有这些费用之和就是该批货物的订货成本。它主要由订货次数决定。

（2）保管成本。保管成本主要是指物资在库存过程中发生的成本。除了物资占用资金发生的成本之外，通常包括报废（由于客户要求更改使库存物资不再可销而发生的费用）、损坏（因保管条件不佳或搬运等其他方式损坏或变质而发生的费用）、储存（如储存室、主管人员、操作人员、物料搬运设备、必要的监测记录等发生的费用）以及相关的税收和保险费用等。一般来说，保管成本的大小与库存量的多少成正比。

（3）缺货成本。缺货成本是指由于无法满足用户需求而产生的损失。它由两部分组成：一是生产与运作系统为处理误期任务而付出的额外费用，如赶工的加班费、从海运改为空运产生的额外运费等。二是误期交货对企业收入的影响，如延误交货罚款等。上述损失是可以用金钱来衡量的，而由于企业缺货，无法满足用户需求所导致的丧失市场份额等后果，则无法用金钱衡量，损失也更为巨大，影响也更为久远。

（4）能力关联成本。能力关联成本指与生产与运作能力相关的库存成本，如发生转包、雇佣、培训、解雇和停工等情况时所发生的费用。当需要增加（减少）能力或能力暂时过多（过少）时，一般就会发生这种费用。有时，它与缺货成本的第一种情况很相似。在多数情况下，确定此项成本与使用此项成本来作库存决策时会遇到许多困难，故一般很少应用。

在上述库存成本中，在需求确定的前提下，增大每次的订货批量有利于降低订货成本和缺货成本，但是，订货批量的增加通常会导致库存量的增加，引起保管成本的上升。因此，如何合理控制库存，使库存总成本最低，是库存控制决策的主要目标。

二、 经济订货批量

有关库存成本最小化的数学模型有很多种，其中最简单、最重要的是确定情况下的固定订货量库存模式。所谓确定情况是指需求均匀、各种成本数据固定、订货提前期确定、交货提前期为零、无缺货和数量折扣的情况。在这种情况下，生产与运作系统的变化如图 5－1 所示。库存控制的目标就转化为确定合适的订货批量与订货点。

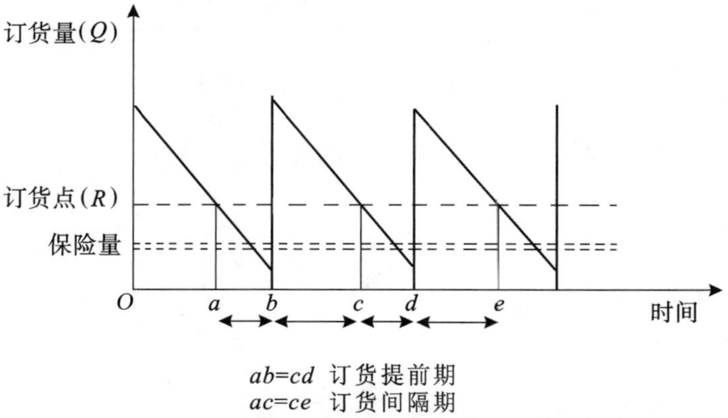

图 5－1　确定情况下固定订货量系统模型

此时，库存总费用＝库存保管费用＋订货费用＋物品价值，库存总费用 TC 的计算公式可以用下式表示：

$$TC=\frac{1}{2}QCh+\frac{D}{Q}S+CD$$

式中：Q——库存量；

C——物品单价；

h——保管费率；

D——年需求量；

S——每次订货费用。

使 TC 最小化，求导数

$$\frac{\mathrm{d}TC}{\mathrm{d}Q}=\frac{1}{2}Ch-\frac{DS}{Q^2}$$

令其等于 0，得

$$Q^*=\sqrt{\frac{2DS}{Ch}}$$

此即经济订货批量（EOQ）——年库存总成本最小的订货批量。如果用图形表示，经济订货批量相当于图 5－2 中的库存成本最低点对应的库存量。此时的订货成本与储存成本相等。

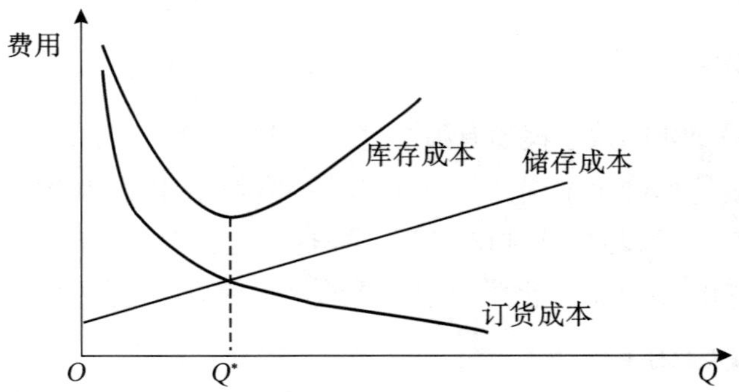

图 5－2　经济订货批量示意图

与其相关的还有年订货次数 n 和订货点 R 的计算：

$$n=\frac{D}{Q^*}$$

$$R=dLT$$

式中：D——平均日需求量；

LT——订货提前期。

在实际生产过程中，经常存在边消耗边补充库存的情况。这时，如果生产能力大于需求，就存在多大生产批量最经济的问题，即经济生产量（economic production quantity，EPQ）或经济生产批量（economic production lot，EPL）。经济生产批量模型如图 5-3 所示。

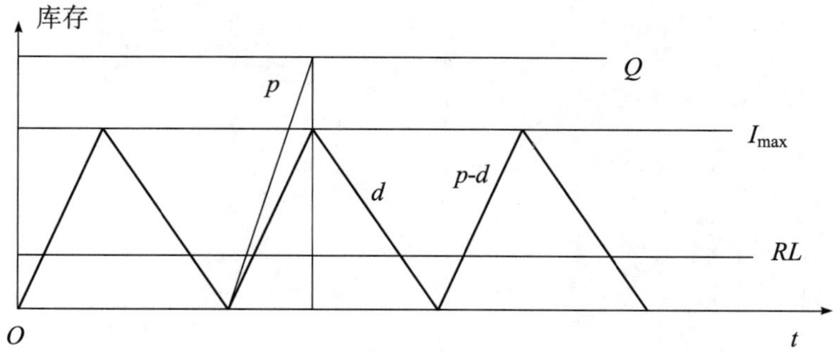

图 5-3 经济生产批量模型

图 5-3 中：p 为生产率（每天生产量）；d 为每天的需求量或出库量（$d<p$）；t 为生产时间；I_{max}为最大库存量；Q 为生产批量；RL 为订货点。

由于

$$\begin{aligned}\text{最大库存量} &= \text{总生产量}-\text{总需求量}\\ &= pt - dt = p\left(\frac{Q}{p}\right) - d\left(\frac{Q}{p}\right)\\ &= Q - \frac{d}{p}Q = Q\left(1-\frac{d}{p}\right)\end{aligned}$$

使用经济订货批量模型中订货费用和维持库存费用的表达式，使二者相等，即

$$\text{订货费用} = \left(\frac{D}{Q}\right)S\ (\text{此时 } S \text{ 为每次生产的准备费})$$

$$\text{维持库存费用} = \frac{1}{2}hQ(1-d/p)\ (h\ \text{为年维持库存率})$$

$$\frac{D}{Q}S = \frac{1}{2}hQ(1-d/p)$$

可得 $$Q^2 = \frac{2DS}{h(1-d/p)}$$

$$Q_p^* = \sqrt{\frac{2DS}{h(1-d/p)}}$$

下面举两个例子说明其具体应用。

［**例 5-1**］ 某企业每年需要耗用 1 000 件某种配件，现已知：其单价为 20 元；每次订货成本为 5 元；订货提前期为 10 天；每年工作 250 天；保管费率为其物品价值的 20%。试确定其经济订货批量和库存总成本，并帮助找出订货点。

解 由题意可得

$$Q^* = \sqrt{\frac{2DS}{Ch}}$$

$$=\sqrt{\frac{2\times1\ 000\times5}{20\times0.2}}$$

$$=50\text{（件）}$$

$$TC=\frac{1}{2}Q^{*}Ch+\frac{D}{Q^{*}}S+CD$$

$$=\frac{1}{2}\times50\times20\times0.2+\frac{1\ 000}{50}\times5+20\times1\ 000$$

$$=100+100+20\ 000$$

$$=20\ 200\text{（元）}$$

$$n=\frac{D}{Q^{*}}=\frac{1\ 000}{50}=20\text{（次）}$$

$$R=dLT=\frac{1\ 000}{250}\times10=40\text{（件）}$$

从例 5-1 的结果来看，采购成本在库存成本中占有绝对大的比重。降低采购成本的办法有两种：一是采取准时制库存管理方式，缩短物流时间，加快库存周转速度；二是采取批量折扣方式，通过降低单价来减少采购费用。

［例 5-2］ 某产品预计年需求 5 000 件，订货费用为 49 元/次，保管费率为 20%。订货量少于 999 件时，单价为 5.00 元/件；订货量为 1 000～1 999件时，单价为 4.80 元/件；订货量大于 2 000 件时，单价为 4.75 元/件。试确定其经济订货批量和总库存成本，并确定采购方案。

解 计算结果如表 5-3 所示。

表 5-3 经济订货批量计算表

P（元/件）	Q（件）	EOQ（件）	实际订货批量（件）	TC（元）
5.00	1～999	700	700	25 700
4.80	1 000～1 999	714	1 000*	24 725
4.75	2 000 及以上	718	2 000*	24 823

* 因折扣批量大于 EOQ，故不能采用 EOQ，只能采用最小折扣批量。

从表 5-3 可以看出：订购 1 000 件的方案总成本最小，可以优先采用。但订购2 000件的总成本比 1 000 件也没有高得太多，因而也应该考虑。至于到底采用哪个方案，可以根据具体的产品状况、仓库情况、需求态势和以往的经验来决定。

三、 库存控制的方法

库存控制的基本方法主要有两种：一种是连续检查控制法，侧重于库存量的连续观测，并以此作为库存控制的主线；另一种是周期检查控制法，即通过固定时间间隔的检查，达到控制库存的目的。与之交叉的常用方法还有 ABC 分析法、准时制库存控制法等。

（一）连续检查控制法

采用连续检查控制法的生产与运作系统，在每次物资出库时，均需盘点剩余物资，检查库存量是否低于预先设定的订货警戒线，如果低于订货警戒线，则应该发出订货指令。由于从订货指令发出到所购物资进入仓库通常需要一段时间，在此期间库存储备不断减少，物资不断地投入生产环节，转换成产品，直到库存储备降到最低点。当订货到达时，库存储备得到补充，达到最大值。

连续检查控制法的特点是每次的订货批量固定，通常是经济订货批量；相邻两次订货的时间间隔通常是变化的，其长短主要取决于需求量的变化情况；订货提前期基本不变，它是由供应商的生产与运输能力等外界因素决定的，与物资的需求情况没有直接的联系，故通常认为是一个常数。

连续检查控制法的库存控制要点是订货批量的确定与订货警戒线的设立，前者影响整个库存平均水平，后者影响服务水平。一般来说，价值较低、需求数量较大且市场上容易采购的物资，以及价格昂贵、需要严格重点控制的物资，适宜采用连续检查控制法控制库存。前者是因为该类物资价低、量大，采用连续检查控制法可以简化控制程序；后者是因为连续检查控制法可以及时收集库存信息，能较灵活地控制库存。

连续检查控制法常采用收发卡片法或双堆法确定订货时机。

（1）收发卡片法。顾名思义就是用特别设计的收发卡片来控制订货时间的方法。收发卡片上通常标有物资代号、名称、规格、货位、最低库存储备量以及物资进出库的时间、数量、领料单位等信息。管理者可以通过查看收发卡片上现有库存量与最低库存储备量等基本信息，决定是否订货或何时订货。

（2）双堆法。指在每次进货时，均将物资分成两部分储备，一部分作为订货点的库存储备，单独存放，另一部分作为经常性储备，供日常发料之用。一旦在发料过程中发现经常性储备用尽，则要动用留作订货点的库存储备物资，同时马上发出订货指令。

（二）周期检查控制法

采用周期检查控制法的生产与运作系统定期盘点库存，并根据库存情况，结合下一计划期预计的需求情况确定每次的订货批量：如果目前库存储备较少，或者预计需求将增加时，可以适当地增加订货批量；反之，则可以减少订货批量。

由于每两次订货的时间间隔是固定的，因此，这种控制方法也称为固定订货期系统。与订货期相反，订货批量通常是变化的。这种控制方法的关键是确定订货期。由于周期检查控制法采用固定的订货间隔期，通常按月或季来划分，因此有利于企业科学管理。例如，采用周期检查控制法的生产企业从客观上比较容易制订出统一的采购计划，将一段时间内企业需要采购的物资汇总采购，更容易获得价格优惠。

一般说来，对于价值较高和具有相同供应来源（同一厂家生产或产地在同一地区）的物资，以及需要定期盘点和定期采购的物资，采用统一采购策略，不仅能够节约订货和运输费用，还可以获得一定的价格折扣，降低购货成本。因此，多采用与计划期同步的周期检查控制法控制库存，并将其纳入生产与运作计划进行管理。

（三）库存重点控制法——ABC 分析法

由于企业的库存物资种类繁多，对企业需要的全部物资进行管理是一项复杂而繁重的工作，如果管理者对所有的库存物资平均使用其精力，通常只能使其有限的精力过于分散，导致管理效率低下。因此，在库存控制工作中，应该强调重点管理的原则，将管理重心放在重点物资上，ABC 分析法便是最常用的方法之一。

ABC 分类的指导思想是“20－80 原则”，即 20％的少量因素带来了 80％的大量结果。如 20％的产品带来了 80％的利润，20％的供应商造成了 80％的延迟交货等，当然，这里的 20％或 80％不是绝对的，也可能是 25％和 75％，或 30％和 70％。ABC 分析法是在上述思想指导下，通过对大量存货物品进行分类，找出占用大量资金的少数物品，对它们进行重点的管理与控制，而对那些占用少量资金的大多数物品，则实施相对松一些的管理控制。

在做法上，首先是根据管理控制的需要选定划分标准，如库存成本、物品特性、用户性质、重要性等。对于成本控制来说，一般将占用65％～80％价值的 15％～20％的物资划分为 A 类物资；将占用 15％～20％价值的 30％～40％的物资划分为 B 类物资；将占用 5％～15％价值的 40％～55％的物资划分为 C 类物资。

对库存物资进行 ABC 分类后，企业可以针对不同类别的物资，视情况采取不同的控制策略。A 类物资是工作重点，应该严格控制其库存储备量、订货量和订货时间，在保证生产的前提下，尽可能地减少库存，节约流动资金。B 类物资可以适当控制，在力所能及的范围内，适度地减少 B 类库存。C 类物资可以放宽控制，在不影响库存控制整体效果的同时，减少库存管理工作的工作量。这样不仅能大大减少占用资金，而且能使存货结构合理化。具体做法如下。

A 类——尽可能进行严密控制，包括最精确、完整的作业记录，最高的作业优先权，高层次管理人员经常检查，精确计算、制定订货点和订货批量，将安全库存量控制到最小，实行严密的用户跟踪措施，以及采取一定的技术性措施进行保管等。

B 类——正常控制，即按正常的企业经营方式来调节库存数量，包括作业记录、按固定时间检查以及按经济批量订货等。在保管上，可按购销情况、出入库频度，适当堆码摆放。

C 类——尽可能简单控制，减少管理工作量。如进行简单的作业记录，检查次数减少，降低优先作业次序，保持较大的安全库存量，加长订货的时间间隔，以及进行集中大量订货（如通过半年一次的盘存来补充库存）等。

［例 5－3］ 某仓库产品共有 10 个类别，已知它们的需求预测数量和单价情况（见表 5－4）。试应用 ABC 分析法对产品进行分类，便于更好地控制。

表 5－4　某仓库库存情况一览表

序号	产品代码	年需求（件）	单价（元）	年费用（元）
5	X-30	50 000	0.08	4 000
2	X-23	200 000	0.12	24 000
9	K-9	6 000	0.10	600
3	G-11	120 000	0.06	7 200

续表

序号	产品代码	年需求（件）	单价（元）	年费用（元）
8	H-40	7 000	0.12	840
1	N-15	280 000	0.09	25 200
7	Z-83	15 000	0.07	1 050
4	U-6	70 000	0.08	5 600
6	V-90	15 000	0.09	1 350
10	W-2	2 000	0.11	220

解　首先，根据已知存货数据，计算出各类物品的年费用，然后按照大小排序。结果见表 5－5。

其次，按照年费用大小顺序将库存物品重新排列，计算费用累计总额和累计百分比，并根据分类标准，确定各种物品的 A，B，C 类别。

表 5－5　ABC 分类表

产品代码	年费用（元）	年费用累计（元）	累计百分比（%）	分类
N-15	25 200	25 200	36	A
X-23	24 000	49 200	70	A
G-11	7 200	56 400	81	B
U-6	5 600	62 000	88	B
X-30	4 000	66 000	94	B
V-90	1 350	67 350	96	C
Z-83	1 050	68 400	98	C
H-40	840	69 240	99	C
K-9	600	69 840	99	C
W-2	220	70 060	100	C

最后，画出 ABC 分类汇总表（如表 5－6 所示），供管理控制使用。

表 5－6　ABC 分类汇总表

类别	产品代码	种类百分比（%）	每类费用（元）	费用百分比（%）
A	N-15，X-23	20	49 200	70
B	G-11，U-6，X-30	30	16 800	24
C	V-90，Z-83，H-40，K-9，W-2	50	4 060	6

［**例 5－4**］　某仓库共保管 3 439 种不同种类的物品（各种物品单价已知），试应用

ABC 分析法简化其管理过程。

解 由于该仓库物品太多，如果按照前面的办法处理，则势必显得非常烦琐。为简化，我们可以采用分层的 ABC 分析法，即以 100 元为一档，以资金占用额为标准，将各种物品分层，减少物品的项目数量。然后再按照正常程序计算，确定出物品的 A，B，C 类别。

限于篇幅，具体的计算过程略。结果见表 5-7。

表 5-7 ABC 分类表

分层范围	种类数	种类累计	累计百分比（%）	资金占用额（元）	资金占用累计（元）	累计百分比（%）	分类结果
600 元以上	260	260	7.56	580 000	580 000	69.13	A
500～600 元	86	346	10.06	50 000	630 000	75.09	A
400～500 元	55	401	11.66	25 000	655 000	78.07	B
300～400 元	95	496	14.42	34 000	689 000	82.12	B
200～300 元	170	666	19.37	42 000	731 000	87.13	B
100～200 元	352	1 018	29.60	41 000	772 000	92.01	B
100 元以下	2 421	3 439	100.00	67 000	839 000	100.00	C

从表 5-7 可以看出：属于 A 类的物品有 346 种之多。显然，这没有体现出 ABC 分析法抓关键要素的特点，在实际工作中也不能很好地指导库存管理工作。为此，我们可以在 A 类物品内部，再进行一次 ABC 分类，最后，得出的分类结果为 AA，AB，AC，同理，也可以在 B 类、C 类中进行再次分类，最后的结果分别为：BA，BB，BC 和 CA，CB，CC。这样，我们就将原来的 A，B，C 3 类分成了 9 类，基本上可以满足具体的存货管理需要。

需要说明的是，在第二次分类时，可根据管理控制的目的不同，改变分类标准。如原来是以占用资金为标准，现在则可以考虑以物品特性、对保存条件的要求、用户特点、运输时间长短等为标准，将二者进行组合，这样会使实际的存货管理工作更加有效。图 5-4 就是运用这种方法进行分类的一种简化的分类结果示意图，其中的数字为物品（分类）代号。

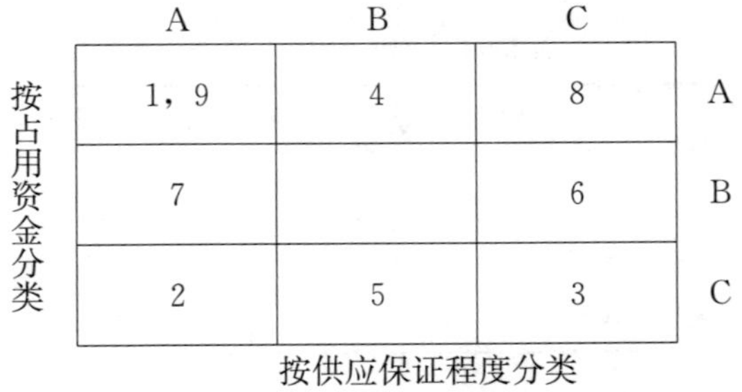

图 5-4 双重标准 ABC 分类图

在选择连续检查控制法或周期检查控制法时，物资的类别是要考虑的必要因素。一般来说，A 类物资采用连续检查控制法较好，而周期检查控制法则较多地应用于 C 类物资管理。

（四）准时制库存控制法

以上介绍的内容主要是经典的库存控制方法与理论。几十年来，随着人们对库存认识的深入，库存控制思想不断发展变化，特别是日本汽车企业采用的准时制生产方式（just in time，JIT）的成功，使库存控制思想发生很大的转变。具体表现在以下几个方面。

1. 对库存的认识

传统上认为库存对企业极为重要，保持一定数量的存货有助于企业提高效率。而现在则一般认为库存是一种浪费，是为掩盖管理工作失误提供方便，应尽量减少，因此，提出了“零库存”的概念。

2. 库存控制范围

传统的库存控制只是局限于生产企业内部的生产物流控制，而现代的库存控制则是强调对整个供应链系统的存货进行控制。不仅力图减少原材料库存，而且要控制在制品库存、部件库存和成品库存，控制范围更广。

3. 库存控制机理

传统的库存控制一般只是强调控制成本，而现代库存观念在强调成本控制的同时，还进一步强调对存货质量和生产时机的控制，即实行“准时制库存”，体现出现代企业管理的整体观念。

准时制生产方式是丰田汽车公司首创的一种全新的管理体制，其目标是要彻底消除无效劳动与浪费，例如制造过剩零部件、搬运和操作中的无效劳动、空闲待工、库存积压和产品质量问题等。为达到上述目的，JIT 系统试图做到零库存、零废品、准时生产。事实上，上述三项是相互关联的统一体，如果生产系统实现了准时生产，只在需要的时候生产需要的产品，则库存将大大减少。同时，由于库存量很少，生产投入量是按需要安排的，客观上就不允许废品出现，否则，就无法实现准时生产。因此，实施准时制生产方式的企业在加强质量管理与计划控制的同时，特别注重库存控制，并采用以保持各类库存量稳定为特点的拉动式计划控制方法，将库存控制有机地融入企业发展的整体战略，取得了显著的效果。

在具体做法上，日本人认为减少库存的关键是把供应商看成是本企业在生产过程中的合作者。丰田公司使用如下典型的看板管理方法：公司在每次制定 90 天的生产进度计划时，把供应商也包括进去。每个供应商每月都接到一份公司在以后 90 天内需要的各种零部件的参考清单，但正式订购单仅是第一个 30 天的需用量。其生产进度计划和正式订购单准确地告诉供应商在第一个 30 天内丰田公司每天所需要的零部件数量。如此滚动，每个月在收到下一个 90 天的计划和第一个 30 天的正式订购单后，供应商就能够准确地知道第一个 30 天的订购数量和其余 60 天所需各种零部件的最佳估计数量，从而将自己的生产计划与丰田公司的生产计划联系起来，以达到相互协调一致。在日本，几乎所有的汽车零配件生产和汽车安装都在东京、名古屋、广岛三个城市进行，丰田汽车公司的供应商每天要多次把其产品送到离其不到60公里的丰田汽车装配厂，许多供应商与丰田汽车装配厂处在同一个工业区。

20世纪90年代以前，在日本，生产所需的各种原材料和零部件照例分别只向一个供应商订货。因此，在同一段时间里，丰田汽车公司只有250个原材料供应商，而美国通用汽车公司则有4 000个原材料供应商。丰田汽车公司在使用了看板管理后，每年库存周转平均可以达到100次，而最好的美国汽车公司其库存周转次数每年也只有15次。

参考资料5-2

库存职能与形态框架

把制造业库存的五种形态与五种职能综合起来，就会拼凑出组织的25种库存类型，如表5-8所示，25种类型使库存控制变得复杂一些，但也更容易使管理者将注意力集中于特定任务。

表5-8 库存形态与职能

库存职能	库存形态					
	原材料、外购件与包装	在制品	产成品	维修物品	转售物品	决策领域
1. 在途库存/管线库存	供应系统设计、供应商位置、运输模式	布局设计、物料管理系统	厂址与产品分销系统设计	供应商位置、运输模式	库房位置、分销、运输模式	物流决策
2. 循环库存	订货规模、订货成本	批量规模、生产准备	分销成本、批量规模	是否OEM、订货规模	订货规模、订货成本	生产/作业设计决策
3. 缓冲库存/不确定性库存/安全库存	价格概率分布、供应与缺货、储存成本	设备与生产能力的概率分布	需求概率分布及相应储存、缺货成本	使用期间故障概率分布	与储存、缺货成本相关需求概率分布	管理风险决策
4. 预期库存/确定性库存	了解未来供应与需求的价格水平	生产能力、雇佣、解雇、运输、加班、空闲等生产成本	需求模式（季节性）	维护计划	供应与需求模式、价格水平	价格决策
5. 断耦库存/分离库存	供应商行为的非独立性	连续性生产运作的非独立性	市场行为的非独立性	在供应商或使用处储存	在供应方或采购方库房储存	生产控制决策

资料来源：利恩德斯，费伦．采购与供应管理．北京：机械工业出版社，2001：152.

第3节　MRP原理

管理心法

我们的任务是过河，但是没有桥或没有船就不能过。不解决桥或船的问题，过河就是一句空话。

——《毛泽东选集》(第一卷)

大家明白，不论做什么事，不懂得那件事的情形，它的性质，它和它以外的事情的关联，就不知道那件事的规律，就不知道如何去做，就不能做好那件事。

——《毛泽东选集》(第一卷)

MRP (material requirements planning) 即物料需求计划，是在传统的库存管理基础上发展起来的，主要用于非独立性需求（相关性需求）性质的库存控制。

一、非独立性需求库存的特点

在传统的库存管理模式中，一般都是把库存物品看作相互独立的。因此，对企业内部大量的非独立性需求库存来说，传统的经济订货点很难处理特定时间的未来需求，如季节性需求或周期性需求，往往不给出提前的通知就直接开始订货，并且，在产生当前订单之后，不能提供将被发放的未来订单的信息，因而也就提不出不同于交货日期（发放订单时使用）的订货日期（安排计划时使用）。造成上述结果的根本原因在于独立性需求与非独立性需求特点不同。前者是一种波动性的连续的随机需求，而后者则呈现出确定的跳跃性离散特点。非独立性需求通常不是以持续均匀的速率被利用，并且在它们所构成的物品生产之前是不需要的。制造业中的物料需求性质多属于这种情况（如图5-5所示）。

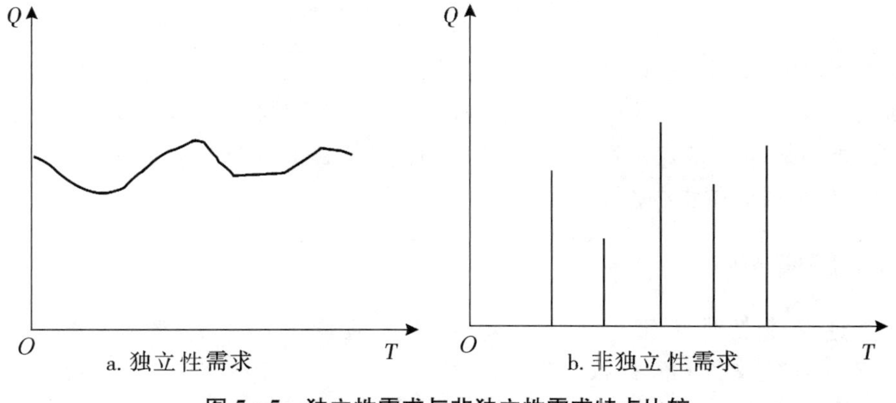

图5-5　独立性需求与非独立性需求特点比较

MRP就是针对上述非独立性需求的特点，以计算机应用为基础的生产计划和库存控制系统。其主要目的是控制非独立性需求库存水平，把储存费用降到最低水平，使生产运行效率提高到最高水平。也就是说，只在需要的时间，向需要的部门提供其恰好需要的物料（品种、数量和质量）。

二、 MRP 的基本逻辑

非独立性需求库存的订购及其补充，通常应用下列逻辑分析来处理。

(1) 要生产什么产品（时间、品种、数量和质量）?

(2) 需要哪些组件或成分?

(3) 这些物品已在手头的有多少?

(4) 已经订货的有多少，它们将在何时到达?

(5) 何时需要更多? 需要多少?

(6) 这些物品应何时订货?

这就是 MRP 的基本逻辑，有时也称为“制造业的方程式”。它适用于包含多种组件（成分）的产品生产过程。上述内容可用图 5-6 简要表示。

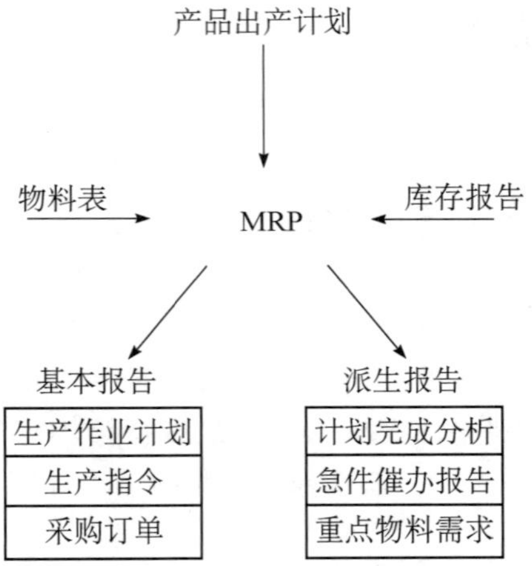

图 5-6 MRP 的基本逻辑

在基本逻辑的六个问题中，第一个问题指的是出厂产品，属于独立性需求，它由产品出产计划确定；第二个问题指的是产品结构，一般用产品结构文件来表示；第三个问题和第四个问题指的是库存信息；第五个问题指的是 MRP 的计算过程；第六个问题指的是 MRP 发出的计划或订货指令。

三、 MRP 的输入

根据上述基本处理逻辑，MRP 的输入主要有产品出产计划（又称主生产计划(MPS)）、产品结构文件和库存状态文件。

(1) 产品出产计划。是企业向外界提供的产品或零部件生产计划，是 MRP 的驱动源。基本样式如表 5-9 所示。

表 5-9　产品出产计划　　单位：件

周次	1	2	3	4	5	6	7
产品 A					10		
产品 B				13			12
部件 C	1	1	1	1	1	1	1
⋮							

（2）产品结构文件。又称物料清单或物料表（bill of material，BOM），是产品结构树的数量表示。它不仅能列出构成产品的所有组件，还可以反映出产品的结构层次和制造的先后顺序。图 5-7 是一个木制方桌的 BOM 示意图。

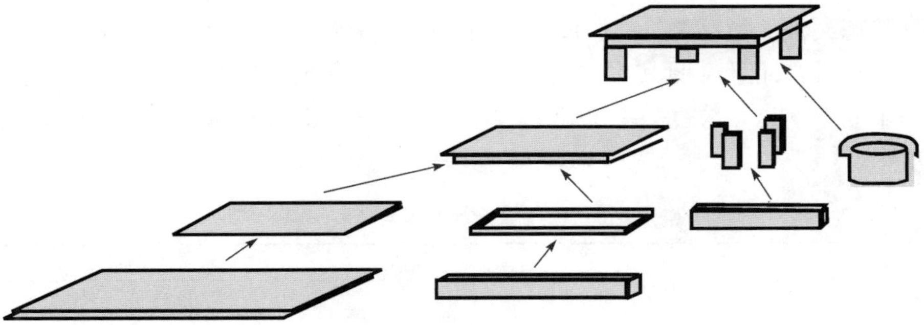

（a）木制方桌组成示意图

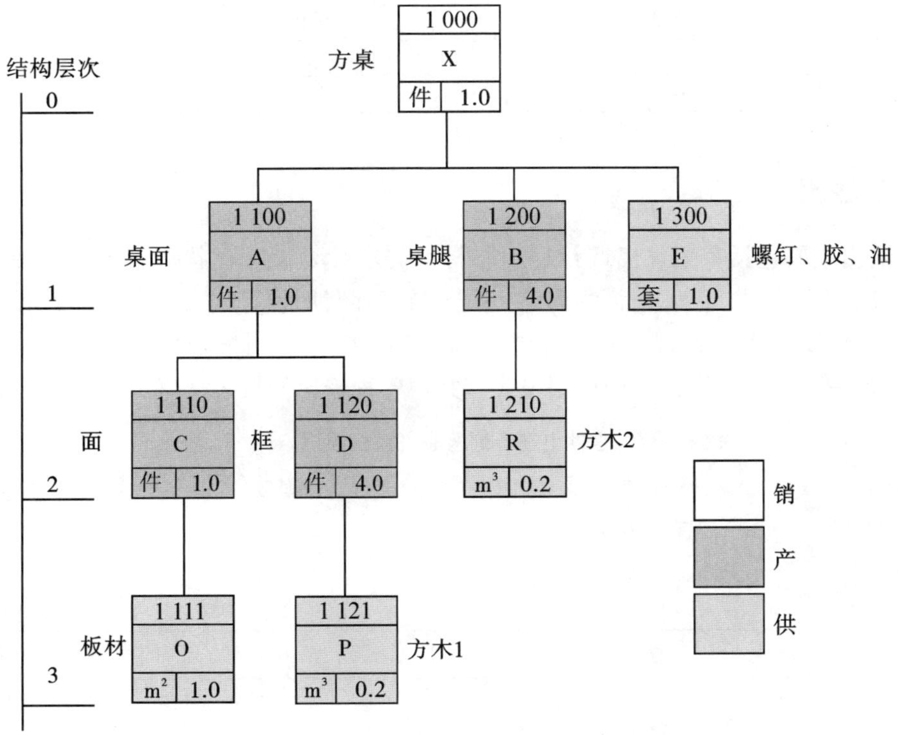

（b）木制方桌结构树（物料表）

图 5-7　产品结构树（物料表）示意图

有时，物料清单也用表格形式来表示（见表 5－10）。

表 5－10　某开关插头物料清单

组件编号	描述	所需数量（个）	来源
314	开关	1	外购
219	外壳	1	自制
326	底座	1	自制
220	外壳绝缘	1	外购
222	底座绝缘	1	外购
405	螺杆	1	自制

（3）库存状态文件。指反映每一个库存物品的库存现状的文件。它不仅说明仓库中实际存放的物料库存量，而且说明其中未出/入库，但已经有预留安排或即将到货的物料，因此，这是一个动态信息，与过去手工管理的仓库台账有本质的差别。库存状态文件格式如表 5－11 所示。

表 5－11　库存状态报告

单位：件

部件 C	周次						
提前期 2 周	1	2	3	4	5	6	7
总需求量						300	
预计到货量		150					
现有数（50）	50	200	200	200	200	－100	
净需求量						100	
计划订货量	…	…		100			

四、 MRP 的输出

MRP 的输出主要包括零部件出产计划、原材料需求计划、库存状态记录、工装设备需求计划、发出订货计划、已发出订货调整、生产与库存费用预算报告和各种统计报告等内容。根据企业性质和生产管理的实际需要，其生产和库存控制报告形式可以有很大不同。表 5－12 是一种典型的零件出产计划报表。其他各种输出的报表从略。

表 5－12　零件出产计划报表（横式报表）

物料号：1001	计划日期：2017/02/26	计划员：CFJ
物料名称：ABC	现有库存量：8	安全库存量：5
提前期：1	批量：10	批量增量：10

单位：件

时段	当期	1	2	3	4	5	6	7	8	9
		03/05	03/12	03/19	03/26	04/02	04/09	04/16	04/23	04/30
预测量		5	5	5	5	5	5	5	5	5

续表

时段	当期	1 03/05	2 03/12	3 03/19	4 03/26	5 04/02	6 04/09	7 04/16	8 04/23	9 04/30
合同量		12	8		2	7	6		13	5
毛需求		12	8		5	7	6	5	13	5
计划接收量		10								
预计可用库存量	现有量 8	6 6	−2 8	−2 8	−7 13	−14 6	−20 10	−25 5	−38 12	−43 7
净需求*			7		2		5		13	
计划产出量			10		10		10		20	
计划投入量		10		10		10		20		10
可供销售量		6	2		1		4		2	

* 净需求中包括补充安全库存的需求量。

在输出的零件出产计划报表中，经过MRP系统运算后生成的信息主要包括毛需求、计划接收量、预计可用库存量、净需求、计划产出量、计划投入量和可供销售量等。

(1) 毛需求（gross requirements，GR），即“生产或需要什么和多少”。对产品来说，是产品合同与预测的组合；对零部件来说，它是MRP系统汇总了所有要生产的相关上层物料投入量以后计算得出的。此时，它不再是预测信息，而是生产信息。

(2) 计划接收量（schedule receipts，SR），主要指在报表中，第一个时段日期前已经下达、现在正在执行中的订单上的产品数量。它将在报表日期之后某个时段完成。可以理解为正在途中即将到达的物料。

(3) 预计可用库存量（projected available balance，PAB），是指在现有库存中，扣除了预留给其他用途的已分配量，可以用于需求计算的那部分库存，即每个时段的期末库存结余。它同现有库存量不是同一个概念。其计算公式如下：

$$\begin{array}{c}\text{预计可用}\\\text{库存量}\end{array}=\begin{array}{c}\text{前一时段末的}\\\text{可用库存量}\end{array}+\begin{array}{c}\text{本时段}\\\text{计划接收量}\end{array}-\begin{array}{c}\text{本时段}\\\text{毛需求}\end{array}+\begin{array}{c}\text{本时段}\\\text{计划产出量}\end{array}$$

在上式中，若等式右边前3项计算结果为负值，说明如果不补充库存将出现短缺，表示为表5-12中预计可用库存量行中上面一半的数据。该数据加上计划产出量后的计算结果，则对应显示在其下面的半行中。

(4) 净需求（net requirements，NR），是指“还缺什么”。在安全库存为零的情况下，其计算公式为：

$$\text{净需求}=\text{本时段毛需求}-\left(\begin{array}{c}\text{前一时段末的}\\\text{可用库存量}\end{array}+\begin{array}{c}\text{本时段的}\\\text{计划接收量}\end{array}\right)$$

若计算值小于零，则无净需求。若设定了安全库存量，即存在最小库存量，系统将判断本时段的库存结余（预计可用库存量）是否小于安全库存量，如果小于安全库存，系统将自动修订净需求量来补足。

(5) 计划产出量（planned order receipts，POR），是指为满足净需求，由 MRP 系统根据规定的批量规则计算得出的结果。常用订货批量规则主要有固定批量、经济订货批量、定期订货批量和按需要确定批量等四种。在 MRPⅡ中称为订货策略（order policy）。

(6) 计划投入量（planned order releases，POR），是指系统根据计划产出量、规定的提前期和成品率计算得出的结果，是 MRP 的主要输出结果。

(7) 可供销售量（available to promise，ATP），是指在某个计划产出时段内，计划产出量超出下一次出现计划产出量之前各时段合同量之和的数量，是可以随时向客户出售的数量。因而，它是销售人员同临时来的客户洽商供货条件件时的重要依据。可供销售量的计算公式为：

$$可供销售量=\begin{matrix}某时段计划产出量\\（含计划接收量）\end{matrix}-\begin{matrix}下一次出现计划产出量\\之前各时段合同量之和\end{matrix}$$

表 5-12 中的计算过程如下：

在时段 1，毛需求为 12，现有量 8 加上计划接收量 10 等于 18，可以满足毛需求 12。此时，库存结余为 6，大于安全库存，不发生净需求。时段 2 的毛需求为 8，大于库存结余 6，库存结余为−2，产生净需求 2，系统考虑补足安全库存量 5，将净需求修订为 7。为满足净需求 7，系统根据设定的批量生成计划产出量 10，再根据提前期 1，建议在时段 1 下达计划投入量 10。时段 3 没有毛需求，库存量不变。时段 4 毛需求为 5，库存结余 8 虽能满足，但余量 3 小于安全库存量 5，系统自动修订净需求为 2，并生成计划产出量以补充安全库存。逐个时段照此办理，推算出整个计划期内的物料需求，此即 MRP 的数据处理和输出过程。由于产品结构中包括了加工件和采购件，因此，在 MRP 系统中，所有物料的生产计划和供应计划是一次同时完成的，因而避免了一般计划工作中的冗余和差错，体现了信息集成的优势。

第 4 节　从 MRP 到 ERP

管理心法

我们的眼力不够，应该借助于望远镜和显微镜。

——《毛泽东选集》（第一卷）

我认为聪明、老实二义，足以解决一切困难问题。……聪谓多问多思，实谓实事求是。持之以恒，行之有素，总是比较能够做好事情的。

——《毛泽东文集》（第五卷）

MRP 在 20 世纪 60 年代出现后，很快就被人们认同和接受。到目前为止，它已经经历了基本 MRP、闭环 MRP、MRP Ⅱ和企业资源计划（ERP）四个发展阶段。

一、 MRP的发展历程概述

（一）基本MRP

早期MRP（即基本MRP）主要用于订货管理和库存控制。它产生的背景是规模化大生产（mass production）导致的低成本竞争。当时企业追求的目标是如何按时生产出所计划的产品。所要解决的主要矛盾是库存积压与短缺问题。图5－6是早期MRP的基本工作逻辑。

（二）闭环MRP

到了20世纪70年代，企业所追求的目标是要以最少的资金投入获得最大的利润。因此，需要对财务状况及时进行分析，把财务系统和生产与运作系统结合为一体，于是就出现了有反馈功能的闭环MRP（close MRP），采用计划—执行—反馈的管理逻辑对生产各项资源进行规划和控制。闭环MRP的工作逻辑如图5－8所示。

由于闭环MRP纳入了生产能力作业计划（CRP）、车间作业计划和采购作业计划，同时在计划执行过程中，加入了来自车间、供应商和计划人员的反馈信息，并利用这些信息进行计划的平衡调整，从而围绕着物料需求计划，使企业生产的全过程形成一个统一的闭环系统，所以，它已经不是一个订货系统，而成为一个实际的企业生产与运作计划系统或工具，这是企业物流管理方面的重大发展。

（三）MRPⅡ

20世纪80年代，为适应更加激烈的市场竞争，人们又将生产活动中的其他主要环节，如销售、财务、采购、成本、工程技术等与闭环MRP连接在一起，集成为一个综合性的计划系统，即制造资源计划（manufacturing resource planning，称为MRPⅡ）。它可以在周密的计划下（甚至可以对执行结果进行事先模拟）有效地利用各种制造资源，控制资金占用，缩短生产周期，实现企业制造资源的整体优化。

MRPⅡ是以MRP为核心，覆盖企业生产制造活动的所有领域，有效利用制造资源的人-机应用系统。与闭环MRP系统相比，它具有以下特点。

（1）计划的一致性。MRPⅡ通常将企业中的各级计划管理统一起来，集中在厂或公司级的职能部门进行编制，并根据反馈信息及时调整，因而是一种计划主导型管理模式，其计划层次由粗到细逐层细化，但始终与企业经营战略目标一致。“一个计划”是MRPⅡ的原则精神。

（2）管理的系统性。MRPⅡ把企业所有和生产与运作直接相关部门的工作联系成一个整体，由于只有“一个计划”，每个部门都从系统整体出发做好本岗位工作，每个人都清楚自己的工作同其他职能的关系。

（3）数据的共享性。MRPⅡ是一种管理信息系统，企业各部门都依据同一数据库信息进行管理，任何一种数据变动都能及时地反映给所有部门，做到数据共享，在统一数据库支持下，按照规范化的处理程序进行管理和决策。

（4）动态应变性。MRPⅡ是一个闭环系统，它要求跟踪、控制和反馈企业内外部环

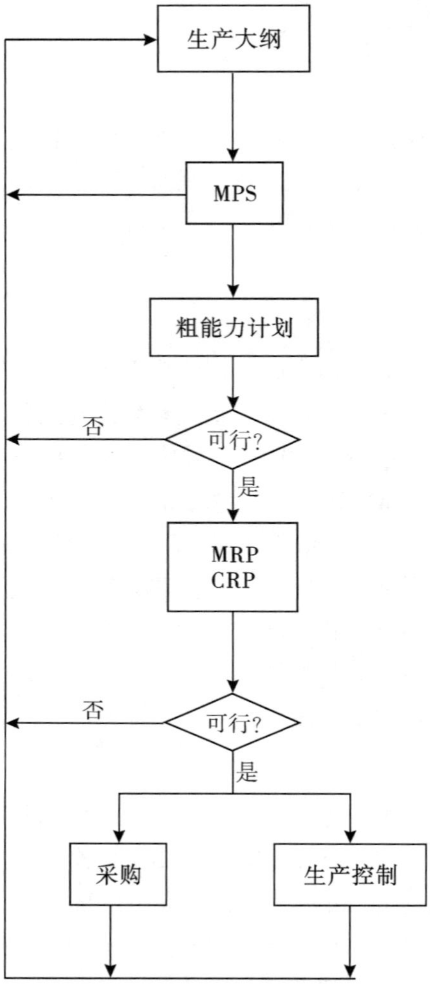

图 5-8　闭环 MRP 工作逻辑示意图

境条件的变化情况，并迅速作出响应，及时调整决策，保证生产计划正常进行。同时，保持较低的库存水平和较短的生产周期，因而有较强的应变能力。

（5）模拟预见性。MRPⅡ一般具有模拟功能。它可以解决“如果……将会……”等问题，可以预见在相当长的计划期内可能发生的问题，因而它能够事先采取措施，调整相关计划，而不是等问题发生了再花几倍的精力去处理。

（6）物流和资金流的统一。MRPⅡ包括了成本会计和财务管理功能，可以由生产活动直接产生财务数字，把实物形态的物流转换为价值形态的资金流，保证生产与财务数据一致，使财务部门及时得到有关资金信息来控制成本，分析企业的效益情况，指导企业的经营管理活动。

（四）ERP

20 世纪 90 年代以后，随着市场竞争的进一步加剧，企业竞争空间与范围进一步扩大，

MRP Ⅱ主要面向企业内部资源管理的思想逐步发展为如何有效利用供应链上的整体资源。企业资源计划（enterprise resources planning，ERP）随之产生。除了传统 MRP Ⅱ系统的制造、财务、销售等功能之外，它还增加了分销管理、人力资源管理、运输管理、仓库管理、质量管理、设备管理、决策支持等功能，能够支持企业的集团化、跨地区、跨国界运行，把客户需求和企业内部的制造活动，以及供应商的制造资源整合在一起，体现了完全按用户需求制造的思想，能够使企业各方面的资源实现充分调配和平衡，使企业在激烈的市场竞争中全方位地发挥能力，从而取得更好的经济效益。

ERP 的基本思想是将企业的业务流程看作一个紧密连接的供应链，其中包括供应商、制造工厂、分销网络和客户等；将企业内部划分成几个相互协同作业的支持子系统，如财务、市场营销、生产制造、质量控制、服务维护、工程技术等，还包括对竞争对手的监视管理。ERP 可以对供应链上的所有环节有效地进行管理，从而为企业提供管理范围更广、功能更多的工具，可以实现全球范围内的多工厂、多地点的跨国经营运作。同时，在管理技术上，ERP 在对整个供应链的管理过程中更加强调对资金流和信息流的控制，这就将对供应链的管理上升到对价值链的控制。

与 MRP Ⅱ相比，ERP 具有以下特点。

（1）在资源管理范围方面，MRP Ⅱ主要侧重对企业内部人、财、物等资源的管理，ERP 系统在 MRP Ⅱ的基础上扩展了管理范围，它把客户需求和企业内部的制造活动，以及供应商的制造资源整合在一起，形成企业一个完整的供应链（supply chain），并对供应链上的所有环节进行有效管理，这些环节包括订单、采购、库存、计划、生产制造、质量控制、运输、分销、服务与维护、财务管理、人事管理、实验室管理、项目管理、配方管理等。

（2）在生产与运作方式管理方面，MRP Ⅱ系统把企业归类为几种典型的生产方式，如批量生产、按订单生产等，对每一种类型都有一套管理标准。但随着多品种、小批量以及准时制等生产方式的采用，单一的生产方式开始向混合型生产发展，而 ERP 能很好地支持和管理混合型制造环境，满足了企业的这种多角化经营需求。

（3）在管理功能方面，ERP 除了具备 MRP Ⅱ系统的制造、分销、财务管理功能外，还增加了支持整个供应链上物料流通体系中供、产、需各个环节之间的运输管理和仓库管理；支持生产保障体系的质量管理、实验室管理、设备维修和备品备件管理；支持对工作流（业务处理流程）的管理等内容。

（4）在事务处理控制方面，MRP Ⅱ通过计划的及时滚动来控制整个生产过程，实时性较差，一般只能实现事中控制。而 ERP 系统则支持在线分析处理（online analytical processing，OLAP）、售后服务及质量反馈，强调企业的事前控制能力，它可以将设计、制造、销售、运输等通过集成来并行地进行各种相关的作业，为企业提供了对质量、适应变化、客户满意度、效绩等关键问题的实时分析。

（5）在计划体系内容方面，在 MRP Ⅱ中，财务系统只是一个信息的归结者，它的功能是将供、产、销中的数量信息转变为价值信息，是物流的价值反映。而 ERP 系统则将财务计划功能和价值控制功能集成到整个供应链上，在整个计划系统中，除了保留原有的主生产计划、物料需求计划和能力计划外，ERP 还扩展了销售执行计划和利润计划，而且这些计划功能与价值控制功能已完全集成到整个供应链系统中。

（6）在跨国（或地区）经营事务处理方面，ERP 系统应用完善的组织机构，可以支持跨国经营的多国家（或地区）、多工厂、多语种、多币制的应用需求。

（7）在计算机信息处理技术方面，ERP 系统可以对整个供应链的信息进行集成管理。采用客户/服务器（C/S）体系结构和分布式数据处理技术，ERP 可以支持 Internet/Intranet/Extranet、电子商务（e-business，e-commerce）、电子数据交换（EDI）。此外，还能实现在不同平台上的互操作。

MRP 的发展过程可用图 5－9 简要表示。

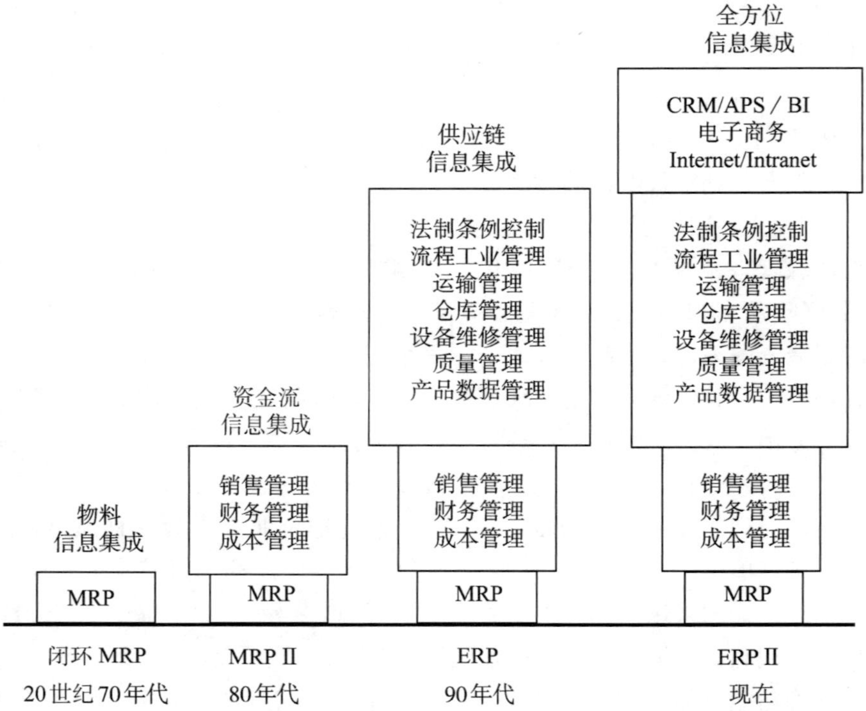

图 5－9　MRP 的发展过程示意图

二、 MRP Ⅱ /ERP 系统实施评价

（一）评价内容

企业实施 MRP Ⅱ /ERP 系统的结果评价一般可分为战略规划、团队精神、全面质量管理、新产品开发、计划与控制五个方面，可将对这五个方面的考核归纳为实施业绩考核和管理规范考核两部分。

1. 实施业绩考核

MRP Ⅱ /ERP 系统实施业绩考核的基本内容详见表 5－13。具体计算过程从略。

表5-13 MRPⅡ/ERP系统实施业绩考核的基本内容

考核层次	序号	考核主题	考核指标	考核频率	说明
决策层	1	经营规划	预期资产利润率	1次/月	
	2	销售规划	3个月前对某项产品系列预测销售金额的准确度	1次/月	
	3	生产规划	3个月前对某项产品系列预测产量的准确度	1次/月	按产品系列分别计算后取平均值
计划层	4	主生产计划	主生产计划执行结果（计划完成率）	1次/周	按产品分别计算后取平均值
	5	物料需求计划	下达订单执行结果（订单执行率）	1次/周	
	6	能力需求计划	预计工作中心能力的准确度	1次/周	可以只考核关键的工作中心
	7	物料清单	物料清单准确度	每年至少轮完一次	随意拆卸实物组件与物料清单对比
	8	库存记录	盘点准确度	每周至少一次	A，B，C类误差不同
	9	工艺路线	工序及工作中心准确度	一周内	将工艺路线记录与实际对比
执行层	10	供应厂商的发货状况	按合同日期到货情况（按时到货的订单比率）	一周内	
	11	供应厂商的质量状况	到货物料合格率	一周内	包括公司内外部
	12	工作中心进度计划	完成计划按时率	一周内或一日内	可以只考核关键的工作中心
	13	发货状况	按时发货履约率	一周内	发货量应首先弥补拖欠量
	14	可执行销售订单	销售订单可执行率	一周内	考核销售与生产计划的统一性
	15	加工质量	不合格率	一周内	可按订单/工序统计
	16	生产速率	有效生产周期（生产速率水平）	产品的累计提前期	按产品分别分析
	17	成本控制	生产费用	年	可按部门分别考核
	18	资金利用	库存资金周转次数	年	

2. 管理规范考核

对管理规范的考核常采用答题方式。答案可以是选择“是”“非”，也可以是“优”“良”“可”“差”“劣”或其他形式。现从培训、数据等五个方面举例说明其基本内容，具体内容如表5-14所示。企业在实际操作中，可根据自身的条件和管理目标要求增减题目。

表 5-14 MRPⅡ/ERP 系统实施管理规范考核内容

内容	序号	考核题目
培训	1	公司或厂级领导以及销售、生产、物料、技术和财务部门的主要人员是否理解 MRPⅡ系统的基本原理？
	2	是否有 80%以上的员工接受了 MRPⅡ的基本教育或培训？
	3	企业是否有一个对全体员工进行 MRPⅡ原理与方法的继续教育培训计划？
数据	4	物料清单的准确性是否大于 98%？
	5	库存循环盘点的准确性是否大于 95%？
	6	工艺路线的准确性是否大于 95%？
	7	采购和加工提前期是否至少每季度核定一次？
主要运行状况	8	MPS 及 MRP 采用的时段是否为周或小于周（至少用于近期计划）？
	9	MPS 是否可由主生产计划员核实并调整，而不是完全由计算机决定，人工无法干预？
	10	系统有无由计划人员对计划订单进行确认的功能？
	11	系统有无对物料和订单进行反查和追溯的功能？
	12	系统是否包括与各计划层次对应的能力计划功能？
	13	系统是否提供车间作业用的派工单（按周或日），并说明工序优先级？
	14	系统有无投入/产出控制的功能？
	15	系统是否能在供应商要求的交货提前期之前制定出企业的采购计划？
	16	会计科目和成本计算是否与采购作业和车间作业有直接关系？
	17	系统有无生成和分析成本差异的功能？
	18	系统是否有各种模拟功能（工艺路线、计划、成本等）？
系统应用状况	19	是否能做到防止出现短缺件？
	20	是否用系统生成采购供应计划？
	21	是否有大于 90%的供应商按期交货？
	22	是否有大于 90%的加工单按计划完成？
	23	是否有大于 90%的主生产计划按计划完成？
	24	是否有大于 90%的客户合同按计划交货？
	25	是否用系统编制或重排计划？
	26	MPS 和 MRP 是否至少每周运行一次？
	27	是否经常进行负荷/能力平衡和能力计划？
	28	是否用系统运行投入/产出控制？
	29	是否用系统计划与控制库存量？
	30	是否用系统模拟运行？
	31	是否用系统提供报价和销售承诺？
	32	是否用系统计划与控制成本？
	33	是否用系统生成财务报表？
	34	是否用系统编制企业预算？
	35	是否用系统有效地执行设计更改制度？
	36	是否用系统提供的信息分析发生质量问题的原因？
	37	是否每月至少定期召开一次有厂长和部门主管参加的生产计划会议，并根据市场需求变化复查和调整计划？
	38	在库存周转次数、劳动生产率和客户服务质量三个方面，是否至少有两项同时得到改善？

续表

内容	序号	考核题目
总体运行情况	39	企业领导对 MRPⅡ系统有无承诺全面有效运行的责任？
	40	在运行 MRP 之前，对 MPS 是否有审批制度？是否能兼顾计划的稳定性和灵活性？
	41	是否有完整的、经过审批执行的工作准则与工作规程文件？
	42	每个员工是否有运行 MRPⅡ的岗位职责和考核的明确条文？在全员参与方面有无具体措施？
	43	是否有市场研究与市场开拓的工作制度？
	44	是否有规定产品寿命周期的文件并遵照执行？新产品开发是否包括在计划系统之中？
	45	是否建立了主要客户的文档？与主要客户之间是否有正式的销售服务协议？（说明质量、交货条件、交货提前期及费用方面的要求）
	46	是否有评价销售网点和售后服务的制度？
	47	对主要的供应商是否建立了文档？是否经常进行业绩评价？是否建立合作伙伴关系？
	48	企业各层次、各部门是否遵照企业统一的目标和策略并为促使其实现而通力协作？
	49	企业的物料是否由一个领导部门统一管理？
	50	企业的管理工作是否符合国家政策和上级公司规定的要求？

以上各题若全部为肯定答复（即“是”或“有”），则为满分 100 分。这些问题对提醒企业在管理上应注意些什么是很有帮助的。

（二）企业定级标准

根据持续 3 个月对上述考核指标和答题评分的结果，可将实施 MRPⅡ的企业分成 A，B，C，D 四级。企业定级的标准如表 5－15 所示。

表 5－15　实施 MRPⅡ企业定级标准

企业级别	定级标准
A	在整个企业范围内采用完整的闭环 MRPⅡ系统管理经营生产。 各部门人员多使用统一的规范化信息系统，发扬团队精神，密切配合，协同工作。 高层领导对系统的成败承担责任。
	生产与库存系统同财会系统紧密关联，使用同一信息数据，并有模拟功能。
	考核指标除物料清单准确度＞98%，库存记录和工艺路线准确度＞95%外，其余项目准确度的平均值＞90%。
	答题评分在 90 分及以上。
B	企业虽有完整的闭环管理系统，但未能有效地用到生产管理上去。 高层领导没有介入。
	还要靠短缺报告来安排生产，未能消除采购和生产的突击赶工现象，有些库存仍大于实际需要。
	考核指标除物料清单准确度＞85%外，其余各项平均值在 80%～89%。
	答题评分在 80～89 分之间。

续表

企业级别	定级标准
C	无完整的闭环管理系统，各职能部门未能统一在一个系统中。
	把MRP仅作为一种物料库存管理方法，还没有用于生产计划。
	考核指标除物料清单准确度>75%外，其余各项平均值在70%～79%。
	答题评分在70～79分之间。
D	仅作数据处理用。
	库存记录很糟，主计划脱离实际，不能指导和控制生产。 虽然已经投入相当多资金，但收效甚微。
	考核指标平均值在70%以下。
	答题评分在70分以下。

上述分级办法的思路大体反映了MRPⅡ的发展过程。即：A级企业实现了MRPⅡ系统，物流与资金流信息集成；B级企业基本上实现了闭环MRP；C级企业基本上实现了MRP；D级企业仅将MRPⅡ用作数据处理系统。但不管是A级还是D级，实施MRPⅡ之后，企业都有或多或少的获益。表5-16是美国怀特公司对1 000多个企业实施MRP Ⅱ的调查结果。

表5-16　各级别企业实施MRPⅡ的改进程度（%）

	A级	B级	C级	D级
客户服务提高	26	18	13	8
生产率提高	20	13	9	5
采购成本降低	13	9	6	4
库存周转次数提高	30	21	13	8

关键术语

经济订货批量　库存控制　MRP　MRPⅡ　ERP

小　结

库存作为一种资源储备，其目的是给企业带来效益。因此，库存管理水平实际上代表着企业管理水平和效益水平。从这个意义上讲，MRP/ERP是从非独立性需求的特点出发，对企业资源进行科学管理的方法，目的是提高企业的效益水平。因此，一切以效益为中心是本章内容的“潜台词”。在学习过程中，应该避免“见物不见钱”，即只专注于具体计算方法的倾向。

思考题

1. 某原料供应商对购买其原料的顾客实行如下优惠：

• 一次性购买金额少于1万元，没有优惠；

• 一次性购买超过 1 万元，但不超过 3 万元，九折优惠；
• 一次性购买超过 3 万元，八折优惠。

某工厂因仓库容积有限，第一次从该供应商处购买原料付款 7 800 元，第二次购买付款 26 100 元。如果该工厂能够一次性地从该供应商处购买上述原料，那么，该工厂可以少付多少钱？

2. 某零售店每天销售方便面 250 包，每次订货费用为 50 元，储存费用每天为 0.1 元/包，其销售量服从如表 5 - 17 所示的离散型随机分布。请为此店制定最优的订货策略。

表 5 - 17　方便面需求量分布

需求量（包）	150	180	220	250	300
概率	0.1	0.2	0.4	0.2	0.1

3. 以你自己或朋友的办公室、卷柜或办公桌为例，仔细检查一下各种“库存”的类型，并分析其存在的必要性。

4. MRP/ERP 与 MIS（管理信息系统）、CIMS（计算机集成制造系统）有何区别和联系？

5. MRP 与一般生产计划有何不同之处？

6. 试分析 MRP/ERP 在不同生产类型企业中的差异。

案例讨论　TIP TOP 超市

TIP TOP 是美国东南部的一个超市，马丁是该超市的一名管理者。近几个月，该超市连续收到顾客的投诉。以下是初步整理出来的顾客投诉资料。

6月2日	6月8日	6月15日	6月22日
柳橙奶酪乳短缺	鱼有异味	小尺寸物品缺货	牛奶过期
面包变质	面包缺货	仓库太冷	仓库太热
付款排队太长	罐头生锈	面包缺货	肉有异味
价格太高	汉堡包缺货	米缺货	仓库太冷
重复收钱	鱼不新鲜	收银员鲁莽	鸡蛋破裂
肉有异味	收银员不友善	冰激凌融化	找不到油
未购买却收钱	肉有异味	面包重复收钱	洗衣粉缺货
找不到海绵	ATM 吞卡	收银等太久	鱼有异味
鱼有异味	地板太滑	价钱错误	环境脏
仓库太冷	音乐太嘈杂	价格太高	燕麦缺货
停车场光线太暗	玫瑰花缺货	找不到阿司匹林	纸巾缺货
收银员不友善	肉变质	可乐缺货	价格太高
产品不新鲜	价格太高	肉有异味	付款排队太长
柠檬奶酪过期	仓库温度太高	鸡蛋价格太高	找不到鞋油
找不到米	冰块缺货	面包不新鲜	草莓缺货
牛奶过期	汉堡包过期	鱼有异味	米缺货
仓储员不友好	面包过期		音乐不悦耳
冰激凌缺货	付款队伍行进太缓慢		皮包遗失
音乐不悦耳			面包价格太高

6 月 29 日	7 月 13 日	7 月 16 日	7 月 20 日
付款排队太长	价格错误	草莓缺货	找不到冷冻食品
肥皂缺货	地板有水	鸟食缺货	收银太缓慢
饼干缺货	仓库杂乱	价格太高	仓库太热
鸡蛋破裂	仓库太热	面罩缺货	通道上有杂物
仓库不干净	付款排队太长	仓库服务不好	肉价错误
仓库太冷	收银员不友善	小孩走失	面包价格高
收银太慢	面条缺货	肉有异味	地板上有铁钉
牛奶缺货	重复收钱	咖啡缺货	洗衣粉缺货
柜台太脏	罐头缺货	仓库内人太多	围巾缺货
找不到海绵	价格太高	肥皂缺货	肉酱缺货
洗衣粉缺货	米缺货	仓库太热	米缺货
金宝汤缺货	香菇缺货	价格不实	休息室太脏
肉不新鲜	购物车故障	付款排队太长	停车场光线太暗
鸟食缺货	找不到物品	手推车故障	付款排队太长
狗食缺货	午餐袋缺货	通道不畅通	电话故障
胡椒缺货	草莓缺货	包心菜缺货	屋顶漏水
			通道积水
			地板太脏

讨论：

如果你是马丁的话，下一步应该怎么办？

分析要点：

将客户的 8 次投诉内容进行 ABC 分类，同时，观察这些投诉内容随时间变化的情况，然后，再列出可选择的整改方案，分析其利弊，确定最后的整改方案。

资料来源：史蒂文森．生产与运作管理：第 6 版．北京：机械工业出版社，2000：290-291.

管理实验　库存控制实验

（一）模拟情境

南山沙发厂是渤海市一家生产各式沙发的街道工厂。车用沙发和会议用沙发是两个主要生产品种。产品全部在市区和近郊销售（订货提前期可忽略）。上年该厂产品的销售情况如表 5-18 所示。根据以往经验，估计今年的销售情况基本与上年类似（误差在 15%之内）。

表 5-18　南山沙发厂上年度销售情况　　单位：个

月份	会议用沙发	车用沙发
1	380	70
2	340	90
3	290	110
4	220	150
5	210	180
6	240	160
7	300	130

续表

月份	会议用沙发	车用沙发
8	350	100
9	400	80
10	360	70
11	300	60
12	320	50

张小民是该厂新招聘来的厂长助理，他面临的问题是如何做好今年的生产计划安排，其基本要求是使库存的总成本最小。

首先，为方便起见，他将各种可能的生产安排方案列成表格，如表 5－19 所示。对南山沙发厂来说，由于生产的整体性，表 5－19 中的 9 种情况是所有可能计划安排中的典型代表（其他情况下会损失生产能力，增加人员成本）。

表 5－19　可能的计划安排

单位：个

正常生产数量		加班情况下生产数量	
会议用沙发	车用沙发	会议用沙发	车用沙发
600	0	900	0
400	60	700	60
200	120	500	120
0	180	300	180
		100	240

其次，他重新核算了有关的成本数据，具体数据如下。

（1）库存成本。会议用沙发：2 元/月・个；车用沙发：5 元/月・个。

（2）缺货成本。会议用沙发：20 元/月・个；车用沙发：50 元/月・个。

（3）加班成本。8 000 元/月（包括加班工资和管理费）。

以上准备工作做完之后，张小民的工作是根据上年每个月的销售情况，预测出会议用沙发和车用沙发在今年每个月的可能销售数量，然后选择合适的库存策略，并对生产计划作出优化安排，使今年的库存成本最小。于是，他又设计了一个表格，如表 5－20 所示。

表 5－20　成本计算表

月份	会议用沙发								车用沙发								成本合计				
	生产数量	期初库存量	可供销售量	需求数量	期末库存量	库存成本	期末缺货量	缺货成本	生产数量	期初库存量	可供销售量	需求数量	期末库存量	库存成本	期末缺货量	缺货成本	总库存成本	总缺货成本	加班成本	当期总成本	累计成本
11	700	40	740	600	140	280	0	0	60	10	70	80	0	0	10	500	280	500	8 000	8 780	8 780
12	200	140	340	140	200	400	0	0	120	0	120	50	70	350	0	0	750	0	0	750	9 530

续表

月份	会议用沙发								车用沙发								成本合计				
	生产数量	期初库存量	可供销售量	需求数量	期末库存量	库存成本	期末缺货量	缺货成本	生产数量	期初库存量	可供销售量	需求数量	期末库存量	库存成本	期末缺货量	缺货成本	总库存成本	总缺货成本	加班成本	当期总成本	累计成本
1		200							70												
2																					
3																					
4																					
5																					
6																					
7																					
8																					
9																					
10																					
11																					
12																					

（二）模拟要求

张小民的工作是填写表格数据，使总的库存成本最小。你能帮他作出选择吗？

（三）教学建议

(1) 该练习首先要对市场进行预测，教师可根据教学情况适当补充该部分内容。

(2) 该练习的重点是库存的产生、作用和控制，应该展开讨论，切忌为计算而计算。

(3) 如果时间允许，可进行不同计划期的比较。

课外阅读资料

资料一

取消存货

存货管理对于提高企业的客户服务、资金流动和最终的利润率是至关重要的。简单地说，存货管理或者更进一步的有效的存货管理和控制，能够决定利润率。存货管理是戴尔所精通的直销方法的副产品，但它的价值被如此广泛地认可，以至于戴尔必须不断努力使存货的流动更快。戴尔曾告诉记者：“在创办公司的时候，我并没有考虑这个直销模式会把我们带多远。但最重要的是，直销模式能让我们充分加强与供应商和客户的关系，因此我相信，把我们的公司看作一个‘虚拟整体’是很公平的。”

（一）购买“贸易”

虚拟整体是迈克尔·戴尔给他的公司贴上的标签。他的公司利用强大而统一的供货链带来经济利益向每个客户生产和出售产品，这不仅向客户提供了他们所需要的信息，还改变了他们的需求。在弗吉尼亚州维也纳镇的一次对行业老总们所做的讲演中，戴尔指出：“……现有的技术提高了信息共享的价值。我们不仅可以与客户共享，还可以与供应商共享所涉及的数据库和方法，而这在5年前是绝对不可能的。信息的共享加快了市场化的速度，并创造了价值……这个变化的中心，是从我们学到的用以评价20世纪商务和经济模式的事物中转移出来的。”

戴尔认为从“跨行业整体”转移到“虚拟整体”的证据是三个变化：

- 存货价值被信息价值所取代；
- 物质财产用于购买知识财产；
- 密集型商务系统让位于合作关系。

这三点都与戴尔的直销模式有关，而且反过来与其存货管理和供应商关系管理的方法也有关。1999年春季在拉斯维加斯与一些老总们进行会晤时，戴尔又一次确立了戴尔公司的竞争地位。他说：“我相信，在您需要的信息数量和您需要的产品数量之间，存在着反比关系。”他又说：“一个企业对其客户想买什么样的信息掌握得越全，用于满足这种需求的存货需求就越小。”这也正是戴尔公司所发现的。通过与客户和供应商的信息共享，戴尔将其存货需求减少到其他竞争对手的10%。

宾夕法尼亚大学沃顿商学院全球竞争与革新猎头中心的主任乔治·S. 戴（George S. Day）在他的著作《市场驱动的企业：理解、吸引和保持有价值的消费者》中指出了市场驱动企业的三个成功要素。他以戴尔和其他一些企业为例指出，除了提供以更多客户利益为基本点并从中获得竞争优势的企业文化之外，“市场感知的独特能力”和“使整个企业不断预测和回应变化着的客户需求与市场形势的特点”也是关键因素。戴尔观察到，“市场驱动的企业对市场的知识掌握得较好”，因此它们能更好地与有价值的客户形成紧密的关系。

对于戴尔，直销意味着它要不断地从客户那里获取信息，以使其能对变化的客户需求和市场形势作出迅速的预测和反应。戴尔已经实现了先进的信息收集系统，这使得它能够捕捉到客户信息（主流、总体特征、相互作用和历史特征等），并使得企业内部（研发、销售、客户订单管理和技术支持等）和外部都能立即获得信息。

（二）准确预测

大量的存货是由于在产品有需求之前就已经买回了部件而产生的，多余的存货通常是源于对市场的盲目或者是源于对货物短缺的害怕。戴尔不会有这样的问题，因为它的直销方法使得它能够紧紧跟随存货的速度——将供应商提供的不同部件转变成计算机，然后运出厂门送到家庭客户和企业、科研机构的速度很快。

在戴尔，每台计算机的部件都附有一个四位数条码。在流水线上，通过检查各部件来确定其从供应商到计算机成品的完成时间。其中所剩余的时间叫“存货速度”，需要监测这个指标是因为存货速度越大，存货量越小。而且在多变的个人计算机市场，像戴尔公司这样的企业会由于无用的部件而发生停滞不前的现象，这种情形 1995 年就真的在戴尔公司发生过。正如迈克尔·戴尔在他的著作《戴尔战略》中所描述的，1989 年公司经历了一次迅猛的增长。那正是戴尔所盼望的，而且出自对空前增长的需求进行满足的热情，他购买了大量的零部件——其中有许多内存条。发生了什么呢？市场变了，价格狂跌。更糟糕的是，几乎是一夜之间，市场对内存条的需求从 256KB 升级到 1MB。戴尔回忆道："我们被许多没有人想买的内存芯片所困扰——更不要提它们还花费了我们大笔的钱。"由于没有供应商网络，困扰对于一个刚创办的公司来讲打击是很大的。它只得处理掉这些存货，从而使每一股的利润狂跌至原来的 1/4，为了生存下去，公司不得不提高产品的价格，而这又降低了增长的速度。公司的全球性扩张也被延迟了。

这次经历使戴尔不仅对管理迅速的增长有了新的思考，更对存货管理的价值和重要性有了全新的思索。那不仅是个竞争优势问题——还是个生存问题。后来，戴尔沿用他的经历在《哈佛商业评论》发表文章告诉人们："存货带来危险。如果一年中材料成本降到 50%，而您有 2～3 个月的存货，相对于别人的 11 天，您就有了成本上的大的不利。"这使得基于价格的竞争非常不可靠。

（三）"虚拟整体"的力量

迈克尔·戴尔在弗吉尼亚州的公司总部里对一些老总们所做的一次发言中，提出了包括四个方面的"虚拟整体"概念，他认为那是如今每一个企业都应该遵守的"竞争规则"。

• 建立密切客户、制造商和供应商之间联系的直接关系。

• 弄清楚您的企业的附加值所在。与资本密集型和劳动密集型服务创建合作伙伴关系，把您自己的注意力集中在您最擅长的事上。

• 选择"最值得培养的伙伴"，并且如果他们能遵守与您自己公司内所使用的相同的性能和质量检测标准，就使他们成为您的业务的一部分。

• 考虑将互联网作为您的企业战略整体的一部分，而不光考虑新的销售渠道或者营销手段。特别是要看到互联网如何使您在后勤上跨越企业之间的界限而提高产品质量、减少存货和管理成本、加快存货周转速度、加速产品的流通以及增加总的客户数量。

迈克尔·戴尔关于"虚拟整体"的论述还包括：

• 对于戴尔，"虚拟整体"已经成为我们商务系统的一个自然产物。

• 当戴尔成为一个关注其他过程的程度和关注技术创新的程度一样多的公司的时候，互联网就已经自动完成了我们进行交易的方式——并且预言了我们的"虚拟整体"。

• 您所拥有的信息量和您的资产量（对应于"存货量"）之间存在反比的关系。

（四）监视存货周转速度

戴尔每周监视一次存货周转速度，一定天数以后还对总存货进行一次监视。这些数据通过产品和部件计算，并在戴尔的整个管理队伍中共享。自从戴尔开始通过网络进行销售以后，公司本已远远超过其他竞争对手的存货周转速度就变得更快了。1997 年，戴尔的存货周转速度是 7 天，总存货周转速度是 13 天，相比之下，那些通过零售商店进行销售的竞争对手则需要 75～1 000 天。1998 年，使用互联网进行订货以后，戴尔的存货周转速度降到 3 天，总存货周转速度是 7 天，而其他竞争对手则需要 80 天或者更长的时间。存货级别和新的部件需求由于网络而不断更新，一些零售商每隔一小时就与戴尔联系一次。正如戴尔有一次告诉记者的，他们所面临的主要挑战是将戴尔在管理上的注意力从“有多少存货”转移到“存货速度有多快”上。存货流动快明显是一种优势——而存货流动不仅仅是由于那些可以较低的价格转移到客户身上的成本的节约。

是的，事实上，戴尔的存货周转速度意味着戴尔的产品可以更好的价格推出，但它也意味着研发的基金和其他使公司更有竞争力的内部投资能够得以落实。它还使得戴尔能够适应突然的变化。例如，当部件成本骤降时，它能确保戴尔可以降价，这对一些存货量大的竞争对手来说是要花大量的时间才能实现的。同样，当新的硬件、软件或者其他技术出现的时候，作为一个存货数量低的公司，戴尔能够比其存货数量高的竞争对手更迅速地进行系统的重组。正如迈克尔·戴尔有一次所说明的，“如果我的存货周转速度是 11 天，而我的竞争对手的存货周转速度是 80 天，并且英特尔公司又推出了新的 450M 的芯片，那就意味着我能比它们早 69 天进入市场”。这是处在多变的计算机行业中的企业必须经常考虑的问题。用戴尔的观点，他的公司直销模式和存货与供应链管理一起，已经“事实上消灭了这个问题”。

戴尔骄傲地告诉他的企业客户，“我们知道什么时候我们的客户已经做好了迎接新技术的准备，而且我们可以事先从旧的市场中走出来”。客户没有必要由于他们的供货商对发展中的市场的盲目而必须付更高的价钱来购买其供货商的产品。

最后，由于存货周转速度只有 7 天，戴尔不可能让存货积压而使房屋堆满存货以至于必须以比市场价还低的价格售出过剩的存货。

（五）存货管理的设计

在加快存货周转速度方面的成功，不仅归因于其直销模式或其与供应商的伙伴关系，虽然这些都是很重要的一部分，它的成功也是产品设计的反映。在戴尔那里，产品以存货速度最快为标准而设计。例如，投放到最大的市场领域的产品，被设计成具有最少的部件的形式。系统的重组能允许贵重部件的变化有限，而对于低成本部件则允许有大的变化。这样做的目的是减少存货贬值的风险。戴尔还将所有的生产活动按材料不断转变成产品的顺序排好。

在戴尔的位于奥斯汀的“Metric 12”工厂里，这个生产流程可以高度自动化地实现。液压工具和传送机在各产品区域间传送着要装配的材料，这将员工接触产品的时间减少了一半，也降低了产品损坏的可能性和产品的返工量。

不管怎样，通过一个始于供应商所提供部件的严格的质量控制过程，返工量最大限度地降低了。在戴尔的工厂里，整个流水线都要进行定期的现场检查以及快速的诊断试验。对于主板和其他关键部分，戴尔直接将其链接到供应商的生产数据库，一般在部件到达戴尔的工厂之前就能检查出导致突发事故的原因。

这样，戴尔就能够实施准时制存货管理。例如，它减少了个人计算机的循环时间——例如从订货到装运——缩短到三天半。但对于戴尔，那还不够。根据采购与生产部副主管基思·马克斯韦尔所说，戴尔的目标是与供应商一起工作以找出使供货链最短以及使存货量最少的方法。供应商理解戴尔的商务模式越多，存货“缓冲量”就会越少。马克斯韦尔还说，存货管理的问题意味着高的成本、差的质量或者低的生产率，以及送货时间上的不良声誉。

（六）实施两级准时制存货管理

许多戴尔的供应商都在戴尔的工厂附近建立了部件库房。公司的制造设备置于美国的奥斯汀、纳什维尔附近的郊区、爱尔兰的利默里克以及马来西亚的槟榔屿。这些设备都以准时制的方式进行个人计算机的生产。为了确保生产量的平稳，公司对定制化和商业化的部件采取了不同的资源管理和传送方法。主板流水线可以用商业化部件进行生产，但又常常进行特别的组装以使计算机的定制可以改变。这样，戴尔不仅在一个基地采购这些部件，每天还在同一地区从供应商工厂的制造设备那里接收到部件。另外，由于商业化部件不需要大量的定制化（像软驱、键盘或电源），戴尔只与几个全球供应商订有合同，从而保证了更好的价格和服务。

供应商在戴尔取走部件之前都持有存货，它们期望维持足够的存货水平，以能在需要的时候用一个以小时计算的速度将部件备齐。

过去，戴尔会发传真或者打电话给供应商并告知它的需求，它们会将各部件包装在附有看板卡（kanban cards）的可再利用的箱子里。现在，同样的信息可以通过特别的网页发出。然后卡车将部件送到附近的工厂，这个不间断的过程又称为“送奶路线”。一旦到达工厂，这些分好类的部件就已为最终的装配做好了准备。这样，戴尔就从必须进行的存货管理和与之相关的成本中解脱出来了。

这个过程的确使供应链中的存货量降了下来，但戴尔仍努力使供应商的存货不会太多。戴尔让供应商加入了一个“转炉计划”，即供应商可以将存放在库房的部件销售给其他的客户。

（七）不满足现有的成就

马克斯韦尔把戴尔的供应链系统看作来自供应商的推动器，这正是他们所需要的。马克斯韦尔曾告诉一位记者，戴尔正在考虑一个长远的计划，即将所有的产品部件存货联合在一起形成一个单一的“供应商后勤中心”，并由第三方进行管理。正如马克斯韦尔告诉记者的，“现在，到处都有‘转炉场’，我们可以拉更多的货物并减少存货空间。来自同一区域的供应商的第三方管理可以使我们在一辆卡车里装上多种部件。它还将减少我们的供应商成本，这样它们不必为我们而管理存货”。

马克斯韦尔说，戴尔也希望通过戴尔网站中特别的网页与其供应商一起共享生产过程的改进以及传统产品、质量和技术信息等方面的计划。戴尔的长远计划是通过使供应商有它们自己的根据订单生产的计划而实现从供应链中去除所有部件存货。马克斯韦尔说：“当一个客户打电话订购个人计算机时，我希望西部数据硬盘制造商开始为我们制造一个硬驱，而英特尔开始为我们生产一个主板。我们的目标是与我们的供应商一起工作。”

（八）迈克尔·戴尔的存货管理

如果有一天迈克尔·戴尔决定对世界上的其他人就基于其公司的直销模式的“虚拟整体”开设培训课程，那么他很可能会在第一堂课上强调以下几点。

• 加快存货周转速度。必须承认，戴尔有一个庞大的网站，这使得大量的信息——

从客户到供应商，可以进行交换；许多公司有有关客户需求的信息，但它们没能进行存货方面的管理。

• 把存货管理的概念融入产品的设计中。存货管理不只是一个简单的购买问题。

• 与供应商发展伙伴关系以便它们能储存和组装您所需的大量（部件）存货，并在需要的时候交付。

• 做到好还不够。如果您还没有将互联网融入您的企业中，您可能已经落伍了。至少，应该对您的企业重新做一番考虑，看看互联网如何给您提供了更多的有关客户或者市场变化方面的信息，或者改善您与供应商的关系，从而减少存货或提高存货周转速度。

资料来源：桑德斯．戴尔公司传奇．北京：机械工业出版社，2001：51-68.

资料二

利用信息技术建立合作伙伴关系

沃尔玛信息技术在店内的应用主要表现在如下几个方面。

1. 利用信息技术在前台扫描售卖商品，联网计算机会显示售卖数量，显示每种商品、每个部门、每个时段、当日以及累积的销售情况。这样就可以减少人工计算的失误和麻烦，同时也为沃尔玛节省很多员工。

2. 每天、每周，计算机定期自动出报告，分析销售。如哪些商品本周未售出、部门盈利率如何、哪些商品已经滞销、哪些商品销售情况不乐观等。

3. 另配有若干终端机，扫描商品条码或输入商品号，可以显示商品信息和数量，以便补货、订货，也可以调整价格。

4. 主管以上的管理员或者部分技术工人都会拥有自己的账号和密码，他们可以根据自己的需要随时进入自己的系统查看属于自己负责业务范围内的情况。同时，根据他们的权限，计算机房人员为他们设置他们的电脑操作权限。员工拥有账号的前提是通过计算机房的培训以及笔试和实操考核。

沃尔玛公司 880 号分店位于美国得克萨斯州欧文镇，埃德·纳吉是该店的经理。平时埃德·纳吉喜欢在店内来回走动，一边看着熙熙攘攘的顾客购物，一边盘算着如何降低成本。如果看到货架上的某种商品陈列数目不多了，埃德·纳吉只要扫描一下该商品的条形码，就知道这家分店内现在还有多少该商品，已经预订了多少该商品，预订的商品中有多少正在运输过程中，什么时间到达，有多少在配送中心等。通过该商品的条形码，埃德·纳吉还可以了解上周甚至是上年 880 号分店卖了多少该商品。了解所有这些事情只需要一个人在几秒钟之内就可以完成了，可是在没有采用信息技术之前，不知道这些工作需要花费多少时间和由多少员工配合才能完成呢！

埃德·纳吉之所以在短时间内能把这些情况了解得这么详细，就是因为沃尔玛利用信息技术建立了统一的货品代码，商店当中的所有商品都有一个统一的产品代码，即 UPC 代码，更重要的是沃尔玛公司实现了每个分店与配送中心、公司总部甚至供应商的信息实时共享。同时，沃尔玛内部拥有内网，公司事务部、行政部以及各部门，可以快速沟通。通过机房的电脑可以看到每天各地关于沃尔玛以及业界的报道。依靠这套庞大的信息系统，沃尔玛各分店的经理们再也不用专心致志地研读来自每个商店或地区上个月或者上个星期的报告了，他们可以轻而易举地跟踪任何一件商品的销售情况，比如某款服装或者某类钓鱼竿，并在各个地区之间进行比较，这使得依据当地习惯选择商品品种和进行实验性销售更容易。他们可以把同样的商品在不同的商店里以不同的方式摆放，然后很快告知所有的商店都采用效果最好的那种。而各分店的经理则依靠历史数据适时调整订货数量和品种。

下面，我们再来看一下沃尔玛的配送中心是如何利用信息技术来节约成本，与其他合作伙伴建立关系的。

外界曾经这样形容沃尔玛的配送中心：沃尔玛的配送中心相当于 24 个美式足球场那么大，总面积超过 10 万平方米。里面装着人们想购买的各种各样的商品，这里几乎没有你买不到的商品，商品种类可以说应有尽有，种类超过 8 万种。沃尔玛在美国拥有 62 个以上的配送中心，服务着 4 000 多家商场。这些中心按照各地的贸易区域精心部署。通常情况下，从任何一个中心出发，汽车可在一天内到达它所服务的商店。

沃尔玛有众多的分店，配送中心每天都有各种各样的配送任务，然而，自从实行信息化技术以来，配送的送货效率是一般公司难以达到的，而且几乎没有出现过错误。在配送中心，计算机掌管一切。供应商将商品送到配送中心后，经过配送中心的核对和商品检验等程序，分别送到货架的不同位置存放。任意一种商品被储存到配送中心的时候，计算机都会记录下它们的存放位置和数量。一旦某个分店提出要货计划，计算机就会查找出这些货物的存放位置，并打印出印有商店代号的标签，将它贴到商品上。对于零散的商品，传送带上有一些信号灯，有红的、黄的、绿的，员工可以根据信号灯的提示来确定商品应该被送往的商店，以决定是否取这些商品，取到的商品将被放到一个箱子当中，以避免浪费空间。整包装的商品将被直接送上传送带，零散的商品由工作人员取出后，也会被送上传送带。商品在长达几千米的传送带上进进出出，通过激光识别上面的条形码，把它们送到该送的地方去。传送带上一天输出的货物可达 20 万箱。商品从配送中心运到任何一家商店所需的时间不超过 48 小时，沃尔玛的分店货架平均一周可以补货两次，而其他同业商店平均两周补一次货。通过维持尽量少的存货，沃尔玛既节省了储存空间又降低了库存成本。如果年销售额都按照 250 亿美元计算，沃尔玛的物流成本要比凯马特少 18.625 亿美元，比西尔斯少 4.25 亿美元，其差额十分惊人。

通过信息终端和卫星与所有的合作伙伴进行信息共享，这时候合作伙伴就能第一时间知道沃尔玛的信息，从而最快速地响应，这样就能共同降低成本，产生更大的利润。经济学家斯通博士在对美国零售企业的研究中发现，在美国的三大零售企业中，商品物流成本占销售额的比例在沃尔玛是 1.3%，在凯马特是 8.75%，在西尔斯则为 5%。

资料来源：静涛，牧之．沃尔玛家族全传．武汉：华中科技大学出版社，2011：167-169.

06

Chapter

第6章

生产与运作控制

引　例　林彪的“火牛阵”

1930年9月上旬，红一方面军包围长沙。

当时国民党何键部队坚守不出，并在长沙外围数千米的开阔地带设置了三道电网。电网之后是星罗棋布、密密麻麻的一座座掩体堡垒。红军缺少攻坚设备，连重机枪也只有一挺。几次硬攻均因电网阻拦和优势火力封锁而告失败。毛泽东命令由红四军担任主攻，把希望寄托在林彪身上。

林彪关在房子里琢磨了好久，急中生智，想出一条“火牛计”。他说：“前几次攻城失败的主要原因是我们缺少重武器，特别是无法突破敌人的电网，战士们一碰到这玩意儿就倒。人怕电网牛不一定怕。战国时齐国大将田单为破敌阵，曾把水牛集中到一起，在犄角上捆上刀子，在尾巴上绑上油棉，一点火，牛就负痛向前奔，在敌军阵营横冲直撞，齐国将士尾随其后，结果大获全胜，我们也可以仿效古人。”

大家一听，觉得有道理。于是，部队分头征集黄牛和水牛。很快就征购到了1 000多头牛。

9月10日晚8时，林彪等人指挥部队向长沙东南郊二里牌、乌梅岭、黄土岭发起总攻，同时动用“火牛阵”。

“点火！”林彪一声令下，战士把牛尾上的油棉点燃，1 000多头牛由于剧痛，发疯地向敌阵冲去，蹄声敲得地面发震，“哞——”的叫声在夜幕下显得格外恐怖，数百名敌军在惊慌失措中被牛踩死，“火牛阵”初显神效。

可是没持续多久，油棉烧完，疼痛减轻，电网后敌人一放枪，这些牛又哗啦啦掉转头往回跑，害得战士东躲西藏。敌人一个反冲锋，涌到前沿指挥所跟前，相距只剩几十米，情况万分危急……

“火牛阵”为什么会失灵？林彪百思不得其解。

资料来源：少华，游胡．林彪的这一生．武汉：湖北人民出版社，2003：42-43.

第 1 节　生产与运作控制概述

管理心法

我的经验历来如此，凡是忧愁没有办法的时候，就去调查研究，一经调查研究，办法就出来了，问题就解决了。

——《毛泽东文集》（第八卷）

你对于那个问题不能解决么？那末，你就去调查那个问题的现状和它的历史吧！你完完全全调查明白了，你对那个问题就有解决的办法了。一切结论产生于调查情况的末尾，而不是在它的先头。

——《毛泽东农村调查文集》

控制的职能是对组织内部的管理活动及其效果进行衡量和校正，以确保组织目标以及为此拟订的计划得以实现。它使管理工作成为一个闭路系统、一种连续过程。它既是一个管理过程的终结，又是下一个新的管理过程的开始。它是每一位负责执行计划的管理人员，特别是生产与运作工作管理人员的主要职责。控制的目的在于通过采取纠正措施，把不符合要求的活动引导回正常的轨道，使管理系统能够实现预定目标。因此，计划与控制是一个问题的两个方面。一切有效的控制方法首先就应该是计划方法。

一、 控制的基本类型

生产与运作是把投入的资源（生产要素）按照特定要求转换为产出（产品和服务）的过程，可以分为投入、转换和产出三个部分（具体内容可参考第 1 章表 1－2）。按照这种划分，控制可以在行动开始之前、进行之中或结束之后进行。在控制论中，第一种称为前馈控制，第二种称为同期控制，第三种称为反馈控制。控制的过程与类型如图 6－1 所示。

前馈控制是期望防止问题的发生而不是等出现问题以后再补救。它发生在实际工作开始之前，即在实际问题发生之前就采取管理行动，能避免预期出现的问题，所以，它是未来导向的，是最理想的控制类型。但由于这种控制需要及时、准确的信息，因此在实际工作中很难做到。

同期控制是发生在活动进行之中的控制。在活动进行之中予以控制，管理者可以在发生重大损失之前及时纠正问题。最常见的同期控制方式是直接视察。当管理者直接视察下属的行动时，他可以在其发生问题时马上进行纠正。技术设备也可以设计成具有同期控制的功能，如许多计算机系统，当你输入错误的命令时，程序的同期控制会拒绝你的要求，并及时告诉你错在什么地方。

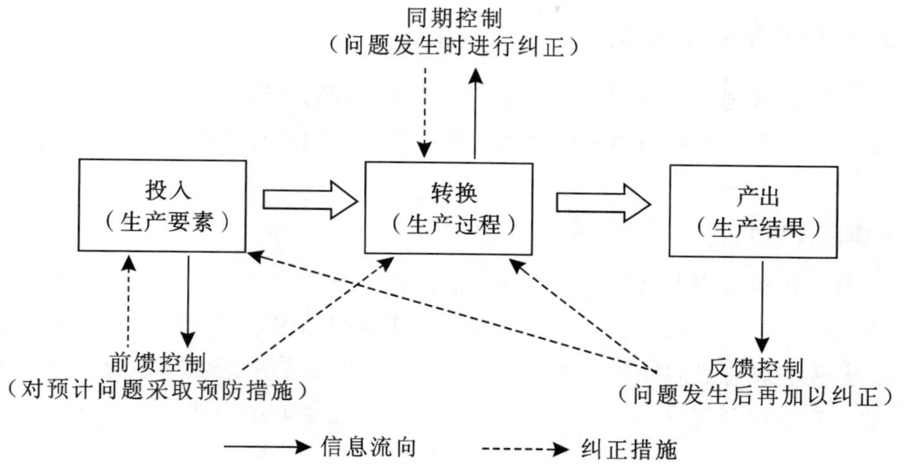

图 6-1　控制的过程与类型

反馈控制是指控制活动发生在行动之后。它的主要缺点在于管理者获得信息时损失已经形成。但在许多情况下它又是唯一可用的控制手段。反馈控制为管理者提供了关于计划的效果究竟如何的真实信息，这种信息可以评价活动的绩效，增强员工的积极性，因而是最常用的控制类型。

将图 6-1 与表 1-2 对比，我们可以看出以上三种控制类型与生产要素、生产过程和生产结果相对应。因此，这三种控制类型的对象和内容也就可以基本确定，即控制的主要内容是生产对象（原材料）、生产劳动（人员）、生产资金（财务）、生产手段（设备）、生产信息（信息）、作业过程（形态、场所和时间变化）和组织总体绩效（产品和服务）。它们对应于广义的生产与运作控制。限于篇幅，本书只简要介绍其中和生产与运作管理关系比较密切的常用控制方法。

另外，由于计划的层次性，按照各个管理层次的需要，控制也可以分成多个层次。如高层的战略控制（长期计划）、中层的目标控制（中期计划）、基层的作业进度控制（短期计划）等。表 6-1 是企业战略控制评价表示例。

表 6-1　企业战略控制评价表

企业内部战略因素是否有重大变化	企业外部战略因素是否有重大变化	企业在实现既定目标方面的进展是否令人满意	是否采取纠正行动
否	否	否	采取纠正行动
有	有	是	采取纠正行动
有	有	否	采取纠正行动
有	否	是	采取纠正行动
有	否	否	采取纠正行动
否	有	是	采取纠正行动
否	有	是	采取纠正行动
否	否	是	继续原来行动

二、 生产与运作的控制方式

在生产与运作管理的发展历史上，最早出现的控制方式是事后控制，然后是事中控制，最后是事前控制。事后与事中控制都是使用反馈控制原理，事前控制使用的是前馈控制原理。

（一）事后控制方式

事后控制是指根据当期生产与运作结果同计划目标的分析比较，提出控制措施，在下一轮活动中实施控制的方式。它是利用反馈信息实施控制的，控制的重点是今后的生产与运作活动。其控制思想是总结过去的经验与教训，把今后的事情做得更好。这种方式大量应用于企业的质量控制与成本控制中。事后控制的优点是方法简便，控制活动量小，控制费用低。

事后控制方式的要点是：

（1）以计划执行后的信息为主要依据；

（2）要有较完整的统计资料；

（3）要分析内外部环境的干扰情况；

（4）对计划执行情况的分析要客观，控制措施要可行，确保下一轮计划执行的质量。

（二）事中控制方式

事中控制是指对进行中的生产与运作系统作日常性控制。质量控制图法标志着事中控制方式的问世。事中控制也是利用反馈信息实施控制的。通过作业核算和现场观测获取信息，及时把输出量与控制目标进行比较分析，作出纠正偏差的控制措施，不断消除由干扰产生的不良后果，确保计划目标的实现。事中控制活动是经常性的，每时每刻都在进行之中。显然，它的控制重点是当前的生产与运作过程，要求把生产与运作活动置于严密的控制之中，保证计划的顺利执行。事中控制可以避免完不成计划的损失，但是，频繁的控制活动本身也需要付出代价。

事中控制方式的要点是：

（1）以计划执行过程中获取的信息为依据；

（2）要有完整、准确的统计资料和完备的现场活动信息；

（3）要有高效的信息处理系统；

（4）决策迅速，执行有力，保证及时控制。

（三）事前控制方式

事前控制是指在生产与运作活动之前进行调节控制。它是利用前馈信息实施控制，重心放在事前的计划与决策上，即在生产与运作活动开始以前，根据对影响系统行为的扰动因素作出的种种预测，制定出控制方案。它来源于目标管理，目的在于防患于未然。例如在产品设计和工艺设计阶段，对影响质量或成本的因素作出充分的估计，采取必要的措施，一般可以控制质量或成本要素的 60%。

事前控制方式的要点是：

(1) 以对扰动因素的预测作为控制的依据;

(2) 对生产与运作系统的未来行为有充分的认识;

(3) 依据前馈信息制订计划和控制方案;

(4) 尽可能控制住扰动因素。

企业在实际操作中，一般是将三种方式结合起来使用。在可能的场合应该更多地采用事中控制和事前控制。表6-2是在企业中运用三种控制方式的一些领域。

表6-2 三种控制方式应用对象

	事前控制	事中控制	事后控制
员工	个人发展	职业训练	机会教育
工作	目标管理	日常工作管理	危机管理
产品	规划与设计	加工制造	成品控制

三、生产与运作控制的基本程序

按照控制论的基本观点，任何控制都由四个要素组成：标准或计划(对照它去度量实际数据)、反馈(同标准去作比较的实际绩效)、某种容差限度(系统采取校正行动的最小变量的变化幅度)、具体的校正行动或对计划的修正。因此，生产与运作管理的基本控制程序据此可以分成四个阶段，即制定标准、测量比较、控制决策和实施执行阶段。

(一) 制定标准

制定标准是指参照生产定额、本企业的历史水平、同行业的先进水平或权威机构颁发的标准，把企业的经营指标按部门、产品层层分解为一个个小指标，作为每个生产单元的控制目标。如各项生产计划指标、消耗定额、质量指标、库存标准、费用支出限额等。

(二) 测量比较

测量比较是指以统计手段获取系统的输出值，将其与预定的控制标准作对比分析，发现偏差的过程。一旦偏差超过可接受限度，则需要采取相应的控制措施。偏差有正负之分，其控制的意义视具体的控制对象而定。

(三) 控制决策

控制决策是指根据产生偏差的原因，提出用于纠正偏差的控制措施。一般要经过分析原因、拟定措施和效果预期分析三个工作步骤。

(四) 实施执行

这是控制程序中最后一项工作，由一系列的具体操作组成。控制措施贯彻执行得如何，直接影响控制效果，如果执行不力，整个控制活动将功亏一篑。所以，在执行中要有专人负责，及时监督检查。

四、生产与运作控制的基本内容

狭义的生产与运作控制主要是指生产作业控制，即对生产要素在空间上的转移和时间上的占用进行控制。在具体的控制过程中，必须同时做好作业进度安排（生产资金）、能力平衡（生产手段）、标准制定（生产劳动）、库存控制（生产对象）以及生产过程的调度控制（生产信息）等五项工作。

（1）作业进度安排。将各项活动在时间上加以展开，即所谓“派工”，包括开具各种指令及传票，安排每个人、每道工序的作业内容。

（2）能力平衡。匹配任务与能力，最薄弱环节是关键。

（3）标准制定。作出衡量各项活动绩效的依据。

（4）库存控制。尽量减少原材料、在制品和成品的库存数量。

（5）生产过程的调度控制。对各项活动进行监督、检查、评价和调整，并及时向有关部门提供生产状况报告和各种统计分析报告。

这五项工作之间的相互联系、相互制约作用，可用一种动态的网络关系表示，如图 6－2 所示。

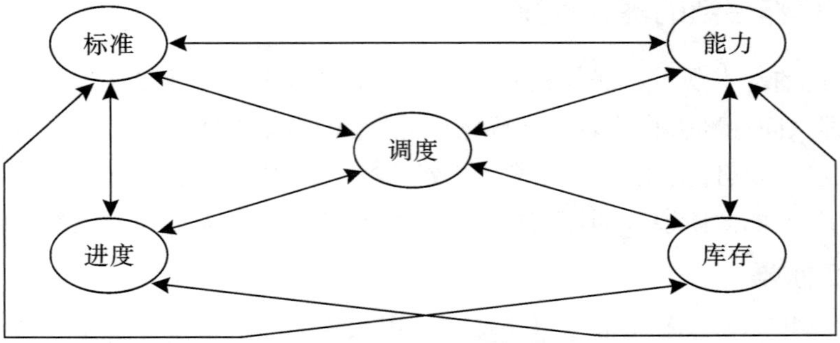

图 6－2　生产作业控制内容关联示意图

根据图 6－2 所示的基本关系，我们可以得出基本的生产控制思路。例如，对进度控制来说，除其自身的控制之外，主要的控制方法是调整其对角线上的能力，辅助的方法是调整库存和标准。对能力控制则正好相反，主要方法是调整进度，辅助方法是调整标准和库存。其他各项内容的控制也是如此。

参考资料 6－1

第一次就把事情做对

当年，克劳士比应一位著名企业家的邀请，为他的企业做咨询。这位企业家对克劳士比抱怨说，自己忙得没有时间去赚钱。问其原因，得到的答案是他的工厂总是不能按期完成生产计划，总是延期发货，客户们为此怨声载道。为了赶工期，他不得不新招聘来 400 名工人加班加点地赶工，但是生产进度永远赶不上增加的订单。

于是，克劳士比去他的工厂进行了一次考察：那是一家非常现代化的大工厂，厂房明净，规划整齐，生产设备也是最先进的；有七条装配线可以把不同的部件组装在一起；在每条装配线的尽头都设置了检查站，一旦哪个环节出现问题，质检人员就会记录在一张单子上；而几乎每台机器都会在某个环节出现不同程度的问题；出现问题的产品被送到返工站，那里搭建了几个工作间，由最有经验的工人负责返工产品的工作；返工之后，产品就可以出厂，发给客户了。

整个过程中，克劳士比一言未发。午餐的时候，企业家终于忍不住问克劳士比："有什么办法可以把返工的次数减下来?"他还列举了一些不得不返工的条件。

1. 机器在生产过程中是不可能不出现错误和问题的。

2. 所有的工人都很敬业，他们为了返工可以工作到夜里12点，这已经是工作的极限了。

3. 技术上的改进在未来两年内是实现不了的。

克劳士比笑道："实际上，我给出的方法非常简单——取消返工区。你不妨试一下。"

"取消返工区？哦，不，您是在开玩笑吧！这样的话，返工的产品在哪里重新修复加工？要知道返工的产品占了全部产品的30%!"

克劳士比告诉他，实际上只需要做一件事，就可以把所有的问题都解决，而且以后永远不会出现返工。

"这是不可能的!"企业家叫道。

克劳士比没有说话，只是拿出纸笔，写下了这样的建议：

☆关闭返工站，让在那里工作的人都回到各自的生产线当中去，做指导员和培训员。

☆在生产线尽头摆上三张桌子，让质量工程师、设计工程师和专业工程师各管一张。

☆将出现的缺陷按"供应商的问题""生产过程中产生的问题"以及"设计的问题"进行分类，并且坚持永远、彻底地解决和消除这些问题。

☆将机器送回生产线修理。

☆建立"零缺陷"的工作执行标准。

虽然心存疑惑，但是这位企业家还是照着克劳士比的建议进行了改进。结果，他们发现了许多管理问题。比如，订购零件时，只看价格高低；没有对生产线的工人进行很好的培训；有的人接受了这样一种观念，就是一切都需要返工……

几个星期之后，他们的生产进度发生了质的飞跃，无论订单如何增加，他们总是能够按时甚至提前完成。不仅如此，他们还在制造车间立了一个标志板，上面写着生产无故障、无缺陷产品的天数。随着时间的推移，这个数字越来越大，甚至连他们自己都不相信。而且他们还学会了检查新产品的好方法：工人一边装配，一边将出现的问题提出来并解决掉。不仅如此，工人们也不必每天加班到夜里12点，而是按时上下班，有很多时间去享受工作以外的生活。

最让他们兴奋和自豪的是，由于他们生产速度快，提供的产品质量稳定、性能可靠，很快便占据了本行业最大的市场份额。日本人原本已进入了这一市场，但由于看到该公司的领先水平，最终选择退出。这家企业也成为所属行业中第一家打败日本企业的美国企业。

资料来源：杨钢．第一次把事情做对．北京：新世界出版社，2011：35-37.

第 2 节　生产进度控制常用方法

管理心法

全面规划，几次检查，年终评比。这是三个重要方法。这样一来，全局和细节都被掌握了，可以及时总结经验，发扬成绩，纠正错误，又可以激励人心，大家奋进。

——《毛泽东文集》（第一卷）

世界上的事情是复杂的，是由各方面的因素决定的。看问题要从各方面去看，不能只从单方面看。

——《毛泽东选集》（第四卷）

生产进度控制是生产与运作控制的核心内容，它贯穿生产与运作活动的始终。所谓进度控制，就是指按照生产进度要求，调整进度上的延迟与冒进，使作业标准与工作能力相互平衡，以保证交货期和生产进度计划得以实现的过程。

各种控制方法的依据都是基础的生产统计台账和报表。为了便于分析，一般常用图表将有关数据画成曲线形式，常见的有进度坐标图、横道图、前锋线图、流动数曲线图、折线图等，分别对应于不同的控制项目。

一、 进度坐标图

对于连续性的批量生产来说，进度坐标图是比较理想的控制工具。典型的进度坐标图如图 6－3 所示。

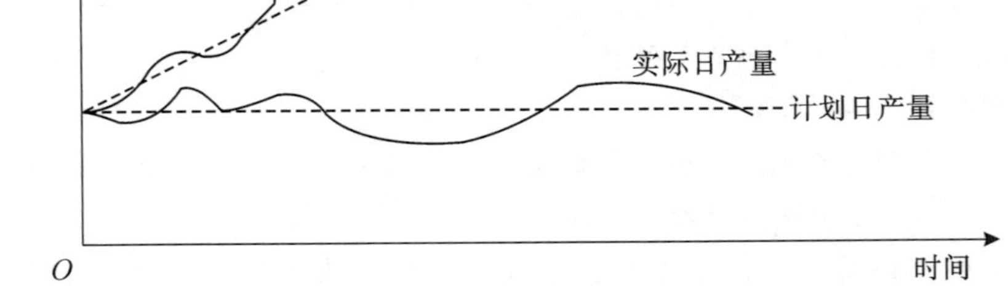

图 6－3　生产进度坐标图

在图 6－3 中，虚线分别表示计划日产量和计划累计产量，实线表示实际的计划执行结果。实线与虚线的差距分别表示产量和时间（工期）上的偏差。生产进度坐标图一般和生产报表，如日报表、周报表或月报表配合使用。表6－3和表6－4是某电子元器件公司生产日报简表。

表6－3　PH制造部生产业务日报表

2001年4月21日

工作日	4/21—5/22	差
计累/实累	9 500/9 000	－500

产品	投入工序						…	出厂工序					
	计划	实绩	差	计累	实累	差	…	计划	实绩	差	计累	实累	差
NA2616	1 000	1 009	9	1 000	1 009	9							
NB1801	3 500	3 500	0	3 500	3 500	0							
NV4818	2 200	2 200	0	2 200	2 200	0							
KV6420	3 200	3 195	－5	3 200	3 195	－5							
小计	9 900	9 904	4	9 900	9 904	4							
⋮													
合计											9 500	9 000	－500

注：表中第一行为主要控制工序，如投入、焊接、涂布、检查、包装等。

表6－4　PH各工序半制品日报表

（半制品）　　2001年4月21日8:00　　（完成品）

在库数量	产品	热压	粘贴	…	合计	在库数量	理论库存	差
4 108	NA2616	2 012	389		1 016	375	1 390	1
⋮	NB1801	…	…		…			
	NV4818	…	…		…			
	KV6420	…	…		…			
	小计	…	…		…			
	⋮							
42 328	合计	5 367	982		8 625	875	9 500	－3

注：(1) 表中横向为全部的实际生产工序，在数量上要多于业务日报中的栏目。

(2)“合计”与“在库数量”之和应该与“理论库存”相等。

二、横道图

横道图又名条形图、甘特图，也是安排和检查生产计划的常用方法。主要适用于批量比较小的情况下的生产计划和控制。为了能够精确地表示各项工作（工序）所占用的时间，横道图一般要画在坐标纸或其他有时间刻度的纸上。图 6－4 是一个经过简化的典型示例。

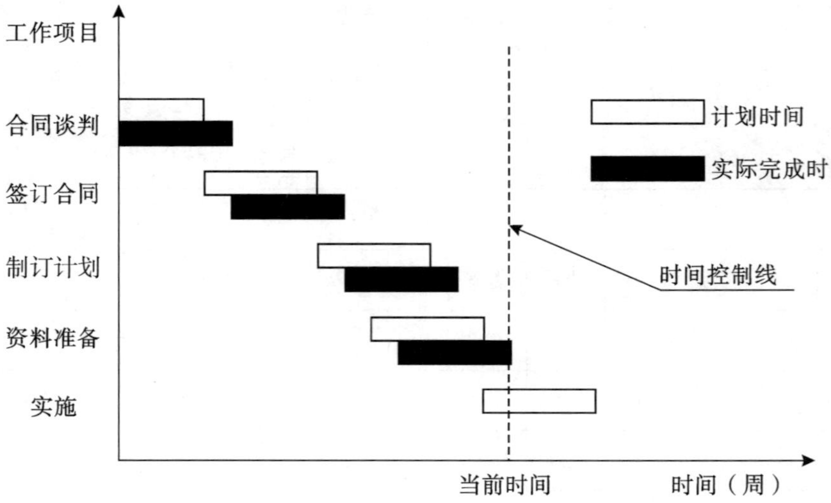

图 6－4　横道图

三、前锋线图

对工程项目来说，其进度控制方法除了横道图以外，现在主要采用网络图形式。其中比较有效的是时标网络图。它可以利用实际进度前锋线来表示进度动态。前锋线是指在网络计划的某一时刻，将代表各项工作实际进度的点（前锋点）连接起来形成的一条折线（如图 6－5 所示）。

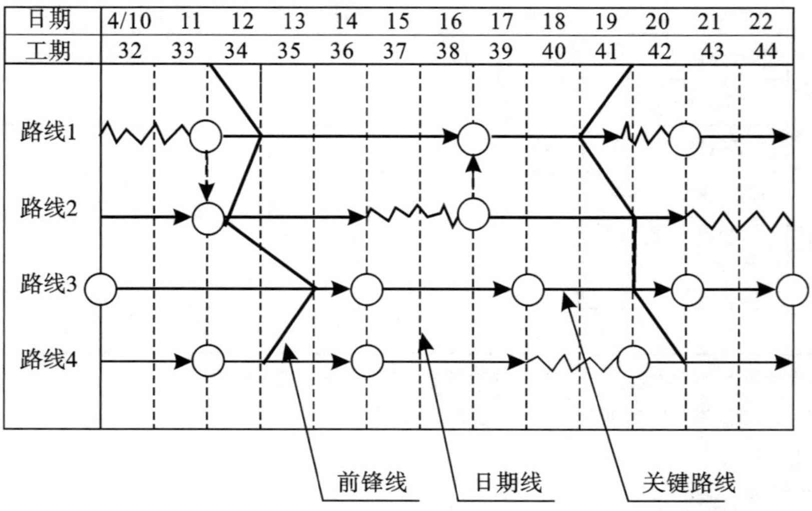

图 6－5　前锋线图

以表示检查计划时刻的日期线为基准线，前锋线可以看作描述实际进度的波形图。前锋处于波峰上的路线相对于相邻路线超前，波谷上的路线则落后。前锋在基准线前面的路线比原计划超前，后面的则落后。画出前锋线后，整个项目在该时刻的实际进度便可一目了然。以图 6-5 为例，在 4 月 11 日检查时，路线 1 比原计划超前 1 天，并超前于路线 2。在 4 月 19 日第二次检查时，路线 1 的前锋处于基准线之后，比计划落后 1 天，并落后于路线 2。

前锋线除了用于描述实际进度动态以外，还可以通过计算折线角度大小来预测进度，对网络图计划进行分析调整。

四、 流动数曲线图

流动数曲线图主要用于在制品的控制。典型的流动数曲线图如图 6-6 所示。

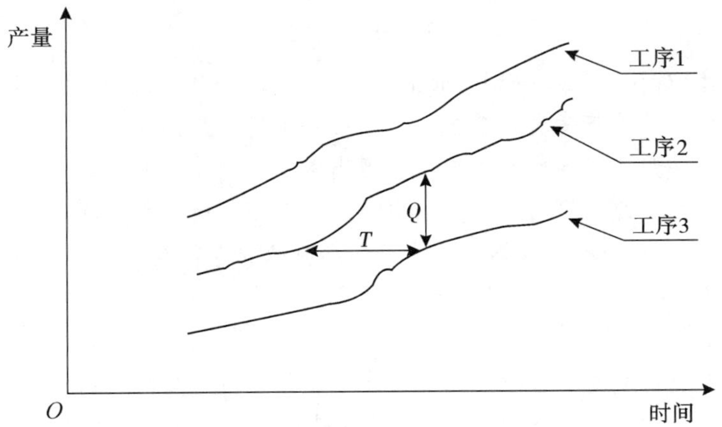

图 6-6　流动数曲线示意图

图 6-6 中的三条曲线是工序 1，2，3 实际完成的累计数量，工序 1，2，3 是相互连续的工序，它们之间水平方向的差距 T 表示工序间的周转期（生产周期），垂直方向的差距 Q 表示在制品数量，曲线的弯曲程度表示生产变动情况，曲线的倾斜程度表示生产速度。

五、 折线图

折线图也叫平衡线图，主要用于装配生产中的零部件配套性分析，配套性横道图是其中的典型代表。它可以表明各种零部件生产数量和可组装成整机产品的数量，因而非常便于控制（如图 6-7 所示）。

在图 6-7 中，横道图表示的是各种零部件目前的实际生产数量，折线 1 表示本期生产计划数量，折线 2 表示总的生产计划数量。

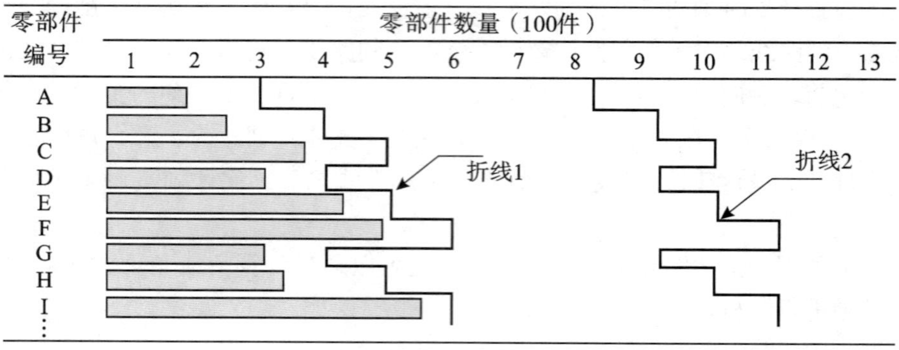

图 6－7　配套性横道图

参考资料 6－2

OPT 十大规则

最优生产技术（optimized production technology，OPT）是 20 世纪 70 年代在以色列产生和发展起来的一项生产管理分析技术。它的基本思想是：当市场需求量超过了企业的生产能力时，产品的产出就会受到某些工序产出率的限制，无法充分满足用户的需求。企业只有通过最优进度计划，同时提高产出率、降低存货和生产加工费用，才有盈利的可能性。因此，OPT 的生产目标是在提高生产率的同时减少存货量和运行费用。

与此相关的 OPT 原理包括十条基本规则。

（一）瓶颈问题

工厂里的各种资源均可以被确定为瓶颈或非瓶颈。对一个特定的生产过程，资源可以是瓶颈（实际生产能力小于生产负荷），也可以是非瓶颈。其中，瓶颈部位的利用率应达到 100%。而非瓶颈部位则应以系统中的其他限制条件为准进行计划和运行。这样会防止该部位上的在制品或存货增加，进而防止存货和加工费用的增加。

规则一：非瓶颈部位的利用率不取决于该部位潜力，而决定于系统中的其他限制。

规则二：资源的利用和使用是两个不同的概念。

例如，对非瓶颈资源可以做到 100%的运转利用，然而，其中可能仅有 60%的输出能被后继的瓶颈资源吸收利用，另外的 40%非瓶颈资源利用仅是增加了存货。从非瓶颈资源这方面讲，已经达到 100%的使用效率，但从全系统方面讲，仅获得 60%的有效利用。所以，不能混淆非瓶颈资源的利用和使用两个概念。

（二）装夹时间

任何资源的运行时间都包括加工与装夹两部分时间。如果能在瓶颈资源处节约 1 小时的装夹时间，就能为系统多获得 1 小时的加工时间。对于非瓶颈资源，则有加工、闲置和装夹三个时间因素。显然，如果节约 1 小时的装夹时间，就能增加 1 小时的闲置时间，因为瓶颈仍然限制着非瓶颈的能力发挥。所以，在一个特定的进度计划范围内，非瓶颈部位节约 1 小时装夹时间无价值。在这方面，OPT 共有三条规则。

规则三：瓶颈部位损失 1 小时时间等于整个系统损失 1 小时时间。

规则四：非瓶颈部位节约1小时无实际意义。

规则五：瓶颈左右着系统的生产率和存货。

（三）批量因素

批量是车间生产活动中又一个关键因素，OPT认为应该有输送及加工两种批量。

规则六：输送的批量与加工的批量可能不同，而且在许多时间里应该不同。

例如，有三道工序的一个生产过程，一种用单一批量制生产，如图6-8所示；另一种用输送与加工批量不同的方式生产，如图6-9所示。前一种方式需要80小时才能完成整个生产任务。采用后一种方式可以把完成前一工段加工后的工件立即送往下道工序，总的生产时间大大缩短，同时减少了存货和加工费用。

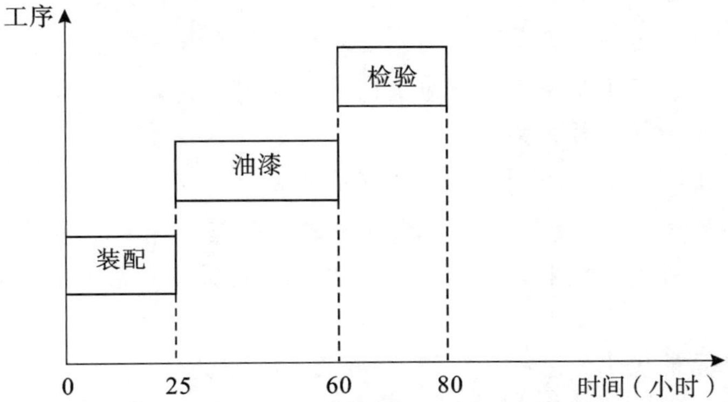

图6-8 加工批量等于输送批量的情况

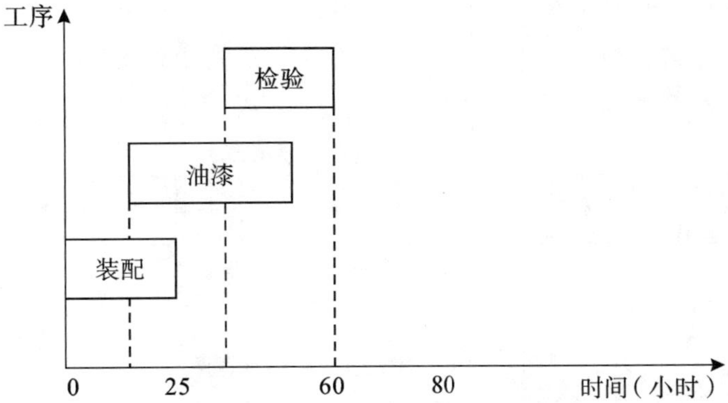

图6-9 加工批量不等于输送批量的情况

因此，不可能从一开始就确定一种不变的批量数使它能适应所有的工序。在OPT中，加工批量大小随进度计划不同而变化。另外，考虑到每个加工作业、每项存货成本、装夹成本、管理控制等方面的需要，OPT认为应该动态地确定批量大小。同时，在瓶颈部位要扩大批量以减少制造时间，在非瓶颈部位要减少加工批量以减少存货。

规则七：加工批量数应该是个变量，而不是固定量。

（四）制造时间和优先权

在实际生产过程中，制造时间并不固定，除了有制造工艺本身的因素影响外，还取决于在瓶颈资源处不同的加工顺序的影响。所以，正确的制造时间不仅仅由加工能力来确定，而且要考虑加工优先级因素。因此，OPT 有第八条规则。

规则八：要同时考虑加工能力和加工优先权两个问题，而不是相继考虑。

至此已有八条规则，这些规则主要集中在作业层次上，特别是车间的进度计划工作上。下面的两条规则与运行测量有关，用于监视车间的有效运行。

（五）成本计算和运行评价

一般的成本计算方式对瓶颈和非瓶颈资源的利用情况的计算相同。即只测量资源的使用，而不测量其是否被有效利用，没有考虑资源的使用和其在整个制造系统内的利用效果之间的关系。所以，OPT 的观点认为企业应该仅生产那些由顾客订货或预测将要订货的产品。每个加工中心应该仅生产下道工序加工中心所需的工件，以致最终装配线仅生产顾客订货的产品。这样，可减少存货、节约加工费用和提高生产率。因此，首要的是应该努力平衡工厂的产品流，而不是能力。不应该以生产在制品数量来考核，应该以生产出可以被后继工序及时吸收的产品数量来考核。

规则九：应注重平衡物料流动而不是各环节的能力。

OPT 方法以工厂的物料输入和最终产品的输出为基础来测量整个工厂的运行情况，而不是仅仅测量个别机器、作业人员或其他子系统的情况。最后一条 OPT 规则反映出这种思想。

规则十：各单元最优化的总和并不等于全系统最优化。

在具体操作中，OPT 把系统中的瓶颈工序称作“鼓”，形象地比喻用瓶颈工序产出率的“鼓点”来指挥非瓶颈工序的生产速度。除了“鼓”以外，还有“绳子”和“缓冲器”（库存）。“绳子”是一种信息沟通工具，根据瓶颈工序的产出率大小向其上游工序发出投料指令，使其产出率与瓶颈工序相匹配。“缓冲器”是保证瓶颈工序连续满负荷工作而设置的库存，可以防止瓶颈工序中断（如图 6－10 所示）。

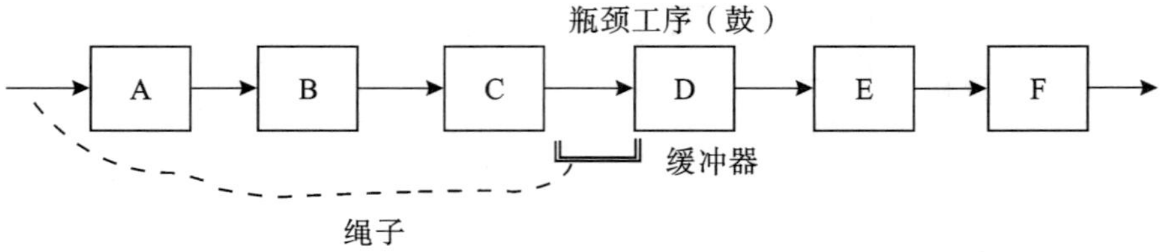

图 6－10　OPT 运行机制示意图

OPT 主要涉及有关精确的车间生产进度计划的制订，其中有八条规则与制订正确的进度计划有关，另外两条规则是为防止传统的作业测量方式干扰这些进度计划执行而设立的。运用 OPT 原理开发出的软件系统主要集中在对制造系统中的瓶颈部位进行确认和计划管理方面。将 OPT 的观念和规则与 OPT 软件系统相结合，可以在提高生产率、减少存货与加工费用方面获得更好的效果。目前，OPT 已经发展为“约束理论”（theory of constraints，TOC）。作为一种解决问题的流行方法，TOC 已经在国外的商业领域得到广泛应用。

资料来源：常本英，黎建强，徐祺．计算机集成制造系统（CIMS）导论．合肥：安徽科学技术出版社，1997：209-221.

第3节　质量控制常用方法

管理心法

工厂内，以实现生产计划为中心……

——《毛泽东文集》（第六卷）

什么叫工作，工作就是斗争。那些地方有困难、有问题，需要我们去解决。我们是为着解决困难去工作、去斗争的。越是困难的地方越是要去，这才是好同志。

——《毛泽东选集》（第四卷）

在质量控制工作中，一般要注意解决好质量检验制度和统计方法运用两方面问题，前者包括检查点、检验频率（数量、频度）的确定、检验质量的保证手段（检验方式、方案、人员）等；后者则主要指各种统计方法和工具的使用。

一、 质量检验

现在，很多人已经习惯于“产品质量是在设计和工序中制造出来的，而不是靠检查得到的”，因而对质量检验（检查）的重要性往往认识不足。其实，按照全面质量管理的观点，检验（检查）也应该视为生产过程的一个重要组成部分，在人们心中，它仍然是最古老、最有效的质量保证方法。其重要性绝不亚于任何一道生产工序。

所谓质量检验（检查），是指采用一种方法，如测量、测试、品尝、触摸等，对检查对象所规定的质量特性进行测量或观察，并将所得结果与规定的标准进行对比，从而判断是否合乎标准要求的过程。其主要目的是接受或拒绝上道工序转来的原材料或零部件，确保有缺陷的产品不再继续生产；根据反馈原理，持续对整个工艺过程进行控制，进而提高整个工艺过程总的性能及产品的质量标准。根据不同角度，可以将质量检验划分为计数检查与计量检查、物理检查与功能检查、全数检查与抽样检查、验收检查与过程检查、自我检查与专职检查等。

最好的检验是在有可能产生缺陷之前进行检验，即源头检验（source inspection）。其思想是在每一道工序中，每一个员工都将下一道工序视为“客户”，确保为下一位“客户”提供完美的产品。

在制造业中，典型的检查点有：

（1）原材料和外购件入库前。

（2）成品出厂前。

（3）不同部门、岗位之间移交前。

（4）高附加值操作之前。其含义是，不要浪费高水平劳动力（工资高）和机器设备（折旧高）去加工那些已经存在质量问题的产品。

（5）不可逆工序之前。不可逆工序的含义是指经过该工序后，就不能再对产品进行重新加工或修复。例如陶器的烧结工序，一旦烧结，不合格品就只能被弃掉或作为次品降价处理。

（6）覆盖性操作工序之前。如油漆、电镀和安装等，它们往往能够掩盖产品缺陷。

在服务领域，检查点一般是采购材料和物资的入库点、服务人员的服务窗口（如服务台）和已完成的服务项目（如修理好的设备、汽车等）。表 6－5 列举了一些具体例子。

表 6－5　服务行业质量检查点举例

业务类型	检查点	检验项目或标准
快餐	出纳员	准确，快捷
	服务区	外观，效率
	就餐区	清洁，整齐
	建筑和地面	外观，安全
	厨房	清洁，食物储存条件
旅馆	开票	准确，快捷
	建筑和地面	外观和安全性
	主服务台	外观，等待时间，票据准确
	服务小姐	业务完成情况，效率
	工作人员	外表，待人接物，效率
	预订/住宿	过度预订/预订不足，住宿率
	房间服务	等待时间，食物质量
超级市场	出纳员	准确，礼貌，效率
	提货	质量，数量
	商品	新鲜，货物充足
	走廊和仓库	安排整齐
	展示架	外观，方便
	收银台	等待时间
	购物小车	运行良好，数量充分，偷窃/损坏
	停车场	安全，采光好
	工作人员	外表，工作效率

限于篇幅，检验频率（数量、频度）的确定和检验质量等内容从略，感兴趣的读者可查阅有关质量手册。

二、质量控制常用统计方法

判断一个产品质量的好坏，总是针对其某一特性值而言的，如长度、宽度、光洁度等，按照计量特点，这些特性值一般分为计量值、计件值、计点值（后两者常统称为计数值）。由于质量特性值的变化特点符合统计规律——计量值多数服从正态分布，计件值多数服从二项分布，计点值则服从泊松分布，因而质量实际上是一个变量，它随着一系列因素，如材料、设备、方法、操作者、测量、环境等，按照一定的统计规律不断变化。这种观点称为质量的统计观点。

质量管理的统计方法，就是将检验所取得的各种信息，加以科学整理，经过计算、图示等方法的加工，运用统计推理的方法，找出其中的规律，用来进行质量设计、质量问题分析以及工艺质量控制等。根据应用目的不同，质量管理的统计方法有以下几类。

（1）用于产品开发设计的统计方法。例如质量功能调配法、田口法等。

（2）进行质量因素分析的统计方法。例如排列图法、因果分析图法、相关图法、分层法、统计分析表法等。

（3）进行工序质量控制的统计方法。例如直方图法、控制图法等。

质量管理的统计方法很多，本章只简要介绍排列图法、因果分析图法、相关图法、分层法、统计分析表法、直方图法和控制图法的使用。这几种方法又称为“老 QC 七种工具”，是比较简单、初级的统计方法。但按照日本著名质量管理专家石川馨的说法，企业内 95%的质量问题都可以通过这七种工具解决。至于中高级的统计管理方法，如“新 QC 七种工具”，即关联图法、KJ 法、系统图法、矩阵法、矩阵数据解析法、过程决策程序图法及箭条图法等，一般限于专业人员使用，有兴趣的读者可直接查阅有关质量管理手册。

（一）排列图法

排列图法又称为主次因素分析法、帕累托法，它是找出影响产品质量主要因素的一种简单而有效的图表方法。排列图是根据“关键的少数和次要的多数”的原理制作的，也就是将影响产品质量的众多因素按其对质量影响程度的大小，用直方图顺序排列，从而找出主要因素。它由两个纵坐标、一个横坐标、若干个直方形和一条折线构成。左侧纵坐标表示不合格品出现的频数（出现次数或金额等），右侧纵坐标表示不合格品出现的频率（百分比），横坐标表示影响质量的各种因素，折线表示累计频率。通常按累计百分比将影响因素分为三类：占0～80%的为 A 类因素，也就是主要因素；占 80%～90%的为 B 类因素，是次要因素；占 90%～100%的为 C 类因素，即一般因素。由于 A 类因素占存在问题的 80%，此类因素解决了，大部分质量问题就得到了解决。

［例 6-1］ 某银行办公室主要以电话方式进行相关业务。顾客总是抱怨不能立即得到服务。表 6-6 是该银行的调查统计结果。

表 6-6　顾客服务等待原因调查统计表

序号	内容	每天平均数	总数	百分比（%）	累计百分比（%）
A	只有一个接线员（其他人离开了办公室）	14.3	172	49.0	49.0
B	受话方不在	6.1	73	20.8	69.8
C	无人接听	5.1	61	17.4	87.2
D	未给出受话方的部门和姓名	1.6	19	5.4	92.6
E	询问有关办公室的位置	1.3	16	4.6	97.2
F	其他原因	0.8	10	2.8	100.0
总计		29.2	351	100.0	

解　根据表 6-6，可以画出排列图，见图 6-11。

根据图 6-11，可以将 A，B 类同时列为主要因素。一旦这些问题得到纠正，大部分

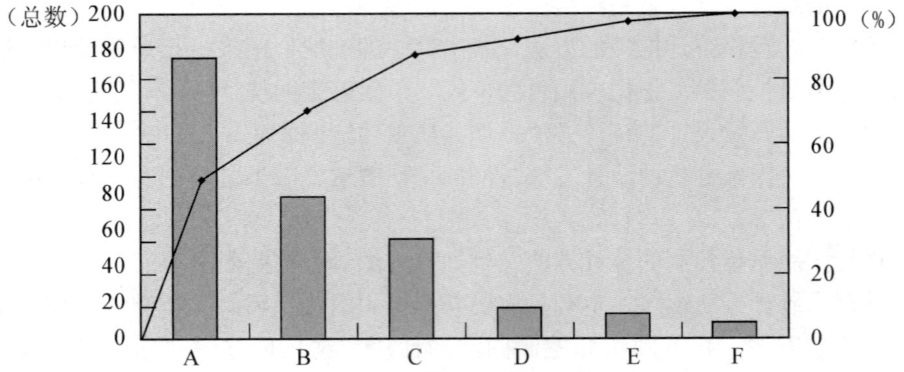

图 6－11　顾客服务等待原因排列图

质量问题即可消除；C 类为次要因素；D，E，F 类为一般因素。根据类别分别加以控制。

（二）因果分析图法

因果分析图法又称鱼刺图法，它是用于分析质量问题产生的具体原因的一种图表方法。该方法是以某质量问题（结果）为出发点，从操作者、操作方法、设备、原材料、环境等方面入手，逐步探寻产生质量问题的原因。在调查原因时，一般应召开质量分析会，广泛发动群众，集思广益，列出影响质量的因素。寻求各种原因要从粗到细，从大到小，形象地描述出它们的因果关系，直到能具体采取措施解决为止。图 6－12 是对某篮球运动员罚球命中率低的原因的简要分析。

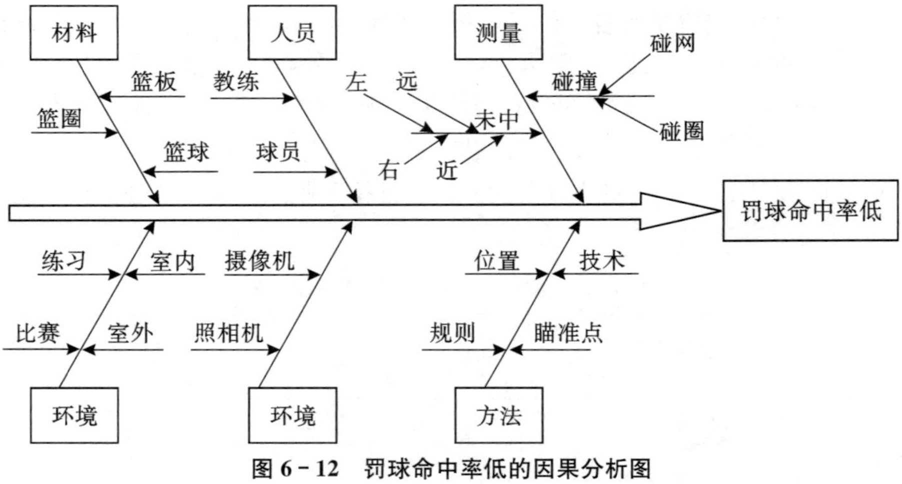

图 6－12　罚球命中率低的因果分析图

（三）相关图法

相关图法又称散布图法，是用来分析某质量因素与质量特性之间相互关系及相关程度的方法。在实际生产中常可发现这种关系，如热处理淬火温度或冷却速度与工件硬度的关系；机床加工的进刀量与加工精度的关系等。但这种关系难以用精确的公式或函数关系表示。对于这类现象用相关图分析就比较方便。如假定某一质量原因 x 与质量特性 y 有相关关系，则可通过实验取得的数据在相关图上描点，据此进行相关分析。表 6－7 给出了六种典型的相关形式。

表 6-7 典型的相关形式

图形	x 与 y 的关系	说明
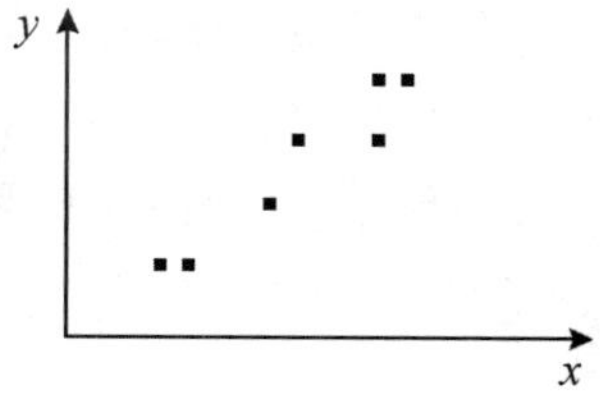	x 增加，y 也增加，称 x 与 y 为正相关，又因数据点分散程度小，x 与 y 关系较密切，故称强正相关。	x，y 之间可以用直线表示，因此，控制好了 x，即可解决相应 y 的问题。
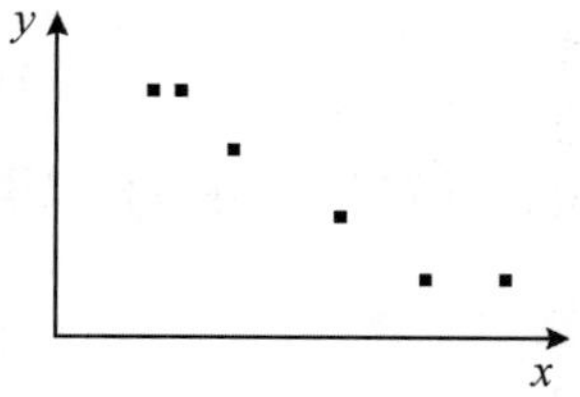	x 增加，y 减少，称 x 与 y 为负相关，但数据点分散程度小，故称强负相关。	x，y 之间可以用直线表示，因此，控制好了 x，即可解决相应 y 的问题。
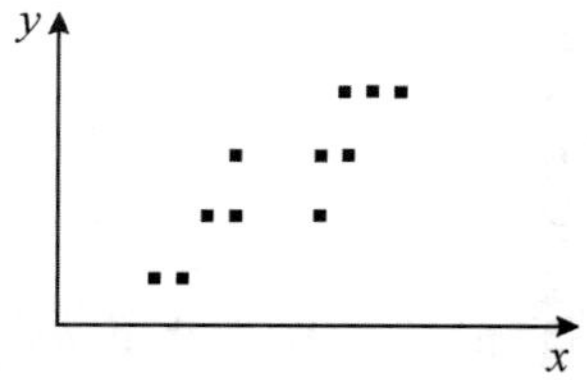	x 增加，y 增加，但数据点分散程度大，故称弱正相关。	除 x 因素外，还要考虑其他相关因素（一般可进行分层处理，寻找其他因素）。
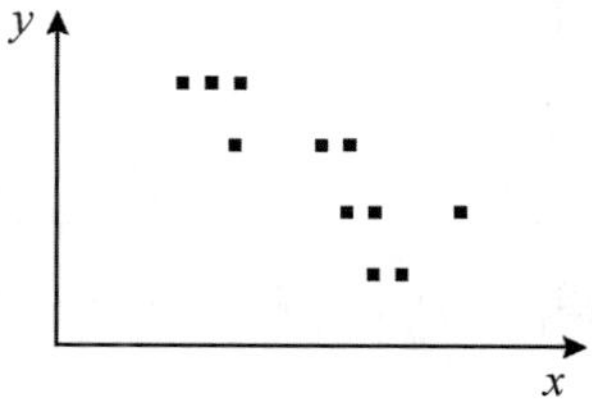	x 增加，y 减少，但数据点分散程度大，故称弱负相关。	
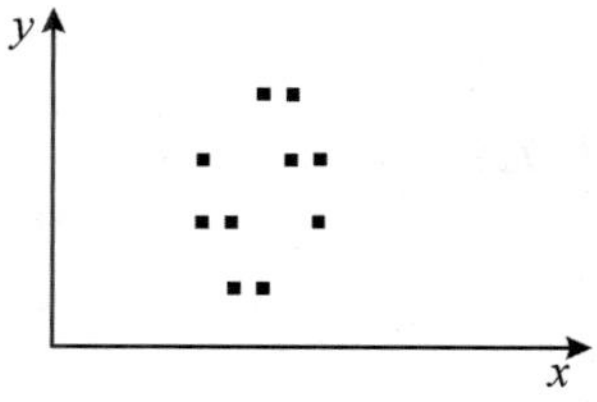	x 的增加与 y 的变化无任何关系，故称不相关。	
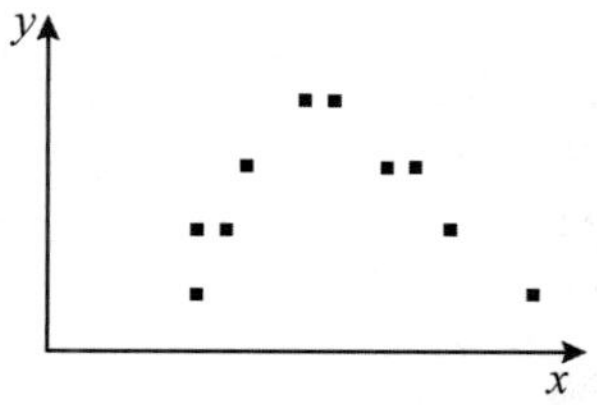	x 增加，y 呈曲线变化，称为非线性相关。	

（四）分层法

分层法又称分类法，是将数据按其使用目的、性质、来源、影响因素等进行分类的方法。在很多情况下，数据分布从整体上看好像不存在相关关系，但如果将数据分类，就会很容易发现其中存在一定的相关关系。因而这种方法可使数据更真实地反映实际情况，有利于找出主要问题，分清责任，并及时加以解决。分层法一般与其他方法配合使用。

应用分层法时，常用的分层标志有操作者（性别、年龄、技术等级）、设备（型号、类型）、原材料（厂家、批次、成分、规格）、工艺方法（规程、条件）、时间（班次、日期）、测试手段（人员、仪器、方法）、环境等。

（五）统计分析表法

统计分析表就是利用统计表对数据进行整理并初步分析原因的一种常用图表，其格式可以根据产品和工序的具体要求灵活确定。这种方法简单、实用、有效。常用的有以下几种图表。

（1）缺陷位置调查表；

（2）不良品原因统计表；

（3）不良品项目分类调查表。

在实际生产中，统计分析表法同分层法结合使用效果更佳。

（六）直方图法

直方图又称质量分布图，它是通过抽查整理的质量数据，将产品质量频率分布状态用直方图表示的图表。直方图是判断工序产品质量变化状态的一种常用统计工具。

直方图的绘制一般要经过几个步骤，现举例说明。

［例 6－2］ 试对某产品厚度测量结果进行直方图分析。

解 对该产品厚度的测量结果进行直方图法分析的步骤如下。

第一步，收集数据（101 个，略），测量其质量特征数据，从中测出最大值 L_a（2.67mm）和最小值 S_m（2.30 mm），并求出极差 R：

$$R=2.67-2.30=0.37\ (\text{mm})$$

第二步，决定分组组数 K，确定组距。如 $K=10$，则组距 h 为：

$$h=R/K=0.37/10\approx 0.04$$

第三步，确定分组的边界值。

第一组的上下限为：

$$S_m\pm h/2 = 2.30\pm 0.04/2 = 2.30\pm 0.02$$

其余各组为：

$$P\text{ 组上限}=P\text{ 组下限}+\text{组距}=(P+1)\text{ 组下限}$$

第四步，计算各组中心值 X_i：

X_i＝（某组下限＋某组上限）/2

第五步，统计概率。统计质量特征（厚度测量值）落入各组内的数量 f_i。

第六步，将统计结果整理成频数分布表，如表 6-8 所示。

第七步，画直方图，以横坐标为质量特征值（厚度），纵坐标为频数，以组距为底、频数为高，从左至右画出一系列直方图（如图 6-13 所示）。

表 6-8 频数分布表

组号	组距	中心值	频数 f_i	组位 u_i	f_iu_i	$f_iu_i^2$
1	2.28～2.32	2.30	2	−4	−8	32
2	2.32～2.36	2.34	3	−3	−9	27
3	2.36～2.40	2.38	6	−2	−12	24
4	2.40～2.44	2.42	16	−1	−16	16
5	2.44～2.48	2.46	39	0	0	0
6	2.48～2.52	2.50	18	1	18	18
7	2.52～2.56	2.54	10	2	20	40
8	2.56～2.60	2.58	4	3	12	36
9	2.60～2.64	2.62	2	4	8	32
10	2.64～2.68	2.66	1	5	5	25
Σ			101		18	250

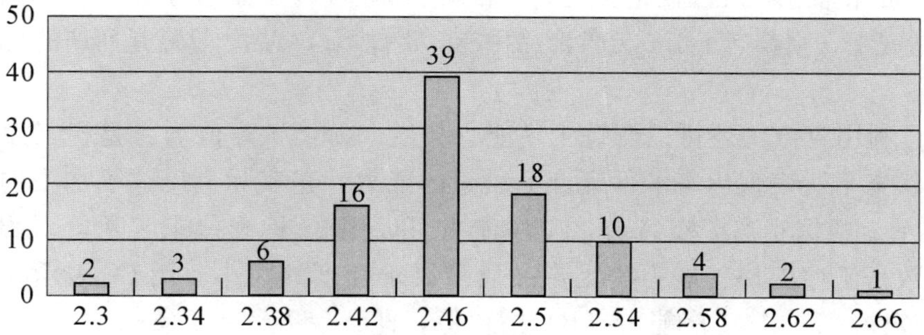

图 6-13 直方图

在频数分布表的基础上，还可利用其中的数据计算标准差 σ（数据的离散程度），计算公式为：

$$\sigma=\sqrt{\frac{\sum f_iu_i^2}{\sum f_i}-\left(\frac{\sum f_iu_i^2}{\sum f_i}\right)^2}$$

大量的实践证明，在正常的生产情况下，产品的质量特性波动趋势大多服从正态分布。其图形是一条中间高、两边低的钟形曲线，具有集中性、对称性和有限性特点（见图 6-14）。如果得出的直方图呈现出其他形状，如双峰形、锯齿形、孤岛形、平峰形等，则说明生产过程存在异常。因此，运用得出的直方图形状可以判断生产过程是否异常，并衡量生产的质量状况。

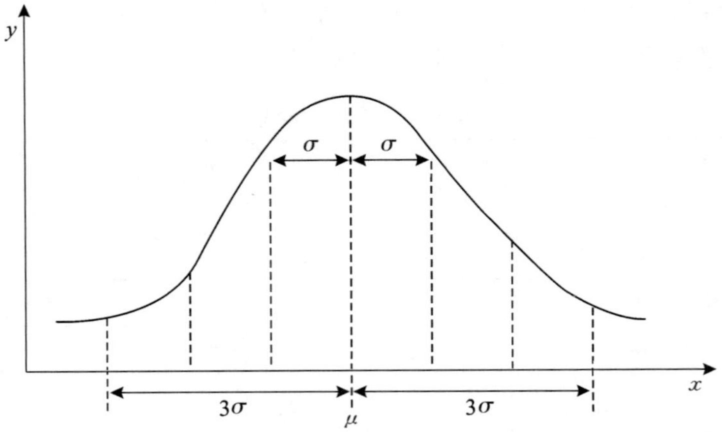

图 6-14　正态分布曲线

由图 6-14 可知，正态分布曲线由两个参数决定：一个是均值 μ，用来衡量曲线分布的集中趋势，是曲线的位置参数；另一个是标准差 σ，反映数据的离散程度。σ 越大，曲线越“矮”“胖”；反之，曲线就越“高”“瘦”。当均值和标准差确定后，一个正态分布曲线就随之确定。如果正态分布曲线与坐标横轴所围成的面积等于 1，则在 $\mu\pm\sigma$ 范围内的面积为 68.26%；在 $\mu\pm2\sigma$ 范围内的面积为 95.45%；在 $\mu\pm3\sigma$ 范围内的面积为 99.73%，即只有 0.27%的特征值不在控制范围之内，相当于 1 000 件产品中有 3 件不合格品。同理，在 $\mu\pm6\sigma$ 情况下，则相当于 100 万件产品中有 3.4 件不合格品。这就是所谓的 6σ 控制方法的原理。

此外，利用直方图还可以测算工序能力指数。所谓工序能力，是指工序在正常条件和稳定状态下所表现出来的保证产品质量的能力，它实际上反映了加工的精度，通常用 B 表示。根据正态分布特点，工序能力可以用 6σ 标准差来表示，即 $B=6\sigma$。工序能力指数是工序的加工能力满足产品质量要求程度的大小，用 C_P 表示，它是该工序的公差范围（T）与工序能力（B）的比值，即$C_P=T/B=T/6\sigma$。

当公差中心与实际尺寸分布中心重合时，可以通过工序能力指数来评价工序的质量保证能力：当 $C_P<1$ 时，表明工序能力低，将会有大量废品产生，必须停工检查，查明原因并加以改进；当 $C_P<0.67$ 时，表明已经有大量废品产生，必须立即停止生产；当 $C_P>1$ 时，表明工序能力高，加工精度能充分满足公差要求；当 $C_P=1.33$ 时，工序能力较为理想。国外一些企业为追求“零次品”，经常使 C_P 保持在 1.67～2。但如 C_P 过大，则会造成加工精度的浪费，增加生产成本。

（七）控制图法

上述各种统计方法主要反映质量数据在某段时间结束时的静止状态。因此，它们基本上是事后控制方式。为了实现预防为主的原则，我们需要在了解过去、分析现状的基础上预测未来的质量状况，控制图法就是一种能在工作现场直接研究质量数据随时间变化的动态规律，对质量进行事前控制的方法。

控制图，又称管理图，是一张带有控制界限的数据图。它的主要作用是通过分析和控制图中的数据点分布来发现生产过程中有无异常，并对工序质量进行监督、预测和控制，是工序质量控制统计方法的中心内容。控制图的基本形式如图 6－15 所示。

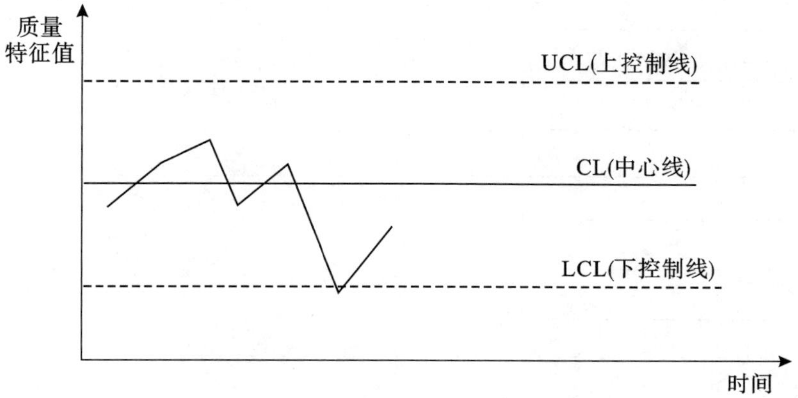

图 6－15　控制图

在控制图中，中心线一般以均值 μ 为基准，上下控制线以 $\pm 3\sigma$ 为界。如果数据点落在上下控制线以内，并在中心线附近活动时，说明该工序处于受控状态。表 6－9 是常见的各种控制状态简表。

表 6－9　常见的各种控制状态

控制图	现象
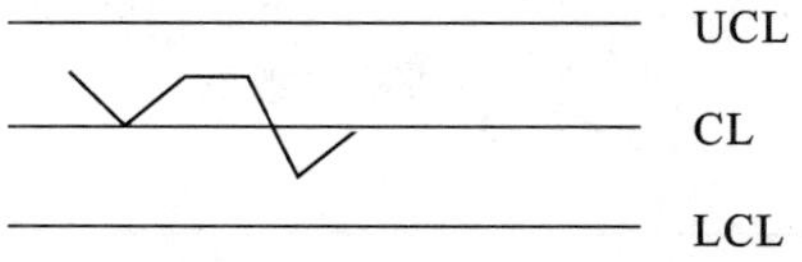	受控状态
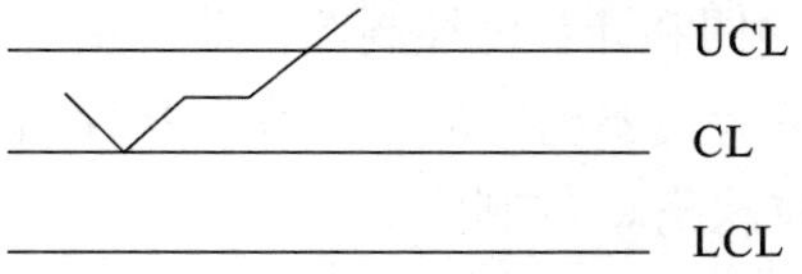	一点超过 UCL
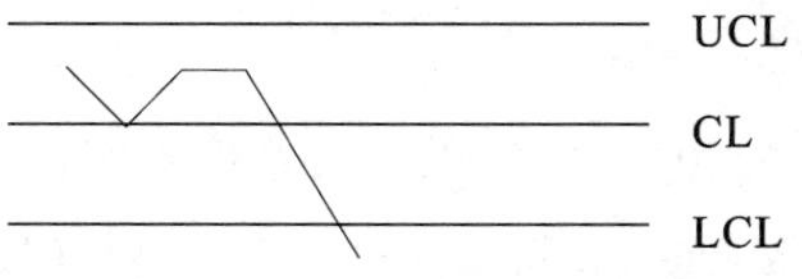	一点低于 LCL
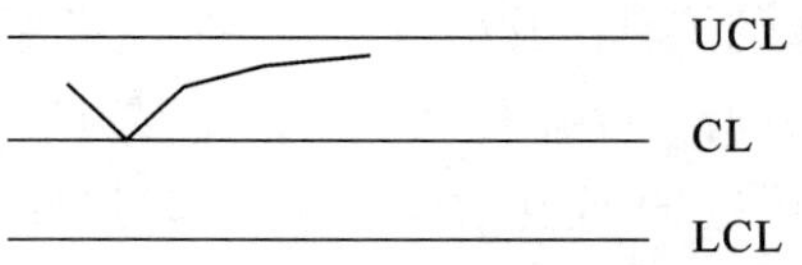	两点靠近 UCL

续表

控制图	现象
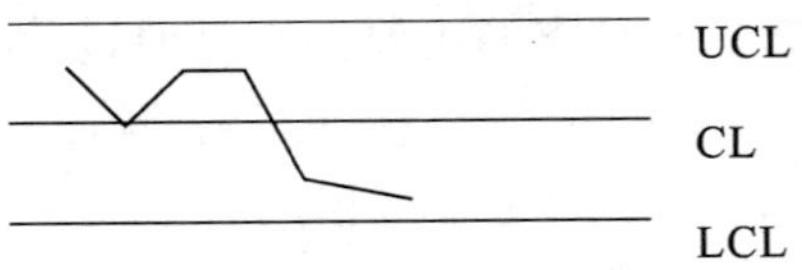	两点靠近 LCL
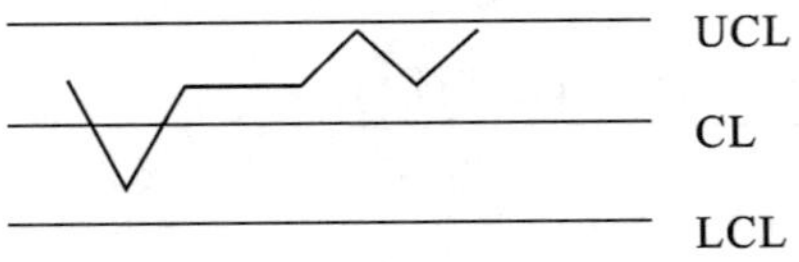	连续五点在 CL 上方
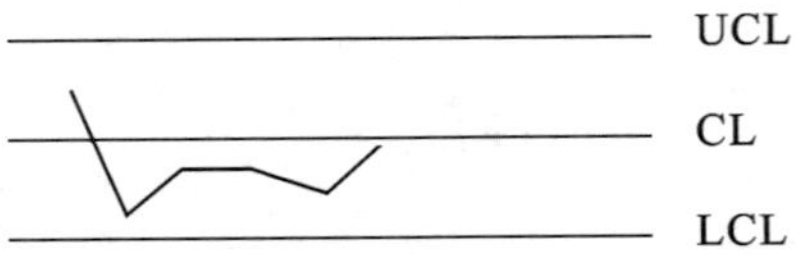	连续五点在 CL 下方
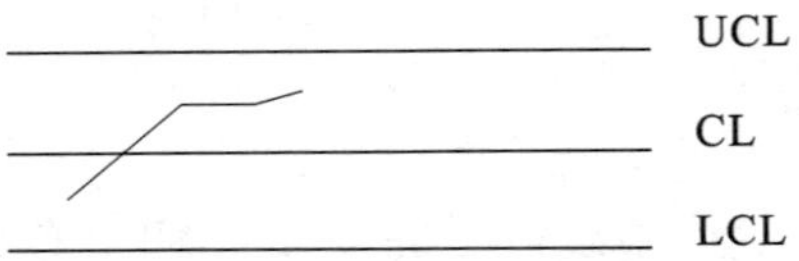	连续五点有上升趋势
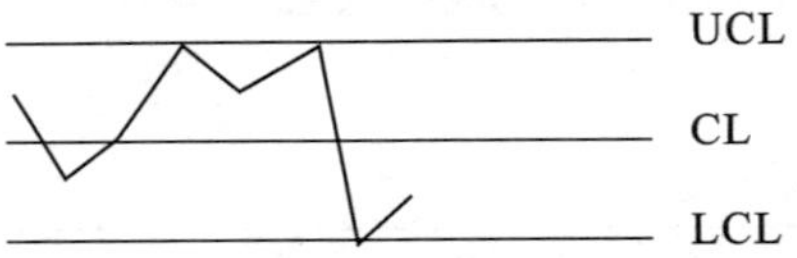	不稳定表现
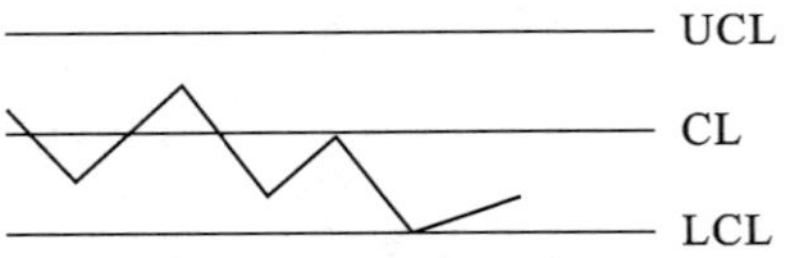	质量水平突然改变

根据统计数据的不同，控制图可分成计量值控制图和计数值控制图。前者主要包括平均数控制图 $\overline{X}$ 图、极差控制图 R 图和 $\overline{X}$-R 图等。后者主要包括统计次品数 P 控制图、统计次品率 P_n 控制图、统计缺陷 C 控制图和统计单位缺陷 U 控制图等。

三、 服务质量差距模型

服务质量差距模型（service quality model）也称 5GAP 模型，1985 年由美国营销学家帕拉苏拉曼（A. Parasuraman）、泽斯梅尔（Valarie A. Zeithaml）和贝利（Leonard L. Berry）等人提出，是专门用来分析质量问题根源的工具。其中，顾客差距（差距 5）即顾客期望与顾客感知的服务之间的差距是该模型的核心。要弥合该差距，需要对四个来自服务组织内部的差距进行弥合：差距 1——不了解顾客的期望；差距 2——未选择正确的服务设计和标准；差距 3——未按标准提供服务；差距 4——服务传递与对外承诺不相匹配。具体如图 6-16 所示。

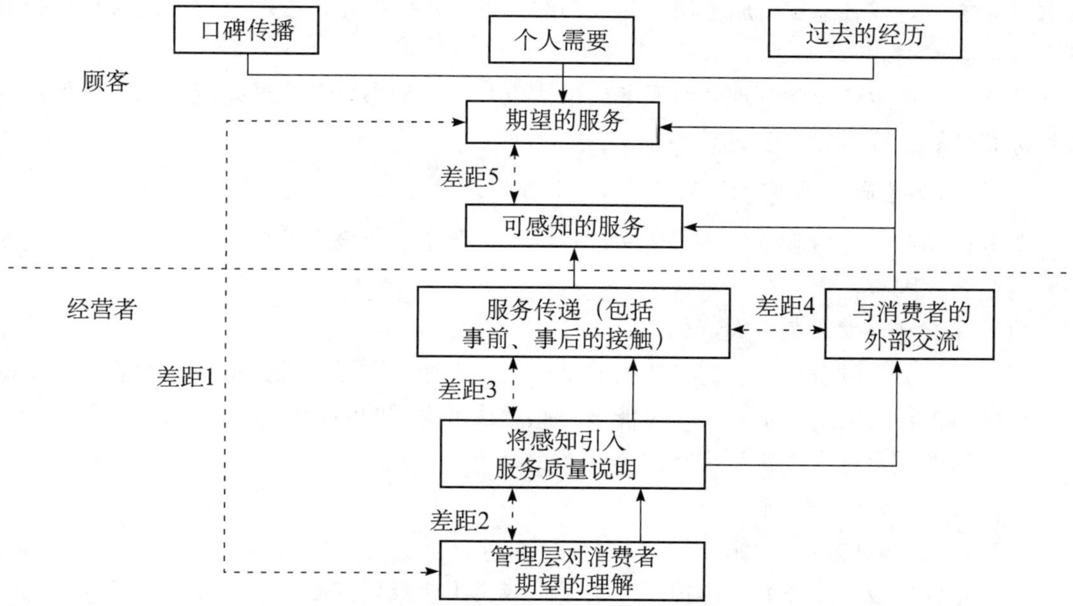

图 6-16　服务质量差距模型

上述五个差距以及它们造成的结果和产生的原因分述如下。

(一) 管理层认知差距 (差距 1)

管理层认知差距是指管理者不能准确感知顾客服务预期。产生这个差距的主要原因有：

(1) 管理层从市场调研和需求分析中所获得的信息不准确；

(2) 管理层从市场调研和需求分析中获得的信息准确，但理解有偏颇；

(3) 企业缺乏需求调查研究；

(4) 企业中与顾客接触的一线员工向管理层报告的信息不准确或没有报告；

(5) 企业内部机构重叠，妨碍或改变了与顾客接触的一线员工向上级报告市场需求信息。

其解决措施各不相同。如果问题是由管理引起，显然不是改变管理，就是改变对服务竞争特点的认识。不过后者一般更合适。因为正常情况下没有竞争也就不会产生什么问题，但管理者一旦缺乏对服务竞争本质和需求的理解，则会导致严重的后果。

(二) 质量标准差距 (差距 2)

质量标准差距是企业所制定的具体服务质量标准与管理层对顾客的质量预期的认识之间存在的差距。这种差距产生的原因有：

(1) 企业计划过程中产生失误，或者缺乏有关的计划过程；

(2) 管理层对计划过程重视不够，管理混乱；

(3) 企业没有明确的质量计划。

第一个差距的大小决定计划的成功与否。但是，即使在顾客期望的信息充分和正确的情况下，质量标准的实施计划也会失败。出现这种情况的原因是，最高管理层没有保证服务质量的实现。质量没有被赋予最高优先权。解决措施自然是改变优先权的排列。今天，在服务竞争中，顾客感知的服务质量是成功的关键因素，因此在管理清单上把质量排在前列是非常必要的。

总之，服务生产者和管理者对服务质量达成共识，缩小质量标准差距，远比任何严格的目标和计划过程重要得多。

（三）服务传递差距（差距 3）

服务传递差距是指服务生产与传递过程没有按照企业所设定的标准来进行。造成这种差距的主要原因有：

（1）标准定得太复杂、太苛刻。

（2）一线员工没有认可这些具体的质量标准。例如，在提高服务质量必须要求员工改变自己的习惯行为的情况下，员工可能极不愿意认可这样的质量标准。

（3）新的质量标准违背了现行的企业文化。

（4）服务运营管理水平低下。

（5）缺乏有效的内部营销。

（6）企业的技术设备和管理体制无助于一线员工按具体的服务质量标准生产。

通常引起服务传递差距的原因是错综复杂的，很少只有一个原因在单独起作用，因此解决措施不是那么简单。原因粗略分为三类：管理和监督；职员对标准规则的认识和对顾客需要的认识；缺少生产系统和技术的支持。

（四）营销沟通差距（差距 4）

营销沟通差距是指营销宣传中所作出的承诺与企业实际提供的服务不一致。造成这种差距的原因有：

（1）企业没能将营销传播计划与服务运营活动相结合；

（2）企业没能协调好传统的营销和服务运营的关系；

（3）企业通过信息传播宣传介绍了服务质量标准细则，但实际的服务活动滞后，达不到这些质量标准；

（4）企业存在着夸大自己的服务质量的冲动，结果传播出去的信息往往向顾客允诺的质量太高、内容太多。

引起这一差距的原因可分为两类：一是外部营销沟通的计划与执行没有和服务生产统一起来；二是在广告等营销沟通过程中往往存在承诺过多的倾向。

在第一种情况下，解决措施是建立一种使外部营销沟通活动的计划和执行与服务生产统一起来的制度。例如，至少每个重大活动都应该与服务生产行为协调起来，达到两个目标：第一，市场沟通中的承诺要更加准确和符合实际；第二，外部营销活动中作出的承诺能够做到言出必行，避免夸夸其谈所产生的负面作用。

在第二种情况下，由于营销沟通存在滥用“最高级”的毛病，因此只能通过完善营销沟通的计划加以解决。治疗措施可能是更加完善的计划程序，不过管理上的严密监督也很有帮助。

(五) 感知服务质量差距 (差距5)

这一差距指感知或经历的服务与期望的服务不一样，它会导致以下后果：

(1) 消极的质量评价和质量问题；

(2) 口碑不佳；

(3) 对公司形象的消极影响；

(4) 丧失业务。

第五个差距也有可能产生积极的结果，它可能导致相符的质量或过高的质量。感知服务差距产生的原因可能是本部分讨论的众多原因中的一个或者是它们的组合。当然，也有可能是其他未提到的因素。

参考资料6-3

DMAIC模型各阶段的工作要点及常用工具

六西格玛 (six sigma，6σ) 是20世纪80年代由摩托罗拉公司首先创立的质量管理概念和管理体系。在20世纪90年代中期，通用电气公司将其从一种全面质量管理方法提升为全世界追求卓越的企业最为重要的战略举措，将其逐步发展成为一种以顾客为主体来确定企业战略目标和产品开发设计的标尺，一种追求持续进步的管理哲学。

作为一套科学的工具和管理方法，六西格玛有一套全面系统的发现、分析、解决问题的方法和步骤，这就是DMAIC改进方法，其各阶段的工作要点、常用工具见表6-10。

表6-10 DMAIC模型各阶段的工作要点及常用工具

阶段	工作要点	常用工具
界定 (define)	明确问题 确定Y (关键质量特性/关键过程特性)	头脑风暴法、亲和图、树图、流程图、SIPOC图、平衡计分卡、力场图、因果图、顾客的声音、质量功能展开 (QFD)、质量成本、项目管理
测量 (measure)	确定基准 测量Y，X_n	排列图、因果图、散布图、流程图、测量系统分析、失效模式与效应分析 (FEMA)、过程能力指数、质量成本、水平对比法、直方图、趋势图、检查表、抽样计划
分析 (analyze)	确定要因 确定$Y=f(X)$	头脑风暴法、因果图、FMEA、水平对比法、方差分析、浪费分析*、价值流图*、流程程序分析*、实验设计、抽样计划、假设检验、多变异分析、回归分析、作业时间分析*、价值工程*、全面生产维护*
改进 (improve)	消除要因 优化$Y=f(X)$	实验设计、响应曲面法、调优运算 (EVOP)、目视管理*、5S管理*、定置管理*、5W1H提问技术和ECRS原则*、FMEA、测量系统分析、过程改进、看板*、快速换型*、设备布局改进*、约束理论 (TOC)*
控制 (control)	保持成果 更新$Y=f(X)$	控制图、统计过程控制、防差错措施*、过程能力指数、标准化作业及标准操作程序 (SOP)*、过程文件控制

*融入六西格玛改进各阶段的精益工具。

资料来源：何桢．六西格玛管理．3版．北京：中国人民大学出版社，2014：37.

参考资料 6-4

十点八分四十五秒

我时常留意报纸杂志上的钟表广告，发现大部分的钟表都指在一个接近的时间上，十点八分四十五秒是最普遍的，也有十点九分零秒的，也有十点十分三十秒的。不管表针指的时间是多少，时针和分针一定是呈 V 字形。

据说钟表之所以指在这个时间上，是西方的许多心理学家共同研究得出的。一则它呈 V 字形，在西方是胜利的象征；二则它同时上扬，有美学形式，令人感到欣悦；三则它的形状如鸟展翅，给人奋发之感。有这种种的好理由，所以全世界的钟表广告，不分地域不分种族，时间全指在十点十分左右。

可是，有一个更重要的实质因素却被心理学家忽略了，就是十点十分在一天之中到底象征了什么？

钟表是工商时代的产物，有了钟表，人们就脱离了日出而作日落而息的农业时代。那么工商时代的生活如何呢？一般政府机构八点左右上班，私人机构约在九点上班，商店在十点钟开门，十点十分无疑是一个人一天中最好的时间。八点刚刚睡醒不久，头脑还处在昏沉状态；九点则尚未安心，工作不能就绪。到了十点十分左右，头脑清醒了，工作也安顿了，正处在精神与效率的巅峰，不论做任何工作，这个时候大概都是最能得心应手的。

十点十分也是决策的时间，许多公司在这个时间开主管会议，许多决策也多是在这个时刻决定，那是因为大家在这个时间最清醒的缘故。所以说，正如钟表广告所指出的，十点十分是人一天中最好的时刻，是最好的定点。我想，世界上大概很少有人在十点十分赌博、杀人、淫邪、放纵，那么，它不只是最好的时刻，也是最善良、最清净的时刻。

我有时路过钟表店，总会注意店中悬挂钟表的时间，假如看到所有的钟表都指向十点八分四十五秒，就感觉这是美感和讲究品质格调的店；反之，若看到一壁的时间都是乱七八糟指到不同的方向，则会大为感叹，为什么不能选择最好的时间呢？

钟表如此，人生亦然，如果我们常把一天或一生的标准定在十点八分四十五秒的巅峰，常保持那样的上扬、奋发、清明、觉醒、善良、清净，充满了活力与干劲，那成功又有什么困难呢？

资料来源：林清玄．十点八分四十五秒．初中生阅读世界，2015（7）．

第 4 节　成本控制常用方法

管理心法

节省每一个铜板为着战争和革命事业，为着我们的经济建设，是我们的会计制度的原则。

——《毛泽东选集》（第一卷）

人们要想得到工作的胜利即得到预想的结果，一定要使自己的思想合于客观外界的规律性，如果不合，就会在实践中失败。人们经过失败之后，也就从失败取得教训，改正自己的思想使之适合于外界的规律性，人们就能变失败为胜利，所谓“失败者成功之母”，“吃一堑长一智”，就是这个道理。

——《毛泽东选集》（第一卷）

在一个动态的生产与运作系统中，各种成本控制活动存在于企业的每一个角落、每一个生产过程之中，需要每一个员工的参与。成本控制的重点是为企业内部用户提供各种信息，为实现企业目标而对企业的一切活动进行资金上的控制。

一、 成本控制的内容

成本控制的内容非常广泛，各行各业的不同企业有不同的控制重点。一般来说，控制内容可以从成本形成过程和成本费用的构成两个分类角度考虑。

（一）按成本形成过程分类

按成本形成过程，成本控制可分为产品投产前的控制、制造过程中的控制和流通过程中的控制三部分。

1. 产品投产前的控制

这一阶段的成本主要包括：产品设计成本、加工工艺成本、物资采购成本、生产组织方式、材料定额与劳动定额水平等。这些内容对成本的影响最大，可以说产品总成本的60%取决于这个阶段的成本控制工作的质量。这项控制工作属于事前控制方式，在控制活动实施时真实的成本还没有发生，但它决定了成本将会怎样发生，也基本上决定了产品的成本水平。

2. 制造过程中的控制

制造过程是成本实际形成的主要阶段。绝大部分的成本支出在这个过程发生，包括原材料、人工、能源动力、各种辅料的消耗、工序间物料运输费用、车间以及其他管理部门的费用支出。投产前控制的种种方案设想、控制措施能否在制造过程中贯彻实施以及大部分的控制目标能否实现都和这一阶段的控制活动紧密相关，它属于事中控制方式。

3. 流通过程中的控制

流通过程中的成本包括产品包装、厂外运输、广告促销、销售机构开支和售后服务等费用。随着世界经济一体化进程的不断加快，很多企业正在形成一种以供应链为基础的动态联盟。因此，各个企业之间在流通过程中的成本费用控制就变得越来越重要。在日本，甚至将其视为“第三利润源”，其重要性可见一斑。

（二）按成本费用的构成分类

按成本费用的构成，成本控制可分为原材料成本控制、工资费用控制、制造费用控制、企业管理费控制四部分。

1. 原材料成本控制

在制造业中，原材料费用一般占总成本的60%以上，是成本控制的主要对象。影响原材料成本的因素有采购、库存费用、生产消耗等，所以，采购、库存管理和生产消耗是三个主要控制环节。

2. 工资费用控制

增加工资一般被认为是不可逆转的。控制工资与效益同步增长，减少单位产品中工资的比重，对于降低成本有直接意义。控制工资成本的关键在于提高劳动生产率，它与劳动定额、工时消耗、工时利用率、工作效率、工人出勤率等因素有关。

3. 制造费用控制

制造费用开支项目主要包括折旧费、修理费、辅助生产费用、车间管理人员工资等，虽然它在成本中所占比重不大，但由于不引人注意，浪费现象十分普遍，因而也是不可忽视的一项控制内容。

4. 企业管理费控制

企业管理费是指为管理和组织生产所发生的各项费用，开支项目非常多，也是成本控制中不容忽视的内容。

在具体的成本控制工作中，上述成本控制内容要落实到单位产品成本降低的目标中去。现在一般的MRPⅡ/ERP软件中都有这方面的控制项目。具体内容可参考有关的软件说明书或其他相关资料。

二、设计成本控制法

设计成本是成本形成的源头，是决定产品成本的最主要因素。在设计成本控制方法时，价值分析法（价值工程）是比较理想的方法。价值分析法认为：

$$价值=\frac{功能}{成本}$$

式中，价值是指产品对用户的实用价值；功能指产品本身具有的用途；成本指产品寿命周期的总成本，由制造成本和使用成本构成。运用价值分析法，可以力求以尽可能低的成本（费用）实现产品的必要功能，追求价值的最大化。价值分析法具体实施步骤可分为以下三个。

（一）确定研究对象

从理论上说，企业所有产品的设计和试制工艺都应该成为价值分析的对象，但由于企业人力所限，有重点地选择研究对象是取得控制成效的关键。一般要选择那些对产品功能影响大，成本又比较高的零部件作为分析对象。但由于价值分析法追求的是功能与成本的最大比值，因此，应当同时考虑零件对产品功能的重要程度和成本比重两个因素，即使用功能重要度系数法（强制确定法）。

功能重要度系数法是先将各零件列出并排列成方阵，按其对产品功能的重要性，两两之间进行对比，重要的零件为1分，次要的零件为0分，按行相加得每个零件的评分值。然后，用每个零件的评分值除以全部零件的总分，计算出每个零件的功能系数（见表6-11）。同时列出零件成本，将每个零件成本除以零件成本总数，得出零件的成本系数。将零件的功能系数与成本系数进行比较，即可得到零件的价值系数（见表6-12）。显然，价值系数反映了零件对产品功能的重要性与成本支出之间的关系。应选择价值系数小的零件作为价值分析的重点对象。

表 6-11　零件功能系数计算示例

序号	零件名称	A	B	C	D	E	评分值	功能系数
1	A	×	1	0	1	1	3	0.3
2	B	0	×	0	1	1	2	0.2
3	C	1	1	×	1	1	4	0.4
4	D	0	0	0	×	0	0	0
5	E	0	0	0	1	×	1	0.1
合计							10	1.0

表 6-12　零件价值系数计算示例

零件名称	功能系数	目前成本	成本系数	价值系数	按价值系数分配成本	成本差异
A	0.3	1 200	0.20	1.50	1 800	+600
B	0.2	2 100	0.35	0.57	1 200	−900
C	0.4	900	0.15	2.67	2 400	+1 500
D	0	1 080	0.18	0	0	−1 080
E	0.1	720	0.12	0.83	600	−120
合计	1.0	6 000	1.00		6 000	

在表 6-12 中，最后一列“成本差异”的含义是按照价值系数分配的成本与实际发生的成本之差。若该值为正，表示该零件成本节省；若该值为负，则表示该零件成本超支，有减少的余地。所以，应选定成本差异为负值的零件作为降低成本的对象。

（二）功能分析和评价

选定了研究对象以后需要对它作功能分析。目的是确定该产品究竟应具有哪些功能，再结合实现功能的成本，评价产品的价值量。这是应用价值分析法的关键步骤。

首先应作功能定义，即用简明准确的语言描述产品的功能。功能是反映产品内在本质的一个概念，通过功能定义，明确产品功能的实质，为选择方案提供依据。

然后进行功能整理。产品及其零部件常常含有多种功能，功能整理的目的是通过功能分类，根据功能之间的相互关系，确定哪些是必要功能，哪些是多余的不必要的功能，以便从整体出发，寻找提高价值的途径。

最后是作功能评价。即对产品的功能系统中的每个功能作价值评价，以确定价值分析的重点功能，对价值低的功能要采取措施加以改进，提高其价值。

（三）提出改进方案与方案评价

根据功能分析确定的工作重点，提出改善重点功能的各种设想，从修改设计、改进工艺、更新原材料等方面提出具体的改进措施，得出在技术、经济上比较可行的方案，并进行评价，组织实施。同时，把价值分析工作日常化。

一般来说，这种方法对企业的管理和设计人员的帮助比较大，效果也非常明显。

三、 标准成本控制法

标准成本控制法是一种较理想的事中控制成本的方法。它的基本原理是对控制对象事先确定标准成本，并设立标准成本卡，在生产过程中，不断地将实际消耗量与标准成本作比较，计算成本差异，分析差异原因，采取控制措施，将各项成本支出控制在标准成本范围之内。

标准成本有理想标准和正常标准之分。正常标准是指在正常条件下，企业通过一定的努力，提高效率减少浪费后应该达到的成本。使用正常标准比较现实，理想标准可作为不断追求的目标。标准成本一般包括生产成本中的材料、人工、费用三项，直接材料标准成本应根据技术部门确定的材料消耗定额和物资部门的标准价格计算得到；直接人工成本标准应根据劳动人事部门制定的劳动工时定额（财务上称为标准工作时间）乘上标准工资率求得；制造费用可以按设备的生产能力分摊，应该运用弹性预算原则，把标准分摊率分为固定和变动两部分。下面举例说明标准成本控制法的应用。

［**例 6－3**］ 某产品某月的计划产量为 10 000 件，劳动工时定额20 000小时，制造费用 10 000 元。该产品的实际生产量和成本支出情况如表 6－13 所示。

标准成本以标准成本卡的形式事先确定，如图 6－17 所示。

表 6－13　实际产量和成本支出情况表

实际产量（件）	9 200
实际消耗工时（小时）（单价：5.2 元）	19 000
直接材料（千克）	
A 材料（单价：16.0 元）	18 800
B 材料（单价：4.5 元）	9 200
直接人工（小时）（工资率：5.2 元）	19 000
制造费用（元）	
变动部分	25 000
固定部分	80 000

标准成本卡

直接材料：	A 材料	2 千克/件	单价	15 元	30 元	
	B 材料	1 千克/件	单价	5 元	5 元	35 元
直接人工：		2 小时/件	工资率	5 元		10 元
制造费用：						
	变动部分	20 工时	分摊率	0.15	3 元	
	固定部分	20 工时	分摊率	0.50	10 元	13 元
单位成本：						58 元

图 6－17　标准成本卡

解 直接材料成本差异的计算公式为：

材料成本总差异＝实际用量×实际单价－标准用量×标准单价
材料用量差异＝（实际用量－标准用量）×标准单价
材料价格差异＝（实际单价－标准单价）×实际用量

材料成本差异计算结果见表6-14。

表6-14 材料成本差异计算表

材料名称	实际单价（元/千克）	标准单价（元/千克）	实际用量（千克）	标准用量（千克）	用量差异（元）	价格差异（元）	总差异（元）
A	16.0	15.0	18 800	18 400	6 000	18 800	24 800
B	4.5	5.0	9 200	9 200	0	−4 600	−4 600
合计					6 000	14 200	20 200

其中，直接材料差异中的用量差异由制造车间负责分析原因，提出解决对策，并负责执行。价格差异则由供应部门负责解决。差异分解得越细，确定的责任部门越明确，控制的作用也就越大。

同理，直接人工成本差异计算公式为：

人工成本总差异＝实际工作时间×实际工资率－标准工作时间×标准工资率
人工工作时间差异＝(实际工作时间－标准工作时间）×标准工资率
人工工资率差异＝(实际工资率－标准工资率）×实际工作时间

制造费用成本差异计算公式为：

制造费用差异＝实际产量×费用分摊率－实际费用

变动部分和固定部分的成本差异公式同上，具体计算结果从略。

四、弹性预算控制法

对于半变动费用，如制造费用等间接费用，既有固定成分，也有变动成分，会随产量而变，但又不与产量成正比。因此，对于不同产量的同一产品或服务活动来说，从预算角度来看，它们很可能是属于两个截然不同的成本水平。做这方面的预算时，通常采用弹性预算来处理这个问题。所谓弹性预算，就是指按不同生产量编制不同的预算。这种预算方法比较符合实际，因而能有效控制费用支出。

选择适当的生产量计量单位来衡量制造费用是很重要的，否则，费用的变动性就不易掌握，预算费用就不可靠。一般而言，产品单一的车间可用生产量作为计量单位；多品种车间因产品加工不同，可选用劳动工时定额；动力车间供应能源，可使用电量或煤炭量、蒸汽量等；修理车间提供劳务，可用修理工时；服务部门，可用企业共同的工作量作为计量单位。

弹性预算一般采用公式法或列表法编制计划。如果一项费用可以划分为固定和变动两部分，变动率又是可求的，使用公式法最为简单。计算公式如下：

$$Y=F+V=F+vX$$

式中：Y——预算费用总额；

F——固定费用；

V——变动费用；

X——计划生产量（或定额工时等）；

v——变动费用的变动率。

如果费用变动部分的变化规律不能用解析式表达时，可用列表法。表中固定费用是不变的，把生产量分成若干段，每段确定一个相应的变动费用。生产量分段间隔不能太大，间隔之间的费用值可用线性插入法求得。表 6－15 为某公司月度弹性预算表。

表 6－15　某公司月度弹性预算表　　单位：万元

销售额	80	90	100	110	120
直接成本	24	27	30	33	36
变动营业费用	8	9	10	11	12
半固定营业费用	5	6	7	12	13
固定营业费用	12	12	12	15	15
成本小计	49	54	59	71	76
利润	31	36	41	39	44

预算费用可理解为需要控制的费用标准。弹性预算在实施控制中作差异分析时，是用实际的生产量下的费用值作为控制的费用标准，而不是计划产量下的预算费用（此为“刚性”预算），这就是“弹性”的由来。

以上只是几种常用的典型成本控制方法。在实际工作中，由于所在行业和企业性质的不同，成本控制的方法也千差万别。我们应该以全面的成本概念为基础，综合运用各种手段和方法，采取全方位的成本控制方法。

关键术语

控制方式　生产与运作控制　生产进度控制　质量控制　成本控制

小　结

控制职能是与计划职能相对应的概念，因此，要做好生产与运作控制工作，必须从制定科学合理的生产与运作计划着手。它实际上是对计划预期的实现过程。但由于计划预期的不确定性，控制工作又对计划有反作用，在实际工作中，这种反作用因生产类型的不同和企业管理水平的差异而有所不同，但这绝不等于“没有计划是最好的计划”。因此，掌握基本的控制原理，变事后控制为事中控制、事前控制始终是生产与运作管理人员努力的方向。

思考题

1. 试分析第3章制订的本学期“生产与运作管理”课程学习计划的执行控制过程。

2. 计算例6-3中的人工成本差异和制造费用差异。

3. 试列出在制品控制中可能应用的各种方法或技术。

4. 试运用事前、事后、事中控制方式，分别设计出对一次会议或郊游的控制方案，并比较其优劣和适用条件。

5. 酒店的评价指标一般用星级来表示。星级的评价指标包括饮食、建筑、房间、服务水平、卫生等多个方面。因此，为了提高酒店档次，需要在多方面进行努力，从整体提升酒店的水平。这一过程可以用图6-18中曲线从一颗星到两颗星的移动过程来表示。但是，国外一家酒店却独辟蹊径，只是对其中的几个指标进行控制（见图6-18中的带“?”的曲线），并且取得了成功。你能从控制角度对此进行解释吗?

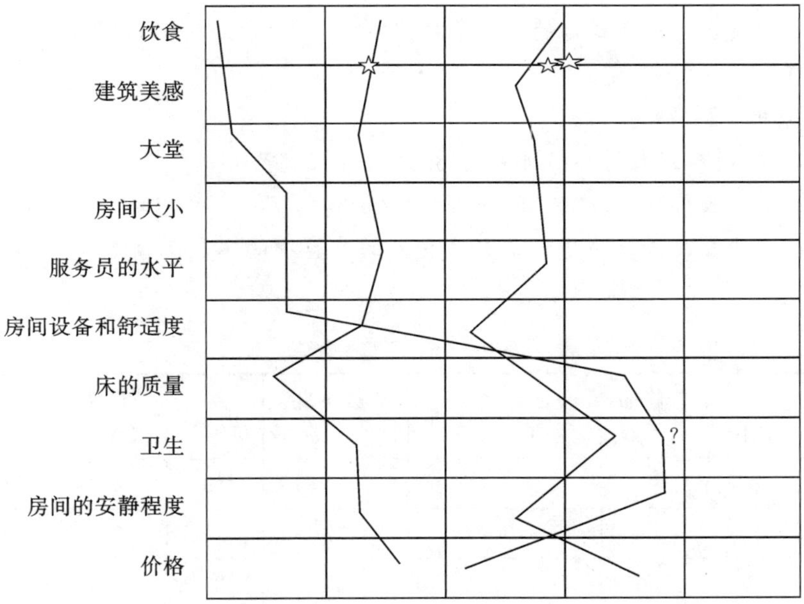

图6-18　曲线图

案例讨论　大连澳金斯鞋业有限公司

2010年盛夏的一个早上，大连澳金斯鞋业有限公司总经理张振东刚从广州回到大连，就收到日本客户发过来的索赔传真，索赔额折合人民币约30万元，对于公司来说，差不多全年的利润都“赔”进去了。张振东压了压心中的火气，拨通了生产厂长刘长勇的电话：“长勇，你马上到我办公室来一趟。”

1. 公司概况

大连澳金斯鞋业有限公司位于大连甘井子区辛寨子。张振东对这里的基本印象是：劳动力资源相对丰富，劳动力成本和城区内相比相对较低，同时作为区级的开发区，还可以享受一系列优惠政策。不足之处是这里的员工大多离土不离乡，员工的文化水平偏低。

经过 6 年的运作，公司管理逐步走上了正轨。产品由原来样式单一的劳保鞋发展到现在的 500 多个品种，公司拥有较稳定的长期批发商客户，年产量达 60 万双。随着产品产量的提高和设备的引进，管理部门也逐渐完善。

公司现拥有四条完整的生产流水线，数台（套）塑胶成型注射机和各种制鞋专用设备。这些先进的制鞋机械设备，为公司产品产量提高和大规模生产作出了不可磨灭的贡献。

制鞋业是技术要求较高的劳动密集型传统产业，需要有大量的技术熟练的工人和技师。制鞋，首先选料要用肉眼分辨天然皮革的真伪、粗细、纹理、部位。其次，人的脚型往往无法用公式计算出来，鞋型的设计，要靠技能和经验。最后，鞋的装饰，如光磨、镶饰品、鞋跟的形状加工等，需要能工巧匠精雕细琢才能上档次。虽然我国是公认的“制鞋大国”，但产品质量一直是困扰我国鞋类出口的一大难题。在激烈的鞋产品竞争中，为了争夺国外订单，我国鞋类出口走的是一条难以持续发展的“以量取胜”之路。目前，一双鞋的利润只有 0.8～1.7 美元。

2. 事故分析

“咚咚咚”敲门后刘长勇推门进来，“张总，你找我?”

张振东示意刘长勇坐下。“长勇，你看看这份传真。”

刘长勇接过传真，传真件是日本客户发来的，其中的不良品清单格外醒目（见表 6-16）。

表 6-16　不良品清单　　单位：双

货号	皮伤、皮质不好	修饰不好	皮面泛白	绷楦歪	外线不良、断线	开胶	不良品合计	订单量	不良品率
T2036	110			48		89	247	3 000	8.2%
W4015	58	75			32	14	179	2500	7.2%
U7065	21	52			35	23	131	4 000	3.3%
GR1404			5 000				5 000	5 000	100%
合计	189	127	5 000	48	67	126	5 557	14 500	38.3%

“长勇啊，你看看，一次索赔 30 万元，我们一年能赚几个 30 万元? GR1404 这款皮凉鞋，不良品率竟然是 100%，是什么原因，你查了吗?”

“张总，客户反映这批皮凉鞋鞋面均有泛白现象。不是我替自己开脱，这批皮凉鞋在成型一线抛光处理时，当时工人们反映抛光蜡的质量不好，上过之后无光泽。但是贸易部急着催货，品质管理部在做出厂检验时也没有发现泛白，我现在想想，问题也许就是出在抛光蜡的质量上。”

“好，就算是蜡的质量不过关，那些断线的、开胶的、修饰不好的次品你们生产车间没有责任吗?”

“当然，生产车间也有责任。上半年订单集中，各个车间人手都不够，新招聘的工人虽然不少，但是制鞋不比别的力气活，什么人都能干好，虽然搞了进厂培训，但是也难以避免次品的出现。”

…………

最后，张振东决定当天晚上召集各部门负责人开一次紧急会议。

晚上 6 点钟会议准时开始。沉默了片刻，张振东首先说话：“大家都看到了，这份传真是今年的第三份索赔传真了，我今天请大家来开这个会，是想听听你们的意见和想法。”

又是一阵沉默之后，品质管理部部长郭雅玲发言道：“张总，这次索赔给公司造成了极大的经济和信誉损失，我很痛心，出了质量问题，等于我们公司的生存就受到威胁，如果每个操作工都严格按照操作规程去做，那么不良品率就会大大降低！”

郭雅玲 33 岁，以前在国有制鞋厂当过质检员，精明能干，但不太讲究工作方法，在公司得罪过不少人，包括生产厂长刘长勇和贸易部部长吕明新等人，幸好张总一直都给她支持。

“当然，除操作工以外，我认为我们品质管理部也有不可推卸的责任，这些不良品能够通过检验出厂，是因为时间太紧，我们只是按 5%的比例，即每箱抽查了一双鞋，在这里，我还希望贸易部在同客户谈判时，能将交货时间放宽一些。”

每当郭雅玲发表意见时，刘长勇就觉得浑身不舒服，他感觉郭雅玲根本没把他放在眼里，经常把生产上的事直接报告到张总那里，让他这个生产厂长很是难受。

刘长勇刚想说话，没想到贸易部部长吕明新说话了：“交货期是由客户定的，必须按客户的要求交货，我们当然也希望时间能充裕一些，可是客户能等吗，市场能等吗？”吕明新的声调越来越高。

张振东打断了他：“小吕，这些先不说了，你先把客户的意见跟大家说一下吧。”

“好吧，总的来说，这批货客户非常不满意。皮凉鞋皮面 100%都有泛白现象，部分牛仔靴皮面不好，有刮伤。大底与 PVC 插跟之间开胶严重，比例很大。外线针距客户要求保证 5.5 针/英寸，而我们公司的鞋实测是 5 针/英寸，且有断线现象。客户认为今年的鞋子较以往退步太多，指责我们的产品没有持续性。”

张振东皱着眉头听着，他的目光落到了资材部部长赵亮的身上。

“赵亮，我听说这批皮凉鞋泛白现象与生产用蜡有关，是吗？”

“张总，我解释一下。我已经写了索赔信给抛光蜡生产厂家，我与它们的销售处通了电话，但是，人家说抛光蜡的质量是合格的，鞋面泛白是因为我们的成型修饰车间的工人在打防白鞋乳的时候不够全面和彻底。”

“还有，开胶的问题，这也是一个老问题，王工，你解释一下，为什么这个问题现场总也解决不了？”

王工是指技术部部长王喜良，精通制鞋工艺。

“张总，开胶问题确实是我们产品的一大难题。去年就有日本客户反映，我们公司的鞋产品后跟与大底贴合后，有开胶现象。当时品质管理检验和技术人员分析了开胶的原因。原因之一是在刷胶前未能很好地净化表面。原因之二是操作工在刷完胶后，未将烤箱温度调好，通过烤箱的时间也有长有短。原因之三是未及时压合外底。”

“你们把这三个环节讲给现场各工序的操作工听了吗?”

“是的，我们从来都是要求操作工严格按照技术要求来做，可是操作工为了讲求出货量，总是偷工减料。”

“张总，我说两句。”

刘长勇清了清嗓子。

“毕竟我们公司的现场管理人员和品质管理人员只有 20 多人，当全厂进入大批量生产时，就明显感到操作工和品质管理检验的人手不够，我们的工人大多数还是很认真努力的，但是有时为了赶订单，加班加点时间长了，不良品率就会增加。此外，交货时间紧，现场管理人员或许会手下留情，这些都会造成一些不良品出厂。

“以我们员工的素质，有些岗位有操作准则，而有些岗位只能是根据产品不同的样图进行操作，有时具体的操作准则的制定不如实际的样图来得快。

“员工素质也不是靠罚款就能解决的。”

张振东不想再听下去了。“好了，你们回去就公司最近的质量问题总结一下，写一个报告给我。散会。”

3. 生产现场

第二天，张振东决定亲自到车间看一看，他来到位于厂门口的成型二线车间，张振东发现车间最里面聚集着一群人，在高声议论着什么。他快步走上前去，看到了被几个工人围在中间的是现场品质管理员陈菲，她手里正拿着一双成鞋仔细地端详。

“小陈，这究竟是怎么回事?”

陈菲抬起头，“啊，总经理，你来了，是这么回事，操作工反映这批鞋在车间投产时发现主跟被粘得太紧，揭开里子刷甲苯时，用力轻了揭不开，用力大了里子就破了，按规定里子破损就属于不合格。所以他们都很着急”。

张振东接过陈菲手里的鞋说，“小陈，那你看这是什么原因呢?”

“总经理，依我看，是里子不如以往的结实，另一个主要原因应该是反口折边的员工为了粘牢一点，胶刷的宽。”

“那就把这个工作原理讲给反口折边的工人听，应要求他们，反口工序绝对不能把主根与后扇里黏合在一起。里料的事我去找资材部问问，你现在就去通知反口的工人，把上面的道理给他们讲清楚。”

张振东来到资材部办公室，“赵亮，你们进的里料质量为什么下降?”

“哦，张总，是这样，这批鞋的客户报价很低，我们在作预算时，考虑在保证面料质量的前提下，只能在鞋的辅料上节省一下。”

“赵亮啊，我以前也说，不能因为成本的问题放松对品质的要求，你们资材部必要的节省是可以的，但是要在保证质量的前提下节省。”

这时，常务助理田春波和品质管理部部长郭雅玲快步走来。

“张总，生产线上又有质量事故发生，这是今天报上来的品质事故报告。”

张振东翻开品质事故报告（见表 6－17、表 6－18 和表 6－19）。

表6-17 品质事故报告一

事故现象	E4100气垫鞋在成型一线作业，发现在绷楦时，刷甲苯皮面掉树脂。								
事故发现点	开发	资材	仓库	裁断	帮备	底备	缝帮	成形	包装
									√
订单双数	3 000								
事故双数	75								
原因	这批变色皮的供应厂家在皮料出厂前没有进行防苯处理，而资材部在进料时也未刷甲苯试绷。								
建议措施	1. 减少甲苯的正常用量。2. 将化学片的主跟反脑换为热熔主跟反脑。								

表6-18 品质事故报告二

事故现象	订单号为EPO5340、5342、5344、5345的成鞋，PVC鞋勾心跑位。								
事故发现点	开发	资材	仓库	裁断	帮备	底备	缝帮	成形	包装
							√		
订单双数	1 200								
事故双数	60								
原因	这批鞋勾心的粘贴使用的是黄胶，而不是通常使用的热熔剂，因为当时车间内的用来粘贴的热熔枪经长期使用有一部分已损坏，维修部门正在修理，为了不影响生产进度，于是就临时使用黄胶来粘贴鞋勾心。而黄胶的粘贴效果较热熔剂要差一些。 操作工在粘贴时太随意，粘贴位置仅用目测，难免使鞋勾心粘贴位置或靠前，或靠后，导致鞋勾心跑位。								
建议措施	1. 设备动力部尽快修复热熔枪。2. 教育操作工注意粘贴位置。								

表6-19 品质事故报告三

事故现象	大底与中底不相符，扣底时发现大底有底废现象，扣底偏，严重影响鞋的外形质量。								
事故发现点	开发	资材	仓库	裁断	帮备	底备	缝帮	成形	包装
								√	
订单双数	710								
事故双数	54								
原因	扣底操作工在扣底前没有用样板校验（预制成型的大底，必须符合标准样板），扣底人员未按标准操作，在扣底完成后才发现大底有底废现象。								
建议措施	要求扣底工严格按要求做，加强质量意识。								

“田助理，你有什么办法解决这些品质事故?”张振东说。

“张总，我认为品质检验的重点应该是来料控制和生产控制。品质不是检验出来的而是制造出来的，加大抽检频率只能更浪费资源，解决不了根源问题。此外，在公司所有的品质事故中，有的不良品在未出厂前即被品质管理人员查出，而有的不良品是由于品质管理人员把关不严被客户退回或索赔，这是品质管理部门的责任，但更重要的是生产过程中的质量控制不严，所以我们应该有一个过程，要求生产线上员工能做到人人品质管理。现在我们要求品质第一，而不是产值第一。这样，我们生产线上产品品质才能有明显改善。”

“张总，我大概算了一下，所有不良品的损失、不合格品的返工损失两大块占生产成本的 15%，这太可怕了。”

张振东面向郭雅玲点点头，“情况我知道了。你对品质事故一定要调查清楚，对事故责任人处罚一定要严厉，防止同类事故再次发生”。

“是，张总，我会按照公司制定的奖惩制度，对责任人下发罚款通知。不过，罚款、扣奖金我们以前也都实施过，可是公司的管理也没有什么改进，所以我倒觉得一味地罚款、扣奖金并不是解决办法。”

田春波接过来说：“我看关键是建立公司的质量文化，员工潜移默化，慢慢地质量意识就上来了。”

张振东想起上次的质量月活动。他说：“上次由生产部和品质管理部牵头搞的‘质量月’活动使产品质量明显提高，像这样的活动多搞一些，不是很好吗？”

“是的，上次‘质量月’活动后，品质管理部的检验结果表明，原材料的月平均合格率为 92%，成品的一次检验合格率也从开始的 67%提高到 84%，可是品质管理员工作的压力很大，对于不良品发出去怕客户发现退货索赔，不发出去公司损失、内部员工抱怨，再加上有些公司领导对我们也不支持，增加了品质管理部的工作难度。”郭雅玲愤愤地说。

4. 困惑

关于质量管理，张振东真没少下功夫，他亲自制表，建立质量事故档案，要求品质管理部每月都做质量分析月报，定期开会研究质量问题，凡是较严重的质量问题都要上报给他。他还多次找到品质管理部部长郭雅玲，要求她加强对检查员的培训工作，并确定出考核的指标，定期对全体检查员进行考核。虽然所有的员工都经过了岗前培训，该奖励的也奖励了，该处罚的也处罚了，可质量事故仍频频发生。

谁说质量无泪？因为质量问题，张振东曾多次严厉批评过下属的管理人员。他们都或多或少地流过泪水。

谁说质量无惑？张振东自己就时常困惑。眼下更是有些茫然，为什么在每次开展以质量为主题的活动当中，不良品率都有大幅下降，而在活动之后，质量事故仍然频繁出现？

资料来源：根据“大连澳金斯鞋业有限公司”案例改编。

讨论：

（1）该公司有哪些质量问题是由原材料引起的？怎样才能从根本上解决这些问题？

（2）该公司的质量问题有哪些是由设备引起的，应怎样改进？

（3）管理人员抱怨一线工人专业素质低，责任心不强，你有什么办法解决这个问题？

（4）公司目前的生产现场环境应该从哪些角度入手进行改进？

（5）以断线和开胶两个事故为例，试帮助张总对事故原因进行分析，拟订解决方案。

分析要点：

产品质量是人、机、料、法、环多因素的共同作用结果，因此，本案例应该首先分别从人、机、料、法、环等方面展开分析。其中的重点是以质量文化的建设为中心，实行全面质量管理，对影响质量的因素进行综合控制。在全面质量管理有了基础后，该公司可以考虑进行 ISO 9000 质量体系认证。

管理实验　红珠实验

（一）实验器材

1. 4 000 粒木珠，每粒直径约 3 毫米，其中 800 粒为红色，3 200 粒为白色。

2. 一把上面有 50 个凹洞的木勺，可盛 50 粒木珠（代表工作量）。

3. 两个长方形容器，其中一个可以放入另一个内（以节省空间）。

容器尺寸如下：

大容器尺寸为 20 厘米×16 厘米×8 厘米。

小容器尺寸为 19 厘米×13.5 厘米×6 厘米。

（二）实验程序

某公司计划扩大产量，以满足新顾客的需求。顾客要的是白珠，但进料中混有红珠。

扩产需要雇用 10 名新员工：操作员 6 名；检验员 2 名；检验负责人 1 名；记录员 1 名。

工作标准：每位操作员每天取出 50 粒珠子；两位检验员分别独立计算其中的红珠数量。

（三）实验开始

步骤 1：混合进料。将珠子搅匀，倒入小容器内，然后再倒入大容器内。

步骤 2：“产出”珠子。使用有 50 个凹洞的木勺，插入大容器内搅拌，盛满 50 粒木珠。

步骤 3：检验。操作员将其“生产成果”拿给一号检验员，登记其中的红珠数量。然后，操作员再将其带至二号检验员进行检验。最后，检验负责人确认后，宣布其红珠数目。

步骤 4：记录结果。检验负责人宣布结果后，记录员记录数据。

（四）实验结果

1. 第一天

第一天的结果让主管很失望（见表 6-20）。他提醒工人他们的工作是生产白珠而非红珠。我们这里实施绩效制度，要奖励绩效良好的人。显然大卫值得加薪奖励，因为他只产出 4 粒红珠，他是最佳工人。大家看一下提姆，他的绩效最差，有 14 粒红珠。

于是主管宣布管理者限定的目标数——每个人每天不得产出 3 粒以上的红珠。

2. 第二天

第二天的结果又一次让主管失望，比前一天更糟。管理者也在注意这些记录，成本已超过利润了。主管说：“我在一开始就已经解释过，你们的饭碗要靠你们的绩效。可是你们的绩效一塌糊涂。看看这些数字，如果大卫昨天能够只生产 4 粒红珠，其他人也应该做得到。”

主管被搞糊涂了：我们的程序很严谨，为什么仍然有变异存在？

表 6-20　每人每天（班）的不良品数目　　单位：个

人		天						
		1	2	3	4	合计	5	
(1)	史高	9	11	7	8	35	16	11
(2)	史宾	6	11	11	9	37	8	10
(3)	拉瑞	12	7	5	5	29	6	9
(4)	莎瑞	11	10	13	9	43		
(5)	提姆	14	8	9	11	42		
(6)	大卫	4	11	12	12	39		
合计		56	58	57	54	225	60	
平均		9.3	9.5	9.5	9.4	9.4	10.0	

资料来源：戴明．戴明论质量管理．海口：海南出版社，2003：423-428.

大家看一看大卫，那位接受加薪的人，他一定是因加薪乐昏头了，因而变得疏忽大意，第二天竟然有 11 粒红珠。

显然拉瑞开始认真工作，由第一天的 12 粒红珠进步到第二天的 7 粒，值得加薪奖励，是第二天的最佳工人。

3. 第三天

“第一次就做好”“以工作为荣”“当一名优秀工人”“提高生产力”等激励员工的标语、海报与布告都在展示，第三天是公司的“零缺陷日”，有乐队演奏，在公司旗旁升起国旗，前一天晚上举行了一场狂欢晚会。

但这一天的成果让主管十分沮丧失望，在“零缺陷日”表现仍然没有任何起色。

主管提醒工人，管理人员在看着数字，成本已超过利润。管理者贴出公告：“如果第四天没有大幅改进，公司准备关闭工厂。你们的饭碗要靠你们自己的表现，一开始就告诉过你们了。”

4. 第四天

这一天的成果仍然没有改进，主管再次失望。但是他也带来了一个好消息，上级主管中有人提出一个很棒的建议，决定保留 3 位绩效最好的工人，让工厂继续营运。想想看，太棒了！这是出自我们管理者的构想。这是管理者最了不起的贡献，我相信你们必定以此为荣。

3 位表现最佳者为史高、史宾以及拉瑞。他们每天上两个班次以补足产量。其他 3 位去领工资，不必再来。他们已经全力以赴，我们对他们深表谢意。

5. 第五天

第五天开始了。结果并不如想象的好，主管与管理层同感失望。主管宣布，管理层决定要关厂，因为雇用最佳工人的构想仍然没有达到预期的绩效。

请问：雇用最佳工人，让工厂继续营运的绝妙构想到底出了什么差错？

课外阅读资料

资料一 质量管理近百年的历程

质量管理近百年的历程概要如表6-21所示。

表6-21 质量管理近百年的历程

1875年	(美)泰勒制诞生——科学管理的开端 检验活动与其他职能分离，出现了专职的检验员和独立的检验部门
1911年	(美)泰勒出版《科学管理原理》
1924年	(美)休哈特提出世界上第一张控制图——P控制图，并应用于生产工程
1925年	(美)休哈特提出统计过程控制(SPC)理论——应用统计技术对生产过程进行监控，以减少对检验的依赖，并最早发表关于质量管理的论文 (英)费希尔出版《研究工作者的统计方法》
1929年	(美)道奇和罗明格提出挑选型抽样检查方案
1931年	(美)休哈特的《制造中的产品质量经济控制》出版
1935年	(英)费希尔出版《实验设计》 (英)E. S. 皮尔逊出版《统计方法在工业标准化和质量管理中的应用》(后来成为BS600)
1939年	(美)休哈特出版《质量管理观点的统计方法》
1940年代	美国贝尔电话公司应用统计质量控制技术取得成效
1941年	美国标准协会(ASA)制定“Z1.1质量管理指南”以及“Z1.2分析数据的管理图法”标准
1942年	美国标准协会(ASA)制定“Z1.3在生产中控制质量的管理图法”标准
1946年	(美)格兰特出版《统计质量管理》
1950年代	开始形成对质量管理产生重大影响的“戴明十四条” 开始开发提高可靠性的专门方法——可靠性工程开始形成 美国制定“MIL-STD-105计数调整型抽样检查程序和表”标准
1951年	日本科学技术联盟(JUSE)设立日本戴明奖 (日)田口玄一在《品质管理》杂志上连载实验设计法 (美)朱兰推荐主次分析法 (美)朱兰出版世界名著《质量控制手册》
1953年	(日)石川馨提出因果分析图
1956年	刘源张教授成立中国第一个质量管理研究组

续表

1958 年	美国军方制定了 MIL-Q-9858A 等系列军用质量管理标准，在 MIL-Q-9858A 中提出了“质量保证”的概念
1960 年代	（美）朱兰、费根堡姆提出全面质量管理的概念 日本提出了全面质量控制（TQC）的质量管理方法，特别是因果图、流程图、直方图、检查表、散布图、排列图、控制图等被称为“老 QC 七种工具”的方法，普遍用于质量改进
1961 年	（美）费根堡姆的著作《全面质量管理》出版
1963 年	北大西洋公约组织（NATO）制定了质量保证联合出版物（AQAP）质量管理系列标准，引入了设计质量控制的要求 日本科学技术联盟设置质量管理小组总部，在仙台召开第一次质量管理小组大会
1966 年	（日）田口玄一出版《统计分析》介绍信噪（SN）比，提出“质量工程学”
1969 年	世界首次质量管理会议（ICQC69-Tokyo）在东京召开
1970 年代	日本质量管理学者提出的管理方法和技术，包括 JIT——准时化生产，kanban——看板生产，kaizen——质量改进，QFD——质量功能展开，质量工程学，新七种工具
1974 年	制定 ISO 2859“计数抽样检查程序和表”（采用 MIL-STD-105D）标准
1978 年	北京内燃机总厂举办日本小松制作所的专家讲授，引进了全面质量管理
1979 年	英国制定了国家质量管理标准 BS5750——成为 1987 版 ISO 9000 标准的基础 克劳士比提出“零缺陷”的概念，并编写了《质量免费》一书 我国政府派出了第一个质量管理代表团到日本考察“质量月”活动和全面质量管理 8 月 31 日中国质量管理协会成立
1980 年	我国经济委员会颁发了《工业企业全面质量管理暂行办法》
1982 年	我国张公绪教授提出“两种质量诊断理论” 戴明在其著作《转危为安》中提出“管理十四条”
1987 年	ISO/TC 176（国际标准化组织质量管理和质量保证技术委员会）提出 ISO 9000“质量管理与质量保证”系列标准 摩托罗拉公司建立了六西格玛管理
1988 年	美国建立了鲍德里奇国家质量奖，其依据为 1987 年《马尔科姆·鲍德里奇国家质量提高法》，提倡“追求卓越”的质量理念
1991 年	国务院以国发〔1991〕6 号文发布了《国务院关于开展“质量、品种、效益年”活动的通知》
1992 年	欧洲质量基金会设立了欧洲质量奖 7 月中国在第一次全国认证工作会议上，决定中国等同采用 ISO 9000 标准
1993 年	9 月 1 日正式实施《中华人民共和国产品质量法》 正式发布 GB/T 19000-IS 9000 标准

续表

1994 年	ISO 9000 系列标准第一次改版 朱兰博士提出“21 世纪是质量的世纪”的论点 4 月成立了中国质量体系认证机构国家认可委员会（CNACR）
1995 年	7 月中国认证人员国家注册委员会（CRBA）以创始成员的身份参加了国际审核员与培训认证协会（IATCA）并当选为执委会成员
1996 年	12 月 24 日国务院以国发〔1996〕51 号文发布了《国务院关于印发质量振兴纲要（1996 年—2010 年）的通知》
1998 年	1 月 22 日中国质量体系认证机构国家认可委员会（CNACR）首批签署了国际认可论坛多边互认协议（IAF/MLA），成为 IAF/MLA 集团创始成员
2000 年	ISO 9000 系列标准改版，出版 ISO 9000:2000 标准

资料来源：宋明顺. 质量管理学 . 2 版 . 北京：科学出版社，2012：13-14.

资料二

防错法与零缺陷管理

人们总是在追求零缺陷。如何才能实现零缺陷管理？防错法（poka-yoke）为我们提供了最佳途径。

（一）防错法和日本式零缺陷管理

防错法是日本的质量管理专家新江滋生在 20 世纪 70 年代提出来的。他是日本丰田生产方式的创建人之一。他是基于以下核心思想提出防错法的。

（1）以人为本的观念。日本有限的自然资源和单一的民族决定了日本人的观念和价值取向：对企业的高依存度，终生就在一家企业工作等。因此，日本企业特别注意以人为本的观念，重视人才和尊重员工的自主意愿。为企业拼命地工作，成为日本人的一种荣誉感和归属感。日本企业员工常从一而终，不会三心二意。日本企业的人本管理深入人心，产生了很好的效果。

（2）预防为主的思想。日本人特别强调预防为主的思想，未雨绸缪，先要预防可能存在的风险，问题一旦发生，可以从容应对，企业就可以立于不败之地。

（3）差错总是可以避免的。人们总是认为差错是不可避免的，其实差错总是可以避免的。通过发挥每一位员工的聪明才智，小改小革，利用一些声光电自动化控制装置，差错总是可以消除的。

（4）零缺陷是可以实现的。防错法其实是一种日本式的零缺陷管理模式，只要充分发挥每一位员工的聪明才智，积极组织员工开展各种有效的改善活动，零缺陷管理是可以实现的。实践表明，许多日本企业都能达到 5.5 西格玛以上的水平，因此日本式零缺陷管理是卓有成效的。

美国质量管理专家克劳士比也提出了零缺陷的管理思想，形成“第一次就把事情做对”的观念。其实两者是相通的，日本的零缺陷管理更多的是从技术层面来实现，而美国的零缺陷管理更多的是从管理理念层面来实现。

随着自动化技术的成熟和计算机技术的发展，一些产品在设计上已经充分应用防错法的原理，使制造工艺过程能够达到零缺陷的目标。

（1）自动防错能力。一些产品设计具有自动防错能力，这些应用比较普遍。如一些小家电的设计与开发就能做到这一点。

（2）自动纠错能力。一些新的设计具有自动纠错能力。一些涉及国家安全的产品设计，就具有这些特征。

（3）出错报警能力。一些产品的设计具有出错报警能力。一些重要的涉及人身安全的产品，都具有这种能力。

（二）差错种类

我们所犯的错误，归纳起来有 10 种类型。

（1）忘记——当我们精力不集中时，会忘记一些事情。例如，扳道工忘记扳道岔而导致火车相撞。

对策：让作业人员保持警觉；按一定的频率进行检查。

（2）由于误解而犯错——有时，在未了解现状之前，我们就匆匆作业，导致错误。例如，不习惯汽车自动挡的人，踩到刹车，却认为那是离合器。

对策：培训、事先检查、工作程序标准化。

（3）识别错误——我们观察一个现状时，可能由于太快、太远，而没有看清楚，导致我们对现状的错误判断。例如，将 1 元的钞票误认为是 10 元钞票。

对策：培训、提高注意力和警觉性。

（4）无经验差错——有时人们会由于缺少经验而犯错误。例如，新工人不熟悉操作或不太熟悉操作。

对策：训练技能、工作标准化。

（5）故意的差错——在某些条件下，我们决定忽略某些原则时，会有差错发生。例如，在某一时刻，处于十字路口，发现没有车而闯红灯。

对策：进行基本教育和经验分享。

（6）非故意差错——有时由于精神不集中，莫名其妙地就发生了差错。例如，可能由于一时糊涂，没有注意红灯，不自觉地穿过了马路。

对策：提高注意力、强化纪律性、工作标准化。

（7）因为慢而出错——有时候由于判断滞后使我们行动变慢，从而出现差错。例如，学习驾驶的人没有及时踩住刹车。

对策：提高技术技能、工作标准化。

（8）因为无标准而出错——有时由于没有工作标准、指示而发生差错。例如，口头吩咐工作。

对策：工作标准化、工作指示。

（9）偶然性错误——在没有预兆的情况下，有时会突然发生一些错误。例如，机器在没有预警的情况下突然失灵。

对策：全面的生产维护、工作标准化。

（10）蓄意性出错——有些人有计划地故意犯错。例如，犯罪和捣乱。

对策：进行基础性的教育、纪律约束。

（三）不良的种类

制造工厂每天的工作就是生产消费者满意的产品。即：根据工作指导（信息）、零件和材料（材料），通过作业者（人），按照标准作业程序（方法）操作机械设备（机械）进行加工。是否无不良的产品取决于上述每一个要素的管理。

这些影响产品的要素可归纳为4M1I（人、机、料、法、信息），它们决定了产品的制造结果。

产生不良品的原因各种各样，按重要度排序如下。

（1）省略加工。

（2）加工错误。

（3）零件错。

（4）零件丢失（缺）。

（5）错误的零件（不良）。

（6）加工错误的零件。

（7）误操作。

（8）调整差错。

（9）设备设定不当。

（10）工具、夹具不合理。

这些不良与差错之间的关系如表6-22所示。

表6-22　差错与不良之间的关系（主要○；次要△）

不良原因	人类差错									
	蓄意	误解	忘记	识别错	无经验	故意	非故意	缓慢	无标准	偶然
省略加工	△	○	△	○	○	○	△	○	○	
加工错误	△	△	○	○	△	△	△	△	△	
零件错	○	○	△	○	○		△	○	○	
丢失零件	△	○	○		○	○	△		○	
错误的零件	△	△	△	△	△	△	△		△	
加工错误的零件	○	△	○	○	△	△		○		
误操作			○				○		○	△
调整差错	○	○	○	△	○	△	○	○	○	○
设备设定不当			○				△			△
工具、夹具不合理			○				△			○

资料来源：文放怀．防错法推行实务．广州：广东经济出版社，2006：4-6，18-23.

资料三

PDF 环：做事方法

做事的“沙盘推演—执行—复盘”的流程称为 PDF 环。P 代表 Preview，指沙盘。D 代表 Do，指做的过程。F 代表 FuPan，指复盘。

我们发现，要真正做好一件事情，除了做事过程的具体执行之外，还应该有执行之后的复盘这一动作。如果我们将视野再放宽一些，在执行之前，做一个沙盘推演，那么，我们就得到了一个做事之前、之中、之后全新的行动和思考框架。

执行之前，进行沙盘推演，执行之后，进行复盘。沙盘推演—执行—复盘，这就是每个人应该掌握的正确的做事方法。

它相当于让人三次做同一件事情：沙盘推演让他有预案，执行让他实际经历，复盘让他事后重来。通过这样一种方法，他可以对一件事情揉开了掰碎了进行分析，经过充分咀嚼后，可以从一件事情中获得尽可能多的经验、真相、规律。整件事情无论从细节还是大局，以及发展变化等，在做事的人眼中都纤毫毕现，甚至是完全按照做事的人的设想进行，就像是上帝按照自己的意愿行事一般。

沙盘推演本是一个军事术语，是指通过在沙盘上模拟红、蓝两军在战场上的对抗与较量，明晰各自的优势与劣势，发现对方在战略战术上存在的问题，寻找应对各种可能情况的思路与出路，最终找到胜利的方法和路径，进而提高指挥官的作战指挥能力。

沙盘推演现在已经超越了军事上两军对垒的概念，而是指在事情开始之前，先进行推演，看看事情可能如何发展，明白计划如何推进，可能的阻力是什么，资源的准备是否足够，应该做哪些方面的准备，达成目标的关节点是什么等。

读过唐浩明所著的《曾国藩》的人都知道。在有重大事情来临的时候，曾国藩会避开其他人，到阁楼里，点上一炷香，然后一个人安静地思索，在头脑中思考事情各种可能的情况，厘清各种情况可能的发展路径，并作出比较和甄别，探寻出事情背后的逻辑和原因，最终确定自己的应对之策。正是通过这种方法，曾国藩多次成功地化险为夷。

总之，沙盘推演就是让你可以在做事情之前，在思维上先模拟做一遍，让你做事情的时候减少陌生感，增加熟悉感，头脑中始终有沙盘推演给你的全局感，从而做到心中有数。

执行，常常是人们关注的重点。不管是考核还是审查，人们都将注意力放在执行上面。几年前“执行”“执行力”“细节决定成败”等概念的火爆，就一定程度上反映了人们对执行状况的不满意。关注执行当然有它的道理，因为执行不到位，其他的一切构想，不管多么完美，都可能变成风中之烛。

但是，功夫在诗外。一件事情完成得好与坏，不能仅仅盯住执行本身，还需要关注执行前后的阶段。因为要做好执行，关键是要执行的人具备强大的能力，而这是不能仅仅靠在执行过程中解决的。

复盘，则是与沙盘相反的另外一个方向。你已经有了沙盘推演，已经具体执行过了，前面两次做事的机会已经用完了。这个时候，再回去看看整件事情，看看自己的执行过程，看看执行过程与沙盘推演的差别。通过发问，发现问题，找出原因，得到答案。通过第三次“做事”，达成最后的完满。

复盘其实并不仅仅是对做过的事情重新做一遍，还可以发现很多新的思路，得出很多新的假设，这对于做其他的事情也具有极大的帮助。

我们以前过于关注做事的具体过程，认为做完就完事了。但是真正将一件事情做完，还需要有做完之后的复盘这一动作。①

沙盘推演—执行—复盘，这是做事的一个完整过程。一件事情只有经过复盘之后，才算是最后完成。然后进入下一件事情，在下一个事件中进行同样的“沙盘推演—执行—复盘”的动作。这样的工作方法，会让能力越来越强，而沙盘推演的水平也会越来越高，甚至到最后，执行的步骤可以与沙盘推演中预想的步骤一致，这就是一种计划的精准打击了。

资料来源：陈中．复盘：对过去的事情做思维演练．北京：机械工业出版社，2013：176-181.

① 复盘的内容可以通过三个问题来清晰：（1）现在情况如何；（2）当初是怎么决定的；（3）让我们再审视下思考的前提。复盘步骤包括四步，分别是：回顾目标；评估结果；分析原因；总结规律。为了更加具有参照性，可以细分为八个步骤：回顾目标；结果比对；叙述过程；自我剖析；众人设问；总结规律；案例佐证；复盘归档。

07
Chapter

第7章
工作研究

引 例　“文墨精度”

方文墨，在徒弟眼中，他是钳工界奇才，在妻子眼中，他是个浪漫的胖子。而在今年阅兵的装备中，飞过天安门的5架歼-15中有不少核心零件是方文墨和他的班组做出来的。在工业化时代，尽管很多零件都可以自动化生产了，但是有些战机零件因为数量少、加工精度高、难度大，还是需要手工打磨。

…………

不靠眼睛，纯粹凭手感，能不能加工出一样完美的产品呢？当方文墨在一米高的操作台前站定，一旁的三个徒弟都屏住了呼吸，看他加工这块原材料。

方文墨加工之前，测量表的指针在一格到两格之间晃动，表明这个工件表面的最高点和最低点，高度差别在0.01毫米到0.02毫米；方文墨蒙上眼睛加工以后，量表的指针只有极细微的晃动，工件的精度达到了0.003毫米。

在徒弟们的眼中，师傅方文墨简直就是一个奇才，25岁成为高级技师，拿到钳工的最高职业资格；26岁参加全国青年职业技能大赛，夺得钳工冠军；29岁，成为中航工业最年轻的首席技能专家。

教科书上，手工锉削精度极限是0.01毫米。而方文墨加工的精度达到了0.003毫米，相当于头发丝直径的1/25，这是数控机床都很难达到的精度。中航工业将这一精度命名为“文墨精度”。

资料来源：80后技工方文墨：手工精度赛过数控机床．（2016-05-09）．https://www.sohu.com/a/74229926_257321.

工作研究（work study）又叫作业研究，属于狭义的工业工程（industrial engineering，IE）内容，是通过挖掘企业内部潜力的方式来提高工作效率的科学方法。它像手术刀一样锋利——任何工作均可被剖析，暴露于众目睽睽之下！所以，对一名生产与运作管理人员来说，这是必须掌握的最基本的功夫。

第1节　工作研究概述

管理心法

什么叫问题？问题就是事物的矛盾。那里有没有解决的矛盾，那里就有问题。

——《毛泽东选集》（第三卷）

矛盾有正面，有侧面。看问题一定要看到矛盾的各个方面。

——《毛泽东文集》（第七卷）

工作研究是一种在既定条件下，运用系统分析的方法，研究在生产与运作过程中如何寻求合理工作程序和有效工作方法的科学方法与管理技术，其目的是通过制定合理的工作标准，有效利用资源和提高工作效率。它有过很多名字，如时间与动作研究、工作简化与工作衡量、劳动技术定额查定法、技术定额测定法等。

一、基本内容与应用程序

工作研究主要包括两方面内容，即方法（动作）研究和时间研究（工作衡量）。方法研究是指通过对现行的工作程序和工作方法进行系统的观察、记录、分析，改进其中不必要、不合理、不经济的部分，寻求一种更为简便、有效、安全和经济的工作程序和方法，并把改进后的工作方法标准化，制定出标准的作业方法。时间研究是各种时间测定技术的总称，用以测量和确定每项工作或生产作业所需要的标准时间，即在一定的生产组织和技术条件下，按照标准的工作方法完成某项任务或作业活动所需要的工作时间。方法研究是时间研究的基础和前提，时间研究则是选择和评价工作方法的依据。工作研究的基本内容及应用程序如图7-1所示。

二、工作量分析

工作研究的基础是工作量分析，即对具体工作的内容和时间组成进行分析。一般来说，一个人或一台机器进行一项作业或生产某种数量产品所用的时间可以分成基本工作量和A，B，C，D等五大部分（如图7-2所示）。

图7-2中的基本工作量是指在设计上完美无缺，制造或作业的工艺或方法最佳，并且在作业进行期间（员工合法的休歇停顿时间除外）没有造成工作时间损失等条件下，制造该产品或进行该作业所用的时间，即单位产出在理论上所需要的最短时间。

在人们的印象中，基本工作量应该是一项工作的主要时间。但是，“常识往往是错误的”，在生产时间中占最大比例的并不是基本工作时间（加工时间、直接生产时间），而是辅助生产时间，其中尤其是无效（停滞）时间所占的比例比较大。20世纪60年代初期，

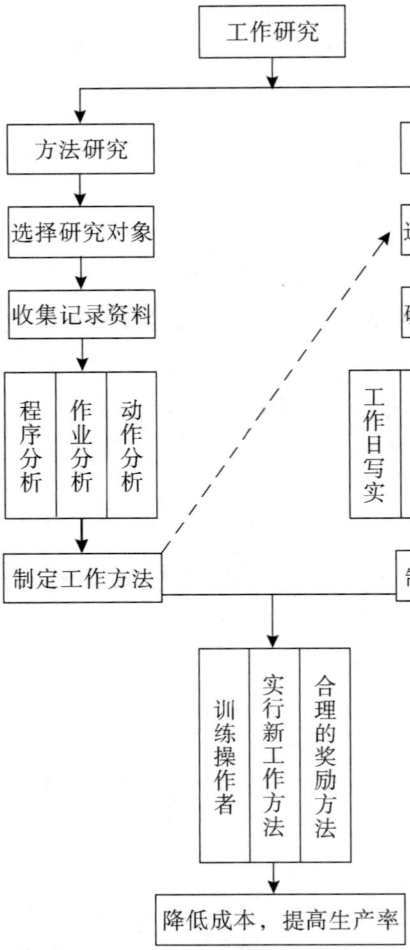

图 7-1　工作研究的基本内容及应用程序示意图

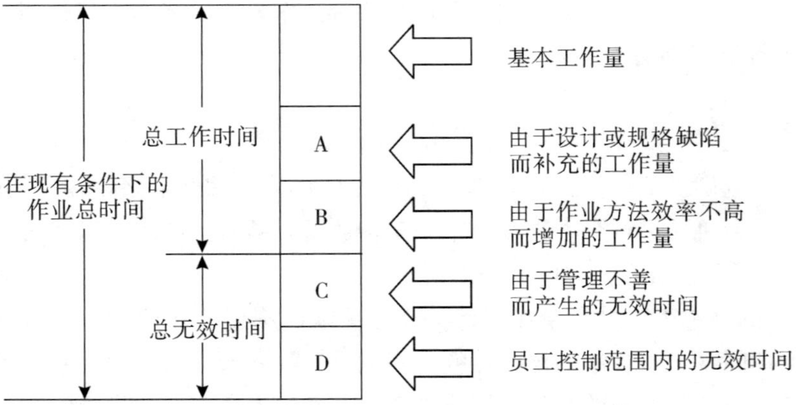

图 7-2　作业时间构成示意图

美国机械工业的调查表明：从材料进厂开始，一直到制成产品出厂的整个生产时间中，直接加工所需要的工时仅占 2%～5%，其余的时间则全都消耗在装卸、运输、工序之间的等待以及仓库的储存中。在日本一般的机械制造企业中，公认的生产时间结构是：停滞时间占 60%～80%，加工、检验、搬运时间只占 20%～40%。而我国的机械制造企业（大量生产）的停滞时间则在 95%以上。由于实际的作业时间会由于 A，B，C，D 部分的存在而远远大于基本工作量，因此，如何减少 A，B，C，D 部分就成为作业时间控制的关键。

（一）A 部分的作业时间

这部分作业时间是由于设计或规格缺陷而补充的工作量造成的，所增加的工作量主要发生在制造业中，但在运输类服务性行业中也有类似情况。它是由于产品内在特点造成的，可以利用价值分析法（价值工程）进行分析，并加以避免。

一般来说，产品特点对工作量的影响情况有下列几种方式。

（1）产品及其部件设计欠佳，无法采用最经济的制造工艺或方法。这种情况通常出现在金属加工业，尤其是在大规模生产条件下，如部件可能设计得不利于使用高速机器等。

（2）产品过分多样化或部件不够标准化。这可能意味着该工作只能采用小批量生产，只能在速度较慢的通用机器上加工，而不能在专用的高效机器上进行生产。

（3）质量标准欠妥。质量标准不论过高或过低，都可能增加工作量。在工程实践中，尺寸公差往往设置得过紧，一般并不十分必要，而且还需额外加工，容易造成更多的废品。反之，如果原材料质量过低，则难以达到所要求的程度，或者为了使产品可用，需要增加清洗之类的附加准备工作。

（4）产品部件设计得不妥，必须去除过量材料才能制成最后形状。这将大大增加该项作业的工作量，而且浪费材料。

由此，我们可以看到：提高生产率和降低产品成本的第一步是尽量消除在设计和规格中可能引起超额工作量的一切内容。

造成上述情况的原因多数是设计人员对生产工艺或作业过程不够熟悉。在金属加工业、家具制造业和服装业尤其容易发生这种情况。但是，如果设计人员与生产人员从一开始就紧密合作，这种缺点是可以克服的。如果在产品开发阶段，生产人员可以对零部件进行检查，那么，他们就可以及时对设计进行修改，并对产品进行测试，以保证它符合所要求的技术规格。在化工等行业中的实验工厂，交通运输业里的试验性服务，以及民航业中的试飞，都属于这个阶段。

产品和作业的专业化、标准化程度（可减少产品或部件的多样性并扩大批量生产，从而可以提高生产效率）与质量标准制定的高低（满足市场和顾客的要求）有关，也和产品设计人员直接相关。这部分内容可参见全面质量管理的有关介绍。

（二）B 部分的作业时间

这部分的作业时间是由于作业方法效率不高而增加的工作量造成的。生产或作业的低效方法、低效操作的表现形式主要有以下几个方面。

（1）采用的机器型号或尺寸不对。

（2）工艺过程操作运转不当。如速度、流量、温度、密度等作业参数不妥，或者厂房、机器所处的条件不良等。

（3）使用错误的手工工具。

（4）工厂、车间或工作场所布局不当。

（5）操作者的工作方法不当。

从上述表现，我们可以看出员工培训的重要性：只有当操作人员在其精力保持在最佳状态下进行操作时，才能达到工艺过程的最佳生产效率。因此，在任何工作场所，所有导致不合理工作行为的因素，都应该通过培训来逐步加以消除。其主要方法将在本章第 2 节"方法研究"中详述。方法研究是工作研究的两大组成部分之一。

（三）C 部分的作业时间

这部分的作业时间是由于管理不善而导致的无效时间，它是指由于管理部门未能有效地进行计划、组织、协调或控制，造成人力和机器窝工闲置的时间。

1. 主要表现

这种无效时间产生的原因主要表现为以下几个方面。

（1）市场销售策略不当。要求的产品类型过多（不必要），造成每类产品批量小、周期短，在生产不同产品的转换过程中，机器停歇时间长，工人无法提高技艺和操作速度。

（2）在产品之间或同一产品之内，没有尽量采用标准化部件，造成批量小、周期短，增加机器闲置时间。

（3）从一开始就未能作出适当设计，不能满足用户的要求，造成修改设计、停工和人工与机时的损失，以及材料的浪费。

（4）作业计划和订货计划安排不当，造成订货不能逐批紧跟，不能连续操作。

（5）未能保证作业所必需的原材料、工具和其他装备的供应，致使工厂和劳动力停工待料。

（6）未能对厂房和机器进行很好的保养维护，使机器出现故障，造成停工。

（7）允许工厂和设备在不良条件下工作，以致出现废品或返修品。

（8）未能向操作者提供安全、健康的劳动条件。

（9）未能对工人的安全给予适当注意，其结果是发生事故，造成各方面损失。

2. 解决方法

减少上述无效时间始于企业领导层制定的企业生产运营战略和策略。是为了大批量、尽可能低价而专门生产少数几个品种的产品，还是试图满足每个用户的特殊要求？企业所能达到的效率水平取决于对这个问题的回答。在作出这种决策时，必须充分了解它的后果。上述问题有下面一些常用的解决方法。

（1）市场策略专门化：减少由于产品多样化带来的不必要闲置时间。

（2）标准化：减少因批量较少、工作周期过短而造成的闲置时间。

（3）产品开发：减少因设计变更而导致的无效时间。

（4）生产控制：减少因计划不周而造成的闲置时间。

（5）物料控制：减少停工待料造成的闲置时间。

（6）设备维护：减少因发生故障而导致的人员及机器闲置时间。

（7）工厂维护：减少由于工厂处于恶劣条件而引起的无效时间。

（8）改善工作条件：使工人安稳工作。

（9）安全管理：减少因事故导致的各种损失。

（10）健全的人事政策与奖酬制度：减少缺勤等造成的无效时间。

（11）人事培训：减少由于工作疏忽而带来的无效时间。

（12）安全训练：减少因事故造成的无效时间。

上述内容从战略、战术（策略）到作业，以至个人操作，几乎涵盖了生产与运作管理的全部控制活动，其核心是控制的标准。只有在健全的绩效标准基础上，才能制定并实施好适当的控制（工作）计划。这方面工作需要利用时间研究的内容。时间研究是工作研究的第二种技术，有关内容详见本章第 3 节。

（四）D 部分的作业时间

这部分的作业时间是员工控制范围内的无效时间。

1. 主要表现

员工控制范围内的无效时间主要有：

（1）没有正当理由而停工。例如迟到，上班后不马上干活，工作懈怠或有意磨洋工。

（2）干活漫不经心，造成废品，或把活干得非返工不可。这意味着时间和材料的浪费。

（3）忽视安全规章，粗枝大叶造成事故。

2. 解决方法

减少上述无效时间的根本方法是创造良好的工作条件，使工人自己愿意抓紧时间工作。因为：

（1）不良的工作环境和条件容易使人疲劳，很难长时间持续工作，会使员工产生不愿意干的想法。

（2）如果员工觉得企业只把他们当成生产工具，对他们作为一个人所具有的情感漠不关心，那么，他们除了为保住饭碗以外，就不愿意多干活。

（3）如果员工不知道他正在干的是什么，为什么而干，对企业作为一个整体所进行的工作一无所知，那么，工作就不会有动力，很难指望他全力以赴地干活。

（4）如果员工觉得他们得到了不公正待遇，委屈或不满之情就会影响他们的工作效率。

员工工作的积极性或减少无效时间的意愿在很大程度上取决于管理部门的人事政策以及管理者对工人的态度。人事政策涉及管理部门与雇员间的全部关系，如果这种关系不好，就很难使管理方法发挥令人满意的作用。因此，创造鼓励员工奋发工作的气氛，采用合适的训练措施且使其具有多样化内容，并辅以健全的工资、奖酬制度，就能推动工人减少无效时间，从而提高其生产效率。

一般来说，管理部门所造成的无效时间远远多于员工控制范围内的无效时间，并且，在许多行业里，员工个人对他们必须于其中工作的环境的条件几乎是没有控制能力的，特别是在采用大量生产方式、提供复杂服务或制造复杂产品的行业中。

值得说明的是，以上论述的减少各种不必要时间的方法是相互联系的，每种方法都对其他方法有一定影响。例如，没有时间研究所提供的标准，就不可能把工作计划安排好；方法研究可以用来简化产品设计，使产品既较易于使用，也较易于制造；如果有健全的人事政策，并有一套应用得很好的奖酬制度，鼓励工人可靠地工作，那么，生产计划就比较容易制订；实行标准化将减少对采购和储存多种类型材料的要求，从而使材料控制这项工作易于进行；工艺研究可消除工厂可能出现故障的隐患，从而易于采用适当的维护保养制度；等等。因此，应该以系统的观点，对上述各种方法进行综合、整体的运用。

三、 专业化分工不良影响的克服

在工作研究的应用过程中，除了考虑员工的生理因素以外，还需要特别注意其心理因素的影响。员工的心理要求主要与工作划分的专业化程度有关。一方面，专业化分工是高效率、低成本生产方式的基础；另一方面，过细的分工也会给工人带来严重的负面心理影响。特别是大量生产方式（家电、汽车、信息技术等）中的劳动密集的装配线工作，时常会给员工心理带来各种伤害。

为克服专业化分工过细带来的不良影响，目前比较常用的方法有四个，即工作扩大化、工作岗位轮换、工作丰富化、工作小组化。

（一）工作扩大化

工作扩大化（job enlargement）是指工作的横向扩大，即增加每个人工作任务的种类，从而使他们能够完成一项完整工作的大部分内容，这样他们可以看到其工作的意义，从而提高工作的积极性。

工作扩大化通常需要员工有较多的技能和技艺，这对提高员工钻研业务的积极性，使其从中获得一种精神上的满足也有极大帮助。20世纪60年代，工作扩大化在西方国家曾盛行一时。

（二）工作岗位轮换

工作岗位轮换（job rotation）是指允许员工定期轮换所做的工作，时间可以是小时、天或月。这种方法可以给员工提供更丰富、更多样化的工作内容。当不同工作任务的单调性和乏味性不同时，采用这种定期轮换方式很有效。

另外，工作岗位轮换还有利于员工了解组织的不同部门，从而对整个组织的运作形成一个完整的概念；有利于提高员工的解决问题能力和决策能力，帮助他们选择更合适的工作；有利于部门之间的了解和合作。

（三）工作丰富化

工作丰富化（job enrichment）是指工作的纵向扩大，即给予员工更多的工作责任、自主权和控制权，更多参与决策和管理的机会。它是以员工为中心的工作再设计，将员工对工作的满意度与组织的使命联系起来，鼓励员工参与对其工作的再设计。它可以给人带来成就感、责任心和得到认可（得到表彰）的满足感。

工作丰富化与工作扩大化、工作岗位轮换的不同之处在于：工作丰富化不是水平地增加员工工作内容，而是垂直地增加工作内容。员工要完成比以前更重要的任务，承担更大的责任，员工有更大的自主权和更高程度的自我管理。例如，对于生产一线的工作，工作扩大化只是由过去负责 1 台机器的操作增加到 3 台或 4 台机器、进行产品质量检验和机器保养；而工作丰富化可在此基础上决定机器何时进行保养、如何保养、质量问题如何解决等。

（四）工作小组化（团队工作方式）

工作小组化（团队工作（team work）方式）是指，由数人组成一个小组共同负责并完成一项工作。在小组内，每个成员的工作任务、工作方法以及产出速度等都可以自行决定。这种方式的基本思想是全员参与，从而调动每个人的积极性和创造性，使效率、质量、成本等工作效果尽可能好。

这种方法与工作丰富化的原理基本一致，所不同的是着重于技术和工作小组内部的配合协调。研究表明：如果允许员工自己负责作业计划、作业任务分配、奖金计算等工作，他们能够处理更多的事情，并且做得更好。特别是当生产现场需要作出快速决策时，采取这种工作形式可以取得更好的效果。

以下是三种常见的团队工作方式。

1. 解决问题式团队

解决问题式团队（problem-solving teams）实际上是一种非正式组织，其成员可以来自一个部门内的不同班组。成员每周有一次或几次碰头，研究和解决工作中遇到的质量、生产率、操作方法以及设备、工具的小改造等问题，然后提出具体的改进建议，并提交给管理决策部门。这种团队的最大特点是：他们只提出建议和方案，但并没有权力决定是否实施。

这种团队在 20 世纪 70 年代首先在日本企业广泛采用，并取得了极大成功。质量管理小组是这种团队的最典型例子。它对于提高日本企业的产品质量、改善生产系统、提高生产率起了极大作用，同时，对于提高工作人员的积极性，改善员工之间、员工与经营者之间的关系也起了很大的作用。

2. 特定目标式团队

特定目标式团队（special-purpose teams）是为了解决某个具体问题，达到一个具体目标而建立的，如一种新产品的开发、一项新技术的引进等。在这种团队中，其成员既有普通员工，又有与问题相关的经营管理人员。团队中的经营管理人员拥有决策权，也可以直接向最高决策层报告。因此，他们的工作结果、建议或方案可以得到实施。由于这种团队不是一个常设组织，也不是为了进行日常工作，通常只是为了一项一次性的工作，因此更类似于一个项目组。

3. 自我管理式团队

自我管理式团队（self-managing teams）是最具完整意义的团队工作方式。它由几人至十几人组成一个小组，共同完成一项相对完整的工作，小组成员自己决定任务分配方式，自己承担管理责任，诸如制订工作进度计划和采购计划、确定工作方法等。

参考资料 7 - 1

泰勒的科学管理

泰勒的名著《科学管理原理》出版于 1911 年。但泰勒对管理学原理最好的一种说明是他在众议院的一个委员会所作的证词，在那里，这些议员多半怀有敌意，因为他们同劳工领袖们一样，都认为泰勒的思想将会导致工人劳动过度并引起失业。以下是泰勒的部分证词。

构成科学管理的不是任何一个因素，而是各种因素组成的整体，科学管理可以简单概括为：

它是科学，而不是单凭经验行事的方法。

它提倡合作，而不是无知。

它要求最大的产出，而不是受了限制的产出。

它培养每个人发挥他的最大效能和获得最多的财富。

科学管理不是一种有效率的方法，不是一种获得效率的方法，也不是一串或一批有效率的方法；科学管理不是一种计算成本的新制度，不是一种支付工人工资的新办法，不是一种计件工作制，不是一种奖金制度，不是一种付酬制度，也根本不是一种支配工人的计划；科学管理不是拿着秒表观察一个人的工作并记下他的情况；它不是工时研究，不是动作研究或对工人动作的分析；科学管理不是印制一大批表格并将表格发给一些人，而且说，“这就是你们的制度，照着办吧”；不是分工工长制或职能工长制；不是在谈到科学管理时一般人所想到的任何方法，一般人在听到“科学管理”这个词时就会想到一种或几种上面所谈到的方法，但是科学管理不是其中的任何一种方法。我不是嘲笑成本核算的方法、工时研究、职能工长制，也不是嘲笑任何改进后的支配工人的任何新方法以及任何有效率的方法，如果这些方法的确是有助于提高效率的方法的话，我主张采用这些方法。我所强调的是，不管是所有的这些方法，还是这些方法中的一部分，它们都不是科学管理，它们是科学管理的有益的辅助手段，因此同时它们也是其他管理制度的有益的辅助手段。

那么，科学管理在实质上包含着要求在任何一个具体机构或企业中工作的工人进行一场全面心理革命——要求他们在对待工作、同伴和雇主的义务上进行一种全面的心理革命。此外，科学管理也要求管理部门的人——工长、监工、企业所有人、董事会——同样进行一场全面的心理革命，要求他们在对管理部门的同事、对他们的工人和所有日常问题的责任上进行一场全面的心理革命。没有双方的这种全面心理革命，科学管理就不能存在。

这就是科学管理的实质——伟大的心理革命。

纵观泰勒的著作，尽管看起来过分全神贯注于车间一级的生产率，然而恰恰相反，贯穿在泰勒著作中的主旋律却是强烈的人道主义。他认为，要精心选人、用人并加以培训，让他们做能够干得最好的工作。此外，泰勒还强调主管人员精心制订先进计划的重要性以及主管人员有责任设计工作制度，以帮助工人把工作做得最好。但是，当他在谈到管理时，他从来没有忽视过这样的事实："雇主与工人之间的关系无疑是形成这种艺术最重要的部分。"

泰勒科学管理方法的基本原则主要是以下五条。

(1) 用科学（系统化的知识）代替凭经验的方法。

(2) 在集体活动中取得协调一致以代替不一致。

(3) 实现彼此合作以代替混乱的个人主义。

(4) 为最大的产出量而劳动，而不是限制产出量。

(5) 尽最大的可能培养工人，使他们自己和他们的公司都取得最大的成就。

请注意，泰勒的这些基本箴言和现代主管人员的基本信念相去不远。诚然，泰勒和他的同事及其追随者为了把他们的哲学和原则付诸实践而拟定的某些方法是有一些机械的地方，但是，所有这些方法对于贯彻泰勒的哲理是必需的，因为这些方法是以提高生产率，给工人提供最好的机会去增加生产，并按各自的生产率给予报酬为基础的。不过这也是事实，就是这些方法也常常被世界上的许多工厂主用来提高生产率而不给予工人足够的报酬，并且没有提供适当的培训或管理上的帮助。而这肯定不是泰勒的原意。

资料来源：孔茨，韦里克．管理学：第9版．北京：经济科学出版社，1993：29-30；雷恩．管理思想的演变．北京：中国社会科学出版社，2000：169-170.

第2节　方法研究

管理心法

我们的口号是：一，不做调查没有发言权。二，不做正确的调查同样没有发言权。

——《毛泽东文集》（第一卷）

离开具体的分析，就不能认识任何矛盾的特性。

——《毛泽东选集》（第一卷）

方法研究（method study）的目的在于通过对现行生产过程和作业方法的分析，寻求最合理、有效、经济的工作程序或操作方法。从图7-1中，我们可以看出方法研究包括程序（过程）分析、作业（操作）分析、动作分析三部分内容。

一、程序分析

程序（过程）分析是以程序图为工具，对现行作业方法的各个基本环节，即加工、搬运、停滞、检验和储存等，进行系统的观察、记录和分析，并予以客观、准确的描述的一种技术方法。程序图由分析符号组成。基本符号共有五种，分别代表加工、搬运（运输）、检验、储存和停滞，另外，还有一些复合性应用符号，它们是由基本符号派生出来的。常用程序分析符号如表7-1所示。

表 7-1　常用程序分析符号

作业	符号	定义
加工	○	有意识地改变物体的物理或化学等特性，或对其进行分解、装配所需要进行的作业
搬运（运输）	⇨	把物体从一处移动到另一处所需要进行的作业
检验	□　◇	验证物体是否正确合格，或核对其质量或数量所需要进行的作业
储存	▽	长时间的保管作业
停滞	D	短时间的停顿或保管作业
复合作业	⧇	以检验为主、加工为辅的复合作业

程序分析在制造业一般称为生产过程分析；在服务业称为作业过程分析；用于信息处理业务分析则称为信息处理过程分析或数据流程分析。程序分析一般以工序为最小单位进行分析，主要包括以产品为对象的产品工序分析、以零部件为对象的工艺流程分析、以厂房和设备布置为对象的平面流程分析、以物料运输为对象的搬运分析等内容。

（一）产品工序分析

产品工序分析是以产品为对象，对产品生产过程进行的总体分析。其目的是了解从原材料投入开始到制成成品为止的整个生产过程有多少个生产环节、由多少个工序组成以及加工顺序如何等，以便从全局出发分析问题，从中发现是否有不必要的工序、不合理的操作程序和操作方法，为进一步改进生产作业过程指明方向。绘制工序分析图时只用加工和检验两种符号，用垂直线表示生产的进程，用水平线表示零件加入装配的工序。

［**例 7-1**］　试对西餐豆腐汤制作工序进行简要分析。

解　西餐豆腐汤制作工序分析如图 7-3 所示。具体过程从略。

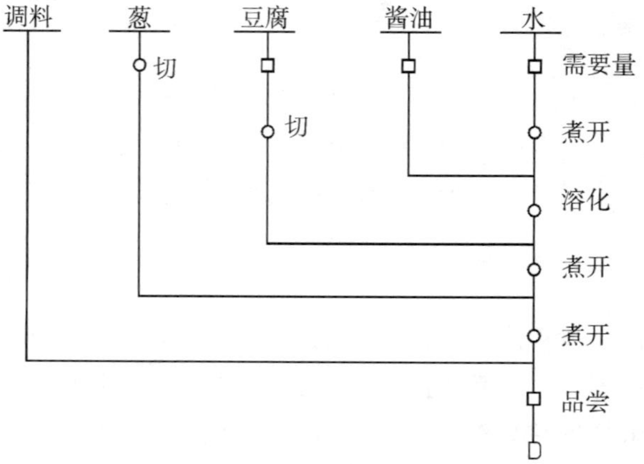

图 7-3　西餐豆腐汤制作工序分析示意图

（二）工艺流程分析

工艺流程分析是以零部件为对象的局部分析，是总体分析的具体化。它是运用加工、搬运、停滞和检查四种符号对零件从毛坯开始到完成为止，按工艺顺序流动的全部生产过程进行记录和分析。工艺流程分析的内容包括物品流动数量、搬运的距离、消耗的时间、工艺方法、作业地点、作业人员、使用的设备、工艺装备等。工艺流程分析是生产过程分析中的一项基本分析，常用流程分析图来进行分析。

［**例 7－2**］ 某零件仓库入库操作的活动顺序是从货车上卸下零件箱子、点数、检查、打标记、入库。具体过程是：箱子从车尾滑下后，被一一垛起，等待开箱；然后，搬下、开箱，取出送货单，把箱子装上手推车，推到收货台旁边的地上；稍等片刻之后，开箱取出零件小盒，从小盒中取出零件，对照送货单点数；然后将零件放回小盒，小盒放回箱子，把箱子放在收货台的另一侧，等待运往检查台；运到检查台之后，放在地上，与收货台操作一样，取出零件，检查、测量，再放回箱子；片刻之后，将箱子运往打印台，拆箱、点数，再放回箱子，再等待，用手推车运到仓库，存进储存室以待发送装配车间。零件入库操作的过程如图 7－4 所示。试用流程分析图对其进行工艺流程分析。

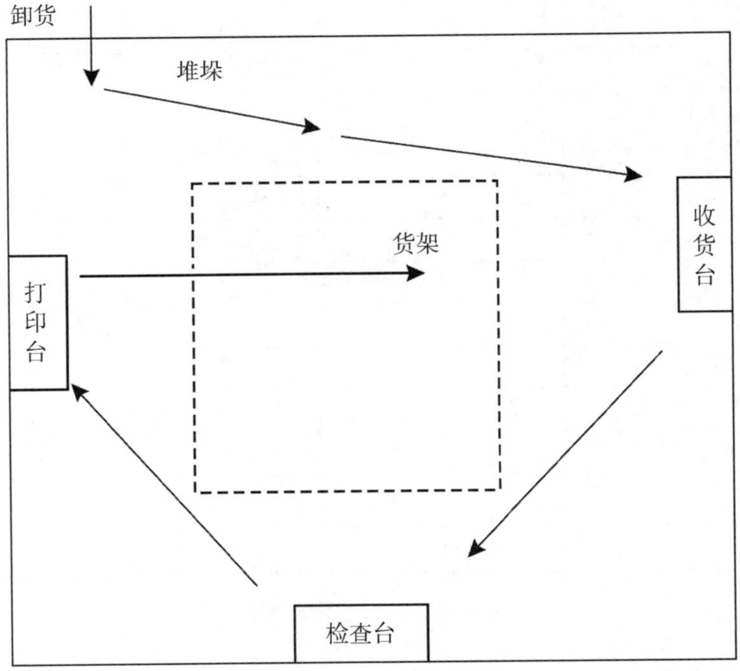

图 7－4 零件入库示意图

解 对上述工艺流程进行分析的结果如图 7－5 所示。

这本是原来习以为常的入库操作，但经过图 7－5 的分析，问题就马上显露出来，具体改进结果见图 7－11。

活动	距离（米）	时间（分）	符号表示 ○	⇨	D	□	▽
卸货，置于斜板	1.2			●			
滑下，码垛	12.0	10		●			
等待开箱		30			●		
卸垛			●				
拆箱，取出送货单		5	●				
搬到手推车上	1.0			●			
运到收货台	9.0	5		●			
等待卸下		10			●		
置于工作台	1.0	2		●			
取出零件，检查		15				●	
放回箱子				●			
置于手推车上	1.0	2		●			
等待搬运		5			●		
运到检查台	16.5	10		●			
等待检查		10			●		
取出零件						●	
检查，放回	1.0	20					
等待搬运		5			●		
推到打印台	9.0	5		●			
等待点数		15			●		
取出小盒，取出零件			●				
点数，放回		15				●	
等待搬运		5			●		
运到储存室	4.5	5		●			
保存							●
合计	56.2	174	3	10	7	3	1

图 7-5　入库工艺流程图

（三）平面流程分析

平面流程分析是在工艺流程分析的基础上，进一步分析产品（零件、部件）和作业者在生产作业过程中的移动路线是否合理，其目的是改进厂房、设备等设施的布局。平面流程分析是在工厂或车间平面图上，用符号和连接线标出被研究对象的移动路线，作出平面流程图。从图中可以直观地分析厂房、设备和各工作地与研究对象之间的相互关系，从而发现问题，以求改善。图 7-6 是一个简单的 U 形生产线平面流程示意图。

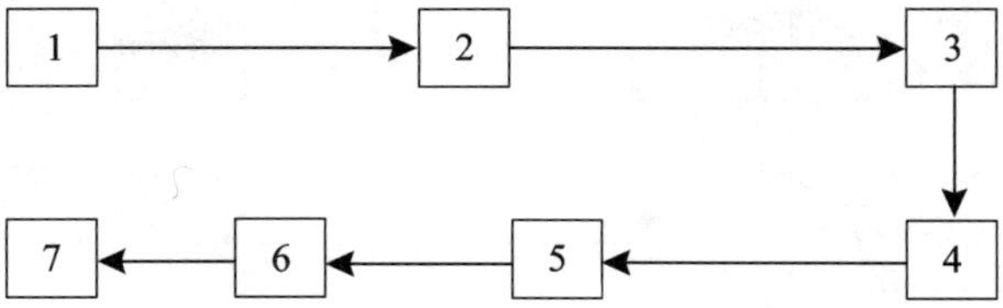

图 7－6　U 形生产线平面流程示意图

（四）搬运分析

搬运分析是在收集现有物料运输路线、运量和运距等有关数据的基础上，画出生产场所现有的平面图及布局，把现有的物流过程在图上标出，然后，分析研究生产过程中物料流向、流程和效率，并研究采用什么手段、使用何种搬运设备更有利于提高搬运功效，从而达到减少搬运成本费用的目的。搬运活性分析是其中的基础工作，主要指标是搬运活性指数，即物品存放状态对搬运作业的难易程度（见表7－2）。

表 7－2　搬运活性指数

活性指数	物品状态	作业说明	需要作业数
0	杂乱地堆在地面上	集中、搬起、升起、运走	4
1	装箱或经捆扎后的状态	搬起、升起、运走	3
2	箱子或被捆扎后的物资，下面放有枕木或其他衬垫，便于叉车或其他机械作业	升起、运走	2
3	置于装卸、搬运机械上，可即刻移动	运走	1
4	被装卸、搬运的物资，已经被直接作业		0

在实际工作中，对于以搬运、装卸、运输为主的作业，如物料仓储、配送中心的工作等，通常采用平均活性指数方法来说明和分析物资搬运的灵活程度。平均活性指数方法对某一物流过程物资所具备的活性情况累加后，计算平均值，一般用 δ 表示，以它的大小来确定是否改变搬运方式。例如：

（1）当 $\delta<0.5$ 时，所分析的搬运系统半数以上处于活性指数为 0 的状态，即大部分处于散装情况，其改进方式可采用物料箱、推车等存放物资。

（2）当 $0.5<\delta<1.3$ 时，说明大部分物资处于集装状态，改进方式可采用叉车和动力搬运车。

（3）当 $1.3<\delta<2.3$ 时，系统大多处于活性指数为 2 的状态，应该采用单元化物资的连续装卸和运输。

（4）当 $\delta>2.3$ 时，则说明大部分物资处于活性指数为 3 的状态，其改进方法可选用拖车、机车车头拖挂的装卸搬运方式。

［**例 7－3**］　某仓库的搬运操作如图 7－7 所示，试分析、改进其搬运活性。

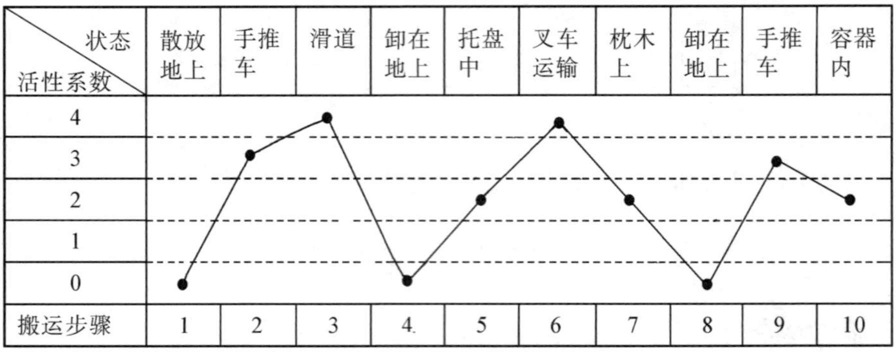

图 7-7　某仓库的搬运活性分析图（改进前）

解　从图 7-7 中可以直观地看出：搬运步骤 1，4，8 的活性指数太低，应该改进。可采用容器、托盘或手推车等盛装方法替代将物料直接散放在地上的做法。

从平均活性指数值来看：$\delta=(0+3+4+0+2+4+2+0+3+2)/10=2$，应该采用单元化物资的连续装卸搬运方法，与图示法的结论相同。改进后的状况如图7-8所示，这时，搬运平均活性指数已经提高：$\delta=(0+3+4+2+4+2+3+2)/8=2.5$。

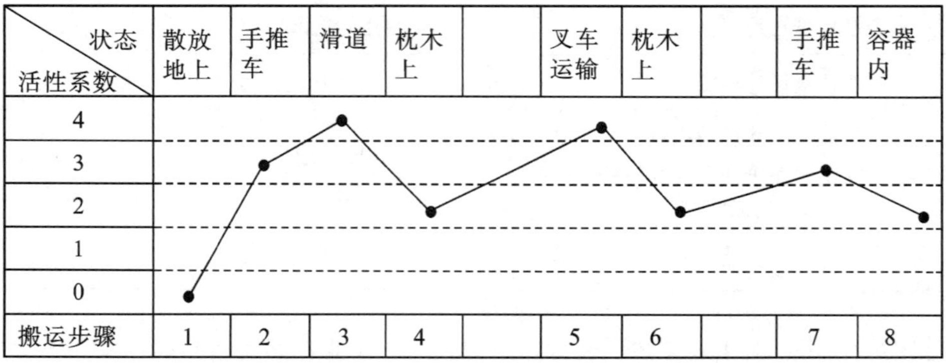

图 7-8　某仓库的搬运活性分析图（改进后）

参考资料 7-2

不同搬运方式的体力消耗与移动重量比较

体力消耗（%）比较见图 7-9。

图 7-9　体力消耗比较

移动重量（%）比较见图 7－10。

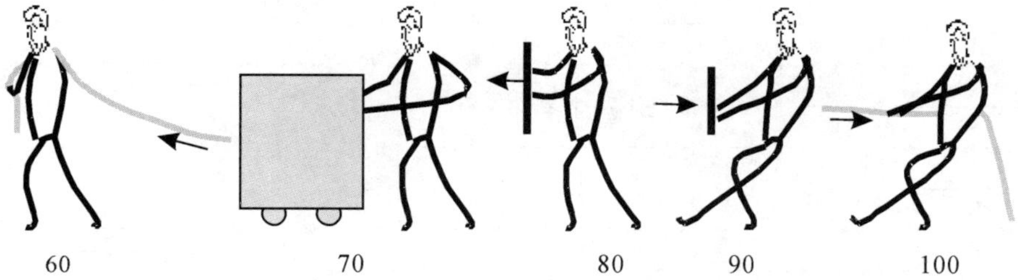

图 7－10　移动重量比较

资料来源：王之泰．现代物流学．北京：中国物资出版社，1995：120.

二、 作业分析

作业（操作）分析是以人为主体，通过研究作业者在工作场所的活动状况，如操作机器、使用工具和移动路线等，对作业者的操作程序、操作方法进行的有关分析，主要包括人机联合作业分析、操作程序分析等内容。

（一）人机联合作业分析

人机联合作业分析是一种观察和分析作业者和机器在同一时间内的工作状况，寻求合理负荷，使人的操作时间和机器的运转时间相互配合协调，从而尽可能充分发挥人和机器的效率的分析方法。目的在于最合理地安排人和机器的负荷率，实现一定条件下的最佳经济效益。

［**例 7－4**］ 某工序人机联合分析内容如表 7－3 所示，试改进之。

表 7－3　人机联合分析表（改进前）

时间（分）	人	机器
1	准备零件	空闲
2		
3	装零件	被装上零件
4	空闲	加工
5		
6		
7		
8	卸零件	被卸下零件
9	休整、存放零件	空闲
10		
利用率	60%	60%

解　连续两次改进的结果分别见表 7－4 和表 7－5，具体过程从略。

表 7-4　人机联合分析表（改进 1）

<table>
<tr><th>时间（分）</th><th>人</th><th>机器</th></tr>
<tr><td>1</td><td>装零件</td><td>被装上零件</td></tr>
<tr><td>2</td><td rowspan="2">准备下一个零件</td><td rowspan="4">加工</td></tr>
<tr><td>3</td></tr>
<tr><td>4</td><td rowspan="2">空闲</td></tr>
<tr><td>5</td></tr>
<tr><td>6</td><td>卸零件</td><td>被卸下零件</td></tr>
<tr><td>7</td><td rowspan="2">休整、存放零件</td><td rowspan="2">空闲</td></tr>
<tr><td>8</td></tr>
<tr><td>利用率</td><td>75%</td><td>75%</td></tr>
</table>

表 7-5　人机联合分析表（改进 2）

<table>
<tr><th>时间（分）</th><th>人</th><th>机器</th></tr>
<tr><td>1</td><td>装零件</td><td>被装上零件</td></tr>
<tr><td>2</td><td rowspan="2">休整、存放零件</td><td rowspan="4">加工</td></tr>
<tr><td>3</td></tr>
<tr><td>4</td><td rowspan="2">准备下一个零件</td></tr>
<tr><td>5</td></tr>
<tr><td>6</td><td>卸零件</td><td>被卸下零件</td></tr>
<tr><td>利用率</td><td>100%</td><td>100%</td></tr>
</table>

（二）操作程序分析

操作程序分析常常用操作程序图来进行。具体做法是将作业者在工作地上左、右手的动作，按其发生的先后顺序加以准确的记录，然后通过分析，减少不必要的无效动作，或者减轻、消除某些容易使人产生疲劳的动作。

操作程序分析图与工艺流程图类似，所不同的是它将左、右手的动作分别进行统计、分析。具体样式可参见图 7-5。

三、 动作分析

动作分析是指对操作人员的基本动作要素（动素）进行分析，按照动作经济原则要求对不合理、不经济的动作进行改进。目的在于减少无效动作和减轻工人的疲劳，寻求更省力省时的动作，并力求动作的标准化，以提高工作效率。动作分析在大量、反复作业中显得尤为重要，有时即使是细小动作的改进也会带来很大的效益。由于在手段上经常利用摄像和摄影技术来记录作业者的操作过程，动作分析有时也称为“微动作研究”。

（一）动素

“动素”（therbligs）一词，由动作研究的创始人吉尔布雷斯（Gilbreth）发明，是指按照人体动作目的分成的运动段或运动组，可理解为最小的功能动作。共有 18 个基本动素，即伸手、放手、抓取、握持、移物、装配、应用、拆卸、检查、寻找、发现、选择、定位、预定位、计划、休息、延迟和故意延迟。为了记录方便，各个动素都有专门颜色、符号和字母。应用动素可以更加精确、细致地分析操作动作。

（二）动作经济原则

动作经济原则是关于设计作业动作的基本原理，可用于指导设计简单容易、操作方便又不易疲劳的动作。动作经济原则大致可以分为五类。

（1）关于人体动作：应尽量使用双手对称的动作，两手同时操作或交替操作；作业动作宜采用最低级别的身体部位进行，如手的运动可以分为手指、手腕、前臂、上臂和肩臂五个部位进行，采用手指、手腕完成的动作可以达到简便省力的效果；注意动作的节奏；多采用利用人体重力或使用脚的动作；动作距离要短，尽量采用连续的曲线运动，避免急剧转向的动作。

（2）关于工作场所：工作地的活动范围要便于操作；物料和工具应放在固定位置，能随手拿到，这样可以节省时间和体力；工作台面高度要与人体高度相适合，座椅式样应有利于作业者保持良好的姿势；工作环境应有良好的通风、色彩、采光，以利减轻工人的疲劳。

（3）关于工具、设备的设计：尽可能设计使用手以外的其他部分进行操作的机械；尽量把两种以上的工具组合起来；设备的操作部位要便于作业者操作和目视；充分利用力学原理来设计工具，如手柄的接触面应大些。

（4）关于物料搬运：物料运输距离要短，应尽量利用机械装置传送物品；运送要及时，不积压，不短缺；运送方式要经济合理。

（5）关于节约时间：尽可能设计节省时间的动作；操作方法要简单明确，程序合理，连续性强；不必要、不合理的动作要尽量减少；能用机器操作的动作尽量设计机器操作，以减少劳动强度，节约人力和时间。

四、 改善原则

经过上述程序分析、作业分析、动作分析等内容之后，下一步的工作是评价和改善原来的工作程序或操作方法，并建立新的程序或方法，这是运用方法研究的关键步骤。这时，要遵循“取消、合并、重排、简化”的原则。一般与“六何（5W1H）分析法”结合使用，如表7-6所示。日本企业在应用该方法时，对每一项目都要问5次“为什么”，改进的效果非常显著。

表7-6 六何分析法和四种改善原则

“六何”	现状	为什么	能否改善	结论	改善原则
原因（why）	必要性	理由	有无新理由	新理由	取消（eliminate）
对象（what）	干什么	为什么干	能否干别的	应该干什么	合并（combine）
地点（where）	在什么地方	为什么在此地	能否在别处	应该何地	重排（rearrange）
时间（when）	在什么时间	为什么是此时	能否不在此时	应该何时	
人员（who）	由谁干	为什么是他	能否不是此人	应该是谁	
方法（how）	怎样干	为什么如此	能否用其他方法	应该如何干	简化（simplify）

按照上述方法，我们对例 7－2 中各项活动的目的、地点、顺序、人员、方法进行重新审视，经过取消、合并、重排、简化等多次改进之后的结果如图 7－11 所示。

活动	距离（米）	时间（分）	符号表示				
			○	⇨	D	□	▽
卸货，置于斜板	1.2			●			
滑下	6.0			●			
搬到手推车上	1.0	5		●			
置于工作台	6.0	5		●			
拆箱		5	●				
推向检查平台	9.0	5		●			
等待卸车		5			●		
取出零件，检查，点数		20				●	
装箱			●				
等待搬运		5			●		
运到储藏室	9.0	5		●			
保存							●
合计	32.2	55	2	6	2	1	1

图 7－11　改进后的入库工艺流程图

从图 7－11 中可以看出作业效率大大提高：检查操作从原来的 3 次减少为1 次；搬运从原来的 10 次减少为 6 次；等待从原来的 7 次减少为 2 次；搬运距离从 56.2 米减少到 32.2 米；操作时间从原来的 174 分钟减少到 55 分钟。

参考资料 7－3

电话的发明者

如果问起电话的发明者，很多人都会脱口而出，是亚历山大・贝尔。这似乎是一个人人都知道的常识。可却鲜有人知道，当年，就在贝尔宣布他发明了世界上第一部电话机，并为这项轰动整个科学界的发明申请专利时，一位名叫莱斯的科学家却向美国最高法院对贝尔提出控诉，声称电话机的发明权应该归他所有，贝尔剽窃了他的发明。

此事关系一项重大发明的发明权和当事人的名誉权，法院不得不进行认真严肃的调查，并请有关科学家对贝尔和莱斯各自的申诉进行鉴定。

调查和鉴定结果证明，在贝尔之前，莱斯确实已研制成功一种利用电流进行传声的装置。这种装置能把声音传到 1 000 米以外。但是这个装置仅能单向传送，不能互相交流，而且声音断断续续，根本不实用。而“贝尔电话”却可以流畅地进行双方通话。于是，法院和科学家都断定，莱斯的装置还不能称为电话机，贝尔才是电话发明专利的拥有者。可是莱斯还是不服气，坚持声称贝尔剽窃了自己的发明。

贝尔没有说话，只是微笑着，当着法官和莱斯的面，从怀里掏出一把小螺丝刀，把“莱斯装置”上的一颗螺丝钉往里拧了1/2圈——大约5丝米。只是5丝米，5个万分之一米，也就是半毫米，“莱斯电话”居然可以进行双方通话了！如此神奇的变化让在场的所有人都目瞪口呆。

莱斯感慨地说：“我当时以为做得差不多了，谁知道却在离成功5丝米的地方失败了，我将终生记住这个教训。”他坚决拒绝与贝尔共享专利。

中国有句古话：“失之毫厘，谬以千里。”西方的谚语也说：“丢失一个钉子，坏了一只蹄铁；坏了一只蹄铁，折了一匹战马；折了一匹战马，伤了一位骑士；伤了一位骑士，输了一场战斗；输了一场战斗，亡了一个帝国。”一个小钉子可以动摇一个帝国，航天飞船、摩天大楼的设计即使有0.001的误差，也有可能造成灾难性的悲剧。

资料来源：杨钢．第一次把事情做对．北京：新世界出版社，2011：106-107.

第3节　时间研究

管理心法

多少事，从来急；天地转，光阴迫。一万年太久，只争朝夕。

——《毛泽东诗词集》

没有眼睛向下的兴趣和决心，是一辈子也不会真正懂得中国的事情的。

——《毛泽东选集》(第一卷)

时间研究，也叫工作衡量、作业测定或工作测量，是在方法研究的基础上，运用时间研究方法和技术来确定完成某项工作需要的时间。其基本要求是：在符合标准的工作地上采用标准的工作方法对合格的操作者完成规定的工作任务所需的时间进行测量。时间研究的目的是确定完成该项工作的标准时间，这种时间称为时间定额或工时定额。

从图7-1中，我们已经知道时间研究主要包括工作日写实法、工作抽样法、测时分析法、预定时间法和标准数据法等五种方法。

一、工作日写实法

工作日写实法是对一个工作班次内的工时利用情况，按时间消耗顺序进行实地观察、记录和分析的方法。具体做法是将作业者在工作轮班中的全部工作内容和时间消耗，按时间顺序记录下来，然后进行整理分析，找出工时损失原因。工作日写实的资料经过整理分析，可以作为制定布置工作地的标准时间、休息与生理需要的标准时间、准备与结束的标准时间的依据。表7-7和表7-8分别是某机械加工车间个人工作日写实记录表和工时消耗汇总分析表。

表 7-7　某机械加工车间个人工作日写实记录表

编号	项目	起止时间	延续时间(分)	产量	时间代号	备注
	开始工作	8：00：00				
1	看图纸	8：07：00	7.0		11	
2	准备工具	8：08：18	1.3		41	
3	取车刀	8：13：36	5.3		71	
4	磨车刀	8：19：42	6.1		52	
5	安装零件	8：20：48	1.1		31	
6	启动车床	8：21：30	0.7		32	
7	第一次车削	8：33：54	12.4		21	
⋮						
101	清理车床	16：41：12	9.2		43	
102	交完工零件	16：48：12	7.0		17	
103	交图纸	16：51：18	3.1		14	
104	收拾工具	16：52：30	1.2		41	
105	洗手	16：55：12	2.7		61	
106	停止工作	17：00：00	4.8		61	

注：实际的记录表上还应有记录人、被记录人、日期和有关工作性质、环境等信息。

表 7-8　某机械加工车间工时消耗汇总分析表

时间分类		工作内容	时间代号	实际工时			设计工时			应缩短工时(分)
				平均时间(分)	占全部时间(%)	占作业时间(%)	平均时间(分)	占全部时间(%)	占作业时间(%)	
准备和结束时间		了解图纸	11	7.0			7.0			0
		⋮								
		合计	1	18.3			10.1			8.2
作业时间	基本时间	机器工作	21							
		机手并动工作	22							
		手动工作	23							
		小计	2							
	辅助时间	装卸零件	31							
		启动车床	32							
		⋮								
		小计	3							
	合计									

续表

时间分类		工作内容	时间代号	实际工时			设计工时			应缩短工时（分）
				平均时间（分）	占全部时间(%)	占作业时间(%)	平均时间（分）	占全部时间(%)	占作业时间(%)	
照管工作地时间	组织性	准备工具	41							
		⋮								
		小计	4							
	技术性	更换刀具	51							
		⋮								
		小计	5							
	合计									
总计时间										

二、 工作抽样法

工作抽样法（work sampling system），也叫瞬时观测法，它是由研究人员选择随机时刻对现场操作者或设备的工作情况进行瞬时观察，记录其从事某类工作的次数，然后运用数理统计等方法，通过可靠度和准确度计算，推定观察对象的整体工作状况。其结果可用于制定时间定额中各类工时消耗的比例，为确定作业标准时间提供依据。

工作抽样法的特点是采用非连续性观测方式，不是记录观测的时间，而是记录对观测到的事件性质（如工作还是停工）作出的判断结果，所以，具有操作方便、简单省时等优点。表7-9是观测次数参考值。

表7-9 观测次数参考值

研究目的	观测次数
调查和发现工时利用的一般问题	100～500
特定管理目的，如分析停工原因	600
特定活动分析，如准备时间的比率	2 000
调查人与机器的开动率	4 000
高精度地确定标准时间	10 000及以上

由于此方法的观测内容集中在研究对象的状态，即工作或不工作，因此，它特别适合工作内容多样而又不固定的办公室人员的时间分析。表7-10是一个简单示例。

表 7-10　办公室工作观测表

公司：　　　　　　部门：　　　　　　类别：

工作内容		第 1 次	第 2 次	第 3 次	…	总次数	所占百分比(%)
生产性活动	书写						
	整理文件						
	打字						
	记录						
	谈业务						
	接打电话						
	思考						
	传送材料						
	开会						
	⋮						
	合计						
	所占百分比(%)						
非生产性活动	空闲						
	等待复印						
	等待信息						
	等人						
	⋮						
	合计						
	所占百分比（%）						
总计							
所占百分比（%）							

三、 测时分析法

由于测时分析法（time study system）的主要工具是秒表，因此，也称为秒表测时法。它一般以工序为研究对象，运用时间测量工具直接测量某个工序完成某项工作的各个操作单元所消耗的时间。测量工具通常使用十进制分钟秒表和十进制小时秒表。

运用秒表测时法进行时间测定的基本程序如下。

（1）确定工序作业的标准操作方法；

（2）将操作过程分解成若干小的单元，并确定“定时点”，即前一个操作单元结束、后一个操作单元开始的分界点；

（3）用秒表测量每个操作单元的时间，重复测量多次并计算出平均值；

（4）将各个单元的时间平均值相加，即可得到该工序操作过程的观测时间值。

表 7-11 是一个测时记录表示例。

表 7-11 某零件加工过程测时记录表 单位：分钟

序号	工序	定时点	测定时间	第1次	第2次	…	合计	平均	影响因素
1	上零件	手离零件	终止	0.10	1.51		0.92	0.115	毛坯重量0.5kg 移动距离0.8m
			延续	0.10	0.11				
2	固定零件	手离扳手	终止	0.35	1.78		1.73	0.247	
			延续	0.25	0.27				
⋮									
9	取下零件	手离零件	终止	1.40	2.75		0.41	0.059	移动距离0.8m
			延续	0.05	0.04				
合计								1.368	

从表 7-11 中可以看出，加工该零件的操作时间为 1.368 分钟。对这个观测时间进行分析评定，可以制定出标准时间，其计算公式为：

$$标准时间=观测时间\times评定系数+宽放时间$$

式中，评定系数以工人的平均水平为基准，如果被测定人员的水平或测定结果优于工人的平均水平，该系数应大于1；反之，则小于1。

四、 预定时间法

预定时间法（predetermined time system），又称为动素时间标准法，简称动作时间法。其原理是先把作业过程的操作分解成若干基本动素，对这些基本动素进行详细的观测，然后列成基本动素的标准时间表。当要确定某项工作的作业时间时，只需把完成作业任务的操作过程分解成这些基本动素，然后查出这些基本动素的标准时间，并将各种动作时间值累加，求得作业的正常时间值，再加上宽放时间，就可以得到标准作业时间。

在应用中，常用的方法有：时间衡量法（methods of time measurement，MTM）、工作因素法（work factor method，WF）和模特排时法（modular arrangement of predetermined time standard，MODAPTS）等。其内容专业化程度较高，在这里就不详述了。

五、 标准数据法

标准数据法（standard date system）是在对由许多作业部门或作业内容组成的工作系统进行研究时，选择典型、关键的操作进行时间测定，并结合有关数学方法，在工作系统中建立起每项作业时间值的标准数据系统，然后用这种标准数据来综合测定各种工作的标准时间。

标准数据法与预定时间法有相似之处，但又有区别。预定时间法积累的是动素时间数据，而标准数据法所积累的是作业要素的时间数据。在利用标准数据法确定标准时间时，修正值可查阅有关资料得到，不需评定；宽放时间的取值方法和测时技术相同。这一方法的优点是可以减少时间研究的工作量，并且由于这套标准数据是在大量研究的基础上积累而成的，因而可以避免数据中的偶然误差，比较可靠。

参考资料 7－4

VR 设备全方位展示赛道

通过三星 GearVR 虚拟现实眼镜，里约的自行车赛道 360 度无死角地呈现在格温·乔占森面前。有了它，乔占森对这条赛道每个平面、每个拐角都了如指掌，获得了一种“近肌肉记忆”，可以在实际比赛中作出快速直接的反应。

30 岁的乔占森两次获得铁人三项世界冠军。铁人三项是最有挑战性的运动之一，而里约的赛道又很难对付。为提高成绩，她的教练请来了虚拟现实专家乔·陈（Joe Chen），此人曾是 Oculus 的产品经理，现在 Vrse 工作——该公司专为传媒巨头制作 VR 电影和 VR 内容。陈飞到巴西，将一堆 GoPro 极限相机固定在汽车引擎罩上，与自行车运动员的视线等高，然后顺着赛道驾驶，进行全方位拍摄，将拍得的素材做成 VR 视频。如此一来，等于将里约赛道放到了乔占森面前。无论身在何处，她随时可以戴上眼镜，熟悉整个赛道，或反复播放片段，研究细节。

乔占森曾参加 2012 年奥运会，但当时因车子爆胎，只得了第 30 名，此次她希望 VR 训练可以将自己送上冠军领奖台。“很难解释它是多么真实。”她说。VR 训练不仅帮助了解赛道，而且让她对场地及各种难关形成肌肉记忆，使反应成为本能。“它帮我建立信心，减少可能出现的意外。”

目前唯一的遗憾是，因为尚未实现整合，这套 VR 技术仅适用于视觉训练，乔占森不能骑在自行车训练台上，一边看着赛道，一边猛蹬。陈希望下一步能打造出整套的 VR 模拟训练系统，应用于成本更高的运动，比如赛车训练。陈认为乔占森胜券在握，因为她面对里约赛道时，就像回到了家，“我们希望达到这种效果，就是她骑行在赛道上时，就像半夜起来去厨房接一杯水喝那样熟悉和自然”。

资料来源：Dawn. 冠军的秘密武器. 读者，2016.

第 4 节　工作环境

管理心法

世界上没有不能分析的事物，只是：一、情况不同；二、性质不同。

——《毛泽东文集》（第八卷）

……要夹紧尾巴，戒骄戒躁，永远保持谦虚进取的精神。

——《毛泽东文集》（第六卷）

工作环境的优劣与现场工作人员的精神状态、工作积极性、身心健康有着密切的关系。有一个好的工作环境，工作效率就高，工作就不易出差错，工作人员也不易疲劳；反之，工作效率就低，工作中易出差错，容易产生疲劳。有专家做过一个实验。实验分两个实验组，一组实验者的作业环境比较恶劣，噪声达 85 分贝以上，通风设备又差，光线主要采用自然光，随天气好坏变化；另一组实验者的作业环境则大大改善，安装了通风、空调设备，室内保持恒温，采用了降低噪声的措施，室内光线的明暗可以自由调节，实验结果见表 7－12。

表 7－12　环境实验结果表

项目	工作环境较差	作业环境改善
工作效率	低	高
指标完成率	91%	124%
产品次品率	18.10%	1.20%
职工斗殴、滋事	8 件	1 件
职工情绪	不满，怨言多，情绪低落	精神状态较好，情绪饱满
工作态度	有消极怠工现象	工作干劲较大
家庭行为	32%的家庭发生争吵	仅 7%的家庭发生矛盾
心理状况	烦躁不安	较稳定

资料来源：嵇国光．现场环境与安全管理．北京：中国计量出版社，2007：3-4.

工作环境是指作业者从事某项活动的空间场所以及这种空间场所对作业者的整体影响。它除了空间的位置、大小和形状外，还包括照明、色彩、噪声、温度、湿度等一系列因素。现在，关于这方面的研究集中在工效学（人机工程学、人因工程学）领域。本文只对照明、色彩、噪声、温度、湿度等相关内容作简要介绍。

一、照明

作业环境常采用三种照明，即自然照明（采用自然光源，即天然的太阳光）、人工照明（采用人工光源，即灯光）和混合照明。因为人们习惯于太阳光谱，在同样强度下自然照明要优于人工照明。随着人工照明范围不断扩大，照明条件对员工的影响和干扰也逐渐增多。

一般来说，照明对员工疲劳状态的影响可以分为两部分。一是照明强度，即光源产生的光线强度；二是灯光（光线）的分配。照明强度不够和灯光分配不均匀对员工的视觉会产生以下影响：

- 降低视力，增加视觉疲劳。
- 影响辨别差异速度。
- 影响视觉持久能力，加重视觉器官负荷。
- 影响颜色辨别能力。
- 影响立体视觉。
- 影响视野范围。

因此，防止照明条件产生不良影响的方法也主要是从照明强度和灯光分配两方面入手。防止不良影响的基本原则主要有以下几条。

（1）在不产生眩光前提下，尽量增加照明强度。

（2）尽量避免使用直射光源（易产生眩光），多使用反射和透射光源。

（3）一般不宜用有色光线（会降低视力）。

（4）在光滑表面涂退光漆，降低反射系数以防止反射眩光。

（5）局部照明与全面照明相结合，合理分配灯光，保证足够的照明度。

（6）尽量使工作场所受光均匀，防止过大的对比度。

二、色彩

（一）色彩对人的影响

1. 色彩对人的生理影响

色彩对人的生理影响主要是指对视觉器官生理机制的影响。人最适宜的色彩是淡绿色、黄绿色、浅黄色、蓝绿色、浅蓝色和白色。但无论色彩多么适宜，眼睛迟早都会产生疲劳。这时，可以借助它的补色来延迟和减轻人的视觉疲劳，如蓝绿色与红色、浅蓝色与橙黄色、蓝色与黄色、青色与紫色或绿色、绿色与紫红色都互为补色，具有延迟、减轻或调节视觉疲劳的功能。

2. 色彩对人的心理影响

色彩对人的心理影响突出反映在“感知觉”与“情绪”这两个领域中。

（1）色彩对感知觉的影响。色彩对感知觉能产生较强烈的影响，甚至导致偏见与错觉。主要表现在以下几个方面。

1）对空间知觉的影响。不同的色彩会使人产生空间后退或前进的知觉，即有所谓“后退色”和“前进色”。后退色会使人产生空间扩大的感觉，仿佛空间向后倒退。例如，在房间内的墙壁刷上浅蓝色，人会有空间扩大的感觉。前进色往往使人产生空间缩小的感觉，仿佛空间向前移动了。例如，在房间内的墙壁刷上褐色，人会有空间缩小的感觉。

2）对重量知觉的影响。人们常把某些颜色称为“重色”，把某些颜色称为“轻色”。例如，对重量相同的箱子，箱子外表涂上黑色、褐色，人们会认为重一些，而涂了黄色、白色的箱子则会被认为轻一些。

3）对温度知觉的影响。能产生温暖印象的红色、橙色、黄色等颜色被称为“暖色”，而产生寒冷印象的青色、蓝色等颜色则被称为“冷色”。在空间设计中，人们应用色彩来改变温度感，例如，热的工作间内壁常刷成浅蓝色，使人一进室内就有一种凉爽之感。

（2）色彩对情绪的影响。色彩对人的情绪和心境具有感染作用，它能对人的活动产生更普遍的影响。主要表现在以下两个方面。

1）对兴奋水平产生影响。红色、橙色、黄色称为“强色”，它们都具有刺激作用，可以在某种程度上提高人的兴奋水平；绿色和青色则称为“平衡色”，它与人的兴奋水平相关性不强；蓝色、紫色称为弱色，它抑制人的兴奋水平，使人趋于安静。

2）对心境产生影响。有的颜色会使人产生愉快和欢乐的心境，有的颜色则会使人产生悲伤或忧郁的心境。现实生活中的颜色伴随具体事物或情境而呈现于人的眼前，如红色伴随着火与血，橙色与黄色伴随着太阳，浅蓝色伴随着晴朗的天空，绿色伴随着充满生机的原野。这些组合的不断出现，使人们形成习惯性反应，并由色彩产生一系列联想。

（二）利用色彩的影响

人们在作业过程中，总是要面对一定的色彩环境。如内墙装饰、设备、工作台、工作服、地板、防火用具，以及门口、走廊、休息室、餐厅等都带有一定的色彩。这些色彩的设计对人的生理、心理均会产生一定的影响，因此，我们可以利用色彩的规律来提高劳动生产率和员工的满意度，具体如下。

（1）布置一个舒适的作业环境。色彩对人的空间知觉、冷暖知觉、重量知觉，以及情绪和心境都具有一定的影响。可根据工作特性配以相应的色彩。例如，高温场所用浅绿色或淡青色来装饰有降温之感，在高噪声和拥挤的环境中涂上绿色与天蓝色会令人感到安宁。过分鲜明的颜色会使人倦怠，过分深暗的颜色又会使人感到沉重、压抑，因此，厂房、车间的主色调要避免这两类颜色。

（2）用色彩编码。色彩具有比文字简单、易于迅速识别的特点，企业在设计安全系统时，可用色彩作为编码手段。例如，消防设备涂上红色，危险区涂上黄色等，有助于安全生产。

（3）用色彩降低视觉疲劳。绿色和青色不易使眼睛疲劳，适宜涂在工作场所的大部分表面上，并在其他位置的适当范围涂上相应的补色，预防和减少视疲劳。另外，加强背景与加工物的颜色和亮度的对比关系，使作业者轻松地发现细微的差别，既能保护眼睛，又能提高工作质量。

（4）用色彩调节照明。不同的颜色反射性能不同。白色反射能力最强，通常车间天花板和墙壁上部用白色，使光线充分反射；墙壁下部则用反射系数较小的颜色，以减少眩光。

（5）用色彩突出操作点。用色彩突出按钮、开关、加油点等，把功能相同或相近的一组设备涂成特定的色调，以及把某种颜色涂在工艺管道和煤气罐上，有利于突出工艺过程的特点。

三、噪声

（一）噪声对人的影响

这里的噪声主要是指伴随着工业生产过程，由生产因素而造成的噪声。它不仅污染环境，还令人烦躁不安、注意力分散，影响作业环境的健康。噪声对作业者的影响主要表现在生理影响和心理影响两个方面。

1. 生理影响

噪声对作业者的生理影响主要有以下几方面。

（1）影响作业者的听觉器官，使听力受损或造成耳聋。

（2）影响作业者的神经系统，产生头疼、睡眠不良等症状。

（3）影响作业者的心血管系统，会引起高血压、心脏病等疾病。

（4）影响作业者的消化系统，在噪声下作业，患肠炎和溃疡病的比率比较高。

（5）影响作业者的内分泌系统，会导致体内的电解质失去平衡及血糖水平的变化。

2. 心理影响

噪声对作业者的心理影响主要体现在以下几个方面。

（1）对感知水平的影响。噪声会损害作业者的听觉能力，由于感觉器官的相互作用，噪声也会影响作业者的视觉能力，导致视力下降和视觉模糊。

（2）对反应时间的影响。噪声会使作业者对信号的辨别反应时间下降。

（3）对情绪的影响。噪声会使人烦躁不安、多疑，情绪不稳定，注意力分散，增强对工作单调的厌倦性，导致身心疲劳。

（4）对人际关系的影响。造成人际交往次数和时间的减少，不利于人与人之间感情的发展。

（二）控制噪声的方法

由于噪声对作业者的生理、心理状态具有广泛的影响，它必然会随着作业者疲劳的加剧和满意感的下降而导致生产效率的下降，甚至发生事故，因此，必须对噪声加以控制。主要的方法是消除噪声源和保护作业者。前者需要从作业场所搬出发出噪声的机器，或设计新的噪声低的机器，或在发出噪声的区域安装隔音设备和材料。一般来说，这些方法技术复杂，成本较高。后者可用防震耳塞、耳套或头盔等个人隔音工具来保护作业者的健康。这些防护方法简单、成本低，但使用时普遍令人感到不舒适。

四、 温度与湿度

温度与湿度不合适也会引起不良情绪，使人出现全身乏力、工作动机下降、工作效率波动等现象。

在作业环境中实测的气温为绝对气温；而在作业环境中，温度、湿度、空气流通的相互作用而产生的人们对气温的知觉可看作有效气温。在作业过程中，温度升降对作业者所产生的影响并非取决于绝对气温，而是取决于有效气温。表 7－13 是我国一些建筑物内的最佳温度范围标准。

表 7－13 我国一些建筑物内的最佳温度范围标准

建筑物	最佳温度范围（℃）
学校教室	18.3～21.1
医院病房	21.1～22.2
剧院、电影院	18.3～20.0
食堂	18.3
工厂车间	12.8～18.3
住宅	18.3

使作业者维持正常工作能力并保证安全生产的气温范围为气温阈限。气温阈限随着工作性质的变化而变化。例如，手表装配工的工作能力主要表现为手指灵巧度，这种能力随着手部皮肤温度的变化而波动。当手部皮肤温度低于15℃时，手指灵巧度与动作精确性就会明显降低。

温度和湿度对作业者的影响目前主要体现在高温环境。生产作业中的高温，不仅是因为季节性自然条件的变化而形成的，还因为工作中存在着种种热源，如高炉、高温的工作物（如铸件）、蒸汽管道或散发性蒸汽等工作性热源。高温对人体的影响也分为生理和心理影响两个方面。

（1）高温对生理的影响表现在：高温条件下，人体的大量排汗会导致失盐、失水、汗腺疲劳等症状，甚至使人没有能力坚持工作。一般情况下，人在20℃左右的环境中工作，会感到舒适，但当温度升高到45℃时，由于血管扩张和出汗，则会感到疲惫、难受。调查证明，高温车间的工人患急性肠胃病的人数要比一般车间多40%，患慢性肠胃病的人数比一般车间要多25%。

（2）高温对心理的影响表现在：知觉判断能力、反应能力、协调能力、动作精确性等下降，注意力涣散，情绪烦躁不安，容易发生事故等。

为了保护员工不受高温伤害，除了在高温季节与高温场所采用必要的降温措施外（如采用风扇、通风口、隔热或屏蔽设备等），还要根据工作性质与气温，及时给员工提供合理的饮料，安排合理的休息时间（或缩短工作时间）。

关键术语

工作研究　基本工作量　方法研究　时间研究　工作环境

小　结

工作研究的重点是协调人-机环境，提高人的素质和系统的适用性。核心是提高效率，改善工作质量，即所谓“没有最好，只有更好”。因此，它需要综合运用各类知识，实现技术与管理的有机结合，而不能只把它单独看作一种技术手段。否则，运用效果不仅会大打折扣或归于失败，而且会适得其反，易形成员工的抵触或对立情绪，这体现出明显的“双刃剑”特点。这是学习和运用工作研究理论的重要前提。

思考题

1. 试分析24式简化太极拳的“野马分鬃”动作中含有哪些动作经济原则。

2. 阅读小说《目标》（高德拉特，电子工业出版社，2006），讨论其中的瓶颈问题解决方法。

3. 试运用“六何分析法”对例7－2进行分析。

4. 运用程序（过程）分析符号，描述、分析自己的做饭、炒菜过程，看看有无改进之处。

5. 自备秒表或电子表，对所在班级或单位的上课、上班情况进行写实分析，看看能够发现什么问题（最好进行同类课程或工作比较）。

6. 试运用照明、色彩等技术和方法对所在的工作和学习场所进行重新设计。

7. 王先生早上上班经常迟到。图 7－12 是他从起床到上班的活动分析，请帮助他进行改进。

活 动		距离（米）	时间（分钟）	符号表示				备 注
				○	⇨	□	▽	
1	起床		0.30	●				卧室
2	去更衣间	15	0.15		●			
3	穿衣服		2.00	●				
4	去厕所	10	0.10		●			
5	大小便		5.00	●				
6	去盥洗室	5	0.05		●			
7	洗脸		5.00	●				
8	去厨房	10	0.10		●			
9	烤面包		3.00				●	等待烤好
10	吃早餐		10.00	●				
11	去更衣间	5	0.05		●			
12	穿西服		5.00	●				
13	去书房	15	0.15		●			
14	取皮包		2.00			●		检查文件
15	出门	10	0.10		●			
合计	活动数量			6	7	1	1	
	距离（米）	70			70			
	时间（分钟）		33.00	27.30	0.70	2.00	3.00	

图 7－12　王先生活动分析示意图

案例讨论

案例一

每锹的铲掘量该多大？

常听人说：“效率是干出来的。”此话也许没有错。然而，有些活计人们辛辛苦苦干了一辈子，效率仍然低下，这就值得做点研究了。

人们司空见惯的铲掘活计便是如此。开河凿井，筑路修桥，移山采矿，建屋造楼，几乎都离不开铲掘活动。于是，出现了专门从事铲掘活计的铲掘工。显而易见，铲掘工的铲掘经验和技能比起其他人来要丰富得多，不过他们的经验或技术未必都科学。比方说，有些铲掘工喜欢使用自己那固定大小的铁锹，有时用来铲矿石，以至于每锹重达 30 多千克，有时又用来铲煤屑，每锹铲掘量也许不足 5 千克。在前一种情况下，铲掘工超负荷干活，以致干不了一整班的活；而在后一种情况下，由于负荷低到了荒唐的程度，显然也不可能干满一天的工作量。对此，泰勒分析说，“在单凭经验办事这种观念完全占统治地位的情况下”，包工头们是不会“有意识地去探索什么是铲掘科学基础”的。

发现铲掘中也有科学，提出并研究“一个头等铲掘工每天的操作量每锹是5磅[①]、10磅、15磅，还是20磅、25磅、30磅或40磅”这个问题的，正是泰勒。他还说：“这样的问题只能通过仔细的实验才能得到解答。”

泰勒的铲掘实验是在伯利恒钢铁公司进行的。当时在伯利恒钢铁公司的工地上，大致有600个铲掘工，他们分散在长约2英里[②]、宽约半英里的工地上从事铲掘工作。泰勒发现，原先的铲掘管理过程中有不少缺点，例如：管理层没有科学地制定和应用有效的工作定额，没有对各个作业流程进行全面的研究，不恰当地把工人安排去做那些同他们的能力或性格不相称的工作，管理的实施是以过去的经验或约略的估计为依据的。在这种情况下，工头和工人之间有关产量的斗争时有发生。工头往往只是稍加说服，随即强加一系列高压手段，结果引起了更多的怨恨、仇视和斗争的气氛。泰勒认为，要对工人进行有效的指挥，首先管理者要对工人的作业技术较之工人有更多的了解。铲掘实验的直接目标，在于有意识地探寻一种实际的、精确的、可靠的依据，以便科学地制定出铲掘工的劳动定额。

为此，泰勒从600多个工人中选出2～3个头等铲掘工，条件是他们干活能让人信得过。对于某一特定的物料准备一种与之相适应的特定类型的铁锹，不允许铲掘工任意挑选或使用他们自己的铁锹。在逐渐改变铲掘负荷量的条件下，仔细考察和计量当每锹铲掘量为多少时，该铲掘工完成的一天作业量为最大。经过几个星期的仔细计量和记录，结果发现，一个头等铲掘工每锹铲掘量大致为21磅时，他完成的日铲掘量可以达到最佳水平。因为实验表明，“每锹21磅比每锹24磅或18磅能铲掘出更多吨位的东西来”。当然，这里每锹21磅指的是一天的平均每锹负荷量，实际上，在铲掘操作过程中，不必也不可能要求一个铲掘工做到每锹负荷量都正好是21磅，而完全可能出现每锹有3～4磅幅度的变化。因此，实验中关键是精确地计量并记录下每天的铲掘锹数和总铲掘量，这样就可以大大简化实验计量环节。

如果把铲掘工作当作一门科学来研究，就不能仅仅满足于每锹最佳的平均负荷量的测定。泰勒清楚地意识到了这一点。由于其主要目标是达到让600多个工人都能按实验的结果从事铲掘，因此，泰勒又围绕这个目标进行了一系列配套管理措施的变革尝试。

其一，精心设计各式各样的劳动工具，包括铁锹、铁凿、撬棍等，使之规格化。比如，铁锹的大小有8～10种类型，以适用于铲特定的物料，铲矿石用小锹，铲灰土用大锹，每锹所铲的物料不管是什么种类，都大致达到21磅重。

其二，建立大型工具房，使每个工人都有可能拿到一把适用的铁锹等工具。工人必须使用管理人员配定的工具，不允许随意使用自备的铁锹。

其三，用秒表计时，观察并记录铲掘的程序和动作快慢等情况。对于把铁锹插进物料堆的时间，铲物料堆外部边缘的时间，铲木质底或铁质底的时间，以及把铁锹举到一定高

---

① 1磅=0.907千克。
② 1英里=1.609千米。

度或水平距离进而抛送物料的时间，等等，都一一作出实验性精确测量，由此把握随着高度和距离的变化铲掘量所受到的影响。

随后，把摸索出来的铲掘规律，既作为每天指派任务的依据，又用以指导工人以最确切的方式去最有利地使用他们的力气。如果某个工人完不成任务，就派一位称职的铲掘工去仔细地教他，使他懂得这活计该怎么干才能最出色。只要工人们能出色地完成任务，就能保证每天得到优厚的奖酬。

资料来源：瞿宝忠．管理实验启示录．上海：上海科学技术出版社，1989：23-26.

讨论：

你能说出泰勒的实验中包含了哪些工业工程原理和技术吗？

分析要点：

该案例介绍了围绕工作量所进行的分析、改进过程。但是，无论哪一种改进，都需要具体的员工来实行。按照科学管理原理，应该发挥现场每一个人的最大效能。其实质是进行一场“心理革命”。

另外，本案例的分析还涉及第 3 章提出的生产能力公式，以及第 8 章现场管理、第 9 章精益生产的部分内容。指导教师可以灵活应用。

案例二 陈先生的法宝失灵了

陈先生是中国松辽开发区某日资企业电容制造部生产管理课的负责人，最近刚从日本研修生产管理业务回来，虽然只有一个多月的时间，但陈先生自己却感觉不错，认为已经基本学会了日本式的管理方法，并夸下海口说在生产管理上，不管什么人，只要能提出问题，他就肯定能够给出答案。大家戏称他有法宝在手。但在最近的电容试生产中，陈先生的法宝却似乎有些不灵了。

（一）电容制造部的生产问题

陈先生所在部门生产的 MCH 系列陶瓷积层电容，是计算机、精密电器、仪表中大量使用的精密电容。共有 100 多种规格，其主要工艺是在薄薄的陶瓷表面镀上重金属之后，切成宽窄适宜的长方形小条，几十层小条叠压在一起，在两侧涂上焊锡而形成电容半制品，然后再加以测试，将合格者进行编带，成为完整的电容制品（以便于用机器进行自动焊接）。由于其大小只有 3mm×2mm×1mm（长×宽×厚）左右，故操作精度要求较高，除个别工序外，均采用高度自动化的专用机器设备进行，包括计数方法都是采用机器自动计数。需要人工计量时，要用电子秤称出其重量后，根据不同规格电容的单位重量换算为相应数量。

陈先生所在部门的生产工艺是对前面所提到的半制品电容进行测试，然后将合格的电容制品按照顾客所需要的数量和规格编成相应的纸带（K）或塑料带（P），包装后发送给顾客。

由于在测定之前，电容半制品的每个批量为几万至几十万个不等，在生产过程中以及包装之后，电容制品的批量也在 20 万个以上，因此，陈先生认为这是一种品种（规格）

多、机械化程度较高，接近于连续性的生产方式。

自投产以来，出于种种原因，编带设备的综合利用率一直较低，只有 40%左右，与 60%的设计能力相差一大截。因此，工作十分被动。公司上上下下都为此事着急，并且采取了很多措施，如加强操作工人的培训，实行严厉的惩罚方法等，但经过两个多月的努力，仍未能达到月产量 1 亿个的设计能力。

（二）陈先生的法宝

陈先生回来后，经过两个星期的短期调查，很快就使出了他的法宝。在有关人员的帮助下，他将编带作业时间分解如下：

A——基本工作时间；

B——工艺设计不佳所增加的工作时间；

C——作业方法不当而增加的工作时间；

D——设备故障造成的停机时间；

E——操作人员漫不经心所形成的无效工作时间。

显然，应减少或消除 B，C，D，E 部分的作业时间，从而提高作业效率和设备综合利用率。陈先生的法宝如此简单，大家看了都觉得有道理，不免对陈先生刮目相看。

在每周一次的生产准备会上，陈先生慷慨陈词："我觉得现在除了加强人员教育之外，唯一可行的办法就是改进生产作业方法。由于我们生产的产品品种较多，而每个批量的数量较少，因此，设备调整时间占用过多，设备利用率很低，产量也就无法提高。上个月我们将编带操作人员的辅助作业减去不少，产量有所提高，我们可以将这一思路继续改进，即加大生产批量，减少停机等待等非工作时间，这样就可以提高设备利用率，产量自然就可以上去。在具体做法上，可以把编带生产工艺作如下调整"，还画出了草图（见图 7－13 和图 7－14）。

他解释道："在现在的工艺流程中，半制品库中的电容以整袋形式出库，一袋数千个至数十万个不等，编带的批量是 256 000 个/批，多余的电容从机器中排出，以半制品零散数量形式回收入库，等待再次出库编带。在这一过程中，编带机存在排料待工时间，为此而耗费的机器调整时间为 5 分钟/批～10 分钟/批。每天按 18 个批次计算，则花费的机器调整时间共计有 90 分钟/天～180 分钟/天。显然，这是由于设计不周而造成的编带综合利用率低下。如果将这部分时间改为有效工作时间，即将多余的电容继续编带，以合格品形式凑足一个批量后再出厂，根据简单测算，每月可增产 1 500 万个左右。如果这样做可行的话，每个月再加几天班，1 亿个的月计划就可基本完成。"

对陈先生的这种看法，虽然有些人持不同或反对意见，但都无法给出有力的反驳。所以，会上的形势基本上是一边倒。最后决定由陈先生负责实施改进工作。

（三）法宝的效果

经过一个星期的努力，陈先生成功地将生产工艺进行了改进。改进后，生产批量得以提高，物流趋于合理，操作工人的基本工作时间也得到了延长。设备的综合利用率在改进前后的情况如表 7－14 所示。

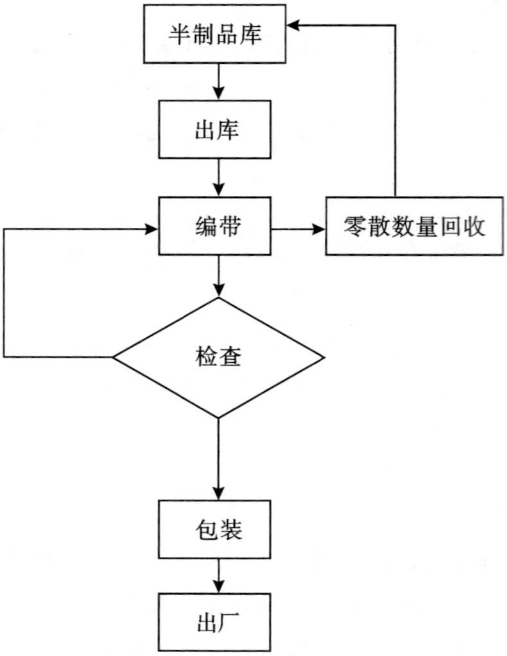

图 7-13　现在的编带工艺

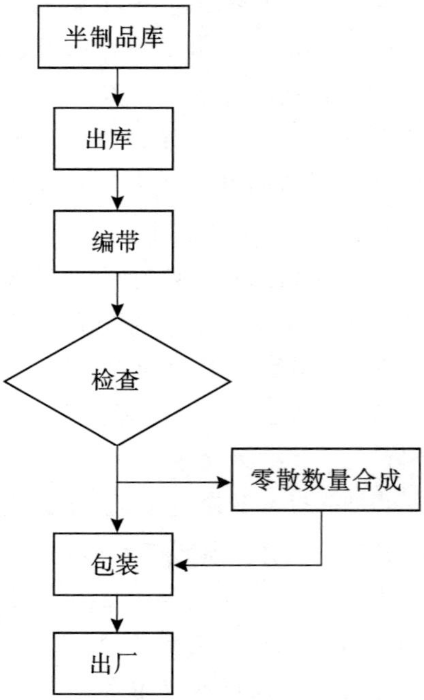

图 7-14　改进后的编带工艺

表 7-14　第一次改进前后设备综合利用率变化比较（%）

编带类型	改进前	改进后	提高	提高率
纸带（K）	41.4	47.0	5.6	13.5
塑料带（P）	32.3	34.3	2.0	6.2

接着，陈先生又根据他的法宝，针对设备维护人员少，设备故障较多，“尤其是塑料带（P）在二、三班几乎没有正常工作过”的问题，建议公司增加设备维护人员，实行三班倒作业，并实施预防性生产维修管理方法，保证设备随时有人维护，基本消除了这一瓶颈。设备的综合利用率在第二次改进前后的情况如表 7-15 所示。

表 7-15　第二次改进前后设备综合利用率变化比较（%）

编带类型	改进前	改进后	提高	提高率
纸带（K）	47.0	48.4	1.4	3.0
塑料带（P）	34.3	41.7	7.4	21.6

经过这两次大的改进，电容的设备综合利用率有了较大的提高，陈先生的法宝也取得了极大的成功。大家看在眼里，喜在心上。因为按照目前的水平，一个月只要再加三四个班就可以完成生产任务了。

陈先生却闷闷不乐，因为按照他在日本学习的方法，通过减少 B，C，D 时间，是完全可以完成生产计划的。现在，B，C 的问题已基本解决，D 则是公司各级管理人员天天现场巡视的主要工作，一旦发现操作工人工作马虎或懈怠，管理人员就会马上对其进行教育，并进行相应的罚款。换句话说，所有能够想到的严格管理办法大家都基本用过了，但效果始终不明显。设备综合利用率没有完全提上来的原因看来出在A上。

工作之余，大家对陈先生的好感逐渐增加，但也对他提出了新的要求。那就是他的法宝能不能让工人不加班也能够完成生产任务。换句话说，就是想见识一下陈先生的法宝到底灵不灵！

（四）法宝失灵了？

陈先生嘴上当然不承认他的法宝失灵了，但没有完全解决问题也是事实。为此，电容制造部又专门召开会议，研究解决方案。

会上，相当多的人赞同陈先生对A的看法，认为60%的设备综合利用率定得偏高，不符合企业的实际情况。主管设备技术的李先生发言："我们的编带操作方法比较复杂，其他公司采用的是大卷，即将十几万个电容编成一卷，我们却是三四千个一卷的小卷。因此，我们的计划标准应该有所降低，不能采用其他公司60%的标准。"

另外一些人也提出了反对意见，认为修改标准不是企业所能够做到的。即使能够修改，这也是上级部门（日本总社）的问题，需要经过几个月的调查、认证工作，不是一件小事，应该慎重处理。而操作工人素质低，对他们进行严格管理则是下一步的工作重点。

为了打破僵局，和操作工人一起加班、倒班的工程监督申先生提出了另一个问题："我们以前一直对编带操作工人实行非常严格的管理方法，动不动就扣奖金、扣工资，效果不能说没有，但似乎没有达到应有效果。我们是不是能够改变一下思路，对工人采取一下奖励的刺激办法？"

接着，他详细介绍了编带操作工人的心理情况：编带操作人员整天站着干活，劳动强度较大，非常辛苦，但与坐着干活的库房、检验人员相比，工资和奖金上却没有大的差别，并且每天都在管理人员的监督下工作。因此，工作已经成了一些人的负担，想提高设备综合利用率的工作积极性几乎没有，而消极怠工的抵触情绪却不同程度地存在。在这种情况下，增加奖金刺激，也许是一个非常有效的办法。

最后，根据申先生等人的建议，决定上报总经理一份以完成编带生产定额为基础的提高编带人员奖酬的办法。基本思路是重奖重罚：完成定额者，重奖；完不成者，不重奖；由于个人原因造成质量事故、生产事故者，不但不奖，反要扣除原有奖金。当然，陈先生等人的意见也同时上报总经理，由总经理权衡。

散会后，陈先生一个人想了好久，问题到底出在什么地方呢？他的法宝怎么会不灵了呢？

说明：该案例系2005年北京大学案例中心评选的十佳教学案例之一。

讨论：

假如你是陈先生的同事，你能说出他的法宝在什么地方有问题吗？他的法宝到底还灵不灵？

分析要点：

该案例基本涵盖了工业工程的主要内容，具体请参见图7-1和参考资料7-1"泰勒的科学管理"。

管理实验　简化个人简历

先写一份自我简历（要求：全面系统地介绍自己），然后参考下面的资料，将其缩减为30字。比较两者的差异，讨论两者的利弊。

写一份30字的简历

上周，朋友发给我一篇文章，说我也可以试试看，于是我就点开看看。

那是一篇名叫《30字的完美个人简历》的文章，大意是说一个面试者在参加面试的时候被要求提供一份30字的简历，但是面试者觉得30字的简历绝对不可能，于是就没有在意，直到去公司提交简历时才发现原来这是一个严肃的要求，面试者辩解说提交30字的简历是不可能的任务，后来，面试官拿出一堆30字的简历，这时，面试者就折服了。然后，面试者悻悻地离去，回去后自己试着做一份30字的简历，最终他作出了一份30字的简历。

这篇文章在最后告诉读者一个道理：我们什么都没看到，就说别人不可能；我们什么都没去尝试，就说这事不可能。其实，我们觉得不可能做到的事情，别人真的可以做到。对一个根本不敢去做的人来说，一切都是不可能。

文章看完了，道理浅显易懂，30字简历的想法也相当有意思，于是便实践一下。

幸好，我一直有修改简历的习惯，所以简历几乎不用作什么大的删改。

关于简历，我在2014年4月的时候就写过一篇文章《给自己"清零"》。那句李笑来老师说的话如今看来还很有力量：如果有一个瞬间，你可以重新认识自己，你居然发现自己可以不用死就可以从头再来，这是一件很神奇的事情。

修改自己的简历就是不断给自己断舍离的过程，丢弃过去讨厌和累赘的自己，轻装上阵。可这次不是修改简历，而是删减简历。看了下我简历的字数，竟然有852字，从852字删减到30字，那得要将多少个过去的自己给杀掉啊！

好吧，无论怎样，既然已经接受挑战，我也懒得废话，该删的就删。

（1）浓缩工作经历，减掉300字。

（2）删获奖经历，减掉70字。简历中的奖要么是前公司颁发的，要么就是大学时获得的。过去公司对自己的肯定不能代表什么，何况有些奖你会莫名其妙地获得，学校的奖励就更不能说明什么了。

（3）删培训课程，减掉100字。首先，几乎所有的培训课程都是前公司提供的；其次，上过什么课程不代表获得什么能力，就像你标记过很多文章，收藏过很多电子书却不曾阅读一样。培训课程在简历中其实也是一个浮云般的存在。

（4）最后只剩下技能和兴趣了，约400字，接下来就是大刀阔斧地删。没办法用数字来说明的删，没办法说明工作能力的删，没办法以小见大的删。

（5）既然字数有限，我就只能放能证明我能力的东西：博客。补一个自己喜欢的口号，来表明一下自己的态度和价值观。

（6）我写过的文章就是我最好的简历。

（7）为方便别人更加了解这份简历的用意，我在简历的下方补了一个"30字简历"的搜索框，表示此简历只有30字，想了解更多可以搜索"30字简历"的文章。

所以，一张852字的简历最后只剩下这么一张图。

陈素封

国企四年

每天千字践行者（11个月）

博客：cnfeat. com

真正的喜欢不需要坚持

字体用的是黑体，整个简历的排版比较素雅直观，一目了然。

最后，如果你也有兴趣做一份30字的简历，不妨试试。

资料来源：一份30字的个人简历，值得一看．（2017-12-28）. https：//www. sohu. com/a/2133448597_785969.

课外阅读资料

资料一

逻辑思考并不是万能的①

一说到思考方式，大部分人都会想到逻辑思考。这种思考方式非常基础，有逻辑性且思路明确，不仅商务世界常用，社会生活当中也有广泛运用。

但是，逻辑思考并不是万能的。这个世界上还有很多无法从正面解决，需要转换思维才能解决的问题。只有当我们突破逻辑束缚、努力探寻史无前例的新想法，不囫囵吞枣，学会提出质疑并加以验证的时候，才能100%地活用逻辑思考，解决各种情况下的难题。这是解决问题的王道，而支撑它的是三个最基本的思考方式。

逻辑思考（纵向思考）

逻辑思考是指将事物各要素有逻辑地进行分解的纵向思考方式。面对一个巨大而复杂的问题时，我们通常会从“如何用简单的单位对问题进行划分”开始，一步步展开思考，直至把问题简化成一个个简单的看到就知道如何处理的步骤。

具体方法有演绎法与归纳法。

逻辑思考是解决问题的最基本武器，这种思考方式把所有人都能理解的客观的正确答案作为问题的终点，而它则作为一个“钻头”，帮助我们开辟通往终点的道路。但是，直直地朝着终点前进未必是最短路径，因为途中可能会有大石头（问题）堵住去路。想要搬开这块巨石（解决问题）要花费巨大的精力，所以万事依赖这种思考方式并不是明智之举。

横向思考（水平思考）

横向思考把目光集中在解决问题的多样性上，然后选出最优方案。使用这种思考方式时，我们会考虑各种可能性，比如“有没有更简单的解决方法?”“如果遇到类似的案例，我该怎么做?”而“答案不是唯一的”“方法总比问题多”“条条大路通罗马”这些耳熟能

① 吉泽准特．解决问题的三大思考工具．南昌：江西人民出版社，2018：24-25，54-61，114-115.

详的话就是横向思考的最好诠释。

横向思考的具体方法有类推思考与假说思考。

横向思考是一种“双筒望远镜”，它帮助我们看清周围，从其他角度看待问题。我们可以选择改变开拓道路的方向、绕过巨石障碍（避开问题），也可以选择减小石头（问题）的体量或数量。不仅可以让选择多样化，而且还可以让方案最优化。

批判性思考（探索性思考）

批判性思考是一种质疑现状，从 why / so what 这两个方面入手，先搞清楚真正想达到的目的，再去寻找解决方案的探索性思考。在已知的前提下思考“问题的本质到底是什么？有没有更具实践性的做法？”并在已知信息基础上自主地确立课题。

批判性思考的具体方法有辩证法与反证法。

批判性思考是一张“地图”，它能帮我们确认眼前的道路是否正确。通过它我们可以判断何时使用“望远镜（横向思考）”观察四周，何时用“钻头（逻辑思考）”开辟道路，从而找到最合适的路线。

根据上述三种思考方式的特点，解决问题的最好方法是：用批判性思考设定最合适的前提，用横向思考从各个案例以及参考信息中找到解决方案，最后，用逻辑思维对各个课题逐一击破。具体分为以下四个步骤：

（1）利用批判性思考从质疑现状开始。

面对问题，第一步是要质疑现状。要放弃自己所获得的信息都是正确的成见！确认思考的前提是否正确。要从识别眼前的信息是“事实”还是“推测”开始。如果是事实，要找到其出处；如果是推测，就要确认它是如何被推测出来的。只有面对正确的问题，才能找到正确的答案。这一步需要我们不停地进行确认，直到自己认同才可以，这个过程非常重要。

这种批判性思考，可以确保思考的前提是正确的，避免我们往错误的方向前进。

（2）利用横向思考寻找周围的相似案例。

没人能保证自己想到的方案一定是最佳方案。相反，把视野拓宽，多听听其他人的想法或事例，很可能会帮助我们找到更好的方案。

这种横向思考可以帮助我们优化方案，找到最适合自己的或最优的解决问题的方法。

（3）用逻辑思考分解问题。

在确定了问题及其解决方案之后，接下来的事情是如何实现方案和目标。这个时候需要用逻辑思考对问题进行分解，将方案细化成行动，让我们看到完成目标的具体方式。

逻辑思考有助于我们细化方案，让行动成为可能。

（4）持续运用上述方法。

上述三种思考方式的应用需要不断实践。这期间可能会出现新的情况，例如在使用逻辑思考对问题分解后，可能还需要我们继续根据出现问题进行批判性思考，再次运用横向思考探索更好的解决方法等。我们需要保持开放的状态，反复进行“用批判性思考分析现状，用横向思考摸索最优路径，用逻辑思考对问题进行分解”的持续改进，反复优化解决问题的方法。在这种程序改进的“商务思考框架模型”下，问题将不再成为问题。

在上述过程中经常使用的具体方法见表 7 - 16。

表7-16 各种思考方式应用中的具体方法

思考方式	切入点	常用方法
逻辑思考（归纳法，演绎法）	广度	MECE，维恩图
	深度	逻辑树，金字塔结构
	排列	IPO，TOC，故事法
	联系	因果关系/相关关系，亲和图法
横向思考（类推思考，假说思维）	灵光一现	头脑风暴
	绞尽脑汁	缺点、期望列举法，SCAMPER
	模仿	感染/模仿法，类比法
批判性思考（辩证法，反证法）	可视法	直方图，BATNA/ZOPA
	对比	利弊分析，一致性/差异性分析，二难推理
	想当然	PAC思考，奥卡姆剃刀，认知偏误

注：MECE（Mutually Exclusive and Collectively Exhaustive，不重复、无遗漏的整理方法）、IPO（Input Process Output，输入加工输出（对工作流程进行整理的思考方式））、TOC（Theory of Constraints，约束理论）、SCAMPER（Substitute，Combine，Adapt，Modify，Put to Other Purpose，Eliminate，Rearrange/Reverse，替换、结合、适用、修正、转换应用、消除、重新整理/颠倒互换（强制大脑进行思考的七种方法））、BATNA/ZOPA（Best Aaternative Negotiated Agreement/Zone of Possible Agreement，最佳替代方案/谈判可能达成协议的空间）、PAC（Premise，Assumption，Conclusion，前提、假设、结论（所有判断都是基于前提和假设做出的思考方式））。

资料二

否定什么与如何否定

根据否定的范围，可以将否定的内容分为下面三种（见图7-15）。

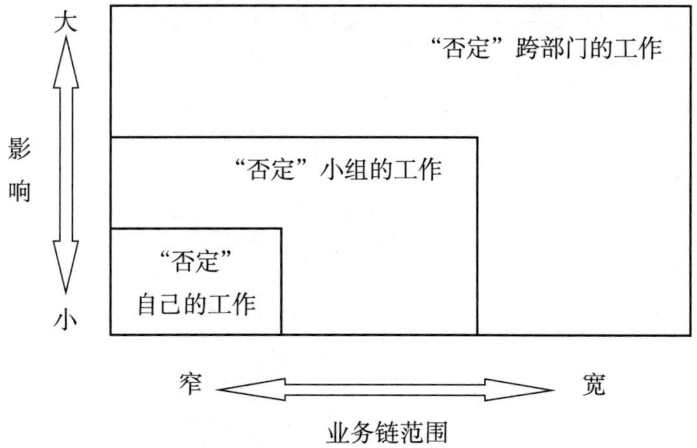

图7-15 “否定”的范围

首先是“自己的工作”，经常检查自己的工作是否有必要，是不是能产生附加价值，这是否定的起点。

其次是“小组的工作”，小组是为了达到某个特定目的而结成的组织，为了提高其工作效率和质量，必须否定现状，努力将小组的工作成果最大化。挑战个人能力所不能及的任务，需要小组划分职能、共享信息、齐心协力才能完成。

最后一个是“跨部门的工作”，即业务链的否定。要经常考虑怎样才能使现在的业务链更完善。业务链牵涉的部门和人员越多，问题就越复杂、越不容易解决。但反之，也正因为如此，解决之后取得的成效才越大。不能因为问题严重就轻言放弃，否定现在的业务链是提高现场力的第一步。

在重整个人工作和业务链时，首先应该问的是“回到企业经营的根本，这个工作需要保留吗?”有很多工作可能在当时曾经有用，但时过境迁已经没有实际意义了。在不能否定自己的工作、由惰性支配的现场，这些现在已经没有必要存在的“工作遗骸”随处可见。

在考虑提高工作效率之前，首先重新确认一下：“这项工作能被取消吗?”这一点尤为重要。就像管理大师彼得·德鲁克说的：“没有什么事比试图提高本来无意义的工作的效率更无效率的了。”

在“否定业务本身”之后应当确认的是“否定业务内容”——即使业务本身是必要的，也会有内容过于烦琐或者有“看人定工作”的情况。在这种情况下，有效使“业务简化”和“业务标准化”，能精简工作中不必要的部分，提高效率和生产力。

最后，应当检查的是“业务如何开展”。现在工作是不是可以由机械或者电脑操作取代呢？本来应该集中在一起管理的业务是否分散在组织各处，引发不同部门的人做同一件事情呢？可以外包出去的工作是不是还在浪费公司内部宝贵的人力资源呢？这些情况可以在“业务自动化”“业务集约化”“业务外包化”等概念的指导下否定现状，以追求更高的效率（见图 7－16）。

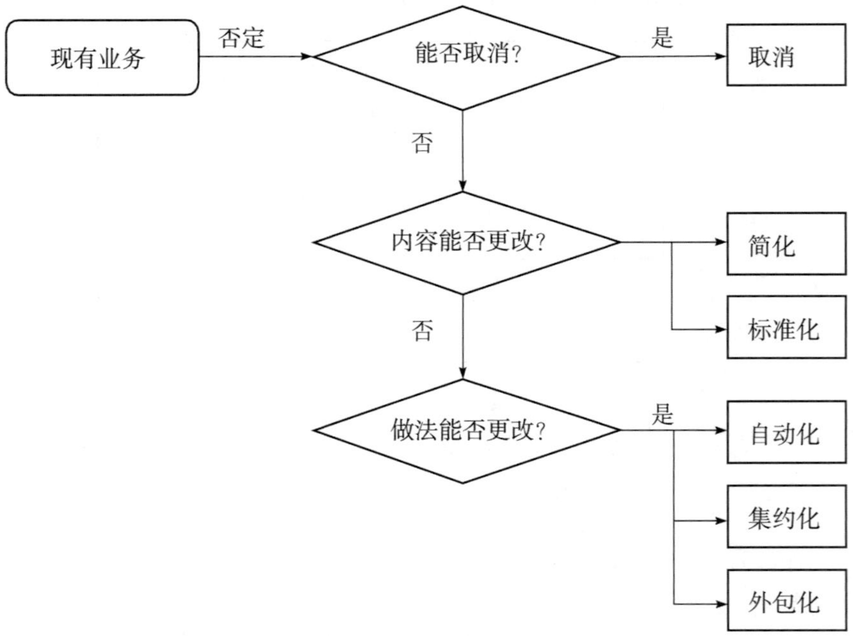

图 7－16 “否定”业务之视点

现场存在大大小小的问题，若是认为“反正就是这样了”而安于现状，那么问题点永远都不会浮出水面。一开始还可能觉得这是一个问题，时间长了人会渐渐习惯，再往后都不认为这是个问题，最后现场就会“沉下去”。

必须铭记：否定是将问题挑出来的螺丝刀。

资料来源：远藤功．现场力．北京：中信出版社，2007：145-149.

08
Chapter

第8章
现场管理

引 例 张女士的朋友

张女士是个事业有成的单身人士。2007年冬天，为了进一步提高自己的管理理论水平，她参加了某高校的高级经理培训班。两个月下来，不仅开阔了视野，理论水平也有所提高，而且结交了一些新的商界朋友。这些都让张女士兴奋不已。

一天早晨，为了节省时间，张女士将被罩放在新买的全自动洗衣机内，按下自动洗衣开关后，就匆匆赶去上课。一个小时后，她刚走进教室，物业就打来电话，说是她家漏水，让她赶紧回去。

张女士赶回家一看，现场的情景让她心里顿时凉了半截。原来，她早上走时将洗衣机的排水管插在了厨房的下水道里，也许是未插牢的缘故，排水管受震动后脱落，将水全部排在了客厅的地板上。看着地面上漂着的各种物品，听着楼下住户的训斥和抱怨，张女士一时间六神无主，赶紧打手机向上课的同学求助。

第一个接到电话的是辽南建筑工程公司的王总经理，他是全班最有成就的同学。上课从不迟到，并且总是坐在第一排。王总听完事情经过，立即低声指示张女士向所在小区物业求救，让他们帮助解决，有事情随时和他联系。

第二个接到电话的是光明律师事务所的赵律师，其逻辑分析水平最让张女士佩服。赵律师接到电话时还未赶到教室。他在了解了大概情况后的第一反应是“需不需要我过去”，大有要马上帮张女士打官司的意思。张女士只能婉言谢绝。

第三个接到电话的是南海物业的李经理，是班上的“老大哥”。他今天正好因单位有事未去上课。结果，张女士还未说完，李经理就立即打断说：“先别着急，估计问题不大，我马上就到。”

…………

晚上，王总请全班同学一起吃饭。席间，大家知道了事情经过后，纷纷对张女士表示慰问，同时，针对三位男士的反应讨论开来……

你认为三位男士中哪一位帮助张女士的方式最好？为什么？

现场一般是指生产与运作活动发生的特定场所，包括生产现场、经营现场、办公现场、生活现场等。对企业来说，现场管理基本包括了从原材料投入前的准备到产品产出的全过程，时刻都要按照企业的经营决策计划来对人员、设备、材料、工艺规程、场地、信息等组成的生产系统进行操作和控制，使人与物、技术与管理之间保持有机的结合，保证以最低的成本生产出具有特定质量水平的产品。

第1节 现场管理概述

管理心法

迈开你的两脚，到你的工作范围的各部分各地方去走走，学个孔夫子的“每事问”，任凭什么才力小也能解决问题……

——《毛泽东农村调查文集》

情况是在不断地变化，要使自己的思想适应新的情况，就得学习。

——《毛泽东文集》（第七卷）

本章所讲的现场管理首先源于日本的企业管理经验。在日文中，“现场”指的是“实地”，即实际发生行动的场地。对企业来说，“现场”是能满足顾客需求的活动场所。在日常生活中，这种现场随处可见：宾馆的大厅、饭店的餐厅、银行的柜台以及各种办公室，都是工作现场。因此，现场涵盖了多种层面的办公及管理部门。在我国的工业企业里，习惯于把生产现场称为车间、工场或生产第一线。现场管理就是运用科学的管理制度、标准、方法和手段，对现场的各种生产要素进行合理有效的计划、组织、协调、控制，使它们处于良好结合状态，以达到优质、低耗、高效、均衡、安全、文明生产的目的。

一、现场管理的基本内容

现场管理的基本内容可以从管理的要素（对象）和系统管理两个角度来阐述。

（一）管理的要素或对象

从管理的要素或对象来阐述，现在一般认为现场管理包括以下内容。

（1）人。是指现场管理的组织领导者、技术人员、管理人员以及操作工人、辅助工人。人是现场管理中最关键的因素。

（2）机。是指生产现场的工具、设备，包括工、夹、量、模、刃具及机械设备、电气设备、运输设备和检测装置等，这是组成现场生产力的重要因素。

（3）料。是指生产现场需用的各种原材料、辅料、配套件、在制品、半成品等，它们是组成现场生产力的重要因素，也是现场管理中数量大、变化多、难度最大的关键因素。

（4）物。是指生产现场需用的其他辅助性物品和生活设施，如工具箱、更衣箱、饮料箱、消防器材、电风扇等。这是现场管理中比较繁杂，但又不可忽视的内容之一。

（5）法。是指组织现场生产所必需的各种制度、法规、标准和技术工艺等，也就是现场管理必须具备的各种工艺规范和检测方法的制定及其实施。

（6）环。是指现场作业环境，包括厂房、场地、通道、作业区域的划分以及通风照明，也包括尘毒、噪声等安全和劳动卫生方面的环境。

（7）资。是指投入生产现场的固定资金和流动资金的总和。加强成本控制，减少资金占用，降低生产成本，提高生产现场的经济效果，是现场管理的内容之一。

（8）能。是指生产现场所需要的油、电、水等动力资源。节约各类能源消耗、降低能耗成本也是现场管理的重要内容。

（9）信。是指生产现场经常进行的信息交流与信息反馈。要求信息渠道畅通，信息反馈迅速，能如实反映生产现场的实际状态。

显然，上述管理的要素是第 1 章生产要素内容的展开。现场管理即是对生产要素在一定空间范围内的综合管理。

（二）系统管理

从系统管理的角度，现场管理应包括以下几个方面的内容。

（1）现场生产组织管理。包括现场生产组织形式的确定及改善、生产作业计划的编制、现场生产调度、生产进度的统计分析等。

（2）现场技术工艺管理。包括技术图纸、工艺文件及工艺规程执行情况的检查、考核，以及工艺流程的确定和工艺的改革、技术改革等的管理。

（3）现场质量管理。包括现场质量把关、检测控制以及质量保证体系的运行、现场文明生产的组织实施等。

（4）现场设备管理。包括设备的维护、保养、修理和设备的合理利用、安全操作等。

（5）现场物资管理。包括对一切生产需用的原材料、辅料、在制品、半成品和工具、夹具、工装模具、刃具、量具、工位器具、料架等以及其他非生产用的物品的管理。

（6）现场劳动管理。包括劳动力的调度和安排、劳动定额的修订和实施、劳动技能的训练和提高、劳动纪律的执行等的管理。

（7）现场安全管理。包括安全纪律、安全设施、防尘防毒、防火防汛以及防暑降温等的管理。

（8）现场环境管理。包括厂房、场地、通道、作业区域、作业环境、厂容厂貌、通风、照明、色标等的管理。

（9）现场成本管理。包括生产批量的确定，生产周转速度的加快，材料定额和工时定额的执行、控制、统计与分析，原材料的合理利用，节约节能工作的开展等。

由上述内容可以看出，现场管理几乎包括了企业的所有部门。因此，现场管理也是一个全面的管理概念。

二、 现场管理的特点

现场管理在本质上是一种综合性管理，在理论和实践上具有鲜明的特点。

(1) 综合性。生产现场是人、机、料、法、环等诸生产要素的结合点，也是生产、技术、质量、成本、物资、设备、安全、劳动、环境等各项专业管理的落脚点。因此，企业的现场管理具有鲜明的综合性，是一项纵横交错的立体式的综合性管理。

(2) 基础性。现场管理属于作业性质的基层管理，是企业管理的基础。它以管理基础工作为依据，离不开标准、定额、计量、信息、原始记录、规章制度和教育等基础工作，充分体现了现场管理的基础性。所以，加强现场管理可以进一步完善管理的基础工作。

(3) 动态性。现场各生产要素的配置是在一定的生产技术组织条件下，在投入与产出的转换过程中实现的，这是一个不断变化的动态过程。现场管理应根据变化了的现状，不断提高生产现场对环境变化的适应能力，从而不断提高企业的市场竞争能力。

(4) 直观性。由于现场是企业各项专业管理的集结点，是从事生产活动的主要场所，因而它是一个开放的系统，能够综合反映企业的素质，正所谓“百闻不如一见”，企业的各方面素质优劣在现场均处于“曝光”状态。

(5) 全员性。现场管理的核心是人。现场的一切活动都要由人去掌握、操作、完成。这就要求与生产现场有关的所有员工参与管理，积极开展各项民主管理活动，实行自我管理、自我控制，不断提高员工的素质，发挥广大员工的积极性和创造性。

由于现场能够生产出顾客满意的产品或服务（生产附加价值），这是企业生存和发展的基础，因此，现场管理的重要性是不容置疑的。但关于“现场”在组织结构中的位置，则有两种不同的观点：一种观点认为，管理阶层的角色在于给现场提供支持，现场位于管理结构的顶层。因此，为了解决现场发生的大小问题，管理阶层必须密切接触现场的实情。换句话说，管理阶层提供的各种协助都是源自现场的特定需求。另一种观点则认为，管理阶层的角色在于提供政策和资源，现场处于管理结构的底层。位于顶层的管理人员倾向于认为，他们的工作总是在告诉“现场”人员做什么事（如图 8－1 所示）。

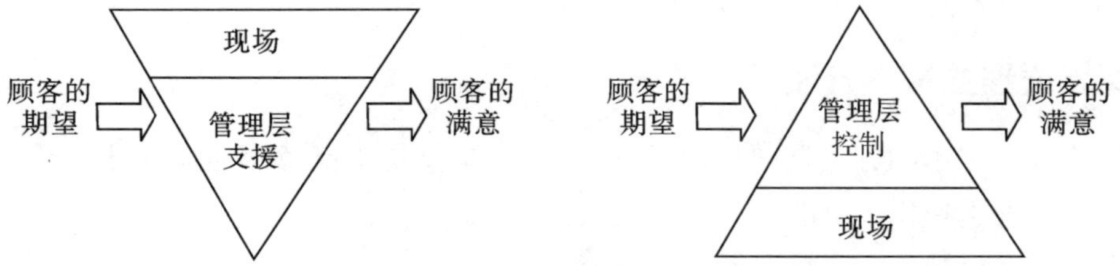

图 8－1　现场在管理结构中的位置（顶层与底层）

三、 现场管理的基本原理

按照日本企业的经验，“改善”是现场管理的基本原理。它是一种用以持续不断地改进工作方法和提高人员效率的企业经营理念。在日文里的“改善”，意指持续不断地改进。此词也隐含每一位管理人员及作业人员，要以相对较少的费用来改进工作方法。“改善”的理念是要求我们自己在工作、社交及居家的日常生活中，应致力于经常不断地改进。

在改善的范畴里，管理具有两项主要的功能：“维持”与“改进”。“维持”是指从事保持现有技术、管理及作业标准的活动，以及支持这些标准所需的训练和纪律。在“维持”的功能下，管理部门要执行工作的指派，使每一个人都能依照标准的作业程序来工作。而“改进”则是以改进现有标准为目标的活动。改进又可分为两种：其一是指由于持续不断的努力，产生诸多小步伐累积而成的改进。它强调要通过员工的努力、士气、沟通、训练、团队、参与及自律来达到目标。这些都是一种常识性和低成本的改进方式。其二则是指借助大笔资源投资于新技术或设备，产生戏剧性变化的改进。

改善着重于以过程为导向的思考模式。在改善的过程中，第一个步骤就是要建立“计划（plan）—执行（do）—核查（check）—处置（action）”的 PDCA 循环，以 PDCA 循环作为改善持续运作的工具，以达成维持标准和改进标准的目标。其中的“计划”是指建立改善的目标；“执行”是指依计划推行；“核查”是指确认是否按计划的进度在实行，以及是否达成预定的计划；“处置”是指新作业程序的实施及标准化，以防止原来的问题再次发生。一旦达成改善的目标，改善后的现状便随即成为下一个改善的目标。PDCA 循环的意义就是永远不满足现状。由于员工通常喜欢停留在现状，而不会主动去改善，因此，管理人员必须持续不断地设定新的挑战目标，以带动 PDCA 循环。

另外，由于与现场保持密切的接触与了解是改善的前提，因此，现场管理的基本程序是：

（1）当问题（异常）发生时，要先去现场；

（2）检查现场的有关物件；

（3）当场采取暂行处置措施；

（4）查找真正原因并将之排除；

（5）将有关工作标准化以防止再发生。

这五项工作被日本人称为现场管理工作的“金科玉律”。

四、现场管理的基本方法

现场管理最基本的方法是“目视管理”，即“全体员工能够用眼睛看出工作的进展状况是否正常，并迅速作出判断，想出对策”。

一般来说，目视管理应该包括以下内容。

（1）规章制度与工作标准的公开化。为了维护统一的组织和严格的纪律，保持工业化生产所要求的连续性、比例性和节奏性，提高劳动生产率，实现安全生产和文明生产，凡是与现场工人密切相关的规章制度、标准、定额等，都需要公之于众；与岗位工人直接有关的，应分别展示在岗位上，如岗位责任制、操作程序图、工艺卡片等，并要始终保持完整、正确和洁净。

（2）生产任务与完成情况的图表化。现场是协作劳动的场所，因此，凡是需要大家共同完成的任务都应公之于众。计划指标要定期层层分解，落实到车间、班组和个人，并列表张贴在墙上；实际完成情况也要相应地按期公布，并通过图示，使大家看出各项计划指标完成中出现的问题和发展的趋势，以促使集体和个人都能按质、按量、按期地完成各自的任务。

（3）与定置管理相结合，实现视觉显示信息的标准化。在定置管理中，为了消除物品混放和误置，必须有完善而准确的信息显示，如标志线、标志牌和标志色等。因此，目视管理便自然而然地与定置管理融为一体，按定置管理的要求，采用清晰的、标准化的信息显示符号，对各种区域、通道以及辅助工具（如料架、工具箱、工位器具、生活柜等）进行标准化颜色处理。

（4）生产作业控制手段的形象直观与使用方便化。为了有效地进行生产作业控制，使每个生产环节都能严格按照期量标准进行生产，要采用与现场工作状况相适应的、简便实用的信息传导信号，以便在后道工序发生故障或由于其他原因停止生产时，操作人员能够立即看到信号，及时停止投入。如各种“看板”、故障显示屏等。

（5）物品的码放和运送实行数量标准化。物品的码放和运送实行数量标准化，可以充分发挥目视管理的长处。如对各种物品实行“五五码放”、各类工位器具（箱、盒、盘、小车等）的标准盛装等，这样会更方便工作人员的操作和检验人员的工作。

（6）现场人员着装的统一化。现场人员的着装不仅起劳动保护的作用，还是生产正规化、标准化的内容之一。可以体现员工队伍的优良素养，显示企业内部不同单位、工种和职务等之间的区别，使人产生归属感、荣誉感、责任心等，为高效组织生产提供便利条件。

（7）色彩的标准化管理。色彩是现场管理中常用的一种视觉信号，目视管理要求科学、合理、巧妙地运用色彩，并实现统一的标准化管理，不允许随意涂抹。这不仅是因为色彩具有技术特点，即不同色彩有不同的物理指标（如波长、反射系数等），适合不同的工作场所，而且，色彩还具备生理和心理影响，不同色彩会给人以不同的重量感、空间感、冷暖感、软硬感、清洁感等情感效应。

为了保证目视管理的顺利进行，企业必须具备以下几项条件。

- 全员参加。这是持续提高效果和不断进行改良的必要条件。
- 让正常与否一目了然。
- 充分利用五官，使其有助于提高管理效率。
- 重视源头管理。
- 描绘出理想状态（愿景）。
- 投入具体的钻研和创意。

为了让全体员工，甚至是不了解现场的人也能判断现场的状况正常与否，目视管理通常需要一些管理道具以帮助员工识别工作进展状况，如显示灯、图表、工作标准、账票、手册、管理板、标签、警示灯、公告板、标示牌等，详见表8-1。

表 8-1 目视管理常用道具

序号	内容	示例
1	人力资源管理	管理状况表；改善活动推进表；工序熟练程度表；小组活动状况表；娱乐介绍板；新职员介绍图片
2	推动“5S”	区域色彩划分线；“5S”分担图；“5S”记录表；工具放置场所标志；“5S”诊断表
3	信息管理	交货期管理箱；去向显示板；不同色彩的传票/文件；心情天气图；磁片识别标签；问题收集箱；使用物品的基准与放置场所图示；传言板；账票的标准化与文件发送地的表示
4	作业管理	考勤管理板；作业顺序书；人员配置板；刃具交换管理板；检查表（检查票）；工作要点图示
5	设备管理	指示仪器的色彩显示；螺栓的配合标记；重要设备显示；配管识别显示；供油指示标签；设备保全标牌
6	库存管理	仓库告示板；库存显示板；实物展示；工装板显示；零散袋标识
7	工序管理	整体活动管理板；作业安排板；总产量管理显示板；进货时间管理板；警示灯
8	质量管理	批次样品台；不良样本图片；管理项目、管理基准显示；异常处理板；确认票；检查器具的管理表；质量责任表；故障排除树状分析图
9	安全、环境管理	零件标识；显示灯；保护用具的使用与禁止使用标记；不同原材料及材料放置的容器、架；安全标识；安全色彩；各种警报信号；指示标识
10	成本管理	单价一览表（报价表）；价格变化表；实物组成显示板；原材料废弃率展示；原材料利用率显示；工作时间显示；标准品、共用品展示；商品寿命、成本分析与运用手册；新材料、设备、技术情报资料
11	企业目标管理	公司经营理念、长中短期方针的明示与解说；销售额、毛利分析表；亏损商品的展示台；月度预算管理表；利益贡献度分析表；销售额预算与成本预算；增加订货率；新产品销售额比率；丧失订货的状况

按照日本学者的研究，“看”有四种方法。

第一种是“见”，即虽然看到了很多东西，但对与自己无关的事情熟视无睹，只关心与自己有关的东西。如一个人只关心作业记录是否按规定完成，那么，他所看到的就只有这一项内容。

第二种是“视”，即以某一特定事物为对象，将目光集中于一点，睁大眼睛去看，是一种带着问题、有目的的观察方法。例如，事先已经规定好内容的车间现场巡视。

第三种是“察看”，即致力于使事物更容易被看清楚，其方法是将看不见的地方显露出来，将细小的东西放大，将视线集中到庞大物体中最感兴趣的部位上去。类似于看广告招牌的意思，因为商店或企业的广告招牌总是挂在显眼的地方。

第四种是“观看”，即以主人公的身份，将目光集中于一点，但所观察之物不限于可见物，也可以是我们肉眼看不见的东西，必须依赖人的五官以外的其他因素，如智慧和思维能力去观察。

显然，目视管理要经过从“见”到“观看”的过程。需要借助上述道具，“洞察”现场问题现象产生的原因。然后再采取针对性的解决对策。

参考资料8-1

现地、现物、现实的“三现主义”实践

丰田汽车公司有“三现主义”这样一句口号，“三现”是指“现地、现物、现实”（也有人称之为“现地、现物、现状分析”）。“三现主义”可以说是每一位丰田员工都有的丰田DNA之一。

立刻赶到现地、确认现物、认识现实，要比只是在脑子里想“大概是这样的，大概是那样的”重要得多。“三现主义”是所有思考和行动的应有的出发点，也应了“百闻不如一见”这句话。事实上，这种思想不只是被丰田汽车公司所重视，同时也是本田、花王这些业绩优秀的公司共同推崇的原则。

基于信息产业及互联网的发展，我们可以得到之前时代根本无法想象的庞大的信息量。一些信息技术发达的企业，不仅对财务数据加强了监管，还对库存情况、畅销和滞销商品信息、竞争对手动向等进行每日或每周的监控和把握。这样，信息技术为经营决策提供了科学的分析依据，是现代经营不可或缺的工具。

然而，这里也有一个理解的误区。光是看看这些不费太多辛苦就能得来的数字和信息，经营者和管理者，甚至现场的工作人员常常会误认为自己已经知道现场发生了什么。这种误解是很可怕的。

在沿袭过去经营方法的时代，只要用现在的数据套过去的经验，进行“抓错式”的管理就好了。但是，在商业瞬息万变的今天，市场前景难以预测，产品库存难以控制，顾客需求难以揣摩，若只是一味把眼光放在数据——这个“已经发生的结果”上，是不可能得出“今后该怎么做”的结论的。数据与信息的作用只相当于“三现主义”中“现实”的部分，即“现状分析”。不伴随“现地”和“现物”的数据反而会导致人们判断失误。

现今，用自己的眼睛看，用自己的耳朵听，用自己的身心去感受，这样的“现场感”比任何时候都重要。每个员工都基于这样的现场感考虑和行动，这样的企业才能实现优质运营。

“三现主义”不仅存在于丰田汽车公司等日本的一流企业，在欧美的优秀企业中也可以见到。

詹姆斯·R. 斯滕格尔（James R. Stengel）在46岁时就当上了宝洁公司首席营销官(CMO)，其在巡视日本市场时曾到宝洁远东公司所在地神户的一户普通人家访问。他步行视察了住家周围的环境和商店的状况，仔细观察了住户房间的布局和卫生间的陈设，并提了很多诸如为什么选择这种洗衣粉、洗发水，洗衣粉用量多少等细节问题。

在宝洁远东公司总部的大楼里，设有一些20平方米左右的小房间，里面厨房设备、家具、电视机等一应俱全，这是供商品开发部门观察和模拟消费者的家务及育儿状况而建的，尽管商品开发已经经过了这些模拟程序，斯滕格尔还是要亲自跑到消费者家里，亲眼看消费者的使用情况，亲耳听消费者的反馈意见，这种亲力亲为的作风就是现地、现物主义的一种很好的实践。

“不与消费者面对面交谈，不亲眼看看他们的生活状况的话就不能理解他们。不了解实际情况，在办公桌前空谈解决不了任何问题。”斯滕格尔如是说。要想在公司内部贯彻“三现主义”，实现优质运营，经营层的这种姿态是不可或缺的。

在追求内部效率上，现地、现物的力量也不可小觑。

我们在帮助某个有很多销售公司的生产商进行业务改革的时候，几乎所有的销售公司都对生产商发送给它们多而无序的信息怨声载道。商品介绍、工作规范、促销资料、价格表、问卷调查、预算管理还有各种各样的通知——这些从生产商不同部门发到销售公司的资料的数量、种类之庞杂远远超出了销售公司能够处理的程度。

生产商是因为“觉得这个有必要”或认为“他们知道比不知道好”而发过去的，而从接收方角度来看，这些满天飞的资料却是总部不分轻重缓急、不负责任的表现。互联网的普及使事态变得更加严重。生产商发出的电子邮件带着不小的附件资料充斥着销售公司相关职员的邮箱，后者不打开附件看一下又无法知道这是不是有用的信息。如此一段时间之后，销售公司方面便懒得一个个确认邮件了，结果反而导致重要信息不能共享的局面。

为此销售公司对生产商提了无数次的意见，希望生产商能改变做法。但是生产商的各个部门之间缺乏交流，没人把这个当回事儿，问题也就一直得不到解决。最后，销售公司终于忍不住采取了行动——将总部在一个月之内发来的 100 多种数据资料收集在一起，将这些“实物”堆在了生产商管理层的会议桌上。

现地、现物的力量超乎想象。生产商很快认识到问题的严重性并立即采取行动——去除不必要的资料，将各部门要发送的资料集中到一起并设专人负责，还根据重要程度对资料进行分类，使邮件的优先程度一目了然。通过这样一些举措，销售公司大为头痛的问题得到了解决，生产商的整体业务效率也有了一定提高。

不依赖于模糊的信息和传闻，在什么情况下都遵循观测“现地、现物”的原则。从事实出发开展工作，这才是优质运营的精髓。

资料来源：远藤功．现场力．北京：中信出版社，2007：44－49.

第 2 节 “5S”活动

管理心法

我们曾经说过，房子是应该经常打扫的，不打扫就会积满了灰尘；脸是应该经常洗的，不洗也就会灰尘满面。我们同志的思想，我们党的工作，也会沾染灰尘的，也应该打扫和洗涤。

——《毛泽东选集》（第三卷）

读书是学习，使用也是学习，而且是更重要的学习。从战争学习战争——这是我们的主要方法。

——《毛泽东选集》（第一卷）

"5S"活动在现场管理中具有重要的作用，是现场改善的三大支柱之一（另外两个支柱是标准化和消除浪费）。"5S"活动在日本企业中已广泛实行，被视为"日本现代文明的基石"。

一、"5S"的含义

"5S"活动，是指对生产现场各生产要素所处的状态，不断地进行"整理""整顿""清扫""清洁"，以达到提高"素质（素养）"的活动。由于这5个词在日语中罗马拼音的第一个字母都是"S"，所以，这一系列活动又简称为"5S"活动。

"5S"活动对应于工序或作业单元的管理，是生产要素投入产出过程的缩影，着重于具体事务的管理。它是从制造业中发展起来的，但在服务业中也存在极大的应用空间。其基本内容如下：

• 整理（seiri）——把要与不要的人、事、物分开，再将不需要的人、事、物加以处理，坚决清理出生产现场。

• 整顿（seiton）——把需要的人、事、物加以定量、定位，以便在最简捷、有效的规章、制度、流程下完成相关事务。

• 清扫（seiso）——把工作场所打扫干净，设备异常时马上修理，并使之恢复正常。创建明快、舒畅的工作环境以保证安全、优质、高效率的工作。

• 清洁（seiketsu）——在整理、整顿、清扫的基础上，加以认真维护，保持完美和最佳的状态。而且，更深入一步，消除造成不清洁的各种根源。

• 素质（shitsuke）——遵守纪律，形成良好的习惯。养成严格遵守规章制度的习惯和工作作风，努力提高人员的素质，是"5S"活动的核心。"5S"始于素质，也终于素质。

"5S"普及之后，欧美公司经常使用的是与日文"5S"意思相当的英文"5S"或"5C"。这时的"5S"基本含义为：

• 分类（sort）——区分出不需要之物，并且予以消除。

• 定位（straighten）——将需要的东西排列有序，以利于取用。

• 刷洗（scrub）——清洁工具及工作场所的每一件物品，排除污渍、污点、碎片，根除脏污的来源。

• 制度化（systematize）——使清扫及检查例行化。

• 标准化（standardize）——将上述4个步骤标准化，促使改善活动永无止境地进行下去。

"5C"的含义与上述内容基本相同，即：

• 清除（clear out）——决定何者为需要及何者为不需要，并将后者处置掉。

• 安置（configure）——提供一个方便、安全、有秩序的地方供所需之物的使用和保存。

• 清洁及检查（clean & check）——在清扫时，监察及重新定位好工作的区域。

• 遵守（conform）——设定标准，训练并维持。

• 习惯及实践（custom & practice）——养成例行维持的习惯，并追求更进一步的改善。

进入21世纪之后，日本松下公司鉴于全球化网络社会正在迅速形成，认为必须把简洁明快的运作和明确的经营战略作为企业的根本，以一个敏锐而诚实的企业形象去面对顾客，因此，又给“5S”赋予了新的内涵。即：

- 速度（speed）——指速度和敏锐性，即要尽快达到目标，敏捷地适应情况变化。
- 简洁（simplicity）——指无论对什么事情，都要将其简单明了地公之于众。
- 战略（strategy）——作预见到将来变化的战略性思考，时刻以明确的战略指导工作。
- 真诚（sincerity）——无论对顾客、家庭、工作还是自己，都要诚心诚意。
- 微笑（smile）——无论何时何地，都要常常保持微笑。

如果说原来的“5S”偏重于企业内部管理，旨在造就一种和谐向上、文明有序的企业文化的话，那么，这种新的“5S”则是原来思想的升华，旨在推进企业的改革和发展，建立一种新型的企业文化。

此外，美国联合技术公司（UTC）在其获取最大竞争优势（achieving competitive excellence，ACE）的活动中，按照“高质量的产品出自人们清醒的头脑和良好的心愿”的原理，也推出了新的“5S”，即清理（sort）、整顿（straighten）、清洁（shine）、规范（standardize）和保持（sustain），并作为企业获取最大竞争优势的 10 项技术之一。

二、“5S”活动的实施步骤

（一）整理

“5S”活动的第一个步骤是整理（分类），即将现场物品区分为需要与不需要两类，并将后者移出现场或处理掉，建立起需要品的上限数量。所有已分类的需要品，要能在现场找得出来。

实际上，无论什么岗位，每日工作中所需要的物品数量通常都很少。许多物品不是用不着，而是在未来的某一天才会使用到。因此，对每一个特定的“今天”来说，现场里都充斥着不需要的机器、工具、不合格品、在制品、原材料、配料及货架、工作台、文件台、台车等东西。一个概略的判定原则是将在未来 30 天内用不着的东西都移出现场。

整理活动通常由下发红色的整理单开始。在现场选定某一区域作为整理的场所，“5S”小组成员将红色的整理单挂在他们认为不需要的物品上。红单的张数和序数越多、越大，效果就会越好。

一般来说，挂上红色整理单的物品，如果没有任何理由需留置于现场，都要移走或丢弃。在未来 30 天用不着，但可能在以后时日内用得上的物品，则放置在适当的地点。超出现场所需的在制品数量，应送到仓库，或者送回负责生产它们的前道工序。

在这一过程中，管理人员和作业人员都应到现场去看，这是一个能一眼就看清现场员工如何工作的务实方法。由于现场管理的综合性，任何部门的工作状况都可以反映在现场的生产要素状态之中。

最后阶段是将所有经理人员集合起来，好好看看各种不需要的物料、在制品和其他物品，并且开始从事改善活动来矫正造成浪费的制度。

通过整理活动，可以改善和增大作业面积，使通道顺畅、无杂物，减少磕碰，有利于安全，并且可以减少因混放、乱放而造成的差错，也能使库存减少，节约资金。经过整理的现场也给人以舒心的感觉。

（二）整顿

整顿（定位）是指将物品依使用类别分类，以最少的寻找时间及工作量来使用这些东西。经过整理之后，现场剩下的只是最少的所需要的物品。此时，需要将每项物品赋予一定的位置、名称及数量。一旦物品的位置不当或数量超过允许的最高量时，现场人员可以一目了然地发现并及时采取措施。因此，依照这样的方式，整顿可以确保在现场的每一道工序中保存最少的所需数量的产品，并坚持先进先出的原则。

由于留在现场的东西必须放置在指定的地方，因此，在现场地面上要经常绘出各种格线，表示半成品、工具等的储放点，如在地面上油漆长方形的格位区供在制品储放箱子之用，将工具的外形轮廓绘在所要储存的板面上等。这种线或图称为定置图（详见下一节的内容）。

经过整顿之后，现场应达到以下要求。

（1）物品定位摆放，做到物各有其位，并且位在其位；

（2）物品定量摆放，过目知数；

（3）物品便于取存，无须花时间去寻找，很容易取出，也很方便归位；

（4）工具归类，分规格摆放，一目了然。

（三）清扫

清扫（刷洗）意指将工作环境打扫干净，包括对机器、工具、地面、墙壁和其他现场物品的清扫。在清扫过程中，可以发现许多平时不容易注意到的地方。比如，在清扫机器时，能够查出油垢、灰尘掩盖的漏油、裂痕或螺丝松动等问题。

其实，大多数机器的故障都起因于震动（由于螺丝松动）、诸如灰尘等外物侵入（外盖开裂）或不适当地加油润滑等。因此，清扫工作实际是和全员生产性预防维修联系在一起的。清扫对作业者而言，是很难得的学习机会，因为他们在清扫机器的时候，能够发现许多值得学习的地方。

清扫应达到以下几个要求。

（1）自己用的东西，自己清扫，不依赖他人（不增加清洁工）；

（2）对设备清扫的同时，检查是否有异常，清扫也是点检；

（3）对设备清扫的同时，要进行润滑，清扫也是保养；

（4）对清扫中发现的问题，如跑、冒、滴、漏等，要查出原因，加以解决，清扫也是改善。

（四）清洁

清洁（制度化）指员工要正式穿戴工作服、安全眼镜、手套、鞋子，以保持个人的清洁，并维持一个干净、健康的工作环境。清洁的另一层意思是每天要做好整理、整顿及清扫的工作。

仅做好一次现场改善是容易的，但要每天持续不断地进行改善，则完全是两码事。管理部门对“5S”活动的承诺、支持及参与，是成功的关键。举例来说，管理人员必须决定间隔多长时间进行一次整理、整顿及清扫的活动，以及哪些人必须参与。这应该成为年度计划工作的一部分。

清洁应达到的要求主要有：

（1）车间环境整齐、清洁、美观，保证员工健康，激发员工劳动热情；

（2）不仅设备、工具、物品要清洁，工作环境也要清洁，要清除各种污染；

（3）工作人员着装、仪表要清洁、整齐；

（4）工作人员要团结向上，有朝气，相互尊重；

（5）清洁要做到不搞突击，贵在始终坚持和保持。

（五）素质

这里的素质（教养）意指自律，即能够每天持续做整理、整顿、清扫及清洁，并且已经习惯性地将这些活动视为每日工作的一部分。

“5S”也可以称为一种日常工作生活方式的哲理。“5S”的本质是要遵守已经协议好的事项（企业的规章制度）。它先从去除现场里的不用之物（整理）开始，然后将现场所需之物有秩序地安置妥当（整顿），接着要保持清洁的环境，以便能随时认定异常之处（清扫），并且要持续做好上述三个步骤（清洁）。员工必须遵守每一个步骤所制定的规则，当他们能做好的时候，就得以拥有遵守日常工作规定的良好纪律了。这就是称“5S”的最后一个步骤为自律的缘由。

在最后这个阶段，应当制定“5S”每一个阶段水准的评审办法。表 8 - 2 是某车间的“5S”记录表，表 8 - 3 是以办公室为例的现场“5S”要点，表 8 - 4 是现场负责人“5S”诊断表。

表 8 - 2　某车间“5S”记录表

地点：

序号	改善前	改善后	负责人	措施	备注
1	日期 图片	日期 图片		废弃多余的物品 改变放置场所	
2					
3					

注：（1）在同一位置拍摄存在问题的地方改善前后的状况；

（2）该表公开张贴，让人对其效果一目了然。

表 8 - 3　办公室“5S”要点

序号	主要事项	要点
（1）文字资料	所有资料	所有文字资料都应有标识； 所有文字资料都要按方便取用的原则，按使用频率、重要性等分类放于固定的位置； 规定文字资料的舍弃规则，及时销毁无用文字资料； 提倡及时处置、不堆积文件的良好习惯； 不允许私藏文件，养成有借有还的良好习惯； 私人文字资料最好不要放置在办公室； 定期整理、整顿、检查

续表

序号	主要事项	要点
(1) 文字资料	受控文件	按ISO 9001-4.5要素的要求管理
	质量记录	按ISO 9001-4.16要素的要求管理
	公用文件资料	置于公共场所，专人管理
	个人文字资料	个人管理
(2) 办公用具	关于用具	规定存弃原则，及时舍弃不用的物品或极少使用的物品； 倡导单一原则，有用的物品在身边应只有一套（件）； 经常性的检查
	公用物品	放置在方便使用的位置并规定使用规则（如用后放回原处等）
	个人物品	与工作无关的应带离办公场所，与工作有关的应按使用频率、重要性分类，并放置在固定的位置
(3) 环境整洁		在整理、整顿的基础上保持经常性的清扫和清洁； 规定责任区域，规定清扫、清洁要求和标准； 实施经常性清扫、清洁活动； 经常性的检查和纠正
(4) 员工素质	"5S"观念的建立与"5S"知识	通过培训、实践获得； 培训应讲实效，使用形式多样的方法，使员工逐步建立"5S"观念并掌握开展"5S"活动的知识
	仪容、仪态	规定着装要求； 规定容貌打扮要求； 规定工作时体态要求； 规定基本用语规范等
	遵守规则和自觉、自律的良好习惯	规定有关规则； 通过持续开展"5S"活动和检查，养成遵守规则和自觉、自律的习惯； 通过激励和奖惩倡导良好习惯，克服不良习惯
	沟通和相互帮助	倡导员工间的沟通和相互帮助； 通过沟通，实现相互激励、相互帮助； 通过沟通和相互帮助促进"5S"活动的深入
	敬业精神和团队精神	倡导敬业精神和团队精神； 营造"归属感"和"自豪感"； 给予员工充分发挥才干的机会和条件； 对员工的贡献应及时给予奖励； 对员工的疾苦应及时给予关心和帮助； 使员工随时了解团队的发展及前景
	激励和奖惩	表彰先进、奖励贡献者，以树立榜样； 批评、教育或处罚违规者以示警告； 强化正确、合理、善意的奖惩

表 8-4　现场负责人“5S”诊断表

序号	项目	改善指示	改善计划
1	是否存在多余物品		
2	是否保持有不急需的物品		
3	是否遵守区域划分		
4	是否有确切标记符号		
5	物品是否放在固定位置		
6	是否有漏油、灰尘、垃圾		
7	服装是否清洁		
8	深色的地方是否剥落		
9	清扫是否按照规则进行		
10	是否在推动“5S”改善活动		

注：每月现场诊断一次；在现场提出改善指示；该表公开张贴，以便于监督执行。

三、实施“5S”活动的要点

管理部门对改善项目必须详细加以计划、组织和实践，这是每天要持续的工作，因此，任何的改善项目都必须予以列项追踪。

（一）做好心理准备

“改善”一般会使一些员工产生抗拒改变的心理，因此，在“5S”活动初期，应该组织员工讨论“5S”的好处及其思想哲理，使他们做好心理上的准备。一般来说，应让员工认识到“5S”活动能带来以下方面的好处。

（1）创造清洁、卫生、舒适及安全的工作环境。

（2）大幅提高员工士气。

（3）尽量减少找寻工具的需求，使工作更容易，减少体力负荷工作。

（4）使异常现象，如不合格品、过多库存等显现出来。

（5）减少浪费的动作，如走路及不必要的体力工作。

（6）使得一眼即能看出材料短缺、生产线不平衡、机器故障及交货期延误的问题，以便及时解决。

（7）使现场的物流问题能以简单的方式解决。

（8）使质量问题可视化。

（9）改善工作效率，降低作业成本。

（10）减少意外事故。

（11）提高机器的可靠程度。

只有在确认员工已充分了解“5S”活动之后，才可以开始进行改善项目活动。

（二）全员参与

作为管理现场的管理者和监督者，最重要的是使工厂保持让任何人都一目了然的状态。这样也就自然形成了全员参与的局面，其关键在于以下几个方面。

（1）使用色彩和数字推动整理、整顿。为了让人一目了然，应巧妙地利用色彩和数字。对工厂内的区域、通道、机械、搬运机器等各处的位置，可用颜色和数字进行区分。另外还可大范围地应用于材料、半成品、产品等的判别上。

(2) 将全员的责任分担明确化，提高参与意识。“5S”的难点之一就是维持良好的状态。因此，要明确岗位责任制。每个岗位、每个成员都有岗位责任和工作标准，每个人都担负起各自的责任。

(3) 在不断发展的基础上向更高的“5S”努力。“5S”活动是一个不断循环的过程，其目标是在生产现场实施“零”管理，即：工作更换时，工具等物品能马上拿到，寻找时间为零；现场整洁，不良品为零；努力降低成本，浪费为零；生产进展顺畅，延期交货情况为零；无泄漏，无危害，衣着整齐，安全事故为零；团结、友爱，积极做好本职工作，不良行为为零。良好的“5S”，意味着只要机器一运转，即能生产出良好质量的产品。

(三) 做好“三大支柱”工作

营造有规律的工作场所、清洁的工作场所和一目了然的工作场所，一般被称为搞好“5S”工作的“三大支柱”。其具体内容如表 8-5 所示。

表 8-5　“5S”活动的“三大支柱”

项目	有规律的工作场所	清洁的工作场所	一目了然的工作场所
目标	提高管理水平	使人、设备、工作场所变得清洁； 改变人的意识，场所的每个角落都要手到、眼到	设法避免差错，一看就可知道异常，有助于改进工作； “5S”标准化
具体活动项目	1. 一起搞“5S”（3 分钟“5S”，10 分钟“5S”等）； 2. 个人分担制； 3. 直线、直角运动； 4. 稍微修正运动； 5. 绿化运动； 6. 一起做广播操； 7. 我的项目管理责任； 8. 行动计划表； 9. 全勤周； 10. 异常处置训练； ⋮	1. 扫除废物运动； 2. 泄漏发生源对策； 3. 色彩管理（色彩调节）； 4. 大扫除； 5. 泄漏防护； 6. 装束整洁运动； 7. 增加透明度； 8. 张贴物表示方法； 9. 防噪声、震动； ⋮	1. 通道线、分区线、整顿线； 2. 仪表管理区； 3. 高温标牌； 4. 安全色、危险色； 5. 防错标识； 6. 灭火器； 7. 责任者标签； 8. 检查标记； 9. 配管颜色； ⋮

参考资料 8-2

可视化的四个误区

最近几年，学习丰田汽车管理方式的呼声渐高，想要引进丰田管理概念——可视化（目视管理）的企业也与日俱增。

如同可视化这样简单易懂的概念引起了很多企业的共鸣，我经常碰到自称“我们公司也已经引进了‘可视化’”的企业，也听取了它们的一些事例，期间我经常会被问到诸如

“与您知道的其他公司相比，我们公司的情况怎么样”之类的问题。

但说实话，有很多企业的情况不敢恭维。没有理解可视化的本质，只是做了一些表面文章，结果不仅没有达到什么效果，有的甚至起到使现场陷于混乱的坏作用。

（一）误区之一：IT 一边倒

好像提到可视化就会联想到引进 IT 处理系统。IT 确实是一个帮助实现可视化的良好工具，但并不是说引进了 IT 系统，可视化就能得以实现。

相反，因为引进 IT 后反而变得“看不见”了，这样让人哭笑不得的事例我也见过不少。

比如，有一个大型住宅设备制造商引进了一套处理顾客投诉的系统，这套系统能将来自顾客及代理店的投诉资料自动录入质量管理部门的数据库中，这个数据库是向董事会以及各个事业部管理人员全体开放的。

这个公司引进这套系统的目的是解决以前就一直存在的事业部之间信息无法及时共享的问题。按说如此将投诉信息及时地可视化之后，不同事业部之间的信息就能互通，随之产生的问题也会越来越少，问题的解决速度也应该得到提高。

但是，事实上产品的问题一点都没有减少，系统也没有对改良产品起到什么作用。

引进信息系统、实现信息共享之后各个部门就能更好地协同工作，这个想法是很好，但是后来发现，几乎没有技术人员主动进入系统，从系统之中寻找各种资料。

在构建数据库之前，各个事业部与质量管理部门设想过可能出现的大大小小的问题，但就是没有想到建成数据库之后没有人“主动去看”这个问题。这个建立在“有了数据库之后，事业部就会自己去看”的想法基础上的系统最终对这个本来就沟通不良的公司起到的作用恰恰与预计的相反。就好像从质量管理部门的角度来看，因为要传达的内容已经输入系统，看上去是容易“看见”了，但是对于没有“自己去看”这种想法的技术人员来说，结果反而是“看不见”了。

于是，这家制造商采取了这样的对策：分别在质量管理部、各个事业部和董事会办公室做了公告牌，将从顾客及代理店发来的投诉的传真和电子邮件内容用纸打印出来，直接贴在公告牌上，同时将此投诉的处理过程也在公告牌上标示出来。

如此改变之后，不管你想看与否，投诉内容都会跃入眼帘，包括此项投诉的处理现在进展到哪一步，都清清楚楚。其结果是，技术人员对顾客投诉有了明显的意识改变。设置公告牌之后，原来一直得不到解决的产品质量问题的解决速度一下子提高了。

太多引进 IT 系统的企业——说实话都太天真了——以为引进了系统就“应该能看见了”。对有自己主动去看的意识的人来说，信息系统应该是一个非常有效的工具。但是要知道大多数人是没有这种主动意识的，对这些人来说，公司以可视化为目的采取的措施往往导致的是“看不见”的结果。

另外还有一点——IT 无法传达情感。

明治大学的斋藤孝教授将沟通定义为“‘意思’与‘感情’的互换”。可视化作为沟通方式之一，不仅要保证信息的准确性，还要研究如何实现“感情的‘可视化’”。要知道，将顾客与代理店的投诉内容输入信息系统之后，这些投诉所包含的不满甚至愤怒的感情也被过滤了——质量管理部门的技术人员将无法看到气呼呼的顾客的表情。

IT的性质使其可以传送内容并存储信息，却无法承担起传输感情的责任。将来自顾客和代理店的原始传真及电子邮件贴在公告牌上——看上去一点都不像电子时代的“先进管理方式”——但这样的传统办法却是传达情感非常有效的方法。

好好想一下究竟是要“对谁”“传达怎样的信息”——在认真思考之后根据目的分别使用“电子方法”和“传统方法”吧。并不是所有的新方法都是有效的，也不是所有的老办法都是过时的。

（二）误区之二：数字一边倒

对于可视化来说，数字是一个重要的指标。但你是否陷进了过分依靠数字的误区呢？在经营管理中只看到数字是一个潜伏的大问题。

“原始信息”这个定性信息要比数字这个定量信息更为重要。

被称为“丰田汽车管理方式之父”的大野耐一曾经这样说：“数字”是很重要，但“事实”更重要。

要知道“数字”只不过是“事实”的一部分，必须在理解这一点的基础上构建公司的管理系统。

看生产部门的生产数量和不合格产品的百分比，看营业部门接到的订单数量，看服务部门的顾客满意度——这些当然都很重要，但要知道并不是这些数字好了就说明现场没有问题存在，还要考虑“会有什么问题埋藏在这些数据里”，想办法将“数字”以外的“事实”也做到可视化才是最重要的。

相信大家都知道——除了故意弄虚作假的——改变数字的“定义”或者推迟其结算时间，有无数能根据自己需要“做数字”的方法。常听到有人说“数字是不会骗人的”，那一定是没有“做”过数字的人。若看到数字就以为已经掌握一切就大错特错了，轻信数字的人往往会流于表面，看不见更本质的东西。

当然，我不是要否定数值管理本身，数值管理对现场管理与企业经营很重要。而我想提出的一点是——千万不要只看到数字就以为你已经掌握了全部，这是相当危险的。

丰田汽车将“用自己的脚走到现场去，用自己的手触摸现物”作为丰田之道的重要支柱之一，就是为了防止过度依赖数字风气的蔓延。

（三）误区之三：生产一边倒

引进可视化最多的，应该是生产车间。

很多公司引进丰田管理、全面质量管理（TQM）与质量控制小组（QC）等多种方法进行可视化的尝试，并将生产数量、不合格品百分比和改善情况等量化图表与优秀事例张贴出来，供全体人员参考。

必须“看见”的部门并不只是生产车间，相反，在企业的经营活动中要认真思考应该如何贯彻可视化的正是生产车间之外的现场——特别是与公司外部有联系的部门（比如与顾客直接接触的销售部门与服务部门）——这些现场的工作性质决定了其工作情况不容易被“看见”的特点。

会发生问题与异常情况的不只是生产现场。要提高公司全体的竞争力，应当在所有部门引进可视化的概念并加以贯彻。

事实上，现在很多销售部门都引进了信息系统，将销售报表与服务报表上传到局域网中，使数据能够得以共享。对销售人员和服务部门人员的活动情况进行可视化管理——这项尝试的目的就是促进信息共享与协同作业。

但在这里同样有前面提到的 IT 一边倒的误区存在。

虽然引进了信息系统，却很少有人特意去点击其他人的销售报表，主动去找可用的信息，结果信息系统形同虚设，实在是无法体会到“可视化一天比一天深入人心了”。

在一家中等规模的医疗器械贸易公司，销售人员开始尝试将销售日报每天打印出来贴在销售网点的墙壁上。这创造的就是一种“不用看，信息就会跃入眼帘”的环境。

于是，销售人员在午饭和午后休息等空闲时间喝茶的时候，就会很自然地手持茶杯到贴满报表的墙壁之前打量自己和他人的销售日报，人多的时候还会就报表内容进行讨论，如此互相交换信息、互出点子。销售人员也因为“其他人会看到我的销售报告”而开始认真开展销售工作并准确填写销售报表，结果销售报告的质量也大为提高。

（四）误区之四：形式主义

最早运用可视化这个管理手法的丰田汽车公司认为，可视化绝不仅是简单的方法和工具，而是一种经营思想——认识和解决问题的根本出发点。

但是很遗憾，很多引进可视化概念的企业却只是注重形式，结果只学到形，却没有学到神。

就算能看见全部问题，若是实际操作业务的人的“感受度”不够高，也无法采取解决问题的行动。就好像人通过视觉看到影像后还是要接到大脑的指令才会采取行动，在企业的经营管理活动中，也是一样——看见问题之后分析问题、最后采取行动的主体一定是人。

要知道可视化原来的目的是在创造可视化的过程中，磨炼每一个员工的“感受度”，从而培养出对变化高度敏感的员工。培养出如此不依存于“看得见”的东西，而更能主动找寻“一般人看不见的问题”的员工，这正是可视化的终极目的。

资料来源：远藤功．可视力．北京：中信出版社，2007：46－55.

第 3 节　定置管理

管理心法

我们需要的是热烈而镇定的情绪，紧张而有秩序的工作。

——《毛泽东文集》（第一卷）

这个军队之所以有力量，是因为所有参加这个军队的人，都具有自觉的纪律……

——《毛泽东选集》（第三卷）

定置管理是对生产现场物品的定置进行设计、组织实施、调整、协调与控制的全部过程的管理，是工作研究方法的具体应用。其核心是研究生产要素中人、物、场所的状况，以及三者在生产活动中的相互关系，力求消除工作中不合理的因素。从某种意义上讲，定置管理是“5S”活动的基本内容之一，但它同时又是“5S”活动的深入和发展。

一、 定置管理的基本原理

定置管理的目的是使人、物、场所处于最佳的结合状态，实现人、物、场所在时间和空间上的优化组合。因此，定置管理着重于处理好人与物、物与场所以及信息媒介与定置的关系。

（一）人与物的关系

1. 人与物的结合状态

在生产现场，人与物的结合状态可归纳为以下四种。

（1）A 状态。指人与物能马上结合并发挥效能的状态。例如操作者能立即拿到应该加工的工件，立即拿到需要的工具，并投入生产。需要的东西随手可得，马上能用，这是生产中的理想状态。

（2）B 状态。指人与物处于寻找状态或尚不能很好发挥效能的状态。例如测量仪器用后乱丢乱放，未归放到应有位置，到下次再用时，很难找到，或者即使找到了，但由于保管不善，致使测量仪器出现故障，需要修理或重新调试后才能使用等情况。

（3）C 状态。指人与物处于关系松散，已不需要结合的状态。例如本道工序已经完成，需要转入下一工序的零件或物品。

（4）D 状态。指人与物没有联系的状态。这时物品与生产无关，不需要人与该物结合。例如报废了的工具、模具，以及工人的生活用品、生产垃圾、废品等。它们放在现场必将占用作业面积，而且影响操作者的工作效率及安全。

定置管理就是要通过采取相应的措施，消除 D 状态，减少 C 状态，分析和改进 B 状态，使之成为 A 状态，让现场的人与物都处在 A 状态的结合中。

2. 人与物的结合成本

为了定量说明各类物品之间的关系，我们将所有物品的价值形态分为两种，即本来价值和存在价值。人与物立即结合，发挥出物的价值，是该物的本来价值。人与物不结合，物的作用发挥不出来，这时的物仅有存在价值。而让人与物结合需要付出的代价就是结合成本。物的本来价值、存在价值和人与物的结合成本三者之间的关系可用下列公式来表示：

$$\text{物的本来价值}\ (V_0)=\text{物的存在价值}\ (V)+\text{人与物的结合成本}(g)$$

从这个公式可以看出：当人与物处于 A 类结合状态时，其结合成本为零，此时，物的存在价值与其本来价值相同；当人与物处于 B 类结合状态时，需要花费时间、精力去寻求两者的结合，其结合成本就会大于零，此时，物的存在价值就小于物的本来价值了。

例如，某企业冲压车间加工某零件，需要到模具库取用模具，假设该模具的本来价值为 1 000 元，取用定额工时为 24 分钟，该车间工时费用为 10 元。据此可计算出该模具的存在价值为 996 元（1 000−10×24÷60）。此时人与物的结合成本为 4 元。

如果通过定置管理，把取用模具的时间减少到 12 分钟，该模具的存在价值就会增加。此时的存在价值为 998 元（1 000−10×12÷60）。此时人与物的结合成本降低为 2 元。人与物的结合成本由原定额的 4 元减少为 2 元，中间的差额即为定置管理取得的效益（2 元）。

我们还可以得出结论：如果人和模具处于 C 类结合状态，则模具的存在价值为零，此时的模具与生产无关。这就是定置管理要达到 A 状态的原因。

（二）物与场所的关系

实现人与物的 A 类结合状态，还必须考虑物与场所的合理结合，即通过对生产现场、人、物进行作业分析和动作研究，使被加工物品按生产工艺的要求科学固定在某一位置上，达到物和场所的有效结合，缩短人的取物时间，促进人与物的最佳结合。

场所定置的方法有两种：一种是固定位置，即场所固定，物品存放位置固定，物品的信息媒介物固定。如冲压模具，不用时存放固定地方，用时领出，装在设备上使用，用后经检验无损，放回原领出地。另一种是自由位置，即相对固定一个存放物品区域，具体在什么位置，要由生产过程来定，如原材料、半成品、成品等，可用位置卡片来移动物品。

场所本身一般处于下列三种状态之一。

（1）A 状态，良好状态。工作环境良好，场所作业面积、照明、噪声、通风、粉尘等都符合有关标准，符合操作者生理、安全需要。

（2）B 状态，需要改善的状态。工作环境需要不断改善，布局不够合理，环境条件对现场人员在生理上、安全上都有达不到要求之处。

（3）C 状态，需要彻底改造的状态。这种状态不能达到现场人员的基本生理、安全要求。

定置管理的任务就是把 B 状态和 C 状态逐步转变成 A 状态。

（三）信息媒介与定置的关系

信息媒介是指在人与物、物与场所结合过程中起着指导、控制、确认等作用的信息载体。主要包括两类：一类是引导信息。主要是告诉现场人员该物在何处，促使人与物的尽快结合。例如，车间中的定置台账，这种台账基本上按四号定位（库、架、层、位）来编码。另外，还有车间布置图，它形象地标明存放物的地方或区域。另一类是确认信息，它是为了避免物品混放、场所误置带来混乱和麻烦而设置的，它告诉现场人员何处存放该物，何处是该场所等。例如，各区域的标志线、存物标志牌、物品的标志等。

良好的定置管理，要求信息媒介达到以下要求。

（1）场所标志明显；

（2）场所设有定置图；

（3）位置台账齐全；

（4）存放物的序号、编号齐全；

(5) 信息标准化（物品流动时间、数量、摆放等）。

二、 定置管理的基本内容

定置管理的内容随着企业的性质和所在行业的不同而有所差异。但对一个生产性车间（现场）来说，一般包括设备定置、区域定置、工具箱定置、工位器具定置、仓库定置、办公室定置、色调定置（环境）、特别定置（薄弱环节）、环境美化和净化定置等内容。限于篇幅，其具体内容在这里就不详述了。

（一）定置物品分类

按照现场物流的运动状态，通常把需要定置的物品分成以下四类。

(1) A类（在用类）。表示人、物、场所三者处于紧密结合状态。操作者正需要使用该物品。也就是说，所需要的物品处于可以随时取到的状态。

(2) B类（待用类）。表示人、物、场所暂无紧密联系，需通过一定时间转化为A类物品。如暂时存放在一边的待用储备物品，等一个阶段后即转入使用的物品。也就是说，需要用的物品需要通过一定时间来寻找。

(3) C类（转出类）。表示人、物、场所关系松散，待转出现场的物品，如完成的待检品等。

(4) D类（处理类）。表示生产现场可遗弃、待清理的、与生产工作无关的物品，如长期不用而积压的零部件、弃用的工具器具等。

定置就是采用一定的形式，把所有的物品进行区域划分、定置路标和标牌设计，对A，B，C，D类物品定置挂牌，并区别颜色。定置牌的色彩标准一般为：

A类——可用红底白字表示；

B类——可用黄底白字表示；

C类——可用蓝底白字表示；

D类——可用黑底白字表示。

定置区域的色彩标准一般可用黄色油漆线表示。

（二）定置管理设计的原则

定置管理设计是应用定置管理的基本理论和方法，分析现场物流系统各环节的人、物、场所的相互关系和工序衔接上所存在的各种问题，制定改善方案和管理办法，对现场、人、物及其相互之间的结合状态所进行的优化设计。

定置管理设计的基本原则主要有：

(1) 最大的灵活性和协调性。物品的定置场所、设施和定置方式要能适应情况的变化。

(2) 最大限度利用空间。现场是一个立体空间，各类物品的停放、储存、保管应充分利用空间并具有可见性。

(3) 最大限度方便操作。现场物品的停放位置，应与操作者保持适当距离和高度；容器的大小、深度应考虑操作者手臂运动所能达到的范围；工作台、凳椅、踏脚板、资料架应有适当的面积、高度和位置。

（4）最短距离和最少装卸次数。原材料—半成品—成品之间的移动距离应最短。产品在加工过程中的装卸次数，应该在满足工艺要求的条件下减到最少，以减少磕碰和降低成本。

（5）切实的安全和防护保障。所有工作场地和各类物品仓库、停放场所及物品定置，都要确保人身安全，有切实的防火、防盗、防污染等措施。各类物品的停放应有摆放数量、高度等状态要求，达到平衡可靠，最大限度地减少人、物结合时的结合成本。

（6）单一的流向和看得见的搬运路线。从原材料投入到产成品的物流，应按单一流向顺序移动，避免发生交错和混乱。

（三）定置标准

1. 定置标准的内容

定置标准一般包括以下内容。

（1）按标准设计的现场定置图。

（2）生产场地、通道、工具箱、物品存放区等的信息显示，如标牌、标志线等。

（3）对易燃易爆物品、消防设施、有污染的物品，要符合特别定置的规定。

（4）要包括卫生区的定置，并设置责任区信息牌。

（5）临时停滞物品区域的定置，包括积压的半成品停滞、待安装的设备、建筑材料等，要有明确的定置标准区域。

（6）垃圾、废弃物回收点的定置，包括回收箱的分类标志，如切屑箱为黄色、垃圾箱为白色、大杂物箱为蓝色，在这些箱子上还应设置明显的标牌。

（7）按定置图的要求，清除与区域无关的物品。

2. 各项具体的定置标准

不同的物品、场所等，其定置标准是不同的，以下是一些共性的标准。

（1）工具箱的定置标准。

1）按标准设计定置图。

2）工具摆放要严格遵守定置图，不准随便乱堆乱放。

3）定置图和工具卡片一律贴在工具箱内门壁上。

4）工具箱的摆放地点要标准化，同工种、同工序的工具摆放要标准化。

（2）现场办公室的定置标准。

1）办公室定置图应贴在门内或墙壁上。

2）物品要按定置图的编号顺序依次摆放，做到整齐、大方、美观、舒适。

3）文件柜要摆放在合适位置，一般是靠墙摆放。

4）办公室内与本室工作无关的物品一律清除干净。

5）每天要排出值班人员，负责该日的卫生清洁及物品定置整理工作。

（3）库房的定置标准。

1）库房定置图要贴在库房显著的位置，以便查看。

2）库房内物品要按照定置图上的规定分类摆放，贴好标签（信息铭牌），物品摆放做到齐、方、正、直。

3）货格的层、格各处干净无污垢。

4）库房的定置要做到账、物、卡、号、图相符，转出入库手续要齐备。

5）库房内与本库房应备物品无关的物品一律清除干净。

6）库房的运物通道要通畅。

（4）定置物的放置标准。

1）工件的定置应按区、按类放置，做到标志与实物相符。

2）工件摆放要做到齐、正、方、直，符合安全要求。

3）定置物的摆放要完全符合定置图，定置后不得随意挪动。

4）标准信息铭牌放置到规定位置后，不得随意挪动位置，关系发生变化时，图、物、区域、铭牌等都要进行相应调整。

5）定置物要放置在本区域内，不得放置在区域线或隔离围栏之外。

（5）特别定置管理标准。

1）安全存放地点的选择和要求。

2）消防灭火器具的定置要求。

3）现场电源、电路、电器设施的定置要求。

4）现场吸烟地点的选定及定置要求。

5）对精密、大型、稀少设备的重点作业场所和区域实行定置。

6）对不安全场所，如建筑施工场所的机械安装现场、吊装物品现场、易滑坠落现场、塌方现场、易发生机械伤人的场所及安全通道等，要安排定置。

（6）检查现场的定置标准。

1）有检查现场的定置图。

2）要划分不同区域并用不同颜色的标志，具体有：半成品区的待检区用蓝色标志，合格区用绿色标志；成品区的待检区用蓝色标志，合格区用绿色标志；废品区用白色标志；返修区用红色标志；待处理区用黄色标志；小件物品可装在不同颜色的大容器内，以示区别。

（四）定置管理的工作程序

定置管理的工作程序主要有以下几个步骤。

第一步，深入生产现场，调查研究，收集现场工艺及人、物、场所、信息的关系状况。

第二步，对人与物的结合状态进行分析，区分出几种状态。

第三步，对物与场所的关系进行分析，明确关系的状况。

第四步，明确信息媒介与定置的关系。

第五步，进行定置设计。

第六步，定置实施。

第七步，定置考核。

其中，定置实施是按设计标准，对照定置图整顿定置物品，将所有定置对象进行定位，做到有物必有区，有区必有物，按区存放，按图定置，图物相符。然后，再建立定置台账，并审核标明定置物特征的卡片是否与定置台账、定置图相符。

定置考核的指标是定置率。其计算公式为：

$$\text{定置率}=\frac{\text{实际定置物品个数（种类）}}{\text{定置图规定的定置物品个数（种类）}}\times 100\%$$

定置管理同“5S”活动一样，也是一个循环过程。需要通过持续地开展定置管理，使生产现场管理水平得到不断提高。

三、 定置管理图的绘制

（一）定置管理图的要求

定置管理图是将生产现场的定置管理用标准化的形式反映出来的一种方法。简称定置图。它主要是利用各种符号代替设备、零部件、工位器具、工具箱等定置物品，运用形象的图示描述生产现场中人、物、场所之间的关系。例如室外区域定置图、车间定置图、作业区定置图、仓库定置图、工具箱定置图、各种办公室定置图和特殊要求定置图等。

在设计、绘制定置管理图时应注意以下几个方面。

（1）对场所中的工序、工位、机台等应先进行定置诊断，根据人机工程学确定是否符合人的心理、生理需要，是否满足产品生产的需要。然后，再开始定置图的设计和绘制工作。

（2）定置图的绘制应按统一标准。例如各车间、仓库必须绘制统一图纸尺寸的定置管理图，并置于车间、仓库明显处。工具箱内的定置管理应按上放轻、下放重、中间放常用工具的要求，用图纸绘制定置图，贴于门内侧，做到所有物品摆放整齐，并与图、标记相符。

（3）定置图的绘制应尽量按生产组织划分区域。定置图上的相应区域应与实际生产组织，如工段、班组等相互对应。

（4）绘制定置图应先以设备作为整个定置图的参照物，然后依次画出加工零件等其余定置物的位置。

（二）常用定置管理的图形符号

需定置管理的物品在定置图上一律用图形符号代替。图8-2列举了一些常用的符号。

（三）定置图标注内容

一般来说，在定置管理图中还应对一些重要或特殊区域进行简要标注。标注的主要内容包括以下几个方面。

（1）按工艺流程设计的工段（班组）、工作地（机床、工位）的平面布置区域。

（2）有适应物流过程需要的原材料、半成品、在制品、工位器具、运输机械及检验场所等的停放区域。

符号	物品名称	符号	物品名称
G	工具箱	XC	吸尘器
LJ	垃圾箱	GLD	管理点
STC	手推车	K	空调
GW	工位器具	B	办公桌
C	铲车	A类	物紧密联系（红色）
DS	电扇		
Q	钳工台	B类	物周期联系（黄色）
F	废物桶	C类	物待联系（蓝色）
TJ	踏脚板		
J	检验台	D类	物失去联系（黑色）

图 8-2　定置图常用符号

(3) 生产作业场地、区域、机台（工位）之间的明显运输通道。

(4) 消防、安全保护设施的定置状态。

(5) 各类残料、垃圾回收箱定点布置场地。

(6) 必须定置物品的大致数目、员工生活必需用品等定置的规定。

参考资料 8-3

全员设备维修制

全员设备维修制，又叫全员生产维修制。

全员参加的生产维修制，是日本企业在学习设备综合工程学基础上，结合日本企业管理的传统经验，于 20 世纪 70 年代开始推行的一种设备管理制度。其主要目的是将设备的利用提高到极限；强化生产条件，保证不生产不良品；追求一切“零损失”。其做法和内容主要有：

(1) 以彻底消灭故障、提高设备综合效率为目标，推行“三全”，即全系统、全效率、全员参加。其中，全系统是指以设备整个寿命为对象，从研究、设计、制造、使用、维修到报废为止全过程的系统管理；全效率是指通过设备管理，使设备在生产中达到产量、质量最好，成本最低，故障少，安全生产，交货及时，操作工人情绪饱满；全员参加是指从企业领导到工人及设备有关人员全体都参加设备管理，分别承担相应的职责。

（2）设备维修目标管理。全员设备维修制通过推行设备维修目标管理来确定设备维修工作的方向和具体奋斗目标，并作为评定维修工作成绩和工作总结的依据。目标管理的程序包括目标的制定阶段、实施阶段和总结阶段。

（3）推行“5S”（即整理、整顿、清扫、清洁、素质）管理活动，强调作风保证。

（4）重视人员培训和思想教育，重视调动全体员工参加设备管理的积极性，开展班组自主活动，注意多技能工人的培养。

（5）对设备进行 ABC 分类，建立一个完整的维修方式体系。即通过划分重点设备，突出对重点设备实行预防修理，对一般设备则进行事后维修，对需改造设备和重复发生故障设备进行改善维修，对新设备设计则进行维修预防，从而使设备总的维修费最低。

（6）设备维修方式。包括日常维修、事后维修、预防维修、生产维修、改善维修、维修预防等。它强调操作工人应参加日常检查，进行日常点检和定期点检。

（7）规定一系列技术经济指标，作为评价维修工作的标准，主要有计划作业率、实际开动率等。

（8）实行完整的维修记录制度，重视设备规律研究，尤其是平均故障间隔期（MTBF），即可修设备从发生故障起至下次故障为止的时间平均值的分析，把各项维修作业的发生时间、现象、原因、所需工时、停机时间等都记录下来制成 MTBF 分析表。通过分析，找出故障次数多、间隔时间短、维修工作量大、对生产影响大的设备和部件，作为减少维修保养作业研究的重点对象。

在实际的设备管理工作中，全员设备维修制经历了由全员生产维修（出发点是保养，重在点的改善）到全员预知维修（出发点是强化“体质”，重在过程的改善），再到全面生产经营系统（出发点是企业的经营改革，重在企业整体性的改革）的过程。其含义已经从全体参与的生产保养活动，成为一种设备导向的经营管理方法。

第 4 节　企业流程再造

管理心法

认识从实践始，经过实践得到了理论的认识，还须再回到实践去。认识的能动作用，不但表现于从感性的认识到理性的认识之能动的飞跃，更重要的还须表现于从理性的认识到革命的实践这一个飞跃。

——《毛泽东选集》（第一卷）

判定认识或理论之是否真理，不是依主观上觉得如何而定，而是依客观上社会实践的结果如何而定。真理的标准只能是社会的实践。实践的观点是辩证唯物论的认识论之第一的和基本的观点。

——《毛泽东选集》（第一卷）

企业流程再造（business process reengineering，BPR）的概念最初由美国的迈克尔·哈默（Michael Hammer）在1990年提出。1993年，当哈默和詹姆斯·钱皮（James Champy）合著的《再造公司——企业革命的宣言》出版后，BPR像一股风潮席卷了美国和其他工业化国家，它被称作"恢复美国竞争力的唯一途径"，并将"取代工业革命，使之进入再造革命的时代"。不少企业特别是西方大企业纷纷开展流程再造的实践，取得了惊人的绩效。

一、 企业流程再造的基本概念

哈默博士认为，企业流程再造"是对企业的业务流程作根本性的思考和重新设计"，其目的是"在成本、质量、服务和速度等方面取得显著的改善"，使得企业能最大限度地适应以顾客（customer）、竞争（competition）、改变（change）（简称3C）为特征的现代企业经营环境。

在上述定义中，包含四个关键词：根本性的（radical）、显著的（dramatic）、流程（process）和重新设计（redesign）。

（1）根本性的。表明企业流程再造所关注的是企业的核心问题，如我们为什么要做这样的工作？为什么要以现在的方式做？通过对这些企业运营的最根本性问题的仔细思考，企业可能会发现自己赖以存在或运营的商业假设是过时的，甚至是错误的。因此，BPR要求人们从一开始就不带有任何条条框框。它向企业提出的问题不是"如何把我们现在正在做的事情做得更好、更快、更省"，而是首先决定必须做什么以及怎么做。它不计较事情现在的样子，而是关心事物的本来面目，或者说关心事物应该是什么样子。打破常规是BPR的本质特点。

（2）显著的。表明企业流程再造追求的不是一般意义上的业绩提升或略有改善，而是要使企业业绩有显著的增长、极大的飞跃和产生戏剧性变化。目标远大是BPR的起点。它要求生产周期缩短70%，成本降低40%，顾客的满意度、产品质量和总收入均要提高40%。如果一家公司的业绩距离应达到的水平只提高了10%，那么，它就不必实施再造工程，因为许多传统办法，从激励员工队伍到建立质量保证计划，都能带来10%的改进。小的改善只需逐步调整就可以取得；而显著性的成就则需要消除一切陈旧事物而代之以崭新的内容。

（3）流程。表明企业流程再造关注的要点是企业的各种流程，一切"再造"工作全部是围绕流程展开的，即BPR是以流程为导向的。"流程"是指一组共同为顾客创造价值而又相互关联的活动，即是一个价值链。只有对价值链的各个环节（流程）进行有效管理的企业，才有可能真正获得市场上的竞争优势，因此，流程是企业的生命线，决定着组织的运行效率。BPR要求对流程进行重新设计，正是抓住了解决问题的关键。

（4）重新设计。表明企业流程再造应对事物进行追根溯源，它对既定存在的事物不是进行肤浅的改变或调整性的修补完善，而是要抛弃所有的陈规陋习，进行脱胎换骨的彻底改造。而且，不考虑一切已规定好的结构与过程，而是要创造发明全新的完成工作的方法，对企业进行重新构造。从亚当·斯密到被誉为"科学管理之父"的泰勒，他们的理论都是建立在分工带来的高效率的基础上。但进入 20 世纪 80 年代以后，随着国际市场竞争的白热化和知识经济的到来，过度分工的弊病逐渐显露，因此，应该对传统的分工理论进行重新思考。在流程的重新设计中，应创造性地应用现代信息技术。

简单地说，企业流程再造是一种面向未来的，以创造性思维和综合集成方法，寻求流程根本改善的企业革命。

二、 实施流程再造应遵循的主要原则

企业流程再造的成功实施要受到多种因素的影响。为避免陷入困境，在实施流程再造的过程中，应遵循下列原则。

（1）始终着眼于企业流程。流程是企业的核心，也是再造方法的着眼点。在流程再造的四个关键词中，人们一度以企业的成就为导向而强调显著性，但大量的实践表明，在实施流程再造过程中，应该强调的是流程而不是成就。因为现场是企业流程的聚集之处，所以，现场管理工作是流程再造的“窗口”。

（2）关键是改变现有流程，而不是固定和加强它。虽然现有流程是企业面临问题的根源，但企业对它已经习惯了。因此，在其基础上进行改善要比进行根本性的改造和重新开始来得更容易。例如精简机构、激励员工等渐进主义的改造方法，都无须改变经营流程，而只是改变人们的工作方式。虽然这是一条阻力最小的路，但它也是造成流程再造失败的最可怕的敌人。

（3）设计再造方案时，要系统地考虑与流程相关的各种因素。流程再造活动最终将带来企业各个方面的变化。与流程相关的各个方面，如工作方法、组织结构、管理系统等，都必须作出相应的改变，才能使企业经营系统协调一致，使衡量绩效的尺度，如成本、质量、服务及速度等，获得显著提高。流程再造实际上就相当于重建企业，必须考虑到与流程有关的各个方面的因素。

（4）高层管理人员必须建立和培育新的价值观念，并自上而下推行。推行流程再造是企业管理上的重大变革，不是一件简单的任务。它需要人们建立起全新的价值观念。企业的高层管理人员必须支持这些新的观念，直接领导流程再造的进行，并激励员工面对新流程的挑战。

（5）协调好流程再造项目与企业其他经营改善项目之间的关系。在一定时间内，企业只能将其努力集中于少数几个流程的再造，因此，应对需要再造流程的重要性加以排序，选择最为重要的过程首先进行。这时，若企业正在实施一些其他的经营改善计划，则必须弄清再造项目和它们的区别与关系，并由高层管理人员负责协调，以避免混乱和项目间的资源冲突。

（6）重视流程再造项目的后续管理。流程再造只是为获得管理绩效显著提高的一套程序和方法。企业为实现期望的绩效标准尚需艰苦的劳动。在这个过程中，随着流程再造为企业所勾画的愿景的实现，企业又将开始新一轮流程再造过程。在从企业重新设计其经营流程，到实现未来目标之间，尚需一系列工作作为流程再造的继续，如支撑新流程的基础设施的不断完善等。若对后续阶段没有全盘的考虑，无疑会限制企业潜力的发挥。此时，

建立起企业综合集成的信息基础设施是关键。

三、 再造后的新流程的特点

与原来的流程相比，企业的各种流程经过改造以后，会呈现出一些新的特点。

(1) 新流程最普遍的特点是没有装配线。这是因为许多原本被分割开来的工作又被合理地组装回去，或是被压缩成一个完整的工作。在新流程中，通过压缩平行的工序，装配线自然就消失了，同时减少了监督工作，也精简了人员。

(2) 在新流程中，员工拥有自我决策权。由于压缩了工序，原来需要层层上报和请示的事，现在则由员工自我决定，因此，垂直的等级制也就相应地被压缩了。

(3) 打破连续的作业安排方式。通过信息处理系统，几乎所有的相关工序都可以同时进行，至少会以更灵活的方式进行。

(4) 新流程的生产和服务功能多样化。传统的流程设计基于标准化生产观念，以不变应万变，对所有的问题，无论大小，都以同一模式来处理，整个流程单一、僵化。新流程则考虑到环境的变化，具有灵活应变能力，能提供多样化的服务方式。

(5) 新流程可以超越组织界限来完成工作。在传统的流程中，组织内的部门之间、组织与外部的顾客之间都有一条界线，这些界线是行为权力的分界线。流程改造以后，凭着方便、高效的原则，可以超越界限行事。譬如，保险公司可以请修理厂代为检查汽车损坏程度；复印机维修部将容易坏的部件放在用户处，待用户自己更换部件后，再去收款；将零售商的反馈信息作为市场营销决策的固定组成部分，而不仅仅是作为参考；百货商店的库存交由供应商处理。

(6) 在新流程中，减少了审核与监督。在传统的流程中，由于被分开来的工序较多，因此，需要审核与监督来把分开的工序再“黏结”起来。而新流程通过组合多个工序，减少了连接点，也减少了审核与监督，同样也减少了组织中的冲突。

(7) 新流程为顾客提供“一人包办”式的服务，顾客不必去与更多的人打交道，顾客被当作皮球踢来踢去的现象将不复存在。

(8) 企业对各流程的管理，享有集权与分权的好处。通过信息技术和重整业务流程，集权与分权的弱点都被克服了。对新流程的管理，其主导思想是放权，创造自我管理的工作小组。但是，通过运用信息技术和信息系统，企业管理流程可以随时掌握各流程的运行情况，实施监控职能。

下面以美国福特汽车公司北美货款支付部门的业务流程为例，来分析流程的再造过程。该部门以前的业务流程如图 8－3 所示：采购部向供货商发出订货单，并将订货单副本送交付账部；供货商发货，同时将发票送交付账部；物料部验收入库，并将收货单交付账部；付账部核对订货单副本、收货单和发票（共 14 项数据），当三者一致时，向供货商付款。如果三者不一致，则开始调查原因；经过对采购部、物料部和供货商三处的调查之后，写出差错报告，上交管理部门。由于业务量较大，该流程共有 500 多名员工从事这项工作。

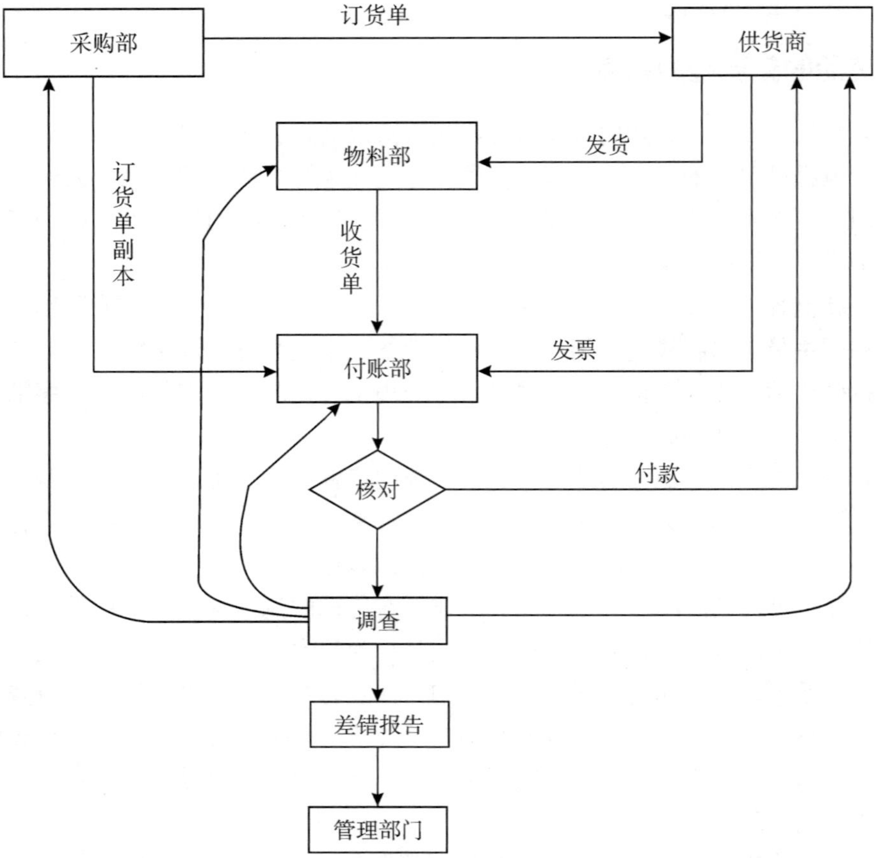

图 8 - 3　付账部业务流程（改进前）

该部门的第一次改进是由采购部直接将预购单送交付账部；付账部将生成的订货单发给供货商；供货商发货，物料部验收入库，并将收货单交付账部；付账部核对订货单和收货单，当二者一致时，向供货商付款。此时，由于采用计算机管理，取消了发票。核对内容只剩下三项（与数据库中的记录核对），并且计算机自动付款。其结果是减少 75%的人员！第一次改进后的业务流程如图 8 - 4 所示。

该部门的第二次改进是由采购部同时将预购单发给物料部和付账部；付账部将订货单发给供货商；供货商发货，物料部按照预购单验收入库，并将收货单交付账部。如果收货单与预购单不符合，则退货。这样，付账部就可以按照订货单向供货商付款，从而取消了原来的核对、调查业务，大大提高了效率。现在的流程只需要 20 个人就可以完成原来的业务！第二次改进后的业务流程如图 8 - 5 所示。

该部门业务流程的第三次改进如图 8 - 6 所示。这时，通过共用数据库的连接，原来的三个部门已经变成了一个工作小组！基本实现了“对企业的业务流程作根本性的思考和重新设计”，并取得了“显著的改善”，可以说达到了预期目的。

其实，如果借用计算机和网络技术，该部门的业务流程还可以进一步改进（如图 8 - 7 所示）。

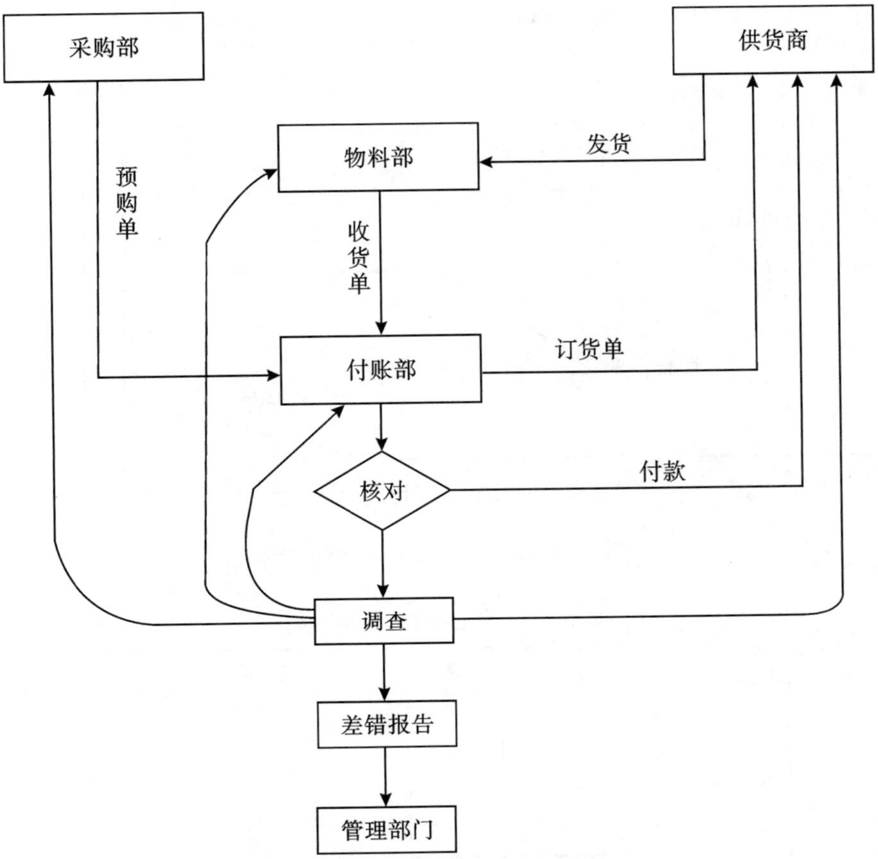

图 8-4 第一次改进后的业务流程

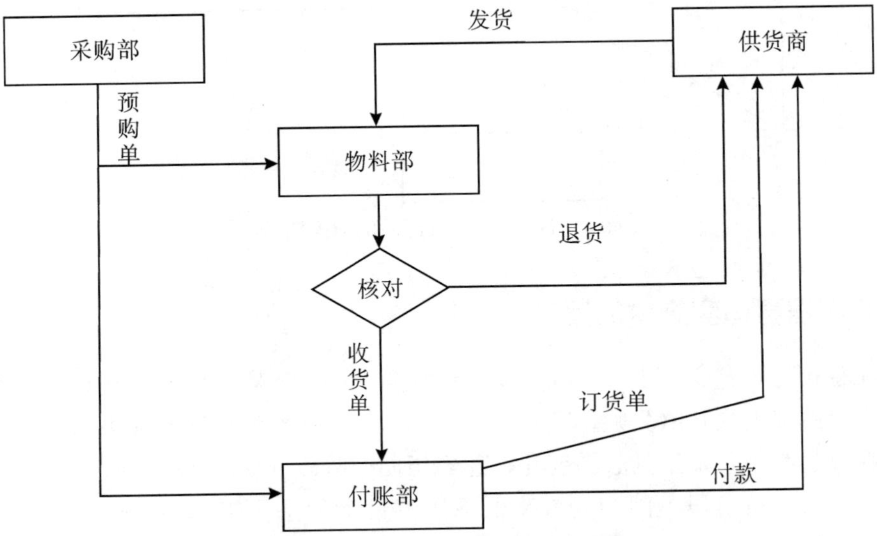

图 8-5 第二次改进后的业务流程

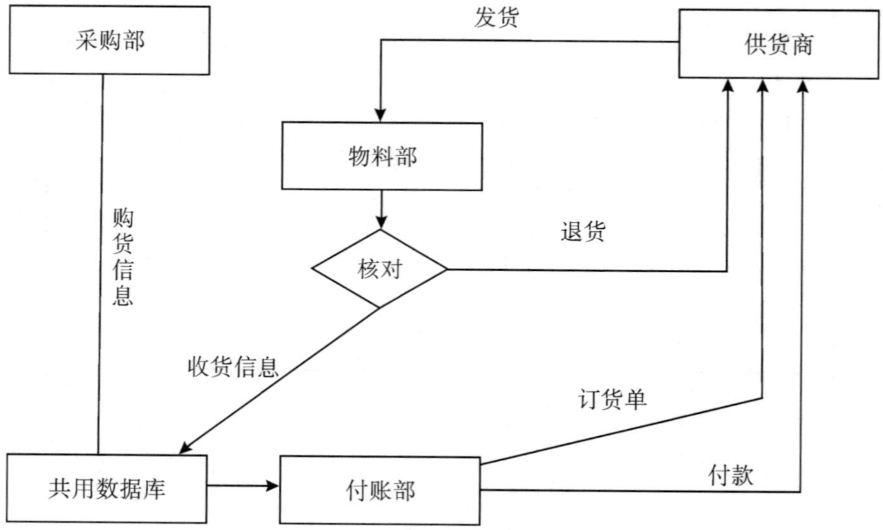

图8-6　第三次改进后的业务流程

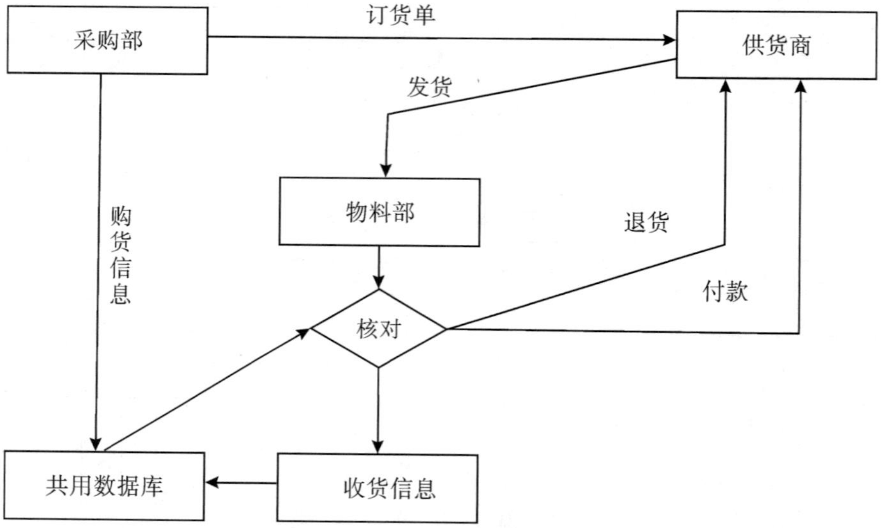

图8-7　进一步改进后的业务流程

四、 企业流程再造实施中的误区

企业流程再造理论问世后，给企业界带来了巨大的变革。其中，既有辉煌瞩目的成功，也有十分明显的失败（失败率高达70%）。其调整范围包括涉及业务流程的所有单位和个人。在此过程中，员工的心态变化往往经历四个阶段（如图8-8所示）。

第一，积极支持阶段。因为受效率低下影响最深的是员工本身，员工支持企业进行BPR，以提高效率。这个阶段，虽然没有实质上的改变，但员工似乎看到了希望，工作效率有所提高。

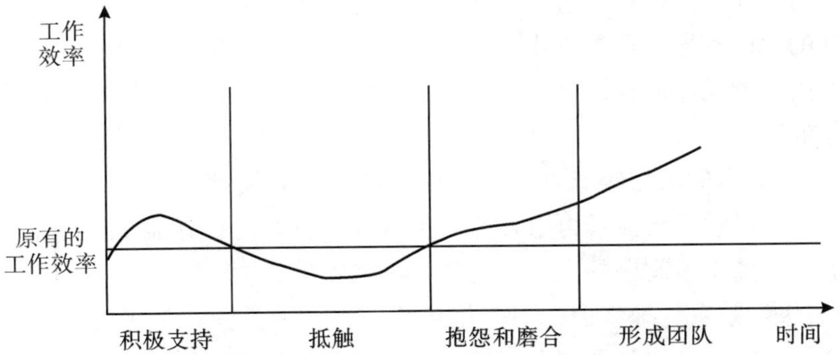

图 8－8 员工在 BPR 过程中的心态变化

第二，抵触阶段。BPR 进入实质性工作以后，许多员工的切身利益受到冲击，部分人员面临转岗或失业的威胁。

第三，抱怨和磨合阶段。员工不适应新的变化，强调原有结构的好处，对新流程抱怨不断。同时，新的组织结构和流程会产生或多或少的问题，部分受到冲击的员工会以此为借口，反对 BPR 的实施。

第四，形成团队阶段。通过磨合和调整，员工队伍相对稳定，员工从心理和工作上已经接受和习惯新的工作方法，BPR 的效果开始体现。

通过以上分析，企业管理层应该清楚地认识到，BPR 不是一朝一夕的工作，而是一个长期的系统工程。企业在实施流程再造过程中会走进一些误区，常见的失误表现在以下一些方面。

（1）不以经营流程为中心。不着眼于流程的再造，“创新”只是无本之木，无源之水。

（2）限定流程再造的范围及所要解决的问题。流程再造立足于从根本上思考和解决问题，往往在时间和空间上牵涉甚广，需要把问题放在它所处的系统中，进行全面的思考。

（3）仅把经营流程的再设计作为目标。流程再造不仅仅是经营流程的再设计，还包括将新的设计付诸实施。流程再造的成功不仅取决于设计方案的质量，而且取决于如何实现。

（4）满足于微小的改善。从长期来看，微小的改善从根本上说不能称为改善，而是对改善的损害。采用逐步改善的方法，容易使企业失去勇气和活力。

（5）克扣流程再造项目所需要的资源。不给予再造项目必要的资源投入，企业不可能获得再造工程所承诺的经营绩效的显著提高。克扣再造工程所需要的资源，会使企业员工降低对项目的热情，甚至产生抵制行为，最终导致项目的失败。

（6）同时进行多个流程再造项目。流程再造需要管理人员高度集中注意力。在给定的时间内把精力分散于多个项目，不仅削弱了再造的效果，而且会给企业带来混乱。

（7）过早地放弃。当遇到困难时，缺乏战胜困难的勇气。

（8）实施速度太慢。流程再造对企业中每个人都有心理压力，拖延过久会使这种压力加重。一般而言，一年时间是足够长的周期。若拖延更长的时间，人们可能会对项目变得不耐烦，从而降低人们的努力程度。

（9）自下而上地实施流程再造。一线人员缺乏流程再造所需要的宽广视野，他们往往局限于其所处的部门和所从事的工作，很难把企业经营流程作为一个整体来思考，也不可能找出他们所面临的问题的根源（一线管理人员更容易进行渐进的改善，因为这类改善是他们能够胜任的）。

（10）缺乏强有力的高层领导推动。高层管理人员的领导是再造成功的必要条件，但再造项目的领导人必须理解流程再造，并对项目直接负责。只有能从产品生产到销售、服务的整个增值链角度思考问题的人，才能领导再造项目。

（11）当高级行政主管即将退休时实施流程再造。一方面，由于经营流程的根本再造不可避免地会带来组织结构和管理系统的变化，即将退休的高级主管可能不再想处理如此复杂的问题，或者不想制造约束继任者的框框。另一方面，高级主管的即将退休所带来的高管层的变动，可能会对其他人员产生影响。

（12）容忍现存的企业文化和管理态度，阻碍流程再造的开展。企业的文化特征，也会成为实施再造工程的障碍。例如，一个具有民主传统的企业，其员工会觉得自上而下实施的再造是对其感情的冒犯；在那些只注重短期效果的企业，人们难以认同再造工程的未来愿景；不愿意面对冲突的人们，会觉得打破长期以来的经营规则让人难以接受。

参考资料8-4

现场管理解决之道

• 智慧没有极限

以丰田为代表的日企管理模式到底是什么？

一言以蔽之，就是“在人类智慧的基础上，加上‘自动化’和‘准时化生产’两大法宝”。

被称为“丰田模式之父”的大野耐一经常挂在嘴边的话就是：“人类的智慧是无穷的。智慧没有极限。”为了实现优化生产和最大限度地发挥人的智慧，大野耐一煞费苦心。

这里所说的智慧，不单指特殊的才能或一部分领导者的想法。丰田模式认为，现场工作的所有员工都各有其智慧。

• 急中生智

尽管每个人都各有其智慧，但是人和人之间激发智慧的技巧却是千差万别的。通常情况下，正如俗话所说，人在遇到困难时往往能急中生智。

人常有这样一种通病：如果一直没有碰壁，即便自己在做一件错误的事情，也察觉不到这是错误的。他们会认为“现在的状态很好”，而不会觉得有改变的必要，也无法察觉到再这样下去会很麻烦。

而丰田模式正是要制造这样碰壁的状态，让自己或别人暂时陷入困境。这种时候，往往会激发人的灵感，让人想出解决问题的方案。

• 反复问为什么

例如，在生产出现问题的时候，通过对现场的判断决定停止生产线的运作。对于车间来说，生产线停转是一件很麻烦的事情。这时就需盯住每一个环节，反复问“为什么”。

如果问一次“为什么”不能彻底解决问题，就第二次、第三次问“为什么”，反复思考，就能发现真正的问题，从而使问题得到彻底解决。

• 不要完全照别人说的去做

“充分发掘人的潜力”是丰田模式的基石。也就是说，要最大限度地尊重人的“思考能力”，并尽力将其发掘出来。

对一个人说“都照我说的去做”，等同于“不准思考”。因为一旦这么说的话，就抑制了人的思考能力。这种行为与尊重人性是背道而驰的，“给予充分的思考余地”非常重要。因此，丰田模式认为，让人直面困难是对人性的最大尊重。

• 答案就在其中

让人直面困难、自主思考并提出恰当的建议，从而找到最合适的解决方案。通过不断重复这样的过程来培养人才，培养出来的人能给予现场更大的助力，逐渐实现优化生产。这样的循环将塑造一个“集合众人智慧的工作现场”。

不能从外部寻找问题的答案，答案就藏在现场工作的员工中间。只有发挥这些人的智慧，问题才有可能得到彻底解决。要相信“人的智慧是无穷的”。

• 一人百步不如百人一步

“一人百步不如百人一步”，这是丰田模式的最基本原则之一。

某些企业会出现这种情况：通过某个管理明星或某位强权领导来突然扭转企业文化。

但这种情况多数不能持久。随着领导更换，公司立刻就被打回原形。这种情况不在少数。

这种企业被称为“兔型”，而大野耐一则强调“龟型”企业的重要性。

“只有全体员工变成乌龟，丰田模式才有可能得以推行。”这句话的主旨，是要不屈不挠地坚决向前。

• 通过接力提高速度

在此基础上，大野耐一还提出了团队合作的重要性。

同事之间的工作未必都要有联系，可以像接力赛一样每个人单独跑，然后通过接力将成绩加在一起，得到一个优秀的成绩。很少有工作是一个人能够独立完成的。大多数工作都是与客户（下一道工序）相关的。在这些工作中，“便于生产”“便于销售”“便于使用”以及“便于回收”是非常重要的。通过解决这些“便于”，工作的品质将得到提高。

• 小聪明，大智慧

在丰田模式中，“群策群力”是解决问题的基本原则。

一个人思考的时候，很容易产生一些宏大的、离奇的想法，但这些主意通常很难产生效果。

真正能出成效的生产改善，通常是那种不声张的将日常留意到、感受到的地方进行细微的改善。最后集大成者，往往都是这些小点子。

不管什么改善，都应该和工作密切相关。以此为基础衍生出来的改善，远远胜出一个人出的主意。

• 系统由“心灵”来支撑

大野耐一在《丰田模式》一书中总结了这样一番话：

"系统不是最重要的，重要的是如何从系统中选择信息、分析信息，也就是人的创造力。值得庆幸的是，丰田模式还处于成长阶段，还在源源不绝地吸收来自全体员工的改善提案，每天都在不断地进步。"

生产是一件神奇的事情。员工的情绪一旦出现失控，品质就会立刻下降，生产量也得不到保证。

因此，打造全员一心的生产环境是至关重要的。同时，还要塑造一种群策群力、勇于面对问题并解决问题的企业文化。以人为本的职场才是和谐的职场，忽视员工的企业将很快走向灭亡。

资料来源：若松义人．你的公司有什么病．北京：中信出版社，2011：30-31，95-96.

关键术语

现场管理　目视管理　"5S"　定置管理　企业流程再造（BPR）

小　结

现场管理的最大特点在于它不需要复杂的技术、烦琐的程序和昂贵的设备，只要利用如全面质量管理、JIT、可视管理等基本原理和常识性的简单工具，就能够轻易地解决企业中存在的问题。无论是一条生产线、一个办公室，还是一个柜台、一个窗口、一个会议室，都是现场管理可以发挥作用的场所。因此，现场管理的实践性、实用性之强，远远超过其他管理理论。这是学习本章内容必须牢记的前提。

思考题

1. 如何理解"现场"在管理结构中的位置？
2. 试述企业流程再造与"现场改善"之间的区别与联系。
3. 试从管理的定义出发，简要论述"5S"在生产与运作管理中的重要性。
4. 以所在企业的一个具体部门为例，试设计一个"5S"实施方案。
5. 结合福特汽车公司的例子，试剖析流程再造的理论基础。
6. 以你所在的教室或办公室为例，分析其现场管理中存在的问题。

案例讨论　Z 公司的"5S"管理

Z 公司是国内知名的模具标准件制造商。2010 年元旦之后，日本某著名公司看好 Z 公司，准备共同开发国际模具标准件市场。但日方人员考察 Z 公司后，对其脏乱的现场十分不满。对此，Z 公司总经理张睿有几分不理解："现场乱一些有什么，咱们拥有先进的技术、设备和经验丰富的生产人员这三大法宝，不愁日本人不与我们合作！"

但是，总经理助理李坚很快了解到，日方已向另外两家公司发出了谈判邀请。这大大超乎 Z 公司的预料，张总责成李坚迅速与日方联系，一定要促成合作。

1. 合同条款的异议

经过积极努力，日方与Z公司开始谈判。但是，在谈判中，日方多次将Z公司混乱的现场作为谈判的攻击目标。几次交锋之后，最终日方同意与Z公司合作，但是，要求将“在Z公司实施‘5S’管理”作为必要条件写入了合同。

于是，“‘5S’是什么”立即成为Z公司员工茶余饭后的话题。虽然大部分管理人员都觉得日方有点“小题大做——不就是做做卫生，把环境搞得优美一些嘛”。但另一方面，究竟什么是“5S”，也没有几个人能够说清楚。

2月18日，公司专门举行了“5S”讨论会。在讨论中，人力资源部部长认为既然签订的合同要求实行“5S”，我们就应该好好执行。生产部部长则强调说：“现在公司生产负荷很大，工人有的已经一个月没有休息日了。有些产品的交货期我们都无法保障，哪有时间和精力去搞什么‘5S’?”技术部部长则认为：“现在公司正在搞ISO 9001的认证，目前的混乱状况会自然好转。可以不必再专门搞‘5S’。”

李坚解释说：“现在公司的生产压力是比较大，但我们的市场前景十分看好，订单还会持续增加，生产负荷大还会持续下去。我们是否可以通过其他有效的途径，找到解决生产能力不足的问题呢？ISO 9001只是程序化文件体系，它可以从宏观上规范人们的工作流程。而‘5S’则从细微处着手，可以培养人们的良好习惯，形成高素质的员工队伍。”

还有人提出TQM（全面质量管理）、TPM（全员生产性维护）和“5S”之间有什么联系的问题。李坚也不是太清楚，只笼统地说“5S”管理是企业尤其是生产型企业重要基础的管理，是现场管理的法宝，是实施其他管理的基石。如果“5S”做得好，其他管理方法，如TQM，TPM实施起来也会比较顺利。

最后，会议决定：立即在Z公司实施“5S”管理，并由李坚担任主任，着手组建“5S”推行委员会，并明确了相关人员的职责。具体见表8-6。

表8-6 “5S”推行委员会职责

	人员	职责
1	“5S”推行委员会	负责全盘“5S”活动计划和开展
2	主任委员	负责委员会的运作、统筹、指挥、监督全局工作，在“5S”活动中拥有最高决策权
3	副主任委员	协助主任委员处理委员会事务，主任不在时，代行主任之职责
4	干事	策划推行方案，整理资料、宣传、召集会议筹备，推行和跟进相关活动
5	委员	参与制订“5S”活动方案、计划，协助主任委员；辅导和跟进推行小组工作；“5S”评比基本成员
6	推行小组	负责具体落实“5S”活动项目
7	组长	执行委员会计划，拟订本组具体实施计划和方法，总结小组落实情况，与员工和委员保持密切联系
8	组员	协助配合组长工作、落实措施和反馈基层意见

2. 正式的准备工作

由于李坚对“5S”也知之甚少——只知道是整理、整顿、清扫、清洁、素养五个日语的罗马拼音均以“S”开头，故简称“5S”。推行“5S”的五大好处是：提升企业形象，提升员工归属感，提升效率，保障品质，减少浪费。李坚本想找一些有关“5S”的资料，但查来查去，一时找不到更多有价值的东西。于是，他请来了在某企业管理顾问公司工作的涂咨询师帮助Z公司推行“5S”。

涂咨询师在Z公司进行现场考察时，发现车间地面上堆放着各种类型的产品；废弃的刀具和拆下来的夹具躺在车间的一个角落里，沾满了油渍；工具都没有醒目的标记……偌大的行政办公区竟然完全没有隔断，不同职能部门混在一起；办公桌上，各类图纸混在一处，餐具、卫生纸也来凑热闹；桌子底下鞋子、纸袋、纸箱相互混杂堆放；工作服、毛巾都随意搭在椅子上；这么多的人同在一室，相互大声喊叫；电话声此起彼伏，间或还有高速自动复印机嘈杂的嗒嗒声……

涂咨询师还查看了张总引以为荣的SYMIX系统（Z公司的生产管理系统），他发现电脑硬盘上的文件混乱不堪，到处是随意建立的子目录，随意建立的文件。文件的版本种类繁多，过时的文件、临时文件、错误的文件……

涂咨询师直率地问张总：“您如何确信电脑里的数据是真实的？在混乱的环境中，应怎样鼓舞士气、增强员工的荣誉感和使命感？如何确保产品的质量？”

张总十分尴尬，同时也陷入沉思：我们发展到今天的规模，是广大员工努力的结果。但同时，我们也习惯了周围的一切，包括在别人看来简直是难以忍受的不足。

对于实施“5S”，以前张总只是迫于与外商的合作压力才同意执行。但此次事件使张总从心理上发生了转变，认识到了实施“5S”的必要性和紧迫性。

3月12日，涂咨询师为全公司的管理人员进行了“5S”讲座。之后，公司又组织全员参加了专场讲座。“5S”推行委员会制订了切实可行的“5S”实施计划。一系列活动使公司员工了解了什么是“5S”现场管理，“5S”活动都有哪些实施步骤和实施方法等。3月22日，部分管理人员到“5S”现场管理比较优秀的东江模具有限公司参观。

3. 旧貌换新颜

“5S”推进委员会把“5S”实施工作分为两大步骤，首先是推进前三个S（即整理、整顿、清扫），最后是清洁和素养。

由于许多员工去东江公司参观过，目睹了“5S”的现场效果，所以他们参与的积极性都比较高。制造一科采取了“空中捕蝉法”（多抬头注意空间，因一般人走路不会向上看，这就使天花板成为一个死角）和“老鼠觅食法”（借鉴老鼠的特性，沿着墙角行走找“食物”）对现场进行整理。

办公室人员也不逊色，他们发明了“扩大空间法”。行政人员将书本、报刊等私人用品进行整理，清除长期没有使用的物品。技术人员将一些已经过期无用的资料清除。通过整理，人们从行政区清理出了3编织袋杂志、5编织袋报纸和废纸，各种废弃和无法使用的各类办公用品装了6纸箱，清除了各类纸箱40多个。

在“5S”推进委员会的领导下，Z公司首先对现场进行了整顿：撤除不用的东西；整备放置空间；规划放置空间；进行方位标志；对物品本身进行标志；在各种指示文件上都明确了放置场所，这样可以正确收集所要的目的物。然后，对操作工具进行了整顿，“5S”委员会要求各部门遵守使用前能“立即取得”，使用后能“立即还回”的定位原则：

（1）尽量减少操作工具的种类和数量。

（2）将用具放置于作业场所最接近的地方。

（3）还回原来的位置。以颜色、记号等方式进行标志，使每个操作工具都有其位置。

到了第三步——清扫时，李坚针对一些员工把清扫与大扫除混为一谈的情况，特别强调指出：“大扫除只是就事论事地解决环境卫生问题，而清扫的落脚点在于发现垃圾的源头，在进行清洁工作的同时，要进行检查、检点、检视。”

为此，李坚还专门到制造二科进行了具体指导：首先，对地面进行彻底的清扫，同时把不要的东西统统清除。地面标记放置台车、在制品等区域，同时标明垃圾桶（或垃圾箱）、灭火器等位置图，然后利用清洁剂对地板进行反复清洗，除去地板上的油渍。为了消除来自水泥板的灰尘，对地面粉刷地面漆。然后，组织人员对一些部位进行了细致的清扫，如机械深处的端子屑，日光灯、灯罩或内壁，桌子或设备底部等。

除此之外，还对现场脏污的来源进行了调查，并将其彻底根除。

（1）消除机器漏油：把机器洗刷干净后，查出漏油点。

（2）消除水槽或水管漏水：检查后做详细的记录，逐项进行改善。

（3）消除喷雾、灰尘、切屑等物的飞散：改善覆盖间隙，设置盖板等其他有效方法。

…………

随着前三个S（整理、整顿、清扫）的深入实施，公司车间和办公室的窗户变干净了，卫生死角也清理出来了，库房、文件柜、电脑硬盘上的文件目录以及各种表、单、台账等重点整治对象，也有了全新的面貌。大家的精神面貌有了很大的变化：人们的心情似乎比过去好多了，一些“不拘小节”的人也有了收敛；报送上来的统计数据，不再是经不住问的糊涂账；办公环境清爽多了。

4. 更上一层楼

此时，涂咨询师进一步向张总进言：“‘5S’管理的要点，并非仅仅打扫某处垃圾。‘5S’管理的核心是要通过持续有效的改善活动，培养勤奋、节俭、务实、守纪的职业素养。”他进一步解释：“‘5S’中的后两个S——清洁、素养，是公司文化的集中体现。我们时刻要对自己的所作所为留下的‘现场’进行检查。”

随着“5S”的逐步深入，一些区域开始有了创意性的做法。从以前由“5S”推进委员会推着走，变为自己主动用脑，员工对“5S”在观念和行动上也有了进一步认同。

7月的一天，张总带客户参观公司。当客人进入生产现场时，不禁惊呆了。只见地面用黄线划分了作业区、物料区、通道，各类物料、半成品全都整齐地堆放在定位区内；一排排蓝色的铁盒里装着各种小零件；看板上分类张贴着各类表单、通知公告；各班组、台位、质量控制点、工具箱、消防设施、设备、开关、物料存放区、清洁用具存放区、废料存放区、垃圾收集区都有醒目的标识。

来到行政区，只见行政区按部门划分了若干区域，每个部门都有晶亮的背刻喷字标牌，部门内部也有相应的隔断；干部文员们穿着统一的浅蓝色工作服，胸前挂着塑胶封套的 IC 卡；每张办公桌后面的隔断左上方，也都有一块蓝底白字的个人标牌；员工去向管理板上，谁上哪、干什么、估计何时回来，一看便知；电脑显示器一律与隔断的拐角成 45 度；桌面除了工作中的文件和用具外，只在统一位置摆放电话、笔筒、台历、水杯、文件架。员工离开了的办公位，桌面物品和座椅全部整齐归位。抽屉、二斗柜上都有标识，拉开看看，公物私物分开摆放；文件柜里整整齐齐。

听着客户的一路赞叹，张总也情不自禁地说："这些都要归功于'5S'，我们从 3 月份开始实施'5S'工作以来，生产能力提高 10%，一级品率提升 5%。从清扫检点开始，设备小缺点得以改善，机械设备运行正常，突发事故降低 3%。"

看着员工良好的精神面貌，李坚也从心里感到欣慰。但他同时又清醒地发现：随着订单雪片般飘然而至，工人开始倒班。前期推行"5S"的兴奋在逐渐淡漠，"差不多了"已经是很多人的想法，少数员工甚至开始对"5S"有了明显的抵触。

怎样重新唤起大家对"5S"的兴趣？这又成为李坚的新挑战。

资料来源：本案例根据东北财经大学 MBA 康玉国毕业论文改编。

讨论：

(1) 开始时 Z 公司很多人认为"5S"是"小题大做"，对此你认为应该从哪些方面加深其认识？

(2) 涂咨询师强调素养是"5S"的核心，你认为 Z 公司应该如何实施素养？

(3) 通过实施"5S"，Z 公司的行政区发生了很大的改观，你认为办公室实施"5S"还应该注意哪些事项？

(4) 在"5S"讨论会上，有人对"5S"与其他现代管理方法如 TQM，TPM 之间的联系不太清楚，对此你做何解释？

(5) 技术部部长认为 Z 公司正在进行 ISO 9001 的认证，没有必要再实施"5S"，你认为问题出在什么地方？

(6) 在 Z 公司实施"5S"后期出现了"返潮"现象，你认为应该如何解决这一问题？

分析要点：

(1) 提升企业形象；提升员工归属感；提升效率；保障品质；减少浪费。

(2) 完善规章制度；规章制度目视化；实施各种教育培训；对违反规章制度的要及时给予纠正；要求受批评指责者立即改正；在公司内开展各种积极向上的活动。

(3) 平常注意保持桌子或柜子的清洁；用具贴标签；依使用频率放置资料文件；对文件档案加以整理，并贴上标签；下班时将文件、物品收好归位。

(4) "5S"是现场管理的基础，"5S"的水平高低制约着 TQM，TPM 活动能否顺利地推动或推行。"5S"是全面生产性维护的前提，是 TQM 的第一步。

(5) 在实施 ISO 9001 时，"5S"是第一步，对改善工作环境及提高工作质量起着重要的作用。可以说"5S"是贯彻 ISO 9001 标准的基石，会有力地促进公司的发展。

(6) 把握好引进时机；由高层管理者推动；花时间和精力用于培训；推行中要坚持检查、考核与员工的绩效考核挂钩；与其他推行较好的企业进行交流；借助外部力量（如顾问公司）。

课外阅读资料

资料一

构建可视化系统

可视化是可以运用在企业经营所有方面的极其广义的概念。各个企业根据自己的具体情况制定具体方针，现场也可能存在对可视化的不同理解。

当然，可视化的手法与工具可以根据具体情况而制定，但其前提是必须有明确的定义与系统。不能简单地将可视化理解为是一种手法和工具，而必须将其作为支撑企业经营活动的体系来认识。

在这里，我将企业经营活动中的可视化进行系统分析以明确其对企业活动的作用的大小及可能性。还是这句话——不要零碎地、片面地看待可视化，而要将其理解为支撑企业经营活动的基础，必须从这个高度来理解可视化。

若将可视化分类，可以分成五个大类（见图 8-9）。

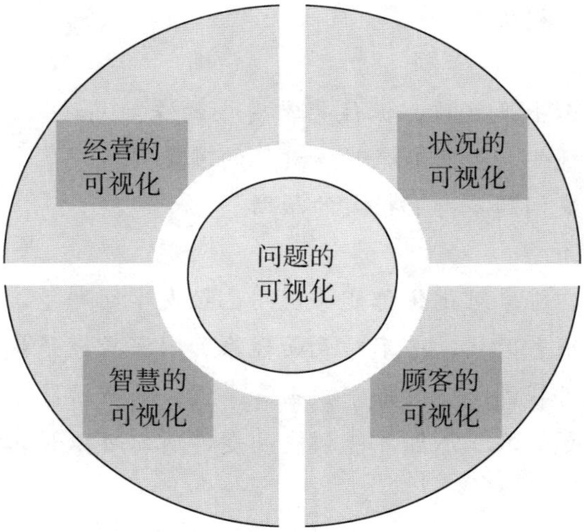

图 8-9 可视化的五个类别

下面，分别对这五个类别作说明。

（一）问题的可视化

居于可视化核心地位的是问题的可视化。

问题的可视化是要将企业日常活动中发生的种种异常情况与问题及时置于可见状态。

我已经重复多次，企业的日常活动就是与各种问题进行斗争的过程，甚至称其为“问题解决活动”都不为过。及时察觉到日常发生的问题、挖掘出不容易被发现的问题、迅速解决问题——这些是决定企业竞争力的关键。

当然，企业的异常情况与问题的发生地总是在现场，也就是经营活动的第一线。所以，“看见”现场的问题是可视化活动的出发点和源泉。

老实说，我认为若是没有若干个更微观的可视化作为基础，企业整体的可视化是无法实现的。也就是说，现场层次的可视化若没有实现，经营整体的可视化目标就不可能达成。把企业活动中产生的问题找出来，应该是可视化的根本中的根本。

若将问题的可视化更细致地分类，可以分成五类。

1. 异常的可视化

将现场发生的异常现象捕捉出来，使其显现出来，这个就是异常的可视化。这里要看见的不仅是信息与数字，还必须要看见异常这个事实。比如在传达生产了大批不合格产品这个事实的时候，采取告诉一个数字的方式还是采取将这些不合格产品全部堆在外面、使大家都看得到的方式，效果自然大相径庭！

像过多的库存、不合格产品、顾客投诉等能够直接被人感知到的问题，一般只要不把发生了的异常事项隐藏起来，只要将其暴露出来就是最有效的可视化，也是可视化的原点。

2. 差距的可视化

要检查现场业务是否按照计划进行，只要将现状与标准、计划相对照就可以知道。若是与基准、计划之间有差距就说明有问题，这时候可以利用图表等视觉表现手法识别异常——这个称为差距的可视化。

3. 迹象的可视化

在异常或者差距显示出来之前，抓住异常发生的蛛丝马迹（迹象），才能进行事前控制，这个就是迹象的可视化。虽然这个时候看见的不是异常现象本身，但是能够及时发现迹象并立即上报将对解决问题本身有很大的帮助。

4. 真正原因的可视化

将异常情况、差距、迹象可视化都能够说明已经发生问题了，但是并没有将问题发生的真正原因公之于众。很多时候，若不对表面现象加以深挖，是找不到真正原因的。

若在明确目标的同时找到更多的详细数据和事实，通常情况下就可以发现问题发生的真正原因。因为找到问题的真正原因才能解决问题，所以可以说真正原因的可视化应该是最行之有效的可视化。

5. 效果的可视化

将问题可视化的目的是解决问题，既然采取各种方法进行了各种尝试，那么应该验证其效果如何。若是无法定性、定量地测量，就不可以说问题已经解决了多少之类的话。

要形成学习型组织，不能做完了就了事，必须进行效果测定，将结果可视化是极其重要的。

（二）状况的可视化

状况的可视化是要将企业经营活动的实态可视化。若搞不清楚企业活动的现状是怎样的，那就不要谈什么发现问题、找出正确的应对措施之类了。

企业的经营活动是按照怎样的原则和规定运营的、现场是否遵守这些原则和规定、公司里存在怎样的一些经营资源（人才、物品、资金）——若是没有准确把握公司内部的这些状况，就不可能进行正确的决策，状况的可视化是解决问题的前提条件之一。

状况的可视化可以细分为以下两类。

1. 基准的可视化

所谓基准就是明确了现在业务“应该是什么样子”的标准。要确定异常情况就要找到基准与现状的差距，所以若没有基准就无法找出异常。

制定业务标准、具体步骤、指导方针、规定——这些都是发现和解决问题的第一步。

2. 阶段的可视化

企业的经营活动现在如何、存在哪些资源——构建起能将这些有关运营的阶段实态及时共享的机制是企业管理的基础之一。

阶段实态有计划型与资源型两种。

计划型的阶段实态是指企业活动的全体计划、实行计划、目标与现状。企业以何为目标，有怎样的计划，现在在做什么，这些是企业内部人员都应该知道的。

资源型的阶段实态是指实行计划达成结果所必需的经营资源现在处于何种状况。若对自己手头有怎样的经营资源、还有多少之类的基本情况都没有掌握，达到目标、解决问题又从何谈起呢！

（三）顾客的可视化

一般提到可视化总会觉得这是企业内部管理的问题，但你是否想到“看见”你的顾客有多重要？

本来企业作出各种尝试努力的目的就是为了将提供给顾客的价值最大化。我们的工作应该是能满足顾客需求的吗？有没有差距呢？顾客需求有没有发生变化呢？这些都是值得我们每天花费时间去留意和思考的。要成为能够随时应对市场变化的企业，就必须构建以顾客的可视化为基础的管理机制。

顾客的可视化可以细分为两种。

1. 顾客之声的可视化

不论是现有的顾客还是潜在的顾客，倾听顾客的声音，将其变得能“看见”是很重要的。

把握顾客的需求与需要不仅可以知道现在顾客对商品的看法、满意度，对今后新产品或服务的开发同样也很重要。企业要提高商品开发能力，就必须千方百计地将顾客闷在肚子里的需求和需要深挖出来，使其变得“看得见”。

2. 对顾客而言的可视化

在考虑可视化时，必须时刻提醒自己“这个是对谁而言的可视化”。其主要对象往往是企业经理或者是经营者，而想到“这是对顾客而言的可视化”的企业却不多，往往是毫不重视，全部扔给现场。

在听取顾客的声音和希望的同时，企业还应该向顾客发出顾客想要了解的商品信息，进行这种双向的可视化非常重要。

（四）智慧的可视化

要知道，能最终解决问题的一定是人的智慧。但是，当这种智慧还停留在个人小聪明，并没有被集中吸收而成为集体智慧的时候，企业解决问题的组织能力是得不到提高的。公司内部必须有一个能将个人小智慧汇集、升华成组织集体智慧的管理机制。

为此，有很多企业引进了知识管理系统，这相当于智慧的可视化。

智慧的可视化可以分为以下两种。

1. 个人智慧的可视化

一般解决问题需要相应的信息与知识，但并不等于说有了这些就能够解决问题。能实际解决问题的往往是有多年经验的高于自己的思考方法或者窍门。

解决问题的时候是从什么视点出发、怎样一步一步思考——将这些“思考的路径”搞明白，并将这些经年累月工作中得到的智慧用文字的方式记录下来，这样，眼睛看不见的这些珍贵的智慧才能传承下去。

2. 集体经验的可视化

在将个人的经验诀窍可视化的同时，不忘必须记录和保存组织所经历过的种种事例（案例），并将之传承下去——这是知识管理的另一个极其重要的方面。

当然，组织所经历的案例当中既有成功的也有失败的。需要让大家知道的不仅是整个事件的过程，更重要的是事件中隐藏的更本质的东西，只有组织中的每个人都掌握了这些，组织的学习能力才能提高。

（五）经营的可视化

最后一种是经营的可视化。

在此之前阐述的四个可视化（问题的可视化、现状的可视化、顾客的可视化、智慧的可视化）是为了促进解决企业运营问题而需要考虑的。

在运营这个层面的可视化之上，还要将监督管理运营全体执行情况的层面可视化，这就是经营的可视化。

经营者若是不能及时监督现场的实际进展如何、在哪里有什么问题的征兆等，就谈不上是一个合格的经营者。企业活动的范围很广，要监督的对象也很多，不是说只抓财务指标就好了，必须想办法使企业经营的质量能够被“看见”。

经营的可视化还包含另一个层面，就是向社会公开企业的经营状况（即企业的社会说明责任）。必须认识到对股东、生意伙伴、所在地区等有关企业与部门公开信息，实行可视化也是同样重要的。

真正的可视化是指这五种可视化能系统地实施并有机结合的状态。东一榔头西一棒槌，无法真正强化企业的经营质量、提高企业竞争力。可视化的五个要素并不是说“做到哪一个就好了”，而是“哪一个没做到都不好”。

这五个要素相互衔接，其意义与价值渗透到组织的每个角落——这样的企业才可能拥有卓越的解决问题的能力。

到此我举了可视化的五个类别以及11个具体项目。每一个项目都不是孤立的，要注意必须将这些看作为达成解决问题这个目标而构成的体系。

如图8-10所示，异常和差距是一切的起因。这二者是企业经营管理活动中发生的主要问题。

要看见差距必须知道基准与现在所处的阶段。异常的发生总伴随有各种迹象发生。在解析异常与差距这些表面现象后，才能得到问题发生的真正原因，之后采取措施才能解决

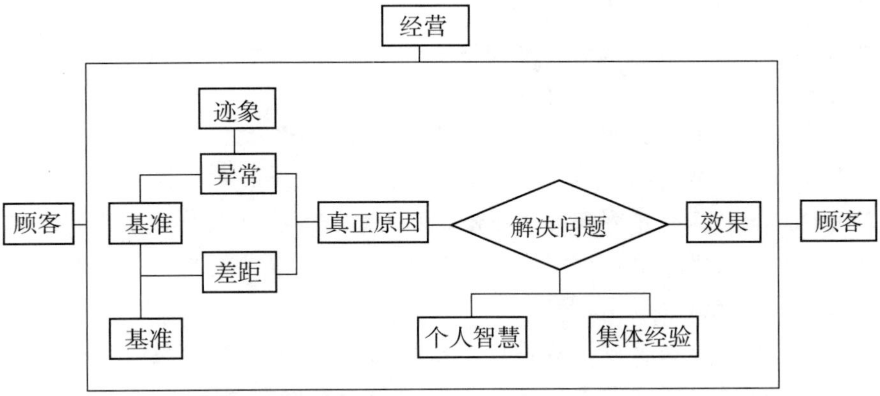

图 8-10 可视化体系

问题。为此，需要个人智慧与集体经验，而测量其成效则必须看得见效果。

“顾客”位于这个运营系统的入口和出口，这是因为决定运营质量的是顾客的态度，我们必须“看见”顾客。而“经营”是站在经营管理者的高度上监督管理运营的整体情况，向社会公开信息所需要的部分，所以处于最高的位置。

仅靠单纯的、片面的措施无法有效地实现可视化这个目标。在理解可视化整个系统的基础上，各个击破才会奏效。

资料来源：远藤功．可视力．北京：中信出版社，2007：59-71.

资料二　“破窗理论”治愈纽约

在纽约曼哈顿 13 号地铁站的墙壁上，画满了地图。有关于抢劫的，有关于凶杀的，总之是关于各种各样的犯罪的地图。地图上标出了多个圆点，每个点代表一个犯罪事件。地图每天都会更新，非常醒目。

与这种犯罪地图有关的最有名的追捕是逮住了考克斯。考克斯被控在短短两个月时间里制造了 70 宗抢劫案。手法很简单，在电梯里用匕首威胁单身乘客。13 号地铁站的地图显示出了一些规律。警长达比安排一个特别行动小组专门关注这宗案件。终于在 28 号街东 31 号的电梯口把他搞定，当时他最后一次作案的受害者还没来得及打 911 报警。

三年前，纽约的警察也许从来都不会去关心那些导致考克斯落网的犯罪手法，更不会去老老实实地一个一个把那些犯罪规律归纳出来。因为他们的上司从不肯低下他们高贵的脑袋去查看每个星期的地铁犯罪记录。但是到了 1994 年，布拉顿担任警察局局长以后，一切都变了。

布拉顿推行了以扫荡街头犯罪为中心的一项改革。结果在全市范围内，所有 76 个地铁站的总犯罪率戏剧性地大幅下降到 20 世纪 70 年代初以来从未有过的水平。1993—1995 年凶杀案减少 39%，夜盗案减少 1/4，丢失汽车案减少了 36%。在全美 25 个最大城市的犯罪率排名中，纽约居然列第 23 位。这种不可思议的变化已经完全不是任何社会理论或者人口统计学数据可以解释得了的了。

市民也是相当满意。纽约的一位老师哈里森说：“每天我从床上起来，看看窗外这座终于变得宁静祥和的城市，我真想感谢上帝。”

纽约警察采用的这些措施都是受到了所谓“破窗理论”的启发。这个理论最初由政治学家威尔逊和犯罪学家凯琳在 1982 年提出。理论认为：如果有人打坏了一个建筑物的窗户玻璃，而且这扇窗户又得不到及时的维修，别人就可能受到某种暗示性的纵容去打烂更多的窗户玻璃。久而久之，这些破窗户就给人造成一种无秩序的感觉。结果在这种公众麻木不仁的氛围中，犯罪就会滋生、肆虐。

按照加州洛杉矶大学公共政策教授威尔逊的说法，“有两种类型的行为异常：躁动异常和生理异常。两者都可能导致人们拿他周围的邻居当出气筒”。对警察来说，关键问题是要高度重视行为异常的细微的征兆，并且作出应对。

布拉顿在他掌管纽约交通警察部门的时候开始实践他的战略。因为地铁警察以前是不重视所谓“低度犯罪”的。布拉顿在给《法律与政策》杂志的一篇文章中写道：“地铁无序和地铁犯罪在 20 世纪 80 年代后期开始蔓延。那些长期逃票的、违反交通规则的、无家可归骂街的、站台上非法推销的、墙壁上涂鸦的……所有这些加在一起，使得整个地铁里弥漫着一种无序的空气。我相信，这种无序就是不断上升的抢劫犯罪率的一个关键动因。因为那些偶然性的罪犯，包括一些躁动的青少年，把地铁完全看成是一个可以为所欲为、无法无天的场所。”

布拉顿采取的措施是号召所有的交警认真推进有关“生活质量”的法律，他以“破窗理论”为师，虽然地铁站的重大刑案不断增加，他却全力打击逃票。结果发现，每 7 个逃票犯罪嫌疑人中，就有一个是通缉犯；每 20 个逃票犯罪嫌疑人中，就有一个携带武器。结果是，从抓逃票开始，地铁站的犯罪率竟然开始下降，治安状况极大好转。

1994 年 1 月，新当选的纽约市长朱利安尼任命布拉顿掌管纽约警察局，就因为布拉顿对“破窗理论”的出色阐释。之后，布拉顿开始把这一理论推广到纽约的每一条街道、每一个角落。他指出，这些小奸小恶正是暴力犯罪的引爆点。针对这些看来微小，却很有象征意义的犯罪行动大力整顿，结果取得很大的效果。5 000名新增警力精神抖擞走上街头，几十年来他们第一次被告知要认真推进这些看似细枝末节的法规。那些酒徒、街痞、瘾君子全都被雷霆万钧的“生活质量”行动涤荡得一干二净。借助犯罪地图，警察们可以迅速确定那些持枪犯罪的“热点”。在这些街区，会有专门的特警小分队重点盯防，他们提醒所有居民不要放过那些带枪的家伙哪怕是最轻微的犯罪苗头。在两周一次的战略分析会上，所有部门负责人都要集中研究街头犯罪的行为模式。尤其是地铁站，如果哪个片区的犯罪率上升，该片区的警队队长就要被炒鱿鱼。

“警局的最高领导居然要关心街头的那些‘毛毛雨’犯罪，这在纽约是史无前例的，甚至在整个美国绝大多数警察局也是史无前例的。”马里兰大学政策研究专家沙尔曼感慨地说。“以前的情况就好像医院的领导们并不管看病，只关心怎么经营他们的医院。警察局里，抓罪犯是当兵的干的差事，当官的管不着。”

在许多别的城市，警察部门也同样对“破窗理论”引起了重视。但是他们选择的目标大多是一些市容环境的治理，比如说修路灯，拆旧楼，把那些废弃的汽车全都拖走，效果并不理想。比如达拉斯市的警察局就有一种非常望文生义的想法：修好窗户，犯罪就会减少。可是往往是维修工人前脚刚走，“咣当”一声就又给砸破了。可见，真正的城市垃圾并不是那些破烂的东西，而是以往被人们掉以轻心的形形色色的小奸小恶。

在“破窗理论”的指导下，纽约市的治安已经大幅好转，甚至成为全美大城市中治安最好的城市之一。

资料来源：邓地．“破窗理论”治愈纽约．广州商报·赢周刊，2001-06-29.

资料三

为什么要从公司搬走椅子？

这是提高工作效率最简单的方法。

（一）搬走所有会议室的椅子

很多人说在公司里有三成的工作时间都花在开会上了。开会只不过是确定工作的方针，而公司却为此要付1/3的工资给员工。为了开会而开会，只是拖长时间开一些毫无意义的会，除了浪费时间、人力和物力之外毫无作用。

佳能电子也不例外。比如，在开经营会议讨论重要的经营战略时，社长、领导、事业部的负责人等大约20人都聚集到会议室开会，在我刚当社长的时候，从早上8：00开始，包括午饭1个小时的休息时间，一直开到下午5：00，就这样2天，总共开了16个小时的会。而这样的会议每个月有两次左右。

如果开会有些实质性的内容也就罢了，可事实并非如此。很多情况下大家都只是讨论一些没有太大意义的内容。我认为这样不行，必须想一些办法。

于是，从2000年开始，为了缩短会议时间，提高讨论的效率，佳能把会议室的椅子全都搬走了，开会时大家要站着。现在，公司里的所有会议室都规定要站着开会。全体员工都必须开“站式会议”。

所有会议室的椅子都被撤走了，并且为了把桌子垫高，员工们给桌子腿套上了自制的大约30厘米高的“木屐”，方便站着使用，正好把桌子高度调整到1米左右。除了领导会议室以外，这种“木屐”是可以拆卸的，当要和客户等公司外面的人开会时就拆掉，再搬来椅子让大家坐。

就这样，大家围着带有“木屐”的桌子站着开会。

（二）不发表自己的意见就请退场

不仅如此，为了提高开会的效率，激发大家的创造性，我还设立了两条规则。

我规定，首先要“严禁发表不属于自己想法的意见”。具体说来就是禁止用“大概……吧”“我觉得可能……”“负责人说……”这样的表达方式。像这种暧昧而又不负责任的表达，一旦置之不管，就是对发言者的发言（报告、建议）以及在场的所有参加者不负责任的表现，长此以往就有可能使整个公司充满了不负责任的氛围。“大概……吧”“我觉得可能……”等推测性的话对公司来说简直是有百害而无一益。所以，如果有人用了5次这种推断性的表达，就会被强制赶出会场。

实际上，很多时候，如果有人用了这种措辞，不等他说 5 次，他就会被责令停止发言（作报告等）。前几天在经营会议的报告会上，有人用了“大概……吧”这样的表达方式，他就被中途打断。有人说：“如果是大概的话，你的报告就没有什么意义，再重新写一份。”如果表达的不是自己的意见，包含了很多推断性的含义，那么作出的经营判断恐怕也不会有大的用处。

另外，在会议中没有提过一次问题的人，就不要让他出席下一次会议。

我的另外一项规定就是禁止携带并分发资料，以此来推销自己的想法；一旦手头上有资料，人们就会专注看资料，只是在照本宣科似地读资料。所以，要把自己需要的资料放到会议室的投影仪上，看着投影仪上的资料来开会。遇到关键之处，根据需要来作记录。

即使发了资料，也没有多少人会把资料整理成文件再看一遍，这浪费了制作资料所使用的纸张和时间。所以，最好只写一些很有必要的关键点，再放到投影仪上讨论。

（三）会议时间能缩短 75％

从会议室搬走椅子，禁止使用“大概……吧”这样的表达方式，实践的效果非常明显。以前总共花 16 个小时开的经营会议，只用 4～6 个小时就开完了，缩短了 75％的会议时间，要是再快一点，会议在上午就能结束。

以前花 3 个小时开的部长课长会议，用 1.5 个小时就能结束。

图 8－11 是对 2000 年和 2004 年引入站式会议前后的情况比较，表明了会议的次数和所需时间减少的量。从整体看，我们成功地把开会次数减少了四成以上，时间减少了近六成。

我想大家都会有这样的经历，一直坐着开会容易犯困。午饭后开会基本上就是与睡魔做斗争的过程。

俗话说，在会议上醒着的只有社长和发言者，还有会议记录者，从我的经验来看，这也基本属实。一般员工又不能大声说话，等轮到自己发言时，已经非常困了。

如果站着开会就会有紧张感，没有机会打瞌睡。如果打瞌睡，就会站不住。

经常站着容易让人感觉无聊，也就会踊跃地提出问题和建议。

讨论效率提高了，得出结论来也就快了。

站着开会还能提高人的注意力集中程度。

我们来看看会议记录就知道了。虽然会议时间大幅度缩短，但发言数量在实行站式会议之后却有明显提高。足底是人的第二个心脏，站着的时候会刺激足底，从而激活了大脑。

看国会转播时，经常能看到打着瞌睡的议员。一看到他们的那种丑态，我就想对他们说句很有讽刺性的话：“国会也撤走椅子开会，怎么样?”

“难道站着开会不累吗?”我经常会被人这么问。

站着不动确实会比较累，但是一直站着人就会自然而然地转动身体。伸伸腰抖抖腿，减少腰部和腿部的负担，尽可能地找一个舒服的姿势，动动脚的位置，想办法不至于太累。所以，站着开会不会太累，比起东倒西歪地一直坐在椅子上，疲劳感会减少很多。

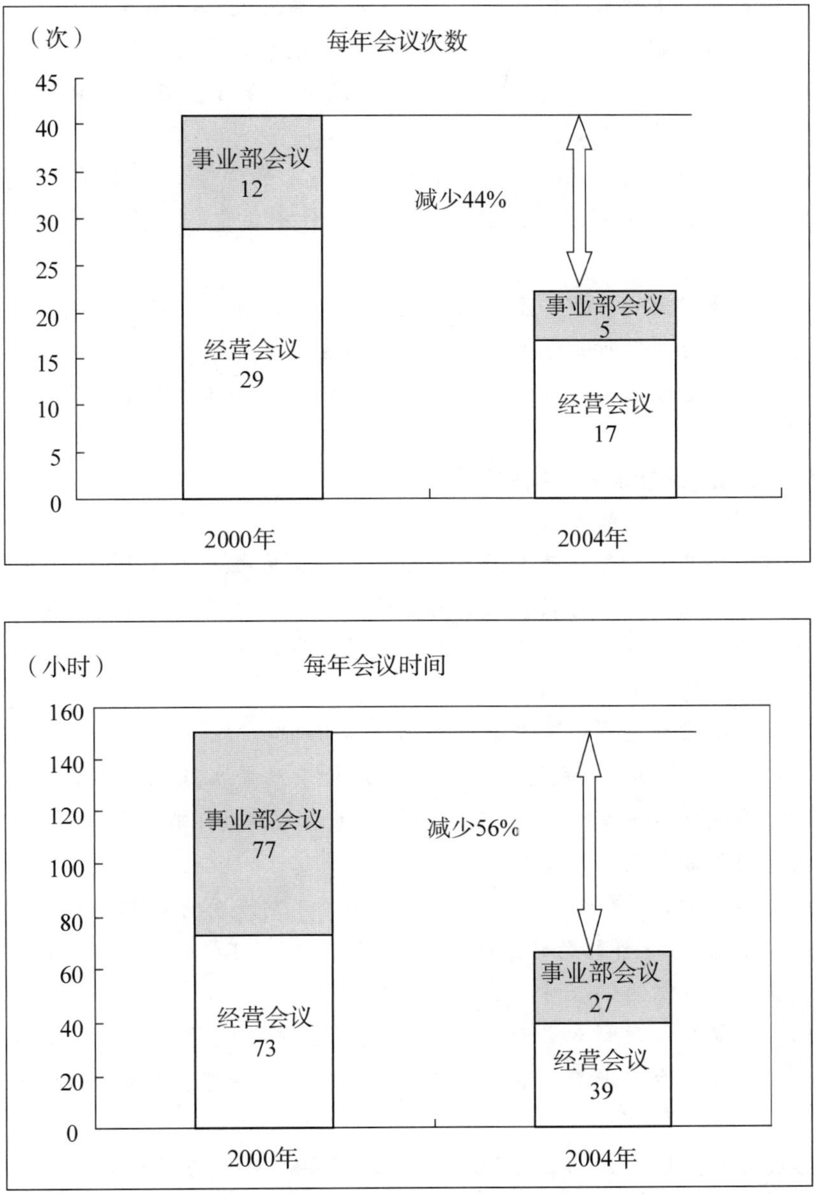

图 8－11 引入站式会议前后情况比较

以前开会的时候确实曾有一个人晕倒了，但那个人原本就有高血压，经常服用降压药。那天早上他忘了服降压药，后来又没有时间服药，于是在开会时血压骤升，他就晕倒了。他晕倒是没有服药造成的，并不是站着开会的结果。

（四）“现场的站式会议”增加了人与人之间的沟通

实际上，搬走了椅子的不只是会议室。

除了设计以及人事等部门之外，社长室没有椅子，间接部门和生产部门也没有椅子。几乎所有的人都是站着的。

从工厂的一角到公司的任何一个地方，都放着带“木屐”的桌子和白板，需要开个小会议的话，就站着开。实际上，你到公司走走，就能看到大家都站着热烈地讨论问题。

开会的最佳状态就是：有讨论的必要就赶紧集合起来，站着讨论，速战速决。

这样就增加了面对面沟通的机会，互通的信息也增多了。在大多数情况下，沟通不够，信息交换做得不好是造成事故或麻烦的原因。

迅速集合、立即沟通的站式会议不但能增进人与人的沟通，也能避免发生大的失误。如果大家习惯这种站式会议的话，就能很快地当场作出决定，并能作出没有差错的正确判断。

但是，一旦养成了坐的习惯，没有椅子就开不了会，并且也懒得去会议室。所以，除了正式开会之外，其他什么讨论都做不了，也就不会迅速并准确地作出决定。

如果公司的任何地方只放有带“木屐”的桌子和白板，那么大家的沟通也会变得频繁起来。

（五）站式会议的灵感来源于实验数据

我为什么会有搬走椅子的想法呢?

这源于我的一个灵感。那就是美国某大学和美国国家航空航天局（NASA）合作开展的一项实验——“人在坐着的时候和站立的时候，哪一个更容易激发灵感呢?”

我对此非常感兴趣。不论站立还是坐着，灵感本身是没有什么不同的，但是就出现灵感的速度而言，站着的速度能快 30%。

我在美国的一份报纸上看到了这个数据。

“很有意思啊！站着的效率能提高 30%，搬走椅子站着工作岂不是更好吗？找个机会把这个引入到工作现场试一试吧。”于是，我把这个想法偷偷记在了脑子里。

开始时我想的是如何提高开会效率。

美国人讨厌没有意义的会议。会议目的不明确，事前没有详细的会议资料，这种情况有人甚至会明确拒绝：“这样的会就没必要开了！”虽说他们喜欢讨论，但是对毫无意义的会议也是深恶痛绝，所以他们很讨厌乱开会。

与此相比，日本人讨厌讨论，可是却非常想开会。即使开会的目的不明确也没有关系，只要点个名，露个脸就好了。不告诉他的话，他又会抱怨：“为什么没有人来叫我开会?”总之，日本人喜欢开会。

美国人的实验数据表明，站着能提高 30%的效率，对于为了开会而开会的日本人来说，搬走椅子可能会提高 70%的效率。

实践证明，在佳能电子的经营会议上，通过搬走椅子这种方式，成功地把会议时间缩短了至少 75%。

资料来源：酒卷久．搬走椅子和电脑公司就会发展．北京：东方出版社，2007：33-45.

09

Chapter

第9章

精益生产

引 例 “国际汽车项目”调研总结

表9-1总结出了当今世界上各规模汽车制造商在总装工作中的各种业绩指标。该表显示：在返修场地大小、参与团队合作的工人比例、收到的人均建议数量及向新组装工人提供培训时长等方面，北美美资工厂的水平、所有欧洲工厂的水平都与日本日资工厂的水平之间存在着明显的差距。

表9-1 规模制造商的总装厂特性指标总结（1989年每个地区工厂的平均数）

指标	日本日资工厂	北美日资工厂	北美美资工厂	所有欧洲工厂
绩效：生产率（工时/辆）	16.8	21.2	25.1	36.2
质量（总装缺陷数/百辆）	60.0	65.0	82.3	97.0
布局：面积（平方英尺/年）	5.7	9.1	7.8	7.8
返修场地大小（占总装场地%）	4.1	4.9	12.9	14.4
库存（8个零部件的周转天数）	0.2	1.6	2.9	2.0
工人比例：以小组为单位占总工人数（%）	69.3	71.3	17.3	0.6
工作轮岗（0=无，4=频繁）	3.0	2.7	0.9	1.9
合理化建议数÷工人数（条/人）	61.6	1.4	0.4	0.4
工种类别数	11.9	8.7	67.1	14.8
新工人培训（小时）	380.3	370.0	46.4	173.3

续表

指标	日本 日资工厂	北美 日资工厂	北美 美资工厂	所有 欧洲工厂
缺勤率	5.0	4.8	111.7	12.1
自动化：				
焊接（占加工工序%）	86.2	85.0	76.2	76.6
喷漆（占加工工序%）	54.6	40.7	33.6	38.2
总装（占加工工序%）	1.7	1.1	1.2	3.1

资料来源：1989 年“国际汽车项目”各国总装厂调研和 J. D. Power 公司的新车质量调查。

那么，日本汽车制造企业是怎么拉开与欧美汽车制造企业的距离的呢？

资料来源：沃麦克，琼斯，鲁斯，改变世界的机器——精益生产之道．北京：机械工业出版社，2015：67.

精益生产（lean production）源于美国麻省理工学院的“国际汽车项目”（IMVP）的研究成果。该项目用了 5 年时间（1984—1989 年），对 14 个国家的近 90 个汽车装配厂进行了实地考察，对西方的大量生产方式与日本的丰田生产方式进行了对比，最后于 1991 年出版了《改变世界的机器》一书，将日本丰田汽车生产方式归纳为新的生产方式——精益生产。其核心是以最小的资源投入，创造出尽可能多的价值，并及时为顾客提供所需要的产品和服务。“通过精益求精的努力达成企业效益的最大化”——通过精益生产方式，“日本与美国相比，用一半的人、场地、资金、时间，少得多的库存，生产出了品种更多、质量更好的汽车！”现在，精益思想已经在制造业以外的各个行业得到了传播和应用。

在《改变世界的机器》基础上出版的《精益思想》一书中，精益生产被美国学者概括为五项基本原则：精确地确定价值，识别价值流，使价值流流动起来，用需求来拉动价值流，追求尽善尽美。

第 1 节　价值与浪费

管理心法

谁是我们的敌人？谁是我们的朋友？这个问题是革命的首要问题。

——《毛泽东选集》（第一卷）

紧紧地和中国人民站在一起，全心全意地为中国人民服务，就是这个军队的唯一的宗旨。

——《毛泽东选集》（第三卷）

在精益生产方式的五项基本原则中，首要的原则是要“精确地确定价值”，即以客户的观点来确定企业从设计到生产、交付的全过程，实现客户需求的最大满足。价值只能由最终用户来确定，这是精益思想的出发点。为此，企业要站在用户立场上，重新审视企业的产品设计、制造过程、服务项目，转变过去那种以自己为中心的价值观（产品和服务完全由商家设计、生产、交付。大量的浪费以成本的方式转嫁给用户）。

一、 从顾客角度定义价值

精益生产方式的首要原则是“精确地确定价值”，即以客户的观点来确定企业从设计到生产、交付的全部过程，实现客户需求的最大满足。价值只有由具有特定价格、能够在特定时间内满足客户需求的特定产品或服务来表达时才有意义。

为了从客户角度重新定义价值，首先要从价值角度来对企业的各种活动进行判别。一般来说，任何一项企业活动都可以分成三个部分：增值活动，必要但不增值的活动，不必要的不增值活动。

（一）增值活动

增值活动是指直接能为顾客创造价值的活动，即生产顾客需要的产品或提供顾客需要的服务，如生产线上的组装过程、机械加工过程等。

（二）必要但不增值的活动

必要但不增值的活动是指那些不创造价值，但目前生产系统还需要，不能马上消除的活动。它们大多数是发生于支援部门的非增值行为，有些是必要的，但更多的是看似必要，其实并不需要的。如来料、制品、成品的检验。还有一些是由于变更导致的额外工作，如生产计划变更、产品工艺设计更改、人员流动、冗长的会议、繁杂的审批过程等。

（三）不必要的不增值活动

不必要的不增值活动是指浪费，主要是指那些不能为客户创造价值，且可以立即取消的活动，如各种浪费。

显然，按照精益生产方式的要求，应该彻底消除不必要的不增值活动，尽量削减必要但不增值的活动，同时增加增值活动。

下面，以某次出国旅行为例，从客户角度看看其中的哪些活动具有价值。在该次旅行中，从预订旅行社到抵达别墅，顾客一共经历了 25 项活动。具体内容如下。

（1）预约旅行社

（2）收到机票

（3）预约出租车

（4）等候出租车

（5）装行李（8:00）

（6）开车至机场（3 小时 15 分）

（7）卸行李

（8）排队换外汇

（9）排队登记

（10）排队安全检查

（11）排队过海关

（12）候机厅等待

（13）排队登机

（14）飞机内等待
（15）飞机滑行
（16）飞行 3 小时
（17）下飞机
（18）排队取行李
（19）排队检查
（20）排队过海关
（21）装行李
（22）车内等待
（23）去别墅 45 分钟
（24）卸行李
（25）别墅登记（21:00）

在上述过程中，全部旅行时间共计 13 小时。其中，旅途时间 7 小时，排队等待时间 6 小时。排队 10 次，行李拿上拿下 7 次，检查次数高达 8 次。从企业的角度来看，排队、拿行李、检查等活动虽然都很必要，但在顾客眼中却是浪费（顾客意向中所指的浪费，是指对顾客没有价值的东西）。因为它们没有给顾客创造出任何价值。特别是如此长的排队等待时间，如此频繁的检查，都是顾客所深恶痛绝的。

二、 浪费

按照丰田生产方式的定义，对顾客没有价值的任何东西都是浪费。它实际上有两层含义：一是一切不为客户创造价值的活动都是浪费；二是虽然创造了价值，但所消耗的资源超过了“绝对最少”的界限，所以，这也是浪费。

（一）浪费的分类

大野耐一曾经将现场所发现的浪费分为七类：制造过多的浪费；存货的浪费；不合格品重修的浪费；动作的浪费；加工的浪费；等待的浪费；搬运的浪费。

（1）制造过多的浪费。制造过多的浪费主要是由生产线督导人员的心理造成的，即担心机器会出故障、不合格品会产生以及员工会缺勤，而被迫生产比需要数更多的产品。

然而，在准时制生产体系里，提早生产被视为比延后生产更糟。生产过多会产生巨大的浪费：提早耗用原材料、浪费人力及设施、增加机器负荷、增加利息负担及额外空间以储存多余的存货、增加搬运和管理成本。

在所有的浪费中，制造过多是最严重的浪费，它带给人们一个安心的错觉，掩盖了各种问题，并隐藏了现场中可以改善的线索。所以，在丰田生产方式中，把制造过多当作犯罪一样看待。

（2）存货的浪费。产品、半成品、零件及物料的存货不会产生任何附加价值，反而会增加营运成本。因为它们需要占用空间，需要额外的机器及设施。其质量也会随着时间而变化。

存货有时被比作隐藏问题的水库。当存货的水位较高时，管理者就会感受不到问题的严重性，如质量问题、机器故障及员工缺勤等，会因此而失去改善的机会。当存货的水位降低时，会有助于发掘需要关注的地方以及必须要去面对的问题。此即准时制生产所追求的目标：当存货的水位持续下降至“一个流”的生产线时，“改善”就成为每日必行的活动。

（3）不合格品重修的浪费。在生产过程中出现废品、次品和返修品，这无疑是一种浪费。如果质量缺陷未被发现流入市场，造成用户索赔、退货以至工厂信誉的损失，那将是严重的浪费。另外，不合格品会干扰生产活动，会导致高昂的重修费用。不合格品通常会被丢掉，这也是对资源及设备的最大浪费。

供应商在与顾客交易时，经常抱怨有太多的文书及设计变更工作。就广义而言，这两种情况也是浪费。减少官僚作风、作业流线化、剔除不必要的流程及加快决策制定时间，可以消除文书作业的浪费。而过多的设计变更则会产生重修的浪费。如果第一次把工作做对——假如他们对顾客、供应商及自己的现场有较佳的了解，就可以消除设计变更的浪费。就如同在现场的工作改善一样，改善可以有效地适用于所有其他工作。

（4）动作的浪费。工位布置不合理，使用工具和操作方法不得当，都会造成操作动作的浪费。例如，人提起或持有一个重物，需要用到作业员一部分额外体力的动作时，这就属于动作的浪费。

要消除动作的浪费，需要详细观察、分析作业员手和脚使用的方式。然后重新安排物料的放置方式，并开发适当的工具及夹具。

（5）加工的浪费。在机械加工作业中，由于没有贯彻工艺或者工艺本身的问题，经常会造成加工工时过多、工具耗用过度、损坏加工设备、降低工作质量等浪费。机器加工行程过长或过分加工，以及去毛边的动作，都是加工浪费的例子。

（6）等待的浪费。由于劳动分工过细，生产工人就会只管生产操作，设备坏了要找修理工，检查质量要找检验工，更换模具要找调整工，这些停机找人造成的等待都是浪费。

因此，作业员双手停滞不动时，就是等待浪费发生的时候。生产线不平衡、缺料、机器故障，使得作业员停滞，或者机器在进行附加价值的加工时，作业员在旁边监视，这些都是等待的浪费。

（7）搬运的浪费。在现场，可看到各种不同的搬运，如卡车、堆高机及输送带等。这些搬运是必要的，但它们不会产生附加价值。由于平面布置、物流组织不合理，会造成搬运路线过长，中转环节过多，这些不仅会增加搬运费用，还会带来搬运损坏和丢失，这些都是浪费。为了消除这些搬运浪费，任何与生产线分离的作业，都应尽可能并入主生产线内。

按照浪费的定义——任何没有产生附加价值的物品和工作都是浪费，现实工作中的浪费种类可以无限地扩充。例如，日本佳能公司就将浪费分类为如表9-2所示的形式。

表9-2　浪费分类表

浪费类别	浪费性质	如何消除浪费
半成品	没有立即需求的库存品	流水线化库存
不合格品	生产不合格的产品	降低不合格品率

续表

浪费类别	浪费性质	如何消除浪费
设施	闲置机器，故障、换模时间过长	提高设备利用率
费用	对需要的产能做过度的投资	削减费用
间接员工	由于体制不佳造成人员过多	有效安排工作
设计	生产超过需求功能的产品	降低成本
才能	雇用员工从事可以机械化的工作或派至低级技术工作	建立劳动力节约及最佳化的衡量
动作	不依照标准作业工作	改进工作标准
新产品上市	新产品生产的稳定化开始过慢	更快地转变为全能生产

（二）浪费的层次

按照上述各种浪费之间的关系，可以把上述浪费分为具有递进关系的四个层次。

（1）第一层次浪费。过剩的生产能力为第一层次浪费。在工作现场产生浪费的根本原因是存在过剩的生产能力，即存在多余的生产要素——人员、设备、场地和原材料等。这些超出需要的生产要素构成了第一层次浪费——生产要素的浪费。

第一层次浪费不仅要付出多余的劳务费、设备折旧费和银行利息，而且会导致第二层次浪费。

（2）第二层次浪费。制造过剩的浪费为第二层次浪费。制造过剩有两种：一种是产销不匹配——在规定时间内生产出了数量过剩的产品；另一种是比规定时间提前完成了生产任务，即生产速度超过了销售速度。

第一层次浪费是造成第二层次浪费的直接原因。生产要素的多余会产生等待的浪费，而为了避免等待现象，尤其是人员的等待，各工序便会提前制造出认为顾客会需要的产品，即制造过剩的浪费。

（3）第三层次浪费。库存过剩为第三层次浪费。生产过剩的浪费必然会产生过剩的库存。所以，第二层次浪费直接导致了第三层次浪费。

第三层次浪费除了直接增加利息支出，加大成本之外，还会产生第四层次浪费。

（4）第四层次浪费。第四层次浪费是由于过剩库存增加而带来的更大容量的仓库、更多的搬运人员、更多的运输设备、更多的管理人员等，从而进一步加大了成本。

上述浪费层次的划分给如何消除浪费提供了良好的启示：首先要消除产生浪费的基础——生产要素。其中的重点是消除多余的人员。

参考资料 9 - 1

丰田价值观念与一般的价值观念到底有什么不同？

丰田价值观念与一般的价值观念到底有什么不同呢？如实地体现出这一差别的是它们在对待库存的观点上。

作为制造厂商，发生缺货是很丢人的事情。它们会认为是因为自己的疏漏而失去了好不容易获得的商业机会。那么，怎样才能防止缺货的发生呢？大多数厂商会采取加大库存的方法来应对缺货。也就是说，它们的想法是“因为没有库存才会产生缺货”。

而丰田公司的想法则刚好与此相反，即“因为有库存才会产生缺货”。这种观念的差别源于生产管理基本想法的不同。

换种说法，库存即是产品的制造速度与销售速度之差。如果制造速度快于销售速度的话，就能确保库存。可是，要确保制造速度能够始终超越变化无常的销售速度，就意味着要时常保持远远大于需求的生产能力，使企业为此付出高成本的代价。

丰田生产方式以维系企业的低成本为前提，以实现制造速度与销售速度的同步为目标，以打造能够灵活应对的生产体制为目的。无论销售速度发生怎样的变化，都要不断进行改善。

能够实现同步化，就能够消除库存。

持有库存，其实是把针对销售速度所进行的生产调整依托在库存的量上，形成以库存为目标的“库存依赖体制”。这种体制脱离了真正意义上的生产管理，无法应对超过库存范围的突发性的需求变动，最终还是会产生缺货。

丰田观念与一般世人所谓的常识恰好相反的例子还有很多，而这恰恰是丰田强大的原因所在。因为与一般世人的常识相去甚远，所以，在其他的企业还未来得及醒悟的时候，只有丰田以反常识的思维不断地发现新的价值，这样它才能够在市场上发挥其独特性，强化竞争力。

资料来源：松井顺一．丰田可视化管理方式．北京：东方出版社，2013：3-4.

第2节 识别价值流

管理心法

在我党的一切实际工作中，凡属正确的领导，必须是从群众中来，到群众中去。

——《毛泽东选集》(第三卷)

无论何人要认识什么事物，除了同那个事物接触，即生活于（实践于）那个事物的环境中，是没有法子解决的。

——《毛泽东选集》(第一卷)

价值流（value flow）是指在企业生产和经营过程中，把原材料转换为成品，并赋予价值的全部活动过程。包括：从概念设计到投产的设计过程，从订单处理到送货的信息过程，从原材料到产品的物质转换过程，以及产品全生命周期的支持和服务过程。精益思想要求在价值流中找到那些真正增值的活动，并去掉不增值活动。识别价值流的方法是“价值流分析”——首先以产品族为单位画出当前的价值流图，再以客户的观点分析每一个活动的必要性。

一、价值流图简介

（一）价值流图构成

价值流图的基本框架见图9-1。

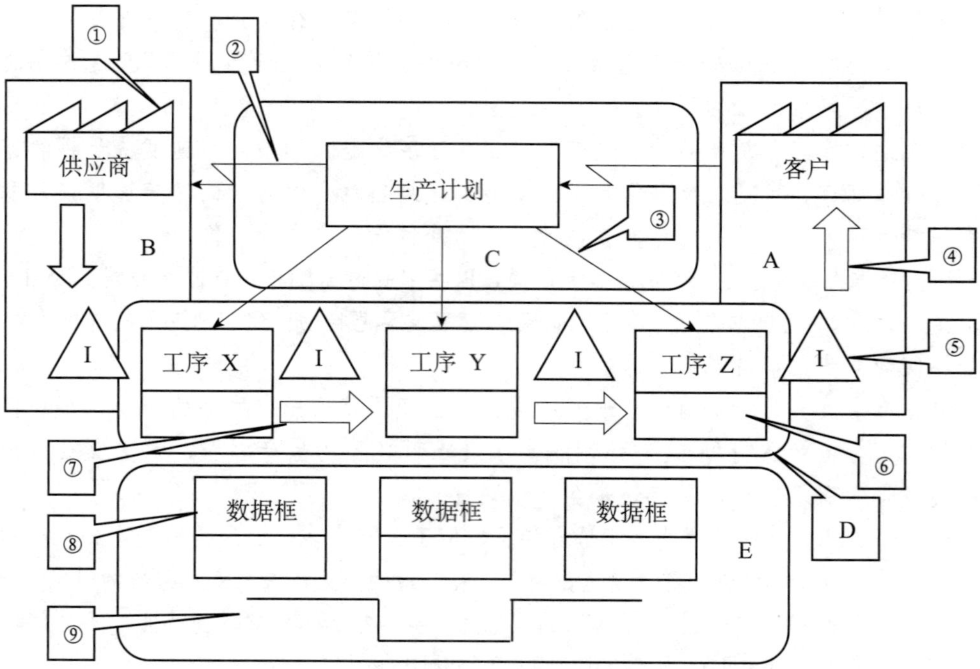

图 9－1　价值流图基本框架

在图 9－1 中，一共分为 5 个区域。

(1) A 区为客户区域，需要了解客户需求量、交货频次、运输方式等；

(2) B 区是供应商区域，需要了解供应商的供货方式、交货频次、运输方式等；

(3) C 区是信息流区域，需要了解信息从客户到企业生产计划部门、供应商和企业内部的电子/手工信息传送方式、控制点控制方式、交货需求等信息；

(4) D 区是作业流物流区域，需要了解原材料从供应商到企业内部各生产环节直到成品交货的作业流、物流的全部活动；

(5) E 区是数据和时间框，用于记录上述各区域的重要关键绩效指标（KPI）数据，并对整个生产物流、信息流的运作效率、平衡性、浪费藏匿点作出评价，便于在此基础上进行改善。

图 9－1 中的各种符号含义如下。

①指外部资源，如供应商、客户等；

②指电子信息流；

③指手工信息流；

④指与外部（客户、供应商）的物流；

⑤指库存（有计划的成品库存数量）；

⑥指内部工艺流程；

⑦指内部（流程之间）物流；

⑧指数据框（汇集各种参数）；

⑨指时间线（凸线表示非增值时间，凹线表示增值时间）。

图 9－1 只是一个价值流图的简要框架。在实际应用中，价值流图非常复杂，并包含

有更多的符号图例。感兴趣的读者可参考相关专业书籍。

（二）价值流图的作用

价值流图的作用主要体现在以下几个方面。

（1）改善目标数据化。价值流图从价值与浪费的角度对流程进行了分析，从其分析的数据结果中可以得出与改善目标相关的重要信息，如哪些浪费可以轻易消减，哪些很难消减，本阶段最终能消减到什么程度等。

（2）识别浪费发生的根源。常规的现场改善往往是在现状的基础上提出优化方法，所以，其结果往往也是两害相权取其轻。精益生产则要求对生产现状进行改变，直接消除浪费发生的根源，价值流图的目的之一就是识别出产生浪费的根源。

（3）全面系统地分析问题。一般企业的改善活动，往往是各个部门各自为战，每个车间在组织生产时都尽量将自己的车间按照最优的方法进行管理。但是，一个车间最优并不代表整体最优。因此，就需要从整体角度对工人进行分析，提出整体最优的解决方案。

（4）确定改善的优先次序。价值流图能够清晰地揭示出物料在哪些部门，以及哪些工序停滞时间长。那些周期最长的部门要优先改善，这样就可以避免员工只挑容易的部门进行改善的问题，从而明确改善的优先次序。

（5）通过柔性计划生产降低库存。精益生产的重要指标之一就是减少库存。库存一般都是按照计划生产出来的，因此，要想减少库存，就必须要从生产计划入手。

（6）建立广泛的沟通平台。精益生产是跨部门的改善工程，需要各部门的配合。所以，价值流图要用大家都能明白的符号，以揭示各个部门的情况以及彼此之间的关系。这样，各部门在进行跨部门之间的改善时就会有一个沟通的平台。

二、 价值流图分析

价值流图分析是通过对生产过程中的价值流现状（“当前状态图”）的分析，从顾客一端开始，首先了解顾客的需求情况和节拍，然后从下游向上游追溯至供应商。分析每道工序的增值和非增值活动，了解物流信息传递的路径和方法，然后根据分析结果来确定浪费的所在及其原因。为消灭浪费和持续改善提供目标。最后，再根据企业的实际情况设计出新的价值流程，绘制未来状态图，为以后的改善指明方向。

企业进行价值流图分析之前，首先要选聘企业中的优秀人员来组建价值流项目小组，其成员由跨部门人员组成。项目经理要得到企业高层领导人充分授权，并直接向其汇报。然后，项目小组才能有效地开展正式的价值流图分析，即以顾客为导向选定产品，跟随其生产路径，从头到尾分析每一道工序的状态和工序之间的物流、信息流和价值流，绘制出“当前状态图”，找出需要改善的地方。然后，再描绘一份“未来状态图”，揭示价值流改善的方向和结果。在此基础上，项目小组再决定改善的计划和行动。

以某工厂为例。在选定了价值流图分析的对象——A、B 产品之后，价值流图的绘制过程如下。

1. 确认客户的要求

与客户沟通，确认选定产品的需求量、种类、交付频次和要求等。如每天需要 15 000

件 A，5 000 件 B；每箱 50 件（A，B）；每月工作 20 天；每天需求 20 箱。

2. 绘制简要生产流程

该产品的简要生产流程如图 9－2 所示。

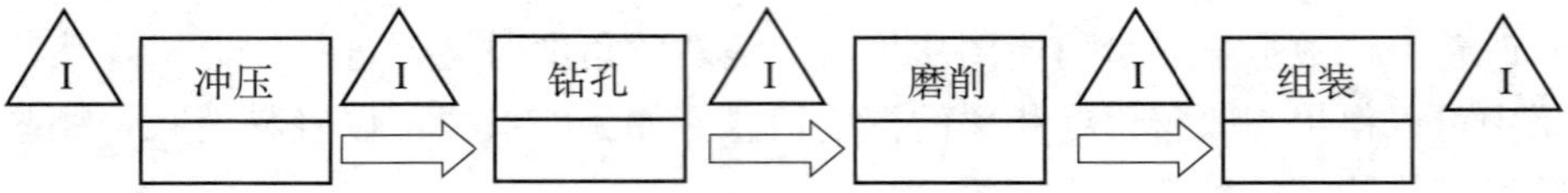

图 9－2　简要生产流程

3. 收集并记录每道工序的数据，填充数据框

在每道工序框下记录生产加工周期、换模时间、可利用时间、设备利用率等与改善有关的数据，如图 9－3 所示。

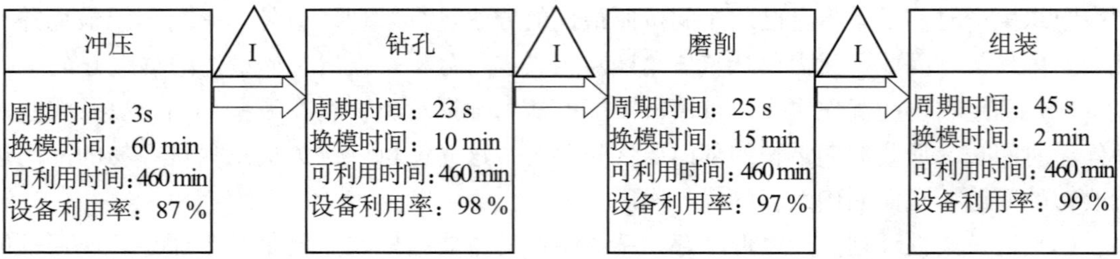

图 9－3　填充数据框

4. 绘制信息流

调研并记录顾客订货、生产计划、原材料订货过程的信息传递途径及信息，画出信息流，如图 9－4 所示。该图的上部表示客户订单、原材料订单和生产信息传递途径和方法；中下部表示物流方向。

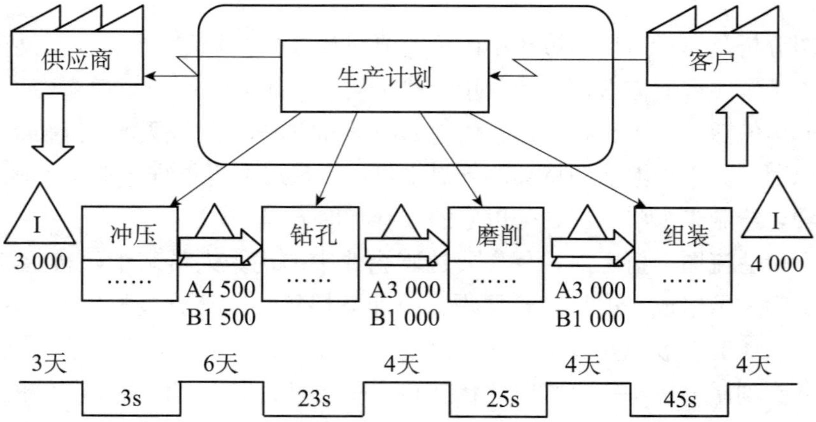

图 9－4　价值流现状图

5. 计算相关数据，画出时间线

对所有成品库存和在制品库存进行盘点，记在库存三角下面；计算各工序间库存储存的天数（库存储存天数＝两个工序间的库存总数/每天发运的产品数量）；画出时间线（凸线表示非增值时间，凹线表示增值时间），具体见图 9－4 中的最下部。

图9-4即为该工厂目前生产过程中的价值流现状图（“当前状态图”）。从该图中可以看出，生产一件产品的生产周期仅为96秒，但提前期却达到了21天。其中存在巨大的改善空间。

在对“当前状态图”进行详细分析后，我们还可以进一步确定浪费的所在及其原因，为消灭浪费指明具体目标。然后，根据企业的实际情况，还应该设计出新的价值流程，绘制出未来状态图，为以后的改善提供方向。限于篇幅，具体过程从略。

参考资料9-2

“大野圆圈”

丰田汽车公司经理大野耐一曾经反复强调，每当你产生疑问、感到困惑的时候，或是需要灵感的时候，请到生产现场去。

唯有现场才能检验你所作的决策，唯有现场才能让你发现更多的问题，也唯有现场才能让你更快速地解决问题。

在丰田汽车公司，有许多关于“大野圆圈”的知名故事。前北美地区丰田汽车制造公司总裁箕浦照幸曾直接向大野耐一学习丰田生产方式。他在丰田公司最早接受的教育之一就是站在一个圆圈里。

箕浦照幸是这样描述当时的情景的。大野耐一要求他在工厂的地板上画一个圆圈，他告诉箕浦照幸：“站在那个圆圈里，观看员工操作流程并自行思考。”大野耐一甚至没有提示箕浦照幸要观看什么，但这正是丰田生产方式的精髓。

有一次，箕浦照幸在圆圈里站了8个小时。大野耐一早上进来就要求箕浦照幸站在那个圆圈里，直到午餐时，大野耐一才进来问箕浦照幸在观看什么，箕浦照幸回答说：“流程中有太多问题……”但是，大野耐一并没有听他的回答，只是在观看。在接近晚餐的时候，大野耐一又进来看箕浦照幸，但他并没有给箕浦照幸任何建议和指导，只是温和地说：“回家吧！”

实在很难想象这种训练会发生在美国的工厂里，如果要那些年轻的工程师在地上画圆圈站30分钟，他们一定会发怒，更别提站上一整天了。但是，箕浦照幸认为这是一个重要的课程，并且，他还觉得能被这位丰田生产方式大师如此教导是他的荣耀。

到底大野耐一在教导什么呢？他在教导箕浦照幸自行思考他所观看到的东西，即质疑、分析与评估。

现在，企业多半依赖于计算机分析与评估数据。例如，在质量管理方面，我们收集数据，使用统计软件包来分析这些资料，如相关性分析、变异分析等，得出的结果中有些具有显著的统计性。但是，企业真的了解实际情况或问题的性质吗？大野耐一曾说：“在制造业中，数据当然重要，但是，我认为最重要的还是事实。”

在大野耐一看来，这两者之间的很大差别在于数据只不过离流程近一步而已。数据只是情况的“指针”，管理者真正该做的是到现场去寻找真实情况，也就是说，管理者要做一个“三现主义”者。

资料来源：陆君伟．精益生产实施流程与细化工具．北京：人民邮电出版社，2009：98-99.

第3节　流动与准时制生产

管理心法

一件事不做则已，做则必做到底，做到最后胜利。

——《建国以来毛泽东文稿》

没有革命的理论，就不会有革命的运动。

——《毛泽东选集》（第一卷）

精益思想要求企业创造价值的各个活动要流动起来，强调要不间断地“流动”。“价值流”本身就有“流动”的意思，但由于人们长期以来根深蒂固的观念，如部门分工（部门间交接和转移时的等待）、大批量生产（机床旁边等待的在制品）等阻断了本应该流动的价值流。为此，精益生产将所有的停滞都视为浪费，号召“所有的人都必须和部门化的、批量生产的思想做斗争”，实现在任何批量生产条件下都能创造价值的连续流动。其典型代表是准时制生产（JIT）——“只在需要的时候，按需要的量，生产所需的产品”。

一、准时制生产的含义

准时制生产（JIT）是丰田生产方式的灵魂和核心，其基本思想是“只在需要的时候，按需要的量，生产所需的产品”。目标是彻底消除无效劳动和浪费。

JIT生产方式推动路线图见图9－5。

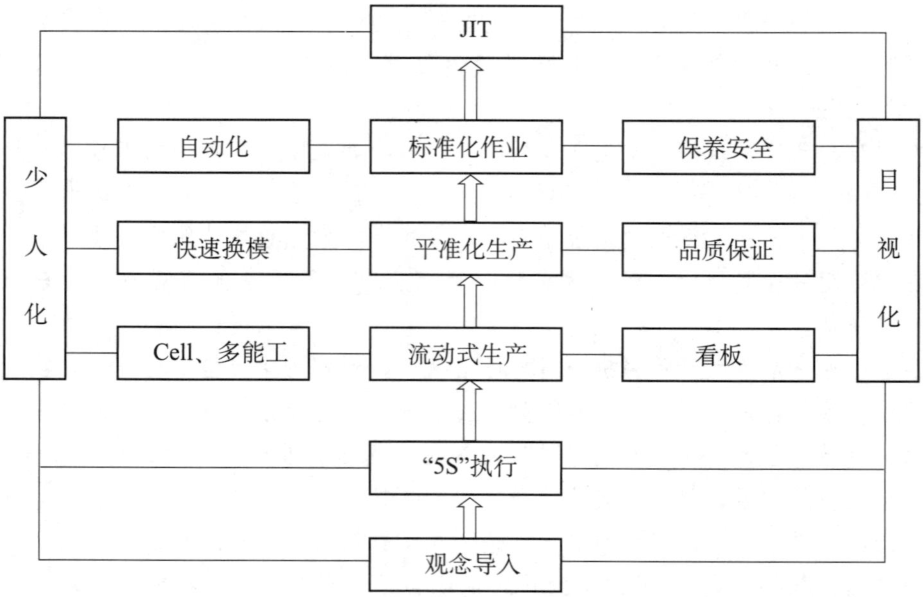

图9－5　JIT生产方式推动路线图

从图9－5中可以看出：观念导入、“5S”执行、流动式生产、平准化生产、标准化作业构成了 JIT 推动路线的主干。由于精益生产观念和“5S”内容前面已经论述过，所以，本节重点论述流动式生产、平准化生产和标准化作业的内容。

二、“一个流”生产

顾名思义，所谓“一个流”生产，是指各工序只有一个工件在流动——在从零部件投入到成品产出的整个制造加工过程中，始终处于不停滞、不堆积、不超越的流动状态，按节拍一个一个地流动的生产方法。

具体来说，“一个流”生产的含义包括：一个在制品在每道工序加工完后立即流到下一工序；工序间的在制品数量不超过紧前工序的装夹数量；制成品的运动不间断、不超越、不落地；生产工序、检验工序和运输工序合为一体；只有合格品才允许往下道工序流。

（一）“一个流”生产的要点

一般来说，“一个流”生产具有以下八大要点。

1. 单件流动

“一个流”生产的第一要点是要使产品生产的各道工序做到几乎同步进行，使产品实现单件生产、单件流动。单件流动是为了避免以批量单位进行加工，前一道工序的加工一结束就立刻转到下一道工序，从而使得工序间在制品的数量接近于零。

2. 按加工顺序排列设备

“一个流”生产要求放弃按设备类型排列的布局，按照加工顺序来排列生产设备，避免孤岛设备现象的出现，尽可能使设备的布置流水线化，真正做到只有“一个流”。

3. 按节拍生产

“一个流”生产要求各道工序严格按照一定的节拍进行生产。如果各道工序的生产节拍不一致，将会出现产品积压和停滞，无法形成“一个流”。因此，应该设法让生产慢的设备快起来，生产快的设备适当减慢速度，每一道工序都按节拍进行生产，从而使整个生产过程流畅。

4. 站立式走动作业

从 JIT 的角度来讲，为了调整生产节拍，有时需要一个人同时操作两台或多台设备，这就要求作业人员不能坐着工作，而应该采用站立走动的作业方式，切实提高工作效率。

5. 培养多能工

在传统生产方式中，工人通常只会操作一种设备。当 A 设备的生产能力很强而 B 设备的生产能力较弱时，很容易造成 A 设备的操作工人空闲，而 B 设备的操作工人过于繁忙，从而导致生产不均衡。为此，“一个流”生产要求一个工人能够操作多台生产设备，通过培养多能工来均衡整个生产节拍。

6. 使用小型、便宜的设备

由于大型设备的生产能力很强，很容易让后续工序无法及时跟上，从而导致大量的中间产品积压。此外，大型设备还会造成投资和占地面积的增加。为此，JIT 不主张采用自动化程度高、生产批量大的设备，而主张采用小型、便宜的设备。在不影响生产的前提下，越便宜的设备越好，这样不但投资少，而且灵活性高。

7. U 形布置

如果将生产设备一字摆开，工人从第一台设备到最后一台设备需要走动很远的距离，从而造成严重的人力浪费。为此，“一个流”生产要求将生产设备按照 U 形来排列，从入口到出口形成一个完整的 U 形，这样可以大量减少工序之间的走动，减少时间和搬运的浪费，提高生产效率。

8. 作业标准化

作业标准化要求每一个岗位、每一道工序都有一份明确的作业指导书，可以据此检查员工是否按照作业指导书的要求进行工作。这样可以强制员工严格按照既定的生产节拍进行生产。否则，就无法控制生产节拍，无法保证形成“一个流”。

（二）“一个流”生产所遵循的原则

1. 物流同步原则

“一个流”生产要求在没有库存的前提下，实现在必要的时刻得到必要的零件，为此，应使各种零部件的生产和供应完全同步，整个生产按比例、协调地连续生产，按照后工序的需要安排投入和产出。为实现物流的同步，要求班组不断开展“5S”活动。

2. 内部用户原则

“一个流”生产要求每一道加工工序都要做到无缺陷、无故障。为此，“一个流”生产要求每一道工序严格控制工作质量，严格遵循内部用户原则。其含义是：

（1）每一道工序是前道工序的用户；

（2）每一道工序是后道工序的供货商；

（3）每一道工序只接受前道工序合格的产品；

（4）每一道工序只生产合格的产品；

（5）每一道工序只提供合格的产品给后道工序。

遵循内部用户原则的具体方法是开展自检、互检，并严格按工艺操作规范进行生产。

3. 消除浪费原则

“一个流”生产的目的是减少在制品，使生产中存在的浪费现象暴露出来，并不断排除，使成本下降。这些浪费现象包括在制品过剩、供货拖拉、排除设备故障的时间长、信息交流不畅通、工艺纪律差等。上述任何一个问题都会阻碍“一个流”生产方式的顺利进行，因此，必须采取积极的态度解决这些问题，为实现一个流生产创造条件。

三、 平准化生产

平准化是多品种混合流水生产中的一个概念。顾名思义，“平准”就是要求生产平稳地、均衡地进行。平准化不仅要达到产量上的均衡，还要保证品种、工时和生产负荷的均衡。所以，它实际上是均衡生产的高级阶段，也是看板生产必须具备的前提。

平准化生产的内涵包括：使最终工序（组装生产线）计划期的单位期间（如一天）的生产量差异变小；尽可能缩小批量，使各种产品流动生产；最终理想是“一个流”的生产和搬运。

(一) 平准化的前提

1. 生产流程整流化

不仅仅要达到“一个流”的程度，还要尽量保证产品与产品间的投入与产出顺序一致。这样才能保证生产能够按照开始设计的数量和种类一直进行下去而不会混乱。

2. 缩小生产批量

平准化的终极就是要实现混流生产，即在通过各种方式将批量降到很小的情况下，进一步降低批量，甚至几种不同产品同时在一条线生产。所以，大幅度降低生产批量的工作完成之后，才能进行到这一步。

3. 快速换线

混流生产意味着更加频繁地更换产品种类，所以，最紧要的工作是将换线换模的时间降到最少。

4. 质量保证

如果因为质量问题而停线或降低生产速度，生产线将无法平稳地组织生产。

5. 标准化作业

标准化作业是保证稳定化生产的重要前提。

(二) 平准化的步骤

1. 生产数量的平准化

平准化生产的实现是依靠平准化箱来实现的。平准化箱（heijunka box）是在固定时间间隔里利用看板来平衡产品品种和数量的工具。一般来说，一个平准化箱配一个看板。

某条生产线要生产 A，B，C 三种产品，它们的生产周期、包装方式如表 9－3 所示。

表 9－3　生产数量平准化表

种类	节拍	包装形式	每箱生产时间
A	4 分钟/台	5 台/箱	20 分钟
B	5 分钟/台	4 台/箱	20 分钟
C	20 分钟/台	3 台/箱	60 分钟

由于生产一箱 A，B 或 C 产品所需的生产时间不同，为了保证平准化，可以取其生产时间的最小公倍数 60 分钟作为平准化生产的时间间隔——3 箱 A，B 产品（各 3 个看板）与 1 箱 C 产品（1 个看板）一起生产。这样，就能够保证 A，B，C 三种产品都能以 60 分钟的平准化进度进行生产。

2. 生产种类的平准化

接上例，假设 A，B，C 三种产品的日需求量分别是 100，80，40 件，其比例为 5∶4∶2。如果直接按照 A，B，C 的顺序，先后进行 100，80，40 件产品的生产，那么，企业对客户需求的反应速度就会很慢。但是，如果企业按照 5∶4∶2 的比例安排 A，B，C 产品进行生产，则三个产品之间的先后顺序可以相互交替，甚至达到最小批量为 1 的“一个流”连续生产，就可以保证各种型号随时都在生产，从而提高企业对客户需求的反应速度。

3. 人员工作量的平准化

仍接上例，假设 A，B，C 三种产品需要的实际操作人员如表 9－4 所示。

表 9－4　生产数量平准化表

种类	日需求量	工序数量	操作人员
A	100	5	5
B	80	7	7
C	40	10	10

由于 A，B，C 三种产品需要的操作人员不同，工作量也不同，如果不能够实现人员和工作量的平准化，那么，在生产过程中势必会造成紊乱。为此，需要进行平准化的操作设计。选取相近流程的产品族，以产量较大的几个机种所需人力的平均值作为生产线的标准配置人力。在本例中，取产品 A 和产品 B 的平均需要人力，其标准配置人力 6 人。生产 A，B 产品时，多余或需要增加的 1 人可以通过不同生产线的人相互间进行临时支持补充。在生产 C 产品时，因为是几轮才会额外需要增加 3 人，所以，可以通过生产线的全技员或修理员等进行临时支援补充。其具体安排详见表 9－5。

表 9－5　人员工作量平准化表

生产顺序		工序										合计
		1	2	3	4	5	6	7	8	9	10	
一轮	A	○	○			○				○	○	5
	B	○	○	○		○	○			○	○	7
	A	○	○			○				○	○	5
	B	○	○	○		○	○			○	○	7
	A	○	○			○				○	○	5
	C	○	○	○	◎	○	○	◎	◎	○	○	10
	A	○	○			○				○	○	5
	B	○	○	○		○	○			○	○	7
	A	○	○			○				○	○	5
	B	○	○	○		○	○			○	○	7
	C	○	○	○	◎	○	○	◎	◎	○	○	10
员工配置		a	b	c	线长	d		线长或全技员		e	f	6 人

从表中可以看出：要做好工作量的平准化，生产安排需要非常精准，还需要不同人力的生产线进行适当错峰安排。

4. 生产安排的平准化

以上所述只是针对顾客某一天需求而进行的生产平准化安排，由于顾客每一天的需求量都会不同，所以，企业还要根据一定计划期内的顾客需求量制订平准化的生产计划，以保证能将高低不平的需求转化为平准的内部生产安排。

假设企业某月根据顾客每日需求不同而制定的出货指示分别是 2 日 200 件、4 日 400 件、5 日 200 件、7 日 200 件、9 日 100 件……具体见表 9－6。那么，从该月 1 日开始，将上述日生产数量的平均值填入表 9－6 中，从中可以发现其最大值为 160 件/日。所以，就可以把 160 件/日确定为该生产线的平准化生产速度。

根据上述每日需求制订出的企业内部平准化生产计划见表 9－6。

表 9－6 平准化生产计划表

日期	1	2	3	4	5	6	7	8	9
出货量	0	200	0	400	200	0	200	0	100
累计出货量		200		600	800		1 000		1 100
日平均生产数量	100	100							
	150	150	150	150					
	160	160	160	160	160				
	143	143	143	143	143	143	143		
	123	123	123	123	123	123	123	123	123
最大产量	160	160	160	160	160	143	143	123	123
平准化指示	160								
生产量累计	160	320	480	640	800	960	1 120	1 280	1 440
剩余库存	160	320	280	440	200	160	320	280	440
最大库存				440					440

值得指出的是，以上内容仅是企业内部生产的平准化，其实现的前提是原材料的平准化供应。所以，在原材料的供应上也需要进行平准化设计和执行，这就是物流中的平准化操作。在丰田生产方式中，物流的平准化主要包括：订单的平准化、取货的平准化、卸货的平准化、仓库备料配送的平准化等。具体内容可参考相关专业书籍。

四、 标准化作业

JIT 中的标准化作业与人们平时所说的标准化作业有很大不同——它只集中了真正意义上的工作，其前提是细胞式生产方式（包含多能工作工、走动式作业、以人为中心等内容），可以重复在相同条件下进行的作业顺序，是为了实现作业人员、生产顺序、设备布置、物流等的最优化组合而设立的作业方法。其基本特征是以人为中心的重复作业。

另外，标准化作业与作业标准化也有很大不同。标准化作业以人的动作为中心，其目的是生产工序的合理、有序、可控、有效，将浪费降至最少。而作业标准化是对员工的作业要求，强调的是作业的过程和结果。作业标准是为了进行标准作业而制定的各种标准的总称。

（一）标准化作业的要素组成

（1）节拍时间。指一个生产工序能够符合顾客需求的制造速度。

（2）作业顺序。是指在作业者加工物品时，从原材料向成品顺序变化的过程。是伴随着时间的流动而进行作业的顺序，而不是指产品流动的顺序。

（3）标准流程内库存（也称标准持有量）。是指为了顺利进行作业，工序内必需的最小限度的在制品数量。该库存量随设备配置方法的不同和作业顺序方式的不同而不同。

（二）标准作业的制定步骤

（1）确定标准物流顺序。指确认产品流动的顺序。

（2）确定当期的节拍时间。由于客户的需求是变动的，所以，生产节拍也要随之变动。与此相关的作业投入工时、作业人数以及每个人的作业内容也会随之变动。而一旦确定了当期的生产节拍，这些变量也就随之确定。

（3）确定各工序的周期时间及总周期时间。确认了各工序的作业内容和作业顺序后，各工序的周期时间也就基本固定了。在这一步需要首先确认每个工序的周期时间（包括“人工时间”与“机器时间”）。然后，将所有工序的周期时间求和，即得出单个产品的总周期时间。

（4）确定标准作业顺序。标准作业顺序是在这个工序中的作业人员的作业顺序，它与产品流动的顺序可能不同。

确定标准作业顺序第一步是确认需要作业人数（作业人数＝总周期时间/节拍时间）。

（5）标准 WIP（标准在制品数量）。指作业时必需的最小限度的在制品数量，包括工序内必需的半成品，也包含安装在机器上的产品。

（6）制作工序能力表和标准作业组合单。制作零部件能力表（工序能力表）的目的是了解工作单元的加工能力，从而发现问题，消除瓶颈。它是进行组合作业、制作作业组合票的基准。包括周期时间、换模时间、工序名称、作业顺序、产能等内容。

将生产能力记入零部件能力表后，接下来需要根据每天平均的需求数量和工作时间算出周期时间，根据周期时间决定每一个作业者以怎样的顺序进行作业。如果是复杂的工序，还需要制作标准作业组合单，以作为决定作业顺序的工具——显示每个作业员在生产工序中的作业顺序、工作时间、走动时间、机器时间等内容。

（7）制作作业指导书和作业要领书。工序能力表和标准作业组合单可以标定“我可以做多少”“我按什么顺序、时间作业”，但在实际生产过程中，还要回答“怎么作业？注意事项是什么？”等问题，所以，在工序能力表和标准作业组合单的基础上，还要制作作业指导书和作业要领书。

作业指导书是依照作业顺序，对生产线上每个人的作业内容及安全、品质的要点进行明示，以使作业者能快速、安全地完成作业。包括按每个人作业顺序进行的周期时间、作业顺序、作业内容、安全品质要点、检验方法以及人员走动顺序、WIP（在制品）存放位置、设备位置关系的整体布局（应体现标准化作业的三个要素：作业顺序、节拍及标准流程内库存）。

作业要领书要规定员工作业时的工作内容，标明安全、品质等注意事项。作业要领书的对象是每个工序，包括机械操作、刀具更换、程序步骤、零件加工、组装等作业顺序。

（三）标准化作业的作用

（1）标准化是改善的基础，没有标准化就没有改善。JIT 生产方式追求的是持续不断的改善，而没有标准化，生产就不能稳定。今天和昨天的效率、品质不同，改善的基础根本找不到，改善也就无从谈起。可见标准化是改善的基础。所以，丰田人认为“改善的第一步在标准化，没有标准就没有改善”。

（2）标准化作业是现场管理的基础。如果一个现场的作业没有标准化，那么，有闲余的人可能就会放慢作业速度，或者去做一些分外的事情，如搬运、清理等，这将极大地掩盖真实的现场问题，扰乱技术/管理人员对现场情况的了解，从而使真正的问题得不到解决。反之，如果认真执行标准作业，作业完成后原地等待或主动报告主管，就可以使问题得以尽快暴露和解决。

（3）标准化作业可以让作业稳定，减少变异，减少工伤，在新员工培训方面效果特别明显。一般来说，在欧美企业中，标准作业由作为第三者的技术员采用IE（工业工程）手法进行作业测定，并基于其结果完成。而在丰田，标准化作业最突出的特点是它由执行该作业的现场（管理）人员来制定。

参考资料9-3

大野耐一谈“准时制”

“just in time”（准时制生产）这个短语虽然是由英文单词构成，但却具有日语的语言风格和表达习惯。

如果你去问美国人或英国人，或者其他母语为英语的国家的人，他们可能会告诉你在他们的语言中似乎没有“just in time”的形式，这个短语是错误的；也可能有人会告诉你正确的英文说法应该是“exactly on time”。虽然“just in time”不是纯正的英文，但我却非常喜欢这种表达方式。如果把“just in time”翻译成日语，意思应该是“刚好来得及”。在英文中，“in time”这种表达似乎很奇怪，应该用“timing”一词，可是“timing”并不是时间的意思，而是“时机”，不管时机是好是坏，时机有没有被抓住，都应该用“timing”，也就是“in timing”。我不知道英文里有没有“in timing”这种形式，但是我觉得单这个短语并不能够准确表达出及时的程度，所以在前面加上一个“just”似乎更好一些。

在英文会话中，有“just a moment”一词，它的意思是“请稍等一下”，虽然这个“稍等”的意思是稍微、暂时，并不是指“及时”，但是，如果使用这个短语，表达的意思可能就变成了“不允许提前到货也不允许延迟到货，供货方必须按时把原料送过来”。也就是说今天需要的东西，必须在今天送过来，并且保证一个也不能少。如果供货方昨天就送过来，就太早了，当然，更不允许晚到货，这不正是“just”的意思吗？这样一来的结果就是产生了“just in time”这个日式的英文短语。

关于“exactly on time”这个纯正的英文表达方式，我认为“on time”是一个表示时间跨度的词，这个词的用法起源于机场之类需要安排工作时间表的环境，它的含义为“准时”。正如我们前面提到的，“just in time”中的“just”取的是它在“just a moment”中的含义，因此有些外行人乍一看可能觉得不应该用“just”，而是应该用“exactly”，这样能够更加清楚地表达“准时”的意思。例如，一些外行人可能会认为丰田的“just in time”是指上午11点需要的原材料，应该在11点被准时地送过来；即使是那些懂英文的日本人也可能会认为丰田的“just in time”并不是真正的英文短语，而是丰田公司进行严格生产管理的表现。但是我认为我们的“just in time”想表达的真正含义是：无论外部供应的原料，还是公司内部供应的原料，如果将它们安排在今天下午 1 点生产，那么上午 11 点左右送货过来是最合适的时间，若是供货方上午 9 点就把原料送来，就太早，就不是我们所说的“just”了。

“just a moment”是指恰好某个时间点，如果你对供应商说“just a moment”，但却需要他等待三五个小时，那么供应商一定会非常生气。结果就造成了如果安排在 11 点左右生产，就需要将原料在生产线旁边堆积一两个小时的时间。这种情况还算好，至少能够保证生产不断线，可是我们所说的“just in time”是指刚刚好供应生产需求，如果到货太早也会带来很多麻烦。从这个意义上说，对于外面的许多恶性传言，比如说什么丰田公司的供货要求太严格，原料晚到 5 分钟或 10 分钟就会取消购买合同等，我感到很烦恼，我们应该从日语的角度去理解“just in time”这个词，而不必咬文嚼字，带来不必要的麻烦。

从日本明治时期开始，就有“横滨语”一说，也就是指那些将英文、日语等文字混合在一起来表达意思的词语，我认为“just in time”就是一个很好的用英文短语来表达日语含义的例子。英文中的“on time”不能够涵盖我们想要表达的意思，即使你去问英文专家，问他有没有一个词可以准确地表达“刚好来得及”的含义，答案也一定是没有。因此，我们要感谢像丰田喜一郎这样的伟大人物，他根据日本人的思维方式创造了“just in time”这个短语，用简单的英文单词来表达日本人所熟知的含义，使我们能够更好地理解丰田管理方式的精髓。

资料来源：大野耐一．大野耐一的现场管理．北京：机械工业出版社，2006：70－74.

第 4 节　拉动与推动

管理心法

人是要有一点精神的……

——《毛泽东文集》（第七卷）

一切新的东西都是从艰苦斗争中锻炼出来的。

——《毛泽东选集》（第二卷）

所谓拉动，就是以客户需求为驱动，以“看板”为链条，将后道工序消耗的物料，直接作为前道工序的订单，拉动前道工序生产。在这种独特的生产管理系统中，生产指令由最后一道工序开始，在需要的时候通过看板逐级向前一道工序传递。这就使得适时适量生产成为可能——第一，各道工序只生产后道工序所需要的产品，避免了生产不必要的产品；第二，只在后道工序需要时才生产，避免了不急需物品的库存量；第三，生产指令只下达给最后一道工序，最后的成品数量与生产指令所指示的数量（市场需求）一致。

一、 拉动与推动

根据物流运动管理方式的不同，可以将企业生产分为“拉动式”与“推动式”两种。

所谓“推动式”，是指计划部门根据主生产计划要求，确定每个零部件的投入产出计划，按计划发出生产指令。每道工序按计划执行，并将加工完的零部件“推动”到下道工序，而不管当时下道工序是否需要，即零部件在相邻两个工作地之间的运动由上游工作地决定，见图 9-6。

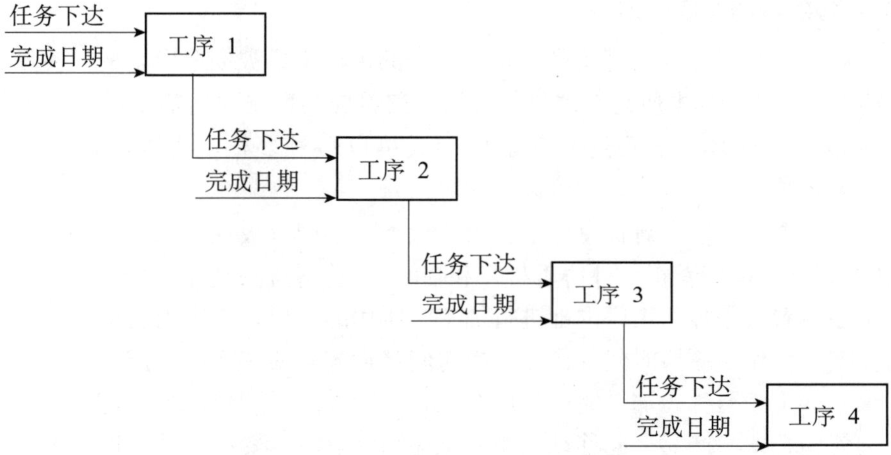

图 9-6　“推动”示意图

所谓“拉动式”，是指根据市场需求制订主生产计划和总装配顺序计划，从最后的产品总装配出发，各道工序按照自己当时对零部件的需要程度，向其前一道工序提出要求，发出指令（看板），前一道工序则完全按照这些指令进行生产，通过看板控制系统，逐级“拉动”前面工序的生产，甚至可以“拉动”到原材料的供应地，即零部件在相邻两个工作地之间的运动由下游工作地决定，见图 9-7。

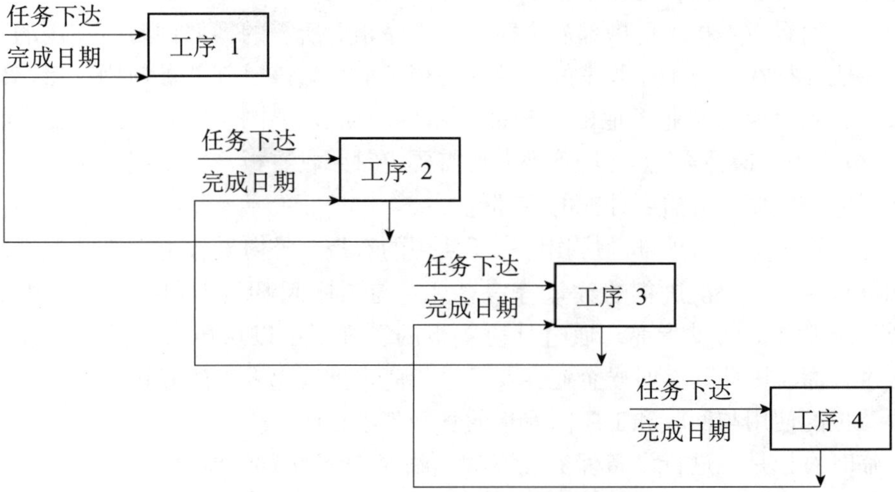

图 9-7　“拉动”示意图

显然，实行拉动式生产后，用户或下游制造工序就可以像在超市的货架上一样取到其所需要的东西。因此，这种生产方式早期（20 世纪 50 年代）在日本也被称为“超级市场方式”——来源于美国超市对大野耐一的启示。

由于拉动式生产方式是通过看板这种信息传递的载体实现的，所以，作为生产线情况的反射神经，看板是实现 JIT 的一种独特、重要的手段，也是精益生产中最具特色的内容。

二、 看板管理

（一）看板的种类与使用方法

看板（kanban）是作为一种生产、运送指令的传递工具被创造出来的。使用看板的目的是实现生产的 JIT。其本质是在需要的时间，按需要的数量对所需要的零部件发出生产指令的一种信息媒介体。实现这一功能的形式可以多种多样。所以，它既可以是一种“板”、一种揭示牌、一张卡片，也可以是一种信号。

按照所发指令的性质，看板总体上分为三大类：生产看板（包括工序内看板、信号看板）、取料看板（工序间看板、外协看板）和临时看板。各种看板的内容如下。

（1）工序内看板是指某工序内部进行加工时所用的看板。工序内看板主要用于装配线以及不需要实质性作业更换时间（作业更换时间接近零）的多产品生产工序。一般包含产品名称、编号、工序名称、加工完产品放置位置、看板编号和包装数量等内容。它必须跟随实物一起使用，即与产品一起移动。当后工序来领料时，要摘下挂在产品上的工序内看板，挂上领取用的工序间看板。该工序要按照看板被摘下的顺序及这些看板表示的数量进行生产。如果没有摘下的看板，则停止生产。这样既不会延误生产，也不会产生过量的库存。

（2）信号看板是指在不得不进行成批生产的工序之间所使用的看板。信号看板一般被挂在成批制作出的产品上。当该批产品数量减少到基准数时，操作人员摘下看板，将其送回到生产工序，然后工序按该看板的指示开始生产。没有摘牌则说明数量足够，不需要再生产。此外，还可利用信号看板来指示从零部件出库到生产工序的配送。

（3）工序间看板是指工厂内部后工序到前工序领取所需的零部件时所使用的看板。工序间看板一般要挂在从前工序领来的零部件的箱子上。当该零部件被使用完后，操作人员取下看板，放到设置在作业场地的看板回收箱内。回收箱中的工序间看板表示的意思是“该零件已被使用，请补充”。现场管理人员需要定时回收看板，集中起来后再分送到各个相应的前工序，以便领取需要补充的零部件。

（4）外协看板是针对外部的协作厂家所使用的看板。外协看板上面必须记载进货单位的名称和进货时间、每次进货的数量等信息。它与工序间看板类似，只是其中的“前工序”变成了企业外部的供货商。通过外协看板的管理，可以从最后一道工序慢慢往前拉动，直至供货商。因此，有时候企业会要求供货商也推行 JIT 生产方式。

外协看板的使用与回收和工序间看板的管理基本相同。

（5）临时看板是在进行设备保养、修理、临时任务或需要加班生产、场地布置变更、调整客户差异工作日等时候所使用的看板。与其他类看板不同的是，临时看板主要是为了完成非计划内的生产或设备维护等任务，因而灵活性比较大。另外，临时看板属于临时性的一次性看板。

（二）看板的作用

其主要作用如下。

（1）生产及运送工作指令。这是看板最基本的职能。如前所述，企业根据市场预测及订货而制定的生产指令只下达到总装线，各个前工序的生产均根据看板来进行。看板中记载着生产量、生产时间、方法、顺序以及搬送量、搬送时间、搬送目的地、放置场所、搬送工具等信息，从总装工序逐次向前工序拉动。在总装线，操作人员将所使用零部件上的看板取下，据此去前工序领取；而前工序则只生产被这些看板所领走的量。“向后工序领取”及“适时适量生产”就是这样通过看板来实现的。

（2）防止过量生产和过量运送。看板的操作必须遵守既定的使用规则。根据其中的第一条规则“没有看板不能生产，也不能运送”，各工序如果没有拿到看板，则既不能生产，也不能运送；如果看板数量减少，则生产量也相应减少。由于看板所表示的只是必要的数量，因此，通过看板的运用能够做到自动防止过量生产以及过量运送的发生。

（3）进行“目视管理”的工具。由于“看板必须与实物放在一起”“前工序按收到看板的顺序进行生产”，所以，现场的管理人员能够据此对生产的优先顺序一目了然，非常便于管理。而且，能够易于获得看板所表示的信息，知道后工序的作业进展情况。即能够进行“目视管理”。

（4）改善的工具。看板的另一个重要机能是改善的工具。这主要是通过减少看板的数量来实现。看板数量的减少意味着工序间在制品数量的减少。在运用看板的情况下，如果某一工序设备出了故障，生产出不良品，根据“不能把不良品交给后工序”的看板运用规则，后工序所需得不到满足，就会造成全线停工。由此可立即使问题暴露，从而必须立即采取改善措施来解决问题。

（三）使用看板的条件

使用看板进行拉动生产必须具备一定的前提——标准化作业、生产均衡化、生产同步化。除此之外，还应该具备以下条件。

（1）品质保证：不良品不流入后工序；

（2）生产数量：只生产后工序必要的数量；

（3）生产要平准化（波动大会造成需求波动大）；

（4）使看板成为生产微调的手段，生产波动以看板的数量作调整；

（5）各工序的产能较平稳，且前工序产能略大于后工序需求。

另外，在看板的使用管理过程中，还必须坚决遵守以下原则。

（1）没有看板不能生产，也不能运送；

（2）看板只能来自后工序；

（3）前工序只能生产取走的部分；

（4）前工序按收到看板的顺序进行生产；

（5）看板必须与实物放在一起；

（6）不能把不良品交给后工序。

参考资料 9－4

自动化的魅力

自动化是丰田准时制生产体系质量保证的重要手段。为了完善地实现准时制生产，生产过程中依次流往后工序的零部件必须是百分之百合格的。因此，零部件的质量检测和控制是极为重要的。丰田公司认为，统计抽样是不合适的，应该摒弃任何可以接受的质量缺陷的观念，实行“自我全数检验”。

丰田公司的“自我全数检验”是建立于生产过程中的自动化，即将自动化缺陷控制在萌芽状态。

日语中的 Jidoka 有两种含义，同时也有两种不同的汉字书写方式：其一就是普通的“自动化”，表示用机器来代替人工。在这种自动化之下，人们只需按动电钮，机器就会自动地运转起来，完成预定的工作。但是，这样自动工作的机器没有发现加工质量缺陷的能力，也不会在出现加工质量缺陷时停止工作。因此，这种自动化会在机器出现错误时，自动地生产出大量的不合格产品。显然，这种自动化是不能令人满意的。

丰田公司强调的是 Jidoka 的另一个含义，即“自动化缺陷控制”，并将它称为“带人字旁的自动化”（自働化），或“具有人类判断力的自动化”。

1. 带人字旁的自动化

在丰田，带人字旁的自动化的含义是由大野耐一赋予的，这是从丰田佐吉发明的自动织布机中得到的启发。一般来说，机器一启动，如不发生故障，就不会停下来。因此一旦出现问题，出现了次品，便会产生恶性循环，持续出现次品。丰田佐吉设计的自动织布机的特点是，即便只断了一根纱线，机器也会停下来，不会生产劣等布匹。因此，此时的机器不仅仅是在转动，而是如同人一样“工作”。

为了实现“准时生产”，必须让 100%的合格品流向后工序，而且必须使流动有节奏、没有拖延。因而，正如可以说必须使质量管理和准时生产两者通过看板方式并存那样，质量管理自然就变得重要了。因此，带人字旁的自动化就是把防止在设备和生产线上大量产生不合格品的手段安装到机械装置上。它绝不是单纯的自动化，而是在各工序中自动地控制异常情况的装置。

这种自动化是集结了机器的动力性能与人类智慧的产物。

新的高性能的机器和高速机器不断出现。运转中，如果有异常发生，如机器中混入异物，就会损坏机器设备或模具，从而导致不合格品的产生，而且产生的数量会很大。因此，对待自动化必须谨慎。大野耐一认为，要搞自动化，就一定要搞包括人的因素的自动化。

2. 带人字旁的自动化的能力

（1）质量管理。生产过程中一旦出现不合格产品，生产线或者机器就会立刻自动停下来，这就迫使现场作业人员和管理人员不得不迅速查找故障原因，并及时采取改善措施，以便防止同样问题再度发生。

(2) 制止过量生产。当所需要数量的零部件加工完毕后，机器会自动停止工作。而且所生产出来的零部件都是合格品，从而制止了过量生产，消除了在制品库存，增强了生产系统适应市场变化的柔性。

(3) 实现从管理机器到管理流程。由于采用了自动停机装置，每当出现异常情况时，机器就会自动停下来，这样，作业人员几乎没有必要盯住某一台机器。结果，人力操作与机器操作自然分离，为“一人多机”方式提供了方便。实际上，丰田公司的自动化在促使标准作业顺序细化的过程中，扮演着重要的角色。

3. 带人字旁的自动化实现机制

丰田公司的自动化，即“自动化缺陷控制”，是通过三个主要技术手段来实现的，这就是异常情况的自动检测、异常情况下的自动停机、异常情况下的自动报警。

(1) 异常情况的自动检测。异常情况的自动化检测技术和手段是丰田公司自动化的首要环节。因为检测装置（或仪器）就如同人的眼睛，它可以感知和发现被加工的零部件本身或制造过程是否有异常情况发生，并把所发生的异常情况的信息传递给接收装置，由后者发出各种动作指令。

例如，丰田公司在生产过程中广泛使用了限位开关和电眼等接触式检测装置和手段，它们被用来测知零部件或产品在形状和尺寸上与正常情况的差异，并且自动检查是否存在某种质量缺陷。为了有效地使用这两种接触式检验装置，丰田公司有时会特意将基本相同的零部件设计成不同尺寸和形状，以便于检测装置自动识别和区分。

识别颜色的检测装置也属于接触式检测装置，但它对被检测物体的“接触”并不是靠限位开关或电子眼，而是通过各种颜色的反射光线。

这些自动化检测技术与手段比那些凭人的感觉和判断的方法要优越得多。它不仅能保证产品质量，而且还解决了作业人员需要精心留意每个作业细节的烦恼，从而更有助于提高人的生产效率。

(2) 异常情况下的自动停机。当上述检测装置发现异常情况时，它会立刻自动发出指令，停止生产线或机器的运转。当然，生产线或机器自动停止运转后，现场的管理人员和维修技术人员会马上到达出事地点，和作业人员一起迅速查清故障原因，并采取改善措施。

应该指出的是，丰田公司的管理人员特别强调两点：一是发现质量缺陷和异常情况必须立刻停止生产；二是必须立刻查清产生质量缺陷和异常情况的原因，并彻底纠正，使之不再发生。这样，只要有不合格品或异常现象产生，它们就会立刻显露出来。而当问题显露出来时，生产线必须停下来，从而使人们的注意力立刻集中到问题上，改善活动就会自动地开展。

(3) 异常情况下的自动报警。丰田公司的自动化不仅要求自动发现异常和自动停止生产，而且还要求把异常的发生以“报警”的方式显示出来。

丰田公司生产现场中最常用的报警方法就是用灯光显示。这种方法既简便实用，又便于“目视管理”，即便于现场管理人员用眼睛了解和掌握现场的生产状况。

例如，丰田公司在生产现场每条装配线上和每条机加工生产线上都安装了包括呼叫灯和指示灯在内的“灯光指示牌”。呼叫灯是在异常情况发生时，作业人员呼叫现场管理人员和维修技术人员时使用的。通常，呼叫灯配有不同的颜色，表示不同的求助。指示灯是用来指示出现异常和发生呼叫的工位。前面说过，丰田公司生产现场的每个工位都设置了生产线停止开关。每当出现异常情况时，作业人员就可以按动开关，使生产线停止运行。与此同时，灯光指示牌上的红色指示灯就被点亮，明确地指示出使生产线停止运行的工位。指示灯的另一个作用是，当呼叫灯点亮时，指示灯也被点亮，明确地显示发出求助呼叫的工位，每当生产线停止运行，或有求助呼叫时，现场的管理人员和维修人员就会在信号的引导下，奔往出事地点。

通常，丰田公司把这类显示牌悬吊在生产现场最醒目的位置上，以便于现场管理人员和技术人员能够很容易地看到它们。此外，在许多情况下，丰田公司在灯光指示牌上使用不同颜色的灯光，以表示不同的情况。这样的灯光指示牌会使生产现场的情况一目了然，使现场的每个人都能够对生产现场的情况心中有数。

4. 装上使用者的智能

无论新旧机器，在生产中，每台机器都要装上自动停车装置，比如定位停车方式、全面运转系统、质量保险装置，以及各种安全装置等。尽量吸收采纳和应用新的技术，来使机器设备具有人的职能。

资料来源：王国化．丰田制造业真经．北京：北京工业大学出版社，2006：107-112.

第5节 尽善尽美与改善

管理心法

红军所以艰难奋战而不溃散，“支部建在连上”是一个重要原因。

——《毛泽东选集》（第一卷）

……领导是一个因素，而最主要的因素是群众想办法。

——《毛泽东选集》（第五卷）

精益生产方式的目标是“通过尽善尽美的价值创造过程（包括设计、制造以及对产品或服务整个生命周期的支持）为用户提供尽善尽美的价值”，即不断用价值流分析方法来找出隐藏的浪费，作进一步的改进。这是一种趋于尽善尽美的循环过程。丰田公司将其称为“改善”（kaizen），即持续不断地改进工作方法和效率。它既是一种低成本改进工作方式，又是一种着重于以“过程为导向”的思考模式或经营理念，是丰田生产方式目标得以顺利实现的基本支撑。

一、改善的内涵

日语“改善”的原意是“连续不断的改进、完善”，即“持续改善”，意味着改善涉及每一个人、每一环节的连续不断的改进，更偏重于丰田生产方式的经营理念或企业文化。

除了"持续改善"之外，日本企业还大量使用"现场改善"一词。与"持续改善"相比，它更偏重于操作方法。这是因为改善的焦点和关键之处都发生在现场（实际行动发生的场所），现场是改善活动的主要场所。围绕现场改善实践，在丰田生产方式中已经有大量成熟的方法。具体见本书第 8 章（现场管理）。

改善的具体工作方法是工业工程（IE），具体见本书第 7 章（工作研究）。

二、 改善的目标

精益生产的根本目标是消除一切浪费，最大限度地获取利润。其终极目标可以概括为"7 个零"，即零库存、零切换、零浪费、零事故、零不良、零故障、零停滞。为实现这些目标，企业需要采取相应的实施技巧和工具，如表 9－7 所示。

表 9－7　精益生产追求的终极目标

序号	精益目标	精益关键点	未实行精益的现状	实施技巧和工具
1	零库存	发现真正的问题	大量库存造成成本高、资金周转困难，看不到真正的问题在哪里	● 探求必要库存的原因 ● 库存规模的合理使用 ● 均衡化生产 ● 设备流水化
2	零切换	品种多，批量小	切换时间长，切换后不稳定	● 生产计划标准化 ● 经济批量 ●"一个流" ● 标准化作业
3	零浪费	降低成本	"地下工厂"浪费严重，似乎无法发现、消除	● 整体能力协调 ● 拉动式生产彻底暴露问题 ● 价值流图及分析
4	零事故	安全保证	忙于赶工，疲于奔命，忽视安全，事故频发，意识淡薄，人为事故多	● 安全教育 ●"5S"活动 ● 危险预知训练 ● 定期巡查 ● 安全改善活动
5	零不良	质量保证	低级错误频发，不良率高，批量事故频发，忙于"救灾"	●"零缺陷"运动 ●"自働化" ● 全员质量改善活动 ● 自助研究活动 ● 质量改善工具运用
6	零故障	生产效率	故障频发，加班加点与待工待料一样多	● 效率管理 ● 全面生产维护（TPM） ● 愚巧法 ● 初期清扫与自主维护
7	零停滞	缩短交货期	交货期长，延迟交货多，顾客投诉多，加班加点，赶工赶料	●"一个流"、均衡化 ● 生产布局改善 ● 设备小型化、专用化

三、 改善的要点

从改善的基本理念中，可以推导出改善包含以下要点。

（1）领导者要以身作则。虽然领导者与现场工作人员的改善对象和内容不同——领导者以组织、管理制度和体制的改善为主，员工以作业程序和操作方法为主，但领导者如果每天都能够督促自己力行改善，并不断要求下属人员“改善，再改善”，那么，无论是领导者还是现场员工，都能不断增强改善意识，不断完善自己。

（2）领导者要关心下属人员的改善活动。如果领导者能够对下属人员的改善建议、改善中存在的问题、改善结果等给予关注，就会激发员工的改善意愿和改善热情，提高改善的积极性。

（3）不要轻视微不足道的“小改善”活动。生产现场总会存在一些不起眼的不合理现象，大事故往往出在这些平时被人们所忽视的环节。所以，领导者既要重视那些重大的改善活动，也不要轻视这些“小改善”活动。改善活动应该从小事做起，从身边做起，改善来源于“这样做妥当吗”的小巧思，来源于对日常生产活动的关心。

（4）要容忍失败。领导者要容忍下属人员改善活动的失败，要认真听取改善失败的经验和教训。失败并不可怕，重要的是不要使同样的事情再度发生。因此，创造一种敢于说真话，敢于报告失败的环境，对于“改善”来说极为重要。

（5）越忙越是改善的好机会。这是因为，只有“忙不过来，人手不够”时，人们才会开动脑筋，想出解决办法，激发出改善设想和改善方案。只有不断地进行改善，才会使人们的工作变得轻松愉快，更加高效。

（6）改善活动要根据实际需要进行。改善的目的是消除浪费，为顾客创造更多价值。所以，顾客不需要的就不必改善，无助于消除浪费的也不必改善。对于需要改善的工作，也要分清轻重缓急，有计划地进行改善。

（7）抛弃僵化固定的观念。在改善活动中，观念至关重要。因此，首先要丢掉对原有生产工艺、制度、操作方法的僵化看法。不要认为这不能改那也不能改，要相信“一切皆有可能”。

（8）不强调理由。强调理由是退缩的开始，退缩的念头一动，改善工作就会难以进行下去。因此，改善活动要考虑的是怎样做，而不是找出不做的理由。要从不可能之中寻找解决方法。不要说“不可能”“做不到”。

（9）人人参与。改善无处不在。改善不分大小。人人皆可做改善。所以，改善活动要取得成功，必须要靠集体的智慧和努力。要集合大家的意见而不仅仅是少数人的主意。

（10）更应该重视不花大钱的改善。改善是一种低成本的改进工作方式。需要花钱少甚至不花钱的改善。这样一方面可以节省开支，另一方面可以形成严谨节约的好风气。

（11）马上行动。有了改善计划后，要马上行动。不要过分拘泥于细节或追求完美。即使只能达到约定目标的 5%，也要马上付诸实施。丰田所说的“执行要像暴走的人”就是这个意思。立即改正错误，是提高自身素质的必经之路。

(12) 改善无止境，改善的可能性是无穷无尽的。生产现场的情况是一直在变化的，改善工作也不是一蹴而就和一劳永逸的事情。以往的改善现在看来也许又会发现一些不完善的部分，也许可以发现更好的改善方法。人的能力在不断提高，新知识、新技术不断涌现，人们不会也不应该满足或停留在已有的改善成果上。所以，改善是一个螺旋式上升的过程，永无止境。

四、阻碍改善的思想观念

以下是阻碍改善的一些思想观念。

(1) 不思进取，安于现状。这是改善的第一大忌。

(2) 工作推诿，凡事退缩。改善活动经常会遇到不被理解的情况。此时，如果改善者退缩的话，改善的效果就会大打折扣，因而是改善的大忌。

(3) 责任心差，凡事平安就好。改善要先否定现在，不敢于打破现状、不力求上进的人是无法胜任改善工作的。

(4) 遇事悲观。改善都有成败，但不能因此裹足不前。即便只能够达到计划效果的5%，也要马上行动。

(5) 明哲保身，但求无过。改善需要全员参与，没有人能够置身事外。所以，改善会暂时引起一部分人的不理解。但如果因此躲避，那么，整个企业很快就会僵化，最后受损的是全体的利益。

(6) 没有危机意识。不进行改善、原地踏步的企业很快就会被市场淘汰，所以，没有危机意识是改善最大的危机和杀手。

(7) 责难别人，推卸责任的责他主义。人人都有改善义务，每个人的职责范围内都存在可以改善的空间。部门隔阂和责任推诿是部门间合作的一大障碍，不仅阻碍改善，还会破坏团队气氛，而团队合作的和谐气氛是改善过程中必不可少的。

五、改善的组织

(一) 合理化建议制度

丰田公司认为，好产品来自好的设想。为了激发改善的激情，形成人人改善的小环境，丰田公司于20世纪50年代初开创了“动脑筋创新”的制度，提出了“好主意，好产品”的口号，广泛采用合理化建议，以激发全体员工的创造性思考，改善公司业务。

“好主意，好产品”意味着全体人员都要施展自己的才华，以全体人员的聪明才智，生产出质量更好、价格更廉、顾客更喜欢的产品。该活动在实施的第一年收到建议183条。到了70年代，每年收集的建议多达5万条，大大调动了员工的工作热情，为丰田公司的发展提供了源源不断的动力，极大地促进了现场改善活动。

在本章开头部分的引例中，“国际汽车项目”总结出了当今世界上各规模汽车制造商在总装工作中的各种业绩指标。其中，在“合理化建议数÷工人数”指标中，日本日资工厂是61.6条/人，而北美美资工厂、所有欧洲工厂的指标则是0.4条/人。由此可以看出北美美资工厂、所有欧洲工厂的水平与日本日贸工厂的水平有着明显的差距。

从表面上看，合理化建议制度征求的是改善建议，可以增强大家的参与意识。但实际上，合理化建议制度的真正目的是通过全体人员共同参与的改善活动，提高产品质量，降低生产成本，提高每个人的素质和能力，创造出舒适的生产作业环境，追求生产现场的生机和活力，增强全体人员对公司的忠诚感和归属感。此即丰田 DNA 中“造物即是造人”的直接体现。

概括地说，丰田公司合理化建议制度具有如下特点。

（1）广泛性：合理化建议制度具有广泛的群众基础。公司里的每个成员和每个质量管理小组都积极热情地参与合理化建议活动。

（2）规律性：丰田公司的各级合理化建议审查委员会都定期（每月）审查来自基层的改善建议提案，并且迅速公布审查结果，迅速实施被采纳的改善方案。

（3）相关性：在提案审查过程中，提案者会与相关专业技术人员保持密切的联系。例如，如果改善提案涉及变更设计问题，相关的设计师就会很快与提案者共同进行改善研究。

（4）激励性：丰田公司会对那些在合理化建议和改善活动中取得成绩和做出贡献的人员和小组给予物质和精神奖励，以激励全公司人员的改善热情，激发大家的聪明才智。

（5）持续性：合理化建议活动是持久的、连续不断的活动。改善无止境，合理化建议活动无休止。没有“最好”，只有“更好”!

（二）QCC

QCC（quality control circle）也叫质量管理小组、QC 小组或“品管圈”，是由在相同、相近或互补之工作场所的人们自动自发组成的非正式小组（一般 6 人左右），是一种自主地、持续不断地通过自我启发和相互启发，来研究解决质量问题和现场改善问题的小集体。它是丰田公司全面质量管理的一个重要组成部分，也是现场改善活动中的最活跃因素。

1. QCC 的特点

QCC 的特点是自主性、群众性、民主性和科学性，具体内容如下。

（1）自主性。QCC 以员工自愿参加为基础，实行自主管理，自我教育，互相启发，共同提高，充分发挥小组成员的聪明才智和积极性、创造性。

（2）群众性。QCC 是吸引员工积极参与管理的有效形式，不但包括企业领导、技术人员、管理人员，而且更注重吸引在生产、服务工作第一线的操作人员参加，群策群力分析问题、解决问题。

（3）民主性。QCC 的组长可以民主推选，小组成员可以轮流担任课题组长，每个成员都有发挥才智和锻炼成长的机会。在讨论、解决问题时，小组成员可以不分职位与技术高低，各抒己见，互相启发，集思广益，高度发扬民主，以保证既定目标的实现。

（4）科学性。QCC 在活动中遵循科学的工作程序，步步深入地分析问题，解决问题。在活动中坚持用数据说话，用科学方法来分析与解决问题，而不是“想当然”或凭个人经验。

实际上，QCC 所研究、讨论和解决的问题，不仅仅局限于产品质量的改善，其他与生产现场有关的问题，如成本降低、作业改善、设备养护、作业安全、材料替代、公害治理等都在质量管理小组的研讨和改善活动的范围之内。

2. QCC 活动的程序

QCC 活动的具体程序如下。

（1）选题。QCC 活动的课题选择一般应在企业方针目标的指导下，根据现场存在的薄弱环节或用户（包括下道工序）的需要确定。选题范围涉及企业的各个方面。

（2）确定目标值。课题选定以后，应确定合理的目标值。目标值的确定要量化，使小组成员有一个明确的努力方向，便于检查，活动成果便于评价。另外，还要注重目标值的实现可能性，既不能定得太低，使活动缺乏意义，又不能定得太高，使小组成员失去信心。

（3）调查现状。为了解课题状况，必须首先进行现状调查。在调查时，应根据实际情况，应用不同的 QC 工具（如调查表、排列图、折线图、柱状图、直方图、管理图、饼状图等），进行数据的收集整理。

（4）分析原因。对调查后掌握的现状，要发动全体组员动脑筋，想办法，依靠掌握的数据，集思广益，选用适当的 QC 工具（如因果图、关联图、系统图、相关图、排列图等），进行分析，找出问题的原因。

（5）找出主要原因。经过原因分析以后，根据关键少数和次要多数的原理，将多种原因进行排列，从中找出主要原因。在寻找主要原因时，可根据实际需要应用排列图、关联图、相关图、矩阵分析、分层法等不同分析方法。

（6）制定措施。主要原因确定后，制定相应的措施计划，明确各项问题的具体措施，如达到的目的、谁来做、何时完成以及检查人等。

（7）实施措施。按措施计划分工实施。组长要组织成员，定期或不定期地研究实施情况，随时了解课题进展，发现新问题要及时研究、调查措施计划，以达到活动目标。

（8）检查效果。措施实施后，应进行效果检查，即将措施实施前后的情况进行对比，看实施后的效果是否达到了预定的目标。如果达到了预定的目标，小组就可以进入下一步工作。否则，应对计划的执行情况及其可行性进行分析，找出原因，在第二次循环中加以改进。

（9）制定巩固措施。达到了预定的目标值说明该课题已经完成。但为了巩固成果，小组必须将一些行之有效的措施或方法纳入工作标准、工艺规程或管理标准，经有关部门审定后纳入企业有关标准或文件。

（10）分析遗留问题。小组通过活动取得了一定的成果，即经过了一个 PDCA 循环之后，应对遗留问题进行分析，并将其作为下一次活动的课题，进入新的 PDCA循环。

（11）总结成果资料。将活动的成果进行总结，为成果发表做必要准备。同时，总结经验、找出问题，开始下一个循环。这是自我提高的重要环节。

以上是 QCC 活动的全过程，体现了完整的 PDCA 循环过程。由于每次取得成果后能够将遗留问题作为下一个循环的课题（如没有遗留问题，则提出新的打算），这样，就可以使 QCC 活动能够持久、深入地开展，推动 PDCA 循环不断前进。

参考资料9-5

反复问五个"为什么"

你对于一种现象连续问五个"为什么"了吗？这样做，说来容易，做起来就难了！比如，一台机器不转动了，你就要问：

(1)"为什么机器停了?"

"因为超负荷，保险丝断了。"

(2)"为什么超负荷了呢?"

"因为轴承部分的润滑不够。"

(3)"为什么润滑不够?"

"因为润滑泵吸不上油来。"

(4)"为什么吸不上油来呢?"

"因为油泵轴磨损，松动了。"

(5)"为什么磨损了呢?"

"因为没有安装过滤器，混进了铁屑。"

反复追问上述五个"为什么"就会发现需要安装过滤器。

如果"为什么"没有问到底，换上保险丝或者换上油泵轴就了事，那么，几个月以后就会发生同样的故障。

说实在的，丰田生产方式也不妨说是丰田人反复问五个"为什么"，积累并发扬科学的认识态度，才创造出来的。

自问自答这五个"为什么"，就可以查明事情的因果关系或者隐藏在背后的真正的原因。

"为什么丰田汽车工业公司里，一个人只能管一台机器，而丰田纺织公司里一个青年女工却能管40～50台自动织布机?"

提出这个问题，就能得到这样的解答："因为机器没有配备加工完毕就停止的装置。"由此得到启发，便产生了"自动化"的想法。

"为什么不能做到'准时制'生产呢?"针对这个问题，便会得出"前一道工序出活过早过多，不知道加工一件要用几分钟"的答案。于是，因启发而导出"均衡化"的设想。

"为什么会出现生产过量的浪费呢?"针对这个问题，会得出因为"没有控制过量生产的机能"的答案，据此展开便产生"目视化管理"的设想，进而导出"看板"的构思来。

丰田生产方式的根本目的在于杜绝浪费。"为什么会产生浪费呢?"由于提出了这样的问题，就探讨了企业继续存在的条件即利润的意义，甚至于人的劳动价值的本质也可以得到答案。

就生产现场而言，我当然是重视"数据"的，但我最重视的却是"事实"。一旦发生问题，如果原因追查不彻底，解决办法也就不会奏效。因此，我就反复提出五个"为什么"。这构成了丰田式科学态度的基本精神。

资料来源：大野耐一．丰田生产方式．北京：中国铁道出版社，2006.

关键术语

精益生产　浪费　拉动　价值流图　准时制生产　看板　改善　QCC

小　结

精益生产源于对西方汽车行业的大批量生产方式与日本丰田汽车生产方式进行的对比研究，是对丰田生产方式的新归纳，已经在制造业以外的各个行业中得到了广泛的传播和应用。其核心内容是以最小的资源投入，创造出尽可能多的价值，及时为顾客提供所需要的产品和服务——“通过精益求精的努力达成企业效益的最大化”。其基本原则是：精确地确定价值，识别价值流，使价值流流动起来，用需求来拉动价值流，追求尽善尽美。在上述每项原则背后，都隐含着丰田汽车公司多年的成功实践。因此，在本章的学习过程中，应该将精益生产的理念与具体操作方法结合起来，从企业文化的角度入手，对丰田生产方式进行全面的解读。

思考题

1. 仔细阅读本章开头的引例，从“国际汽车项目”的调研总结中，找出日本企业与美国企业的不同之处，并分析其背后的原因。

2. 观察你所在的学习环境（教室或宿舍、办公室），找出其中的浪费，并提出改善建议。

3. 丰田公司的价值观念与一般企业有什么根本不同?

4. 拉动式生产系统与推动式生产系统有哪些区别?

5. 选择自己或所在团队的一次失误，对其可能的原因连续问五个“为什么”，看看对工作有什么启示。

6. 针对自己或所在团队的一个问题，成立一个改进小组，试进行 QCC 改善活动。

管理实验　“准时化”游戏

将学生每五个人分成一组，分别在折叠和包装三种颜色纸盒的四个生产阶段中承担不同的工作任务。游戏的描述见图 9-8。

游戏要求第一个人（1 号操作员）把大量未折叠的三种颜色的纸盒捆起来，送到两个组装工位（2，3 号操作员），所送数量是根据用户订单而定的。一个组装工位负责折大盒子，另一个组装工位负责折小盒子，他们折完以后都要用一个橡皮筋把盒子勒紧，然后把这些盒子向前传给总装工位。在总装工位，4 号操作员打开大盒子，把小盒子装进去，再写好标签（记录组别、操作者、时间、批号等内容），折好放在小盒子上面，然后盖好大盒子，用一根橡皮筋勒紧。随后盒子被送到质量控制和发货工位，5 号操作员打开大盒子，检查标签是否已放入并写好，还要在标签上签名盖章，再把标签放回到小盒子里；然后把大盒子盖上，勒上橡皮筋，送往用户（指导教师）。

游戏开始时，操作员们根据用户订单以自己的工作步调来生产三种颜色的盒子。不

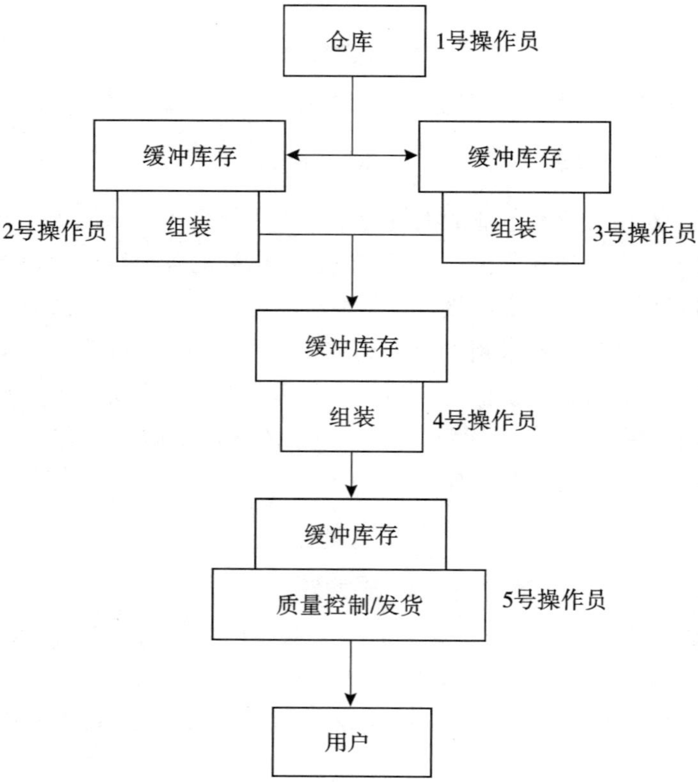

图9－8　“准时化”游戏示意图

久，用户将宣布要更改订单，要求首先得到某种颜色的盒子。

游戏的评判标准是及时交货，同时各种库存最少。重点是让学生体会、认识“拉动”与“推动”的不同。要求确切地计算出两种情况下的成本和费用。

说明：

在此游戏的组织过程中，产品的样式和分组方式可以根据教学时的具体情况灵活掌握。每组的人员可以为3～6人不等，产品也可以是各种颜色的组装折叠动物等形式。图9－9是一个“准时化”彩色鸭子产品。它由四个部分装配而成，每个部分的颜色都可以根据需要而变化（实际上有4种产品的变化）。

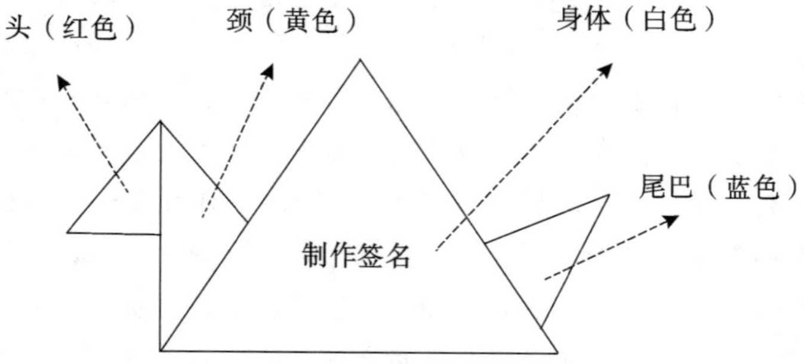

图9－9　“准时化”鸭子产品组成

本游戏的关键在于启发学生进行思考。因此，最好能够让学生事先分组进行讨论以提高认识，并借此机会培养其团队合作精神。这样，待游戏结束后，再进行全班的讨论。学生们的反响将会更加热烈，良好的教学效果往往会出乎组织者的意料。

（多数精益思想的实践者都利用某种形式的游戏或模拟练习，来告诉高级管理人员和实际操作人员如果引入拉动的话，会发生什么变化，并促使人们超越“成批与排队”的思维，重新思考现实的生产与服务问题。）

资料来源：詹姆斯·P. 沃麦克，丹尼尔·T. 琼斯. 精益思想——消灭浪费，创造财富. 北京：商务印书馆，1999：293-297.

课外阅读资料

资料一

丰田 DNA

精益企业的概念始创于日本丰田汽车公司大野耐一实行的准时制生产概念，其核心是在企业的生产环节及其他运营活动中彻底消除浪费现象。日本学者将其基本内容概括为五个“DNA”：以人为本、以顾客至上的“理念 DNA”，作为行动原则的“行动 DNA”，改变对事物看法的“观点 DNA”，改善执行力的“改善 DNA”，可视化管理的“管理 DNA”。其简要内容如下。

1. 以人为本、以顾客至上的“理念 DNA”

理念“DNA”指的是丰田的经营理念，即“育人”（以人为本）和“从客户的观点出发，杜绝浪费”（顾客至上）。

(1) 丰田生产方式强调“造物即是造人”，其出发点是“育人”。

丰田式育人是通过现场的改善活动来实现的，即通过现场的日常改善活动达到育人的效果。将改善活动带来的直接效果与通过改善活动进行人才培育的派生效果相结合，可以给企业带来巨大的收益。

改善活动之所以具有育人的效果，一方面是在日常改善活动中，要求员工不断提高自己的改善意识——思考自己的工作是否有可以改善的地方，大家一起齐心协力地去改善，形成自发性的改善意识。这样的意识能够增强员工对待变化的积极态度，改变员工的日常行为——追求完美的、没有浪费的工作效果。随着每一位员工的不断成长，整个生产体系会取得显著的成效。

另一方面，育人效果还体现在价值观的变革，即形成完全从顾客角度出发的价值观。要养成随时为顾客的价值着想、不断为顾客追求价值的工作态度，不断地进行改善。

通过改善活动培育出的人才，还能够为组织战略的实施提供强大的执行力——培育出来的人才具备自发性的改善意识、将变化看作好事的价值观、想清楚了就能够付诸实践的行动力。这样一来，组织就具备了强大的战略执行力。

丰田生产方式取得成效的原因并不在于运用了什么独特的改善知识和方法，而在于造就“主动思考、亲自动手”的人才——能够自己创造出独特的改善方法并去实践的人。

(2) 从客户的观点出发，杜绝浪费。

丰田生产的另一个经营理念“DNA”是对“顾客意向”的关注，即“从客户的需求出发，杜绝浪费”。这是所有改善活动的行动准则。要以此为明确准绳，落实到企业的每一项活动之中。

换言之，改善活动就是要消除生产中的浪费。那么，哪些是浪费？要优先削减哪些浪费？丰田生产方式要求从顾客的角度去衡量和判定这些问题。一般说来，浪费包括对顾客来说没有价值的东西和对组织来说没有必要的东西。而顾客意向中所指的浪费，是指对顾客没有价值的东西。如果企业不具备真正意义上的顾客意向，就无法找出对顾客来说是浪费的地方并通过改善消除。具体如图 9-10 所示。

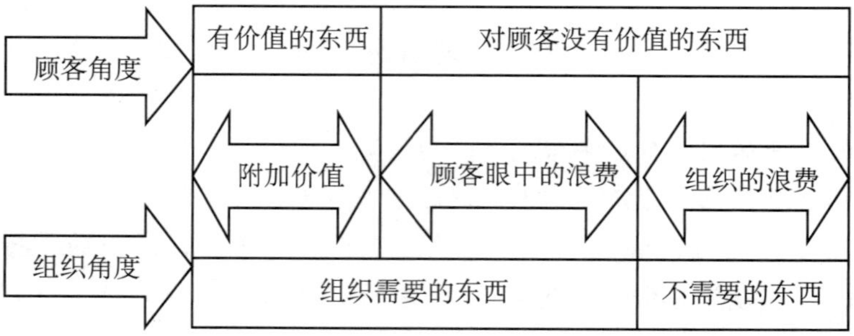

图 9-10　从顾客角度出发的浪费

值得指出的是，消除顾客意向中的浪费，并不是仅仅以削减多余成本而降低产品价格为目的。把通过降低成本而获得的资源用于开发对顾客有价值的东西，可以在消除浪费的同时维持较高的价格。这是必胜的商业模式。如果忽视这一点，仅仅想通过消除浪费而降低价格，而不考虑消除浪费以后该怎么做的话，企业只会陷入市场的价格战之中。

在丰田生产方式的看板管理中，强调“只在需要的时候，按需要的数量生产所需要的产品”，即是为了消除对顾客来说形成了浪费的过剩生产能力，用节省出来的那部分劳动力和资金为顾客创造新的价值。没有真正的顾客意向，不理解挖掘浪费的基准在于顾客意向的这个道理，就无法理解看板管理的真正意义。

2. 作为行动原则的“行动 DNA”

“行动 DNA”是现场工作的每一位员工都应该遵守的行为准则。丰田生产方式用了一个关键词来具体描述这个原则，即“三现主义”。

“三现主义”即按照“现地（现场）”“现物（实物）”“现实（实际情况）”来行动。它要求不能只在办公桌上空发议论，而要到“现场”中去，用自己的双眼观察“实物”，正确地认识“现实”。

各种现场管理方法是员工为了改善现场而实际应用的工具，必须根据现场的情况灵活运用。如果脱离了现场，不观察现场的状况，即使引进了好的现场管理方法，也不能很好地发现存在的问题以及相应的改善点。而且，现场管理方法要随着企业的发展而不断变化，以形成企业自己最适用的体系。如果不关注现场的变化，各种现场管理方法反而会成为企业经营管理的绊脚石。

为此，“三现主义”要求企业各级员工排除主观因素，养成实事求是的行为习惯，即不以主观想法进行判断，而是要求到实际的现场中去进行客观的判断，养成依据事实采取行动的行为习惯。显然，这是一种将丰田价值观和打破常规精神渗透到员工行为之中的手段。

3. 改变对事物看法的“观点 DNA”

丰田生产方式的本质是“打破常规”，是捕捉那些被其他公司列入“不合常理”范畴内的事物并转换为常识的态度，即谋求能够彻底改变事物看法的灵活的习惯。这就是丰田的“观点 DNA”。

丰田生产方式独特的观点之一是杜绝生产所需时间的不稳定性。丰田之所以关注这种不稳定性，是因为它的存在是妨碍生产效率和品质的主要原因。

为了消除这种不稳定性，丰田将其分成“技术领域”的不稳定性（由工艺技术、操作方法、设备等方面原因引起的不稳定性）和“管理领域”的不稳定性（由人员、作业本身等方面原因引起的不稳定性）两个范畴来分别对待。其中，大多数不稳定性来自管理领域的不稳定性。

由于管理领域的不稳定性反映的是人员作业方面的浪费，这就需要通过改善活动来消除这些引起不稳定性的浪费，继而对技术领域里的浪费进行改善。为此，需要将作业方法规范成无论何时、何人都能够进行同样效率同等质量的作业，即作业的“标准化”。

按照丰田的观点，标准化是“智慧共享化”的手段。这是因为：标准化让每一位工作人员将自己哪怕是一点点的想法都告诉大家，这样一来，所有的工作人员就可以一起消化、吸收这些平日里没有的各种各样的想法。所以，标准化凝聚了现场工作人员和前辈们的智慧。它可以将前辈们的智慧传给后辈，让工作人员共享智慧。

值得指出的是，标准化并不是只关注和分析单独的个别作业，而是要统管整体流程，使各工序间的处理能力保持一致，使物流、信息流能够不停地流动。

4. 改善执行力的“改善 DNA”

“改善 DNA”指的是“先试试、再想想的改善作风”，即每一名工作人员都会有意识地去发现浪费，并不断思考有没有更好的解决方法。其中的关键有两点：一是现场要具备改善的执行力；二是要意识到改善的速度。

改善的执行力是指想到之后要立即进行尝试、试了之后再想想的习惯。而且，现场和管理环境对此要予以容许和支持。不能用过去的成功经历或批评态度来阻碍改善的执行力。

由于改善是做与以往不同的事情，很可能会产生适得其反的效果，所以，与改善执行力同等重要的，还要有“一个晚上就产生变化的改善速度”，即要及时确认改善的效果。如果问题没有得到改善，就马上返回原点考虑新的改善方法。这样反复不断地进行 PDCA 循环，会使得后一次的改善效果比前一次更好。

5. 可视化管理的“管理 DNA”

“管理 DNA”是指要明确行动与结果的联动性，从而尽早探知异常所在，迅速采取下一步的行动，启动 PDCA 循环进行管理。

在改善活动中，为了不断审视所采取行动的恰当性以及与结果的关联性是否发生异常，必须使异常现象“可视化”，进行“可视化管理”，即对行动的恰当性及其与结果的联动性进行监督。如果有异常发生，就需要立即采取措施，使之能够达成预定目标。

在丰田生产方式中，“异常”是指组织目标与实际的差距。缩短这些差距的行为即为改善活动。要进行“可视化管理”，必须进行作业的“目的可视化”，即“目标状态可视化”，看清楚目标与实际的差距。为此，需要制定出无论谁都可以一目了然的指标。

在丰田生产方式中，“目标状态可视化”被细化为工作内容可视化、工作体制可视化、工作进度可视化、工作效率可视化等现场管理内容，应用于企业的各个领域。

资料来源：松井顺一．丰田可视化管理方式．北京：东方出版社，2013：2－46.

资料二

“问题管理”十大定律

1. 第一定律（引导定律）：把问题作为切入点、借助问题优化管理、问题驱动改进管理，是提升管理水平的有效方法。

推论一：有问题并不可怕，可怕的是本来有问题，却自认为没问题。自认为没有问题就是最大的问题。

推论二：“问题管理”比单纯“问题解决”更好，即使有些问题短期内解决不了，问题管理也有意义。

2. 第二定律（木桶定律）：短板会制约整体功能发挥，补短板的投入产出效率高于加长板。

相关公理：问题就是资源！挖掘问题既是挖掘隐患，也是挖掘潜力！

推论：用好长板（优势）的同时，不忘弥补短板（劣势）。对外讲优势，对内讲问题；对外宣经验，对内找差距！

3. 第三定律（蚁穴定律）：问题总在长大，解决越来越难。

相关公理：突发事件（或危机）不是突发的，是由小问题积累而成的！

推论：应对突发事件（或危机）的首选办法是：为之于未有，治之于未乱。

4. 第四定律（消防定律）：以防为主，防消结合。问题管理为主，危机管理、应急管理相配合。

推论：监控问题有时比解决问题更重要。

5. 第五定律（三部曲）：问题管理的三部曲是深入挖掘问题、适当表达问题、高效解决问题。挖掘问题的三部曲是发现问题、分析问题和界定问题。

推论：用平常心寻找问题是不够的，要用“挖掘问题”的态度和方法，才能克服习惯障碍和其他干扰，准确、到位地界定问题，为制订有效的解决方案提供正确的依据。

6. 第六定律（三要领）：解决问题的三要领是识别假冒问题、界定关键问题、正确解决问题。

7. 第七定律（总比定律）：治本总比治标（表）好，治标总比不治好，不治总比捣乱好。

推论：困难面前不退缩，办法总比问题多！

8. 第八定律（分合定律）：所有学科（专业）都是跨学科的交叉学科。学知识只能分开学，用知识应当整合用。

推论一：管理者需要跨界（跨专业、跨部门、跨层次、跨内外）分析问题、整合解决问题。

推论二：解决问题要对症下药，“症”的分析和“药”的配方都要考虑到问题涉及的对象、阶段、层次、角度四方面的差异。

9. 第九定律（抓大放小定律）：解决问题要抓大放小，分级、分层界定关键问题。

推论一：下级认为的大问题可能是上级认为的小问题，“放小”是指上级认为的小问题应该授权下级解决。

推论二：与其对难以解决的问题空发牢骚，不如对力所能及的问题有所作为！

10. 第十定律（问题永恒定律）：管理问题接连不断，没有一劳永逸的解决方案。

推论一：不要指望一个解决方案长期生效，分析和解决问题能力建设才是最重要的。

推论二：不要轻信彻底或完美解决，也不要指望解决全部问题，“带病”前进、问题中发展才是常态。

推论三：解决已有问题的同时会带来新的问题，解决问题时就要考虑并防范解决问题后的副作用。

推论四：从更高层面或更大范围上来说，人类制造的问题比解决的问题更为严重。

资料来源：孙继伟．问题管理：高水准的问题分析与解决．北京：企业管理出版社，2014：206－208.

综合练习

一、 生产计划 BUSIMU 模拟[①]

运用计算机模拟出的竞争环境，将学生置身于模拟的企业情景之中，使他们面对市场中出现的各种问题，通过理性分析，作出适当的决策。这是企业决策模拟课程的基本做法。其独特的竞争性、趣味性、实用性是其他课堂教学形式难以比拟的。

在本练习中，重点是训练学生通过生产计划的编制，达到企业的经营目标，并实际感受经营企业的喜悦与痛苦。

具体练习按期进行。各公司要根据所在企业的发展战略，制订出切实可行的中长期生产与运作计划。然后据此在各期初制订出本期的生产、营销、财务、人力资源管理等决策计划，并在规定时间内按要求输入计算机。模拟软件将根据各公司的决策，依据模拟的市场机制确定各公司的经营绩效，排出优先次序。

（一）模拟规则

1. 一般规则

模拟参加者要服从模拟管理者的领导和指挥。

参加本次模拟的有 10 个小组，代表 10 个相同类型、相同规模的公司（企业），它们可生产 2 种产品，在 2 个市场上销售。

各公司每期（一期为 3 个月）作一个决策。各公司要在管理者指定的时间以前将决策输入计算机（在网络上运行时）或将决策交给模拟管理者（在单机上运行时），否则，模拟管理者可以将该公司上期的决策作为该公司本期的决策。

---

① 模拟软件 BUSIMU 由北京大学光华管理学院王其文教授等开发，本练习是其中的部分内容。

公司作决策时应考虑本公司的现状、历史情况、经营环境以及其他公司的信息。

公司作决策时一定要注意决策的可行性。比如，安排生产时要有足够的机时、人力和原材料，要买机器就要有足够的资金。当决策不可行时，本模拟软件将改变公司的决策。这种改变带有随意性，并不遵循优化原则。

2. 市场机制

各公司不直接销售自己的产品，而是运到各个市场去销售。

各市场对各种商品的需求量与多种因素有关，符合基本的经济规律。

各市场对各公司的商品的需求量依赖于该公司的决策及状况，也依赖于其他公司的决策及状况。同时，需求量也与整个市场容量、经济发展水平、季节变动有关。

模拟中发布的动态消息是对经济环境、社会变革、自然现象等突发事件的预测或报道，事件是否会真正发生或将造成多大影响都具有随机性，对此，决策者要有风险意识。

3. 产品分销

公司在工厂的全部库存和本期生产产品的75%可以运往各市场销售。销售后的剩余产品作为库存，供以后在该市场销售，不能运回，也不能运到其他市场。

4. 产品运输费用

产品运输费用如表1所示。

表1 产品运输费用 单位：元

市场	公司1		公司2		公司3		公司4		公司5	
	产品A	产品B	产品A	产品B	产品A	产品B	产品A	产品B	产品A	产品B
市场1	25	300	100	500	35	310	90	490	45	320
市场2	100	500	25	300	90	490	35	310	80	480

市场	公司6		公司7		公司8		公司9		公司10	
	产品A	产品B	产品A	产品B	产品A	产品B	产品A	产品B	产品A	产品B
市场1	80	480	55	330	70	470	60	350	65	450
市场2	45	320	70	470	55	330	65	450	60	350

5. 库存与预订

（1）库存。

剩余原材料可存在企业的仓库，库存费为每元原材料每期0.03元。

成品可存于企业的仓库或各市场的仓库，单位成品每期库存费为：

产品A：20.00元

产品B：75.00元

（2）预订。

当市场对某公司的产品需求多于公司在该市场的库存加本期运出的总量时，多余的需求按表2中的比例变为对下期的订货，到时以本期价格付款。

表 2　预订情况

市场	产品 A（%）	产品 B（%）
市场 1	40.0	30.0
市场 2	30.0	40.0

某公司不能满足的需求，在其他公司可以提供产品时，可能变为对其他公司的需求。

6. 生产作业

（1）机器、人力和原材料消耗。

机器、人力和原材料的消耗情况如表 3 所示。

表 3　消耗情况

产品	机器（小时）	人力（小时）	原材料（元）
A	150	180	300
B	500	350	2 100

（2）班次（时间）。

第一班：6:00～14:00　　第一班加班：14:00～18:00

第二班：14:00～22:00　　第二班加班：22:00～2:00

每个工人只能上一种班，加班人数不能多于本班正常班人数，一期正常班为 520 小时。

（3）工人小时工资。

第一班：4.00 元　　第一班加班：5.00 元

第二班：5.00 元　　第二班加班：6.00 元

未值班的工人按第一班付工资。

（4）机器。

机器可在两班使用，但第一班加班和第二班用的机器总数不能多于公司机器总数。

第一班加班用的机器在完工后的 4 小时内也不能用于第二班。

机器价格为 40 000 元，折旧期为 5 年，每期（季度）折旧为 5.0%，不管使用与否。

若本期购买机器，本期付款，下期为运输时间，再下一期才能使用，使用时才计提折旧。

（5）原材料。

由于运输的原因，本期决策订购的原材料最多有 50%可以用于本期。

7. 管理成本

（1）管理费用。

公司每期的固定费用与生产的产品和班次有关。

第一班生产产品 A，费用为 4 000 元；第二班生产产品 A，费用为6 000元。

第一班生产产品 B，费用为 6 000 元；第二班生产产品 B，费用为8 000元。

（2）维修费。

每台机器每期的维修费为 250 元，不论使用与否。

（3）咨询。

软件可以提供咨询服务，检查企业的决策是否可行。

企业需按检查的次数付咨询费。收费标准为 2 000 元/次。

8. 人力资源管理

（1）新工人培训。

每期招收工人的数量不得超过当时工人总数的 50%。

本期决策招收的新工人在本期为培训期，下期即为熟练工人。

新工人每人花培训费 200 元。

培训期间新工人的作用和工资相当于正式工人的 25%。

（2）工人退休或解聘。

每期退休或解聘的工人数不得少于当时工人总数的 3%。

本期退休或解聘的工人不参加本期的工作。

退休或解聘的工人每人一次性退休安置费为 800 元。

警告：

当决策不符合以上要求时，模拟管理者将给予调整。

9. 资金筹措

（1）银行贷款。

模拟开始时，各公司有现金 2 500 000 元。每期期末公司必须有2 500 000元现金，若不足，银行将自动给予贷款补足。银行贷款的本利在下一期偿还。从银行的贷款累计总数（信用总额）不得超过 7 500 000 元，否则，公司将破产。

银行贷款年利率为 8%（每季度的利率为年利率的 1/4，下同）。

（2）国债。

公司每期末都可以买一期国债，年利率为 6%，本利在下期末归还。

（3）发债券。

公司发行债券累计量（不含归还的）不得超过公司在该期初净资产的 50%。

当期发行的债券可在本期初得到现金。

各期要按 5%的比例偿还债券的本金，并付利息，年利为 12%。

债券本利的偿还从发行期的下一期开始，不能提前偿付或拖延。

模拟开始时，公司已经发行了一次债券。

10. 纳税与分红

（1）纳税。

公司纳税是公司对国家应尽的义务，也是评价公司经营绩效的一项重要指标。

税金为本期净收益的 30%，在本期末纳税。

本期净收益为负值时，可按 30%在下一期减税，并有累积作用。

（2）分红。

公司分红的条件：

1）应优先保证期末剩余的现金量超过 2 500 000 元。

2）分红量不能超过公司期末的税后利润。

注意：

考虑到资金的时效性，公司累计缴税和累计分红按 7%的年息计算。

11. 现金收支次序

期初现金＋银行贷款（当现金不足 2 500 000 元，且仍有银行信用）＋发行债券－部分债券本金－债券利息－上期银行贷款本息－培训费－退休费－基本工资（所有工人至少得到第一班正常班的工资）－储存费－机器维护费－购原材料费－特殊班工资差额（第二班及加班）－管理费－运输费＋销售收入＋上期国债本息－税金－买机器－分红－买国债。

注意：

当资金不足时，将按以上次序优先保证前面的项目支出，并可能对决策进行修改。

12. 评判标准

竞争模拟以综合标准分评定企业的绩效，由高到低排序。标准分先将各企业最后一期的指标标准化，再结合上期的标准分，并根据企业的发展潜力进行适当调整。

标准分包含 5 项指标：本期利润、市场份额、累计分红、累计纳税、净资产。

在求加权平均时，各项指标的权重分别为：0.25，0.15，0.15，0.2，0.25，其中市场份额是按各个产品在各个市场的销售数量的占有率分别计算后再求平均的。

标准化的方法是先求该指标的均值和标准差，用各企业的指标值减去均值，再除以该指标的标准差。

企业经营的连续性是评定企业经营业绩的重要内容。为此，在计算综合标准分时，上期综合标准分占一定的比例。同时，如果企业所留现金小于本期期初现金或本期费用，或原材料少于本期期初的原材料，则意味着进一步发展的能力不足，其标准分将适当下调。

（二）模拟情景

（1）公司上一年度的产品销售时间序列数据如表 4 和表 5 所示。

表 4　产品 A 的销售时间序列数据

期数	价格（元）		需求		销售量		库存		订货		市场份额	
	市场 1	市场 2	市场 1	市场 2	市场 1	市场 2	市场 1	市场 2	市场 1	市场 2	市场 1	市场 2
1	2 600	2 600	173	173	173	173	82	82	0	0	0.100	0.100
2	2 700	2 700	150	150	150	150	32	32	0	0	0.100	0.100
3	2 800	2 800	131	131	111	111	0	0	8	6	0.100	0.100
4	2 750	2 750	144	144	66	66	0	0	34	25	0.100	0.100
5	2 650	2 650	171	171	93	93	0	0	44	30	0.100	0.100
6	2 550	2 550	207	207	100	100	0	0	60	41	0.100	0.100

表 5　产品 B 的销售时间序列数据

期数	价格（元）		需求		销售量		库存		订货		市场份额	
	市场 1	市场 2	市场 1	市场 2	市场 1	市场 2	市场 1	市场 2	市场 1	市场 2	市场 1	市场 2
1	7 800	7 800	95	95	92	92	0	0	0	1	0.100	0.100
2	7 900	7 900	89	89	74	74	0	0	4	6	0.100	0.100
3	8 000	8 000	85	85	47	47	0	0	12	17	0.100	0.100
4	7 950	7 950	91	91	47	47	0	0	16	24	0.100	0.100
5	7 850	7 850	100	100	80	80	0	0	10	17	0.100	0.100
6	7 750	7 750	111	111	80	80	0	0	12	19	0.100	0.100

（2）企业经营时间序列数据如表 6 所示。

表 6　企业经营时间序列数据

期数	人数	机器	成本（千元）	收入（千元）	利润（千元）	现金（千元）	债务（千元）	净资产（千元）
1	300	200	1 878	2 335	456	4 891	950	12 534
2	300	200	1 932	1 979	47	5 734	900	12 567
3	300	200	1 638	1 373	−266	6 094	850	12 302
4	341	200	1 269	1 112	−157	5 833	800	12 145
5	361	200	1 599	1 759	159	5 883	750	12 304
6	381	205	1 666	1 760	94	5 890	700	12 398

（3）最后一期（第 6 期）的基本会计数据如表 7 所示。

表 7　第 6 期基本会计数据　　单位：元

第 6 期会计项目	收支	本期收入	本期成本	现金
上期转来				5 883 045
债券本金	−50 000			5 833 045
债券利息	−22 500		22 500	5 810 545
新工人培训费	−6 000		28 500	5 804 545
解雇工人安置费	−8 000		36 500	5 796 545
工人基本工资	−745 680		782 180	5 050 865
原材料储存费	−8 145		790 325	5 042 720
成品储存费	−9 570		799 895	5 033 150
机器维修费	−50 000		849 895	4 983 150
新购材料费	−500 000			4 483 150
使用材料费	+480 000		1 329 895	
特殊班工资	−53 000		1 382 895	4 430 150
管理费	−24 000		1 406 895	4 406 150
运输费	−76 500		1 483 395	4 329 650
广告费	−0		1 483 395	4 329 650
促销费	−0		1 483 395	4 329 650
销售收入	+1 760 100	1 760 100		6 089 750
产品库存变化	−216 923		1 266 472	6 089 750
上期国债返回	+0			6 089 750
国债利息	+0	1 760 100		6 089 750

续表

第 6 期会计项目	收支	本期收入	本期成本	现金
折旧费	+400 000		1 666 472	
本期纳税	−0			6 089 750
买机器	−200 000			5 889 750
分红	−0			5 889 750
买国债	−0			5 889 750

（4）第 6 期末净资产如表 8 所示。

表 8　第 6 期末净资产

单位：元

项目	金额	累计
现金	+5 889 750	5 889 750
国债	+0	5 889 750
原材料	+291 500	6 181 250
存货（产品 A）	+81 443	6 262 693
存货（产品 B）	+835 154	7 097 847
机器原值	+8 400 000	15 497 847
机器折旧	−2 400 000	13 097 847
银行债务	−0	13 097 847
债券	−700 000	12 397 847
合计		12 397 847

（5）第 6 期末企业的产品状况如表 9 所示。

表 9　第 6 期期末产品状况

		上期预订（件）	本期需求（件）	本期销售（件）	市场份额	下期订货（件）	期末库存（件）	工厂库存（件）
产品 A	市场 1	44	207	100	0.100	60	0	51
	市场 2	30	207	100	0.100	41	0	
产品 B	市场 1	10	111	80	0.100	12	0	154
	市场 2	17	111	80	0.100	19	0	

（6）第 6 期末企业状况（数值及名次）如表 10 所示。

表 10　第 6 期末企业状况

项目	数值	名次
工人数	381	1
机器数	205	1
原材料	291 500	1
现金	5 889 750	1
累计折旧	2 400 000	1
银行贷款	0	1
信用额度	8 000 000	1

续表

项目	数值	名次
累计分红	0	1
持有国债	0	1
累计债券	700 000	1
本期收入	1 760 100	1
本期成本	1 666 472	1
本期利润	93 628	1
本期交税	0	1
累计交税	164 506	1
交税信用	−50 894	1
净资产	12 397 847	1
标准分	0.000	

（三）模拟要求

每 3～5 人组成一个公司，进行第 7～12 期的经营模拟。模拟重点如下。

（1）生产战略的制定与实施；

（2）生产计划的制订过程；

（3）中长期计划与短期计划的衔接；

（4）生产作业计划与营销、财务、人力资源计划的配套协调。

（四）教学建议

（1）该软件有若干级难度设置，教师可根据学生情况适当调整难度系数；

（2）为突出教学重点，教师可事先布置一定的相关作业，如盈亏平衡分析等；

（3）为突出生产计划特点，教师可事先固定一些次要参数，以便于学生掌握。

二、 啤酒游戏①

在啤酒游戏中，我们暂时置身在一种很少受到注意但普遍存在的组织。它是一个在所有工业国家都有的负责商品生产与运销的产销系统。这个实验是一个生产和配销单一品牌啤酒的系统。参加游戏的人，各自扮演不同的角色，且完全可以自由作出任何决定。他们唯一的目标，是尽量扮演好自己的角色，使利润最大。这三个主要角色是零售商、批发商和制造商的配销与行销主管。现在就让我们分别从三个不同角色的角度，来看故事的发展。

（一）零售商

假设你是个零售商。你可能是郊区某家 24 小时营业的连锁店的管理者；或者你经营的是古老小镇上一家家庭式食品杂货店；也可以是在偏远公路边的饮料批发商。

无论你的商店像什么样子，还是你销售任何其他货品，啤酒都是你主要的营业项目。

① 圣吉．第五项修炼——学习型组织的艺术与实务．上海：上海三联书店，1998：29-43.

它不仅有利润，而且吸引顾客进来买其他商品，例如爆米花与炸薯片等。你至少保持一打各种品牌啤酒的库存，并概略地登记店里的存货量。

每周一次，会有卡车司机来到你的商店后门。你递给他一份该周订货单，上面写明每个品牌你要多少箱。卡车司机在跑完其他地方之后，会把你的订单交给啤酒批发商处理，适当地安排出货，并把订货运到你的商店。渐渐地，你已习惯这些处理流程，你的订单平均需时 4 周；换句话说，啤酒通常在你订购之后大约 4 周才送达你的商店。

你与你的啤酒批发商彼此从未直接见面和聊过天。你们只透过一张纸上的核对记号来沟通信息。这是因为你的商店经销几百项货品，来自几十家批发商，而你的啤酒批发商要处理十多个不同城市中几百家商店的交货。在你的顾客和订单持续增加时，谁有时间聊天？数目是你们唯一需要彼此沟通的事项。

你销售最稳定的一种啤酒叫作情人啤酒。你隐约晓得情人啤酒是由一家离你店面大约 300 英里、规模小但是有效率的制造商所生产的。它不是超级流行的品牌；事实上，该制造商全然不做广告。但是，就像每天规律地收到早报一般，每周你都卖掉 4 箱情人啤酒。可以确定的是，这些顾客大部分是 20 岁左右的年轻人，没有固定的偏好；但是不知何故，每当一位顾客转而购买其他品牌啤酒，都会有其他人接替他来买情人啤酒。

为了确定你总是有足够的情人啤酒，你尝试随时保持 12 箱的库存量。因此每周一啤酒卡车来到时，你都订购 4 箱，久而久之，你心里已经将每周 4 箱的周转率看作理所当然，甚至你在发订单的时候会不自觉地说："喔，是的，情人啤酒 4 箱。"

【第 2 周】10 月份的一周（让我们称之为第 2 周），情人啤酒的销售量突然增加一倍，从 4 箱增至 8 箱。你想那很好，店里还剩 8 箱。你不知道为何情人啤酒的销售突然增加 4 箱。或许有人举行宴会吧！但是为了补充额外卖出的 4 箱，你把订单上的数量提高为 8 箱。这将使你的库存恢复正常的 12 箱。

【第 3 周】但奇怪的是，下一周你又卖出 8 箱情人啤酒。偶尔你会在得空时短暂地思索原因何在。但春假还没到，啤酒公司也没通知你有举办特别的促销活动，或许有其他的原因……但是有一位顾客进来了，打断了你的思绪。

就在此时，送货员来到，关于情人啤酒的事，你还是没有机会仔细思考，你低头看送货单，看到他这次只送来 4 周前你所订的 4 箱。你目前只有 4 箱的库存，意思是说除非接下来销售下降，否则这周你将卖光所有的情人啤酒。因此至少订购 8 箱才能赶得上销售的速度。但为了安全起见，你订购了 12 箱，这样你可以重建原有的标准安全库存量。

【第 4 周】星期二那天，你找时间向一两位年轻的顾客询问。结果发现大约一个月以前，有一个新的流行音乐录影带在电视频道播出，这个合唱团以"我喝下最后一口情人啤酒，投向太阳"作为他们歌曲的结尾。你不知道他们为什么使用这句话，但是如果有任何新的广告促销，你的批发商应当会事先告诉你。你想打电话给批发商问问，但是炸薯片的送货员正好来交货，情人啤酒这个问题又滑出了你的脑海。

你订的啤酒下一次到货时，只送来 5 箱。（尽管因为只剩 1 箱库存，你有些懊恼，但是觉得也不错。多亏这个录影带免费促销。）你虽然知道自己前几次已多订了几箱，但是想想需求可能进一步上升，最好再订购 16 箱。

【第 5 周】周一早上你仅存的 1 箱卖光了。幸运的是你又收到 7 箱情人啤酒（显然你的批发商已经开始回应你较高量的订单）。但是所有的啤酒又在本周结束之前销售一空，你的库存完全没货了。你有些担心地望着空空的货架，最好再另外订 16 箱。你不想落得流行的啤酒没货的名声。

【第 6 周】果然，顾客在本周开始的时候就来看看有没有情人啤酒。有两位实在忠心，愿意等着购买。他们说："货来了请通知我们，我们立刻上门购买。"你记下这两位顾客的名字与电话号码，他们承诺每人买 1 箱。

下次到货只有 6 箱。你打电话给那两位预先订货的顾客，他们依约前来各自买了 1 箱，剩下的 4 箱啤酒在周末之前又卖光了。又有两位顾客把他们的名字留给你，下批货一到，请你立刻打电话给他们。你不禁想："要是货架不是空的，不知道已经多卖掉多少啤酒。"似乎这个牌子的啤酒有供不应求的情形。在这个地区没有一家商店有货可卖。似乎这种啤酒受欢迎的程度不断增加。

在瞪眼看着空的货架两天之后，觉得如果不另外订购 16 箱是不对的。你内心挣扎着是否要订购更多的数量，但是你克制了自己，因为你知道自己所下的几次大订单将很快开始交货。可是他们什么时候才能交货呢？

【第 7 周】这周交货卡车只送来 5 箱，也就是说你又要面对空空的货架一个星期。你把货给了预订的顾客，不到两天，剩下的情人啤酒又卖光了。这一周更吓人，有 5 位顾客留下他们的名字。你另外订购了 16 箱，并暗自祷告你的大订单将会开始到货。

【第 8 周】此时你对情人啤酒的注意，比对任何你销售的其他货品更为密切。每当有顾客购买这种看起来不显眼、半打装的啤酒，你都会特别注意。人们似乎在谈论情人啤酒。你殷切地等待卡车司机送来 16 箱啤酒。

但是卡车司机只送来 5 箱。你说："5 箱，你是什么意思？"他告诉你："嘿！这件事情我毫无所悉，我猜他们接到的订单多于存货的数量。不过我想你几周以后会收到货的。"几周？那时你光是应付预先订货的顾客就卖完了，接下来的整个星期，你的货架上会连一瓶情人啤酒也没有。这将对你的声誉造成怎样的影响？你深感挫折与生气。

这次你订购了 24 箱，比你原先计划要订购的多一倍。真想不通为什么批发商这样对待你，难道他不知道我们这里的市场胃口有多大？

（二）批发商

作为一家批发配销公司的主管，啤酒就是你的生活。你一天中花极长的时间在小仓库里面，仓库里高高地堆着每一种能够想得到品牌的啤酒，当然也包括情人啤酒。你所服务的地区包括本市的市区、本市的市郊和偏远的乡间。你不是本地唯一的啤酒批发商，但是你基础稳固。而且有一些小品牌，包括情人啤酒在内，是由你在此地区独家代理。

你跟制造厂商联络的方法，大多与零售商用来跟你联络的方法一样。你每周在一张表单上，潦草地填上数目，交给你的驾驶员。平均在 4 周以后，所订的啤酒会送到。只是你订购的不是以瓶计，而是整批的。每批的总数大约够装满一辆小卡车，所以你所想的是卡车量。就像你的零售商每周都向你订购 4 箱情人啤酒，你每周都向制造商订购 4 卡车量，足够让你随时积有 12 卡车的标准库存量。

到了第 8 周，你几乎已经像你的零售商一样感到挫折与生气。情人啤酒一向是个可靠和稳定的品牌，但是几周之前（约在第 4 周）订单突然开始急剧上升。接下来那一周，从零售商来的订单仍然继续增加。到了第 8 周，大部分零售商所订购的啤酒数量已经是平常的三四倍。

起初，仓库中的库存轻而易举地满足了额外订单的需要。而当你注意到情人啤酒有销售增加的趋势，你马上向制造商增加订购这种啤酒的数量。第 6 周你在啤酒配销新闻上看到一篇关于流行音乐录影带的文章之后，进一步提高订购量，大幅增加到每周 20 卡车量。这是你平常所订购啤酒数量的 5 倍。但是你需要这么多，因为啤酒受欢迎的程度，从零售商订货的需求判断，呈 2 倍、3 倍甚至 4 倍增加。

到了第 6 周，你所有库存的啤酒都送出去了，然而欠货的数量还是惊人。有几家较大型的连锁店还急得直接打电话给你，但是你的情人啤酒库存空空如也。不过至少你知道，再过几周你多订的啤酒将会送到。

在第 8 周，当你打电话给制造商，问是否有什么办法加速他们的交货（并且通知他们你已把订单增加为 30 卡车量），你骇然发现他们在两周前才增加生产量。他们刚刚才得悉需求增加。他们怎么会这么慢？

【第 9 周】现在是第 9 周了。你每周自各零售商接到约 20 卡车量的情人啤酒订单，而你仍然没有货。上周结束之前，你对零售商的欠货又多了 29 卡车量。你的员工对于外勤人员打来的电话已经司空见惯，甚而他们要求你安装一部答录机，专门用来说明关于情人啤酒的事情。但你有自信在本周内，从制造商那里收到你在一个月以前订购的 20 卡车量。

然而，他们只送来 6 卡车量。显然制造商仍然缺货，而较大量的生产运转现在才开始出货。你打电话给几家较大的连锁店客户，向他们保证他们订购的啤酒不久将送到。

【第 10 周】第 10 周令人怒气冲天。你预期会送到的额外（至少 20 卡车量）啤酒不见踪影。你猜或许制造商确实无法这么快提高产量。他们只交给你 8 卡车量。打电话没人接，显然他们所有的人都在工厂里全力生产。

与此同时，各家商店显然在疯狂地销售啤酒，因为你接到空前的大幅订单——本周为 26 卡车量。或许他们正因为无法从你这里拿到啤酒，所以订购这么多。不管怎样，你必须跟得上订单。如果你拿不到啤酒，他们可能转向你的竞争者购买。

你向制造商订购了 40 卡车量。

【第 11 周】在第 11 周，你发现自己在仓库附近的酒吧进午餐的时间特别长（因为你实在很怕接到连锁店打来的电话）。情人啤酒只送来 12 卡车量。你仍然无法联络上制造商的任何一位人员。而你有超过 100 卡车量的订单等着补货：已订未交的 77 卡车量，加上本周从商店接到的 28 卡车量的订单你必须得到啤酒，于是你向制造商再订购了 40 卡车量。

【第 12 周】到了第 12 周，情势更加明了。对情人啤酒需求变化的程度远高于你所预期的。只要你想到假如有足够的存货，可以赚到多少钱，就只好叹口气认了。制造商怎能对你这样？为什么长期缺货的需求会上升这么快？你怎能预料并跟得上？你所知道的一切就是千万不要再陷入这种长期缺货的状况。你再订购了 60 卡车量。

接下来的 4 周，需求量继续超过你的供应量。事实上，到了第 13 周，你的欠货量全然没有降低。

【第 14 周】在第 14 周与第 15 周，你终于开始从制造商处收到较大量的出货。同时，从商店来的订购量下降了一点点。你想也许是因为上周他们多订了一点。在这个节骨眼上，任何有助于降低欠货数量的事情都是受欢迎的。现在到了第 16 周，你终于几乎拿到前几周要求的所有啤酒：55 卡车量。这些啤酒必须用板架叠放起来，而这些进来的货将很快卖出去。

一整个星期下来，你盼望商店的订单再进来。但是你看到一张接一张的订单填的都是相同的数目：零、零、零、零、零。这些人出了什么毛病？4 周以前，他们大声吼着向你要啤酒，现在他们甚至一箱也不要了。

突然之间，你觉得一股寒意自心底冒上来。你把刚要送给制造商的订单上写着的 24 卡车量全数删除。

【第 17 周】接下来这周，又送到 60 卡车量的情人啤酒。商店的订购数量仍然是零。109 卡车量的货品在你的仓库里纹丝不动，你天天在这些货品堆里走来走去，货品还是没有凹掉一块。

这周商店要的货应该会增多一些，毕竟那个录影带仍在播出。你心中暗自思量，若再不来订货，你要把每一个该死的零售商打入十八层地狱。

可恶的是，零售商向你订购情人啤酒的数量再一次挂零。你向制造商订购的数量自然也是零。然而，可恨的制造商还是继续把啤酒送来，这周又运来 60 卡车量，实在太过分了，他难道不知道我的处境？为什么制造商还要把货运来？这要到什么时候才会结束？

（三）制造商的配销与行销主管

假想你是 4 个月以前被雇来负责这家啤酒制造商的配销与行销主管，情人啤酒只是它几项主要产品当中的一项。这是一家小型制造厂，以品质闻名，行销则不太出色，所以公司才雇用你来加强行销。

现在，显然你做对了一些事情。因为你就任不到两个月（这个游戏的第 6 周），新的订单开始急剧上升。到了你担任这个工作的第 3 个月结束，啤酒的订单达到每周 40 批，你刚开始时只有 4 批，大幅增长让你觉得满意。而你的出货量是 30 批。

制造厂内也同样有欠货的问题。在这个工厂，从你决定酿制一瓶啤酒，到啤酒完成出货的准备，至少需要两周的时间，所以你在仓库保持几批啤酒的库存，这是理所当然的。但是这些库存在第 7 周就出光了，而这只是进来的订单开始上升两周之后的事。下一周你有 9 批已订未交的订单，还有 24 批新的订单，你只能送出 22 批。这时你在公司内已经成为英雄。厂长给每一位员工奖励，把工作时间延长一倍，并兴奋地进行面谈为工厂招募新的帮手。

你运气好是由于流行音乐的录影带提到了情人啤酒。你在第 3 周从青少年写来的信件中得悉录影带的事，但是直到第 6 周才看见录影带造成订单上升的影响。

甚至到了第 14 周，工厂仍然赶不上已订未交的订购量。你不断要求酿制更多的量。你想象自己这一年的奖金不知将会有多少，或许可以要求利润的某一个百分比。你无聊得在行销周刊的封面上为自己画像。

在第 16 周，你终于赶上已订未交的数量。但是到了第 17 周，你的经销商只订了 19 批的货。而至第 18 周，他们完全不再订购啤酒，有些订单上甚至可以看出是被全数删减掉的。

现在是第 19 周。你在仓库里有 100 批啤酒存货。而啤酒销售业绩仍然挂零。同时你过去要求大量酿制的啤酒，还在不断的酿造中。你战战兢兢地打了一通电话给老板。你说：“最好把生产延缓一两周，我们碰到了……”你使用一个你在商业学校学到的字眼“断续”。电话的另一端默不作声，你说：“但是我确定这只是暂时的。”

【第 21 周】相同的模式又延续了 4 周之久：第 20 周、第 21 周、第 22 周、第 23 周。你对订货再现高峰的希望日渐渺茫，而你的借口听起来越来越脆弱。你说经销商和零售商胡搞，上个月疯狂地要货，这个月突然什么都不订，都是新闻与流行音乐录影带制造了情人啤酒高涨的需求。

【第 24 周】你在第 24 周初，借用公司汽车去拜访的第一站，是批发商的办公室。这不仅是你与批发商第一次会面，也是你们第二次交谈，因为直至这个危机发生之前，并没有什么事情好说的。你们彼此面色凝重地寒暄了一下，然后批发商把你带到后面的仓库。批发商说：“我们已有两个月没收到零售商任何一张情人啤酒的订单了，我感到完全茫然不解。你看，这里还有 220 卡车量在仓库里啊！”

你们一起断定必然发生了需求暴涨暴跌的现象，“消费大众的需求是反复无常的”，你们共同得出结论。如果零售商留意并警告你们，绝不会发生这样的情形。

在回程的路上，你在脑子里构思行销策略报告的措辞，一时性起，你决定在一家沿途经过的零售商店停一下。运气不错，店主在店里。你自我介绍，零售商的脸上勉强挤出笑容。他让一名助手照看店铺，你们两人一同走到隔壁一家速食餐厅，各要了一杯咖啡。

零售商随手带来店里库存记录簿，打开横放在桌子上。“你不知道几个月之前我多么想要勒死你。”

“为什么？”

“你看，我们后面的房间还有 93 箱没卖掉的情人啤酒。依照现在售货的速度，我们再订购是 6 周以后的事了。”

6 周，你自己盘算着。接着你掏出一台便携式计算器。如果这个地区每一家零售商都等待 6 周再订购啤酒，然后每周只订购几箱，将费时一年或一年以上，才能使批发商 220 卡车量的库存大幅下降。你说：“这是一个悲剧。是谁让它发生的……我的意思是说，我们要如何防止这样的悲剧再次发生？”

在喝了几口咖啡后，零售商说：“那不是我们的错，在音乐录影带开始播出的时候，我们一直都是卖 4 箱啤酒。接下来的第 2 周我们卖掉 8 箱。”你接着说：“然后销售量迅速增加。但是为什么现在销售量会减到连一箱都没有呢？”

零售商说：“不，你不了解，需求从来就没有迅速增加过，顾客也从未完全停止购买。我们仍然每周卖出 8 箱啤酒。”

“什么？你说什么？需求从来就没迅速增加过？顾客也从来没有完全停止购买？这怎

么可能？到底是怎么回事？”

“但是我们需要的啤酒数量你们不送货给我们。我们只好不断地订货，以确保有足够的数量来跟上顾客的需要。”

“但是我们都按照必要的速度把啤酒送出去。”

零售商说：“那么也许是批发商搞砸了吧，我在想是否该换供应商了。无论如何，我希望你举办一次赠券促销或其他办法，让我能够赚回一些本钱。我只想把那 93 箱啤酒卖掉一些。”

你拿起咖啡的账单。回程中，你一路计划辞呈的措辞要怎么写。显然，你将因这项危机所造成的工人解雇或关闭生产线而受到责备，就像批发商责怪零售商、零售商责怪批发商，而两者都想要责怪你一样。至少现在还够早，能让你带着些许尊严离开。只要你能想出一些解释，说明这不是你的错，显示你也是受害人，而不是元凶。

请将学生分成若干小组（3～4 人/组），分别扮演上述零售商、批发商和制造商角色（根据需要可增加批发商数量或同时进行多个并行试验），重复上述啤酒游戏，分析产生问题的原因，讨论解决对策。

参考文献

1. 吴如嵩．孙子兵法浅说．北京：解放军出版社，1983.

2. 杨杜，闻洁，申明．哈佛学得到．北京：企业管理出版社，1996.

3. 阿尧咨询网．本领测试．海口：海南出版社，2001.

4. 纪燕萍，张婀娜，王亚慧．21世纪项目管理教程．北京：人民邮电出版社，2002.

5. 孙林岩，汪建．先进制造模式——理论与实践．西安：西安交通大学出版社，2003.

6. 姜汝祥．差距：中国一流企业离世界一流企业有多远．北京：机械工业出版社，2003.

7. 任建标．战略运营管理．北京：清华大学出版社，2004.

8. 杨柳．丰田汽车攻略．广州：南方日报出版社，2005.

9. 宿春礼．致命的败局——企业绝境案例研究．北京：经济管理出版社，2005.

10. 陈宇峰．三星韩国造．北京：企业管理出版社，2005.

11. 夏春玉．现代物流概论．2版．北京：首都经济贸易大学出版社，2006.

12. 王国化．丰田制造业真经．北京：北京工业大学出版社，2006.

13. 嵇国光．现场环境与安全管理．北京：中国计量出版社，2007.

14. 赵媛，郝丽莎，王立山．可持续发展案例教程．北京：科学出版社，2006.

15. 杨建华，张群，杨新泉．运营管理．北京：清华大学出版社，2006.

16. 靳志宏，关志民．运营管理．北京：机械工业出版社，2007.

17. 季建华，邵晓峰．运营管理．上海：上海人民出版社，2007.

18. W. 钱·金，勒妮·莫博涅．蓝海战略．北京：商务印书馆，2005.

19. 米歇尔·R. 利恩德斯，哈罗德·E. 费伦．采购与供应链管理．北京：机械工业出版社，2001.

20. 彼得·圣吉．第五项修炼——学习型组织的艺术与实务．上海：上海三联书店，1998.

21. 丽贝卡·桑德斯．戴尔公司传奇．北京：机械工业出版社，2001.

22. 詹姆斯·C. 柯林斯，杰里·I. 波勒斯．基业长青．北京：中信出版社，2002.

23. 吉姆·柯林斯．从优秀到卓越．北京：中信出版社，2002.

24. W. 爱德华兹·戴明．戴明论质量管理——以全新视野来解决组织及企业的顽症．海口：海南出版社，2003.

25. 琼·玛格丽塔，南·斯通．什么是管理．北京：电子工业出版社，2003.

26. 迈克尔·B. 波特．管理就这么简单．哈尔滨：哈尔滨出版社，2004.

27. 奈杰尔·斯莱克，迈克尔·刘易斯．运营战略．北京：人民邮电出版社，2004.

28. 拉瑞·P. 里兹曼，李·J. 克拉耶夫斯基. 运营管理基础. 北京：中国人民大学出版社，2006.

29. 杰里·贾西诺斯基，罗伯特·哈姆林. 美国制造——50 家美国制造业企业的成功内幕. 北京：华夏出版社，2006.

30. 大野耐一. 大野耐一的现场管理. 北京：机械工业出版社，2006.

31. 大野耐一. 丰田生产方式. 北京：中国铁道出版社，2006.

32. 酒卷久. 佳能细胞式生产方式. 北京：东方出版社，2006.

33. 酒卷久. 搬走椅子和电脑　公司就会发展. 北京：东方出版社，2007.

34. 远藤功. 现场力. 北京：中信出版社，2007.

35. 远藤功. 可视力. 北京：中信出版社，2007.

中国人民大学出版社　管理分社

教师教学服务说明

中国人民大学出版社管理分社以出版工商管理和公共管理类精品图书为宗旨。为更好地服务一线教师，我们着力建设了一批数字化、立体化的网络教学资源。教师可以通过以下方式获得免费下载教学资源的权限：

★ 在中国人民大学出版社网站 www.crup.com.cn 进行注册，注册后进入“会员中心”，在左侧点击“我的教师认证”，填写相关信息，提交后等待审核。我们将在一个工作日内为您开通相关资源的下载权限。

★ 如您急需教学资源或需要其他帮助，请加入教师 QQ 群或在工作时间与我们联络。

中国人民大学出版社　管理分社

教师 QQ 群：648333426（工商管理）　114970332（财会）　648117133（公共管理）
教师群仅限教师加入，入群请备注（学校+姓名）

联系电话：010-62515782，82501868，82501048，62514760

电子邮箱：glcbfs@crup.com.cn

通讯地址：北京市海淀区中关村大街甲 59 号文化大厦 1501 室（100872）

管理书社　　人大社财会　　公共管理与政治学悦读坊